LA COOPÉRATION INTERNATIONALE ET LE DÉVELOPPEMENT

La pyramide du décollage pour le Congo

Georges Mpwate-Ndaume

LA COOPÉRATION INTERNATIONALE ET LE DÉVELOPPEMENT

La pyramide du décollage pour le Congo

L'Harmattan

Du même auteur chez L'Harmattan

La coopération entre le Congo et les pays capitalistes. Un dilemme pour les présidents congolais - 1908-2008, Paris, L'Harmattan, 2010

5-7, rue de l'École polytechnique, 75005 Paris

www.harmattan.fr

ISBN : 978-2-336-48883-7
EAN : 9782336488837

Abréviations, sigles et acronymes

AAC :	Anglo American Corporation
ACGT:	Agence Congolaise des Grands Travaux
ADF:	Allied Democratic Forces
AFDL :	Alliance des forces démocratiques pour la libération du Congo
AGK:	Anglo Goldfield Kilo
AGOA:	African Growth and Opportunity Act
AMC :	Anvil Mining Congo
AMCK :	Anvil Mining Concentrate Kinsevere
AMFI :	American Diamonds Buyers
ANR :	Agence Nationale de Renseignement
A.T.F.:	Assistance Technique et Financière
BANRO:	Canadian-based gold exploration and development company
B .C.K. :	Compagnie du Chemin de Fer du Bas-Congo au Katanga
BCPSC :	Bureau de Coordination et de Suivi du Programme Sino-Congolais
BGC:	Barrick Gold Corporation
BRICM :	Brésil, Russie, Inde, Chine, Mexique
BRICI :	Brésil, Russie, Inde, Chine, Indonésie
BRICS:	Brésil, Russie, Inde, Chine, Afrique du Sud
BVD:	Bureau de Vote et Dépouillement
CACH :	Cap pour le Changement
CAR :	Central African Resources
CCIZ:	Centre Commercial International Zaïrois
CDC :	Centre pour le Contrôle et la Prévention des Maladies
CDF :	Franc Congolais
CEDEAO :	Communauté Economique des Etats de l'Afrique de l'Ouest
CEEAC :	Communauté Economique des Etats de l'Afrique Centrale
CEEC :	Centre d'Expertise d'Evaluation et de Certification
CEI :	Commission Electorale Indépendante
CEPADHO :	Centre d'Etudes pour la Promotion de la Paix, la Démocratie et les droits de l'homme

CENCO :	Conférence Episcopale Nationale du Congo
CENI:	Commission Electorale Nationale Indépendante
CIA:	Central Intelligence Agency
CIAT:	Comité international d'accompagnement de la transition
CLUMINGO:	Cluff Mining Congo
CMT :	Compagnie Minière de Tongo
CMSK :	Compagnie Minière du Sud Katanga
CNSA :	Conseil National pour le Suivi de l'Accord
COMIDE:	Congolaise des Mines et de Développement
COMILU:	Compagnie Minière de Luisha
COMMUS :	Compagnie Minière de Musonoi
CNDP :	Congrès national pour la défense du peuple
COP :	Conférence des Parties
COVID 19 :	Coronavirus 19
CPI:	Cour Pénale Internationale
CPGL :	Communauté des Pays des Grands Lacs
DCP :	RDC Copper and Cobalt Project
DGSE :	Direction Générale de la Sécurité Extérieure
DMC :	DFSA Mining Congo
DRC:	Democratic Republic of the Congo
EAC :	East African Community
EIC :	Etat Indépendant du Congo
EMK- Mn :	Entreprise Minière de Kisenge Manganèse
EUFOR :	European Union Force
FAD :	First African Diamond
FAR :	Forces Armées Rwandaises
FARDC :	Forces Armées de la république démocratique du Congo
FBI:	Federal Bureau of Investigation
FCC :	Front Commun pour le Congo
FDLR :	Forces démocratiques de libération du Rwanda
FMI :	Fonds Monétaire International
FOMI :	Fonds Minier
FORMINIERE :	Société Internationale Forestière et Minière du Congo
GCM :	GECAMINES
GEC :	Groupe d'Entreprises Chinoises

GECAMINES :	Générale des Carrières et des Mines
GEMICO:	Générale des Mines au Congo
G.R.E.C. :	Groupe de Recherche et Etudes sur le Congo
G.T.L. :	Groupement pour le Traitement du Terril de Lubumbashi
IDF :	Index de Développement Humain
IGF :	Inspection générale des finances
IMET :	Programme International d'Education et de Formation Militaire
INACO :	Institut National des Archives du Congo
ITIE:	Initiative pour la Transparence dans les Industries Extractives
IVLP :	International Visitors Leadership Program
JV :	Joint-Venture
KCC:	Kamoto Copper Company
KICO :	Kipushi Corporation
KMT:	Kingamyambo Misoni Tailing
KMC:	Savanna Mining
KOV :	Kamoto Olivera Virgule
LAMCO :	Liberian-American Swedish Minerals Company
LG :	Life's Good
LUMI :	Société Minière de Lubilanji
M23 :	Mouvement du 23 Mars
MAV:	Machine à voter
MDDK:	Minière d'Or de Kisenge
MIKA :	Minière de Kasombo
MIBA :	Minière de Bakwanga
MIKAS:	Minière de Kasai
M.K.M.:	Minière de Kalumbwe Myunga
MMK:	Minière de Musoshi et Kinsenda
MNC :	Multinational Company
MNC :	Mouvement National Congolais
MONUC :	Mission des Nations Unies au Congo
MONUSCO :	Mission de l'Organisation des Nations Unies pour la Stabilisation en République démocratique du Congo
MPRI:	Military Professional Resources Incorporation
MUMI :	Mutamba Mining
MVE :	Maladie à Virus Ebola

NDIT:	Nouvelle Division Internationale du Travail
NIH:	Institut National de la Santé
NRGI:	Natural Resource Governance Institute
NSA :	National Security Agency
NTAR :	Route Transocéanique Nord-Africaine
NONU :	Nouvelle Organisation des Nations Unies
NPI:	Nouveaux Pays Industrialisés
OKIMO :	Office des Mines d'Or de Kilo Moto
OMC :	Organisation Mondiale du Commerce
OMS :	Organisation Mondiale de la Santé
ONATRA :	Office National des Transport
ONG :	Organisation Non Gouvernementale
ONU :	Organisation des Nations Unies
OPL :	Orama Properties Ltd
OTAN :	Organisation du traité de l'atlantique nord
OUA :	Organisation de l'Unité Africaine
PDG :	Président Directeur Général
PIB :	Produit Intérieur Brut
PNB:	Produit National Brut
PPRD :	Parti du Peuple pour la Reconstruction et la Démocratie
RDC:	République démocratique du Congo
RTBF :	Radio-télévision belge de la Communauté française
RSUE :	Représentant Spécial de l'Union Européenne
SADC :	Southern Africa Development Community
SAKIMA:	Convention Minière entre la RDC, Sominki et Banro Resources Corporation
SEK:	Société d'Exploitation de Kipoy
SENGAMINES:	Minière de Senga
SG:	Société Générale de Belgique
SKD:	Société Kasaienne de Diamant
SMCO:	Shituru Mining Corporation
SMK:	Société Minière de Kolwezi
SNCC :	Société Nationale des Chemins de fer du Congo
SND:	Société des Nations
SNEL :	Société Nationale d'Electricité
S.O.L :	Summervale Overseas Ltd

SOMINKI :	Société Minière et Industrielle du Kivu
STAR:	Route Sud-Africaine Transocéanique
S.T.L.:	Société de Traitement du Terril de Lubumbashi
SYMOCEL:	Synergie des Missions d'Observation Citoyenne des élections
TFM :	Tenke Fungurume Mining
TNT:	Trinitrotoluene
UDPS :	Union pour la Démocratie et le Progrès Social
UE:	Union Européenne
UMHK :	Union Minière du Haut Katanga
UNESCO :	Organisation des Nations Unies pour l'Education, la Science et la Culture
UNC:	Union pour la Nation Congolaise
UNITA :	Union Nationale pour l'Indépendance totale de l'Angola
URSS :	Union des Républiques Socialistes Soviétiques
USA:	United States of America
USAID :	US Agency for International Development
USD:	Dollar américain
ZER :	Zones Exclusives de Recherche
ZOFI:	Zone Franc d'Inga

Introduction générale

Ces pages portent sur la coopération internationale et le développement : la pyramide du décollage pour le Congo.

En effet, la réflexion que je propose dans ce travail est la suite de celle que j'avais déjà commencée en analysant la coopération entre le Congo et les pays capitalistes entre 1908 et 2008. La République démocratique du Congo a connu deux longues périodes de coopération avec les pays capitalistes : la dictature de Mobutu de 32 ans et une autre période relativement longue de 18 ans du pouvoir de Joseph Kabila. Ces deux régimes ont consommé 50 ans de l'indépendance du Congo et portent beaucoup de responsabilités sur ce que le Congo est devenu aujourd'hui.

Le 24 janvier 2019, les Congolais ont jubilé encore une fois comme ce fut le 17 mai 1997. En 1997, c'était parce que la longue dictature de Mobutu venait de s'arrêter, en 2019 c'était parce que pour la première fois le Congo venait de connaître une alternance pacifique à la tête du pays. Aussitôt l'alternance pacifique acquise, les Congolais commençaient à s'inquiéter de ce qu'une coalition entre le pouvoir sortant et le pouvoir entrant pouvait produire comme résultat.

En somme, les Congolais se posaient la question de savoir si la Coalition CACH-FCC était un mariage de démocratie sociale ou la lutte de la démocratie contre la dictature ?

En effet, les résultats des élections présidentielle et législative du 30 décembre 2018 ont créé une crise post-électorale au Congo. Félix Antoine Tshisekedi a été déclaré Président de la République démocratique du Congo, pendant que Martin Fayulu continue à déclarer partout au monde et dans le pays qu'il est le président élu du Congo. Au niveau du parlement, beaucoup d'observateurs affirment que les résultats n'ont pas été conformes à ce qui a été exprimé dans les urnes ; beaucoup de députés du FCC ont été nommés par la CENI. Ce qui a jeté encore beaucoup de confusion, ce sont les arrêts de la Cour Constitutionnelle qui viennent d'invalider une trentaine de députés de l'Opposition en faveur de ceux du FCC.

Entre-temps, deux ordonnances du Chef de l'Etat ont fait l'objet de critiques acerbes de la part des députés FCC qui sont supposés être en coalition avec le Président de la république. Du coup la rue s'en est mêlée, et on a failli assister aux affrontements entre les militants de l'UDPS et ceux de PPRD, les deux partis politiques au pouvoir. Réagissant à une question lui posée par la Radio France Internationale sur l'accord qui existerait entre le CACH et le FCC, le Président Félix Antoine Tshisekedi a répondu que les deux partis ont estimé qu'ils pouvaient travailler ensemble puisqu'ils défendaient tous l'idéologie de la démocratie sociale. En dehors de cet aspect, il n'y a rien d'autre.

4. Problématique Au vu de ce qui se passait dans le pays, il y avait lieu de se poser des questions sur l'avenir de cette coalition. FCC-CACH. Assisterait-on au triomphe du mariage de la démocratie sociale ou à une lutte entre la démocratie et la dictature ? En fait cette démocratie sociale, c'est quoi ?

D'entrée de jeu, nous devons nous demander si la politique congolaise est organisée suivant les idéologies prônées par les uns et les autres. Sous d'autres cieux on peut identifier des libéraux, des conservateurs, des socio-démocrates, des communistes, des fondamentalistes, des écologistes etc. ; et on adhère à des partis politiques suivant ces idéologies qu'on défend une fois au pouvoir.

Disons d'abord ce qu'est la démocratie sociale. On doit signaler qu'au départ, la démocratie sociale était une sorte de synthèse entre les communistes et les démocrates. On s'y référait comme le socialisme « par votes plutôt que par balles.» D'autres parlaient du « révisionnisme » parce qu'on changeait certains principes de base du socialisme de Marx. « Le socialisme comme conçu par Marx rejetait les objectifs politiques du libéralisme, y compris la souveraineté populaire et la majorité, en faveur du centralisme, le contrôle public des moyens de production pour empêcher l'exploitation des travailleurs, ce qui était le résultat du capitalisme. Les Socio-démocrates et leurs collègues communistes avaient essentiellement les mêmes objectifs, mais les Socio-démocrates voulaient les atteindre par des moyens politiques paisibles et par des procédures démocratiques établies[1].» Pendant que les Socialistes révolutionnaires et les Socio-démocrates acceptaient tous que la possession publique des moyens de production et d'échange était nécessaire pour créer la justice sociale, les Socio-démocrates rejetaient les méthodes dictatoriales et élitistes de Lénine et l'idée que le progrès dépendait de la détérioration des conditions sociales. En d'autres termes, l'idée du « grand soir » était rejetée par les Socio-démocrates. Les partis socio-démocrates ont connu beaucoup de succès en Europe au début des années 1990.

La démocratie sociale a connu beaucoup d'évolution. Bien qu'ils acceptent l'idée des entreprises publiques, la nationalisation des industries n'est plus une idée de base dans leur pensée. Ils sont plutôt actuellement pour une privatisation sélective avec un petit gouvernement et des taxes basses. Aujourd'hui on peut résumer la démocratie sociale à la défense d'un paquet de 'valeurs morales' suivantes mentionnées par Jackson:

1. L'amélioration de la pauvreté matérielle et les conditions misérables physiques causées par le capitalisme ;
2. La contribution au bien-être social de ceux qui en ont besoin ;
3. Le support de l'égalité et de la société sans classe ;
4. La promotion de la fraternité et la coopération ; et

[1] Robert JACKSON & Doreen JACKSON, *A Comparative Introduction to Political Science*, Upper Saddle River, NJ : Prentice- Hall, 1997, p . 164.

5. La lutte contre les effets négatifs du capitalisme tel que le chômage massif[2].

Le socialisme a connu du succès en Europe en partie à cause de son éloignement de certaines idées de départ. Aujourd'hui, par exemple, ils acceptent l'idée de petit gouvernement, des impôts bas, et de privatisation. Ce qu'ils refusaient au départ. Ceci veut dire que cette idéologie est en mutation vers une nouvelle philosophie. Certains, par exemple, sont devenus des écologistes. En République démocratique du Congo, il y a beaucoup qui se disent des socio-démocrates, mais on a beaucoup de peine à les reconnaitre sur terrain. C'est le cas du PPRD qui a dirigé le pays pendant 18 ans sur base des pratiques contraires à ce qu'ils prétendent être.

En effet, considérant l'amélioration de la pauvreté matérielle et les conditions misérables physiques causées par le capitalisme, les Kabilistes ont complètement échoué. Malgré toutes les richesses potentielles du Congo, le pays est classé deuxième le plus pauvre du monde. Les conditions existentielles matérielles des Congolais sont parmi les plus bas du monde. Tout récemment, la Banque Mondiale a signalé que 70 % des Congolais vivent en dessous du seuil de pauvreté. Et 42% d'enfants connaissent le retard de croissance suite à la malnutrition. La Banque est obligée de verser 500 millions de dollars en vue de résoudre cette situation qui frappe le troisième réservoir humain au monde après l'Inde et le Nigéria. Avec ce mauvais record, les Kabilistes n'ont pas contribué au bien-être de ceux qui en ont besoin.

Considérant le support de l'égalité et d'une société sans classe, les Kabilistes sont tombés aussi sur le même problème connu depuis des décennies au Congo, notamment, les cycles d'accumulation et de transformation des capitaux qui avaient commencé depuis 1822 avec William I d'Orange-Naseau, le Roi des Pays-Bas, en passant par le règne de Léopold II et son Etat Indépendant du Congo, par la Belgique et son régime colonial, et finalement par Mobutu et son Zaïre [3]. Le régime Joseph Kabila a créé des inégalités et une société avec classes au Congo contrairement aux idéaux socio-démocratiques. Comme je l'ai mentionné ailleurs, le régime Joseph Kabila a aussi appliqué la politique de concentration du pouvoir économique, en plus du pouvoir politique. Le processus d'accumulation et transformation des capitaux pendant le régime Kabila s'est réalisé à travers des différentes étapes. D'abord par la signature des accords léonins avec des compagnies multinationales pendant les deux guerres dites de libération. Ensuite par la privatisation des entreprises d'Etat, telle que la Gécamines qui a été liquéfiée dans des Joint-Ventures. Sous prétexte que les entreprises d'Etat n'étaient pas performantes, elles ont été transformées en des Sociétés Commerciales où les dirigeants Kabilistes sont incrustés parmi les actionnaires et

---

[2] *Idem*, p. 179.

[3] Jacques DEPELCHIN cité par Georges MPWATE-Ndaume, *Paradoxe Congolais : Vivre Très Pauvre Dans Un Pays Immensément Riche*, Norderstedt, Germany : Editions universitaires européennes, 2019, p. 27.

se sont enrichis. J'y reviendrai. La guerre génocidaire perpétuée dans les zones minérales du Congo pendant les deux décennies du pouvoir kabiliste a enrichi la classe dirigeante du pays avec les pays voisins ainsi que les vautours internationaux. Il s'est donc créé une classe de 300 familles au Congo comprenant non seulement les Congolais, mais aussi des étrangers. Quand on estime la fortune de Mobutu à quatre milliards de dollars, Joseph Kabila est dit posséder treize milliards de dollars par les médias occidentaux. Thomas Turner signale à ce propos que vers 1997, une première vague de 'nouveaux hommes d'affaires' parlant seulement l'Anglais, le Kinyarwanda et le Kiswahili avaient commencé des opérations à l'Est du Congo[4]. Comme on peut le constater, le régime Joseph Kabila a été loin des idéaux socio-démocrates.

Les deux dernières considérations ont aussi constitué un échec. Le régime a promu la fraternité et la coopération non entre les Congolais mais entre le régime et les pays voisins et étrangers au détriment des Congolais. Le résultat de cette politique, c'était la pauvreté accrue de la population, des conflits intercommunautaires, et la continuation d'un génocide à huis clos qui a fait plus de 12 millions de morts dans le silence coupable des prétendus supporters des droits de l'homme[5] . Quant au chômage, bien que le régime ait prétendu créer des nouveaux emplois au pays, sur terrain la population n'en a pas joui. Le taux de chômage est parmi les plus élevés du monde, poussant les jeunes vers toutes sortes de comportements inciviques, tels que les *Kuluna* (gangs).

Cette brève discussion nous envoie à conclure que la raison avancée par L'UDPS d'être entrée en coalition avec le PPRD suite à des idéaux socio-démocratiques qu'ils partageraient ne tient pas debout, car le PPRD est très loin de ces idéaux. Par contre, en considérant l'idéologie politique de Martin Fayulu, on peut y trouver beaucoup de rapprochement. Et étant donné que Martin Fayulu n'a pas encore été aux affaires, comme les Kabilistes, il profiterait d'un bénéfice de doute. Dans son projet de société, Martin Fayulu écrit ce qui suit : « Le social-libéralisme est notre idéologie politique. Un système qui allie les atouts de l'économie du marché et les bienfaits de la régulation de l'Etat dans l'économie pour éviter les effets pervers du marché. Le libéralisme classique a montré ses limites, car la main invisible ne peut, à elle seule, réguler correctement le marché. L'Etat doit jouer un rôle essentiel pour préserver la concurrence et stimuler le marché en corrigeant les inégalités qui peuvent surgir dans la société suite aux comportements de certains acteurs. »

Il ne fait aucun doute que ce qui est décrit dans le social-libéralisme de Fayulu est ce qui se retrouve dans la démocratie sociale de l'UDPS, alors pourquoi tant de malentendus pendant qu'on poursuit les mêmes idéaux ? La réponse est

---

[4] Thomas TURNER, cité par Georges MPWATE-Ndaume, *Op. Cit.*, P. 32.

[5] Les 12 millions sont seulement une estimation, d'autres chiffres sont aussi avancés, comme 10 millions, 16 etc. Il faut une étude scientifique pour connaître le chiffre exact.

simple, ce ne sont pas les intérêts nationaux qui sont au centre des préoccupations des uns et des autres, mais plutôt les intérêts individuels et partisans.

Il était clair qu'on tendait vers une lutte entre la démocratie et la dictature et non vers un mariage entre deux démocraties sociales. J'ai brièvement montré comment le PPRD était loin des idéaux socio-démocrates. Tout le monde sait que le mode de gestion du PPRD (FCC) n'est pas démocratique. Les membres du PPRD ne prennent pas leurs décisions par des voies démocratiques. Ils se réfèrent tous à un mode de pensée unique, leur « Autorité Morale », une institution qui n'existe pas dans notre Constitution. Ce qu'ils ne veulent pas avouer c'est tout simplement le clientélisme connu dans les régimes dictatoriaux. Le poste du Président du Sénat a fait objet de conflit entre le PPRD et le groupe de Bahati Lukwebo membre du FCC à cause de ce mode de décision.

Le mariage autour de la démocratie sociale était mal parti dans la répartition du pouvoir entre le CACH et le FCC. En effet, loin d'un mariage on a perçu plutôt un divorce. Le FCC a occupé tous les Assemblées Provinciales, tous les Gouvernorats des Provinces, le Parlement et le Sénat. La constitution du Gouvernement a pris six mois. Comme justification, ils se sont référés à d'autres pays comme la Belgique. Comparaison n'est pas raison. Le Gouvernement qui est sorti a eu tous les ingrédients d'un conflit, incapable de faire avancer les idéaux socio-démocrates.

Le cocktail des événements postérieurs ont corroboré cette tendance. En effet, le Président Félix Tshisekedi a été humilié et ridiculisé par le FCC au parlement à travers des interventions qui cherchaient à démontrer l'inconstitutionnalité de ses deux ordonnances (Gécamines et SNCC), alors que tout le monde sait que dans notre Constitution, le Président ne répond pas devant le parlement. Et le Président de l'Assemblée Nationale a demandé la non-application des ordonnances du Chef de l'Etat. L'outrage des membres du FCC au Chef de l'Etat a révolté les militants de l'UDPS qui ont manifesté leur indignation en s'attaquant aux parlementaires et aux permanences du FCC non seulement à Kinshasa, mais aussi à l'intérieur du pays (Lubumbashi, Kisangani, Kananga, Mbuji Mayi). En réaction, les militants du PPRD sont sortis eux aussi pour s'opposer aux attaques des militants de l'UDPS, disant que ces derniers n'ont pas le monopole de la violence. Le pays a frôlé une catastrophe. Au même moment, la Cour Constitutionnelle (favorable au FCC) invalidait une trentaine des députés de l'Opposition, appelant ainsi à la rue des protestations de la part de LAMUKA. Les propos malveillants contre le Président de la république dont nous avons été témoins de la part des parlementaires du FCC ont témoigné de l'hypocrisie qui a caractérisé les Kabilistes. Et la Cour Constitutionnelle a montré une fois de plus qu'elle travaillait pour la continuité du système Kabiliste.

Comme on devait s'y attendre, le 23 octobre 2020, dans une adresse à la nation congolaise, le Président F.A. Tshisekedi prit ses responsabilités pour mettre fin à une coalition contre nature :

« En ce jour du vendredi 23 octobre 2020, je m'adresse à vous, souverain primaire, dans un contexte exceptionnel, en rapport avec la situation politique que connaît notre pays.

Le contexte de fragilité de notre pays, de même que les résultats électoraux de janvier 2019, nous ont forcé à élargir nos rassemblements pour nous unir au-delà de nos familles politiques traditionnelles. Cet effort de recomposition a touché aussi bien le pouvoir sortant que l'ancienne opposition, ce qui a conduit à une situation inédite où des adversaires farouches d'hier sont devenus des alliés.

Nous avions choisi de gérer le pays au sein d'une coalition qui semblait constituer la solution idoine pour sortir le pays de ses différentes crises récurrentes et préserver les acquis de l'alternance.

Malheureusement, près de deux ans après, les divergences qui persistent entre les parties signataires de cet Accord plombent les ailes de l'espoir de notre envol vers le développement.......Eu égard à ce qui précède, et considérant que le Salut du Peuple est la loi suprême, j'ai décidé d'entamer, dès la semaine prochaine, une série de contacts visant à consulter les leaders politiques et sociaux les plus représentatifs, afin de recueillir leurs opinions à l'effet de créer une union sacrée de la Nation autour des objectifs précités....... »

Après une série de consultations, en début décembre 2020, le Président F.A. Tshisekedi rompit avec les Kabilistes, à la satisfaction de la majorité des Congolais qui ne croyaient plus au système kabiliste. Depuis la création d'un Gouvernement d'Union Sacrée de la Nation, les Congolais sont encore en expectation. Ça change ou ça ne change pas ? Il y a des efforts qui sont fournis, par exemple dans le domaine de la lutte contre la corruption avec le concours de l'IGF, mais on doit avouer que la tâche est énorme. Dans cette lourde tâche figure aussi le dilemme de la coopération entre le Congo et les pays capitalistes.

Comme objectif notamment, nous voulons éviter les inégalités sociales nuisibles à la liberté des plus faibles et par ricochet de tous les membres de la communauté nationale. Il est indispensable que l'Etat assure à la fois la prospérité de la nation et garantisse la sécurité à la population dans toutes ses dimensions. Nous voulons que liberté individuelle, démocratie, efficacité économique et justice sociale se marient pour que le citoyen puisse donner le meilleur de lui-même afin de mériter de la patrie. L'Etat doit promouvoir les libertés individuelles à travers le droit à l'éducation, à la santé et à la gouvernance intègre, créer des richesses et offrir à la population des opportunités qu'elle pourra librement saisir. Ces pages ont pour objectif la poursuite de la réflexion commencée en 2010 en vue de décider sur le changement ou la continuité du cycle de coopération connue entre le Congo et les pays capitalistes.

Certaines questions ont été soulevées dans ces pages. En effet, la coopération entre le Congo et les pays capitalistes qui a été caractérisée comme *Perdant-*

gagnant a-t-elle changé en *Gagnant-gagnant* ou est-elle restée la même ? Si elle est restée la même, que doit entreprendre le Congo pour résoudre son problème de développement dans un contexte géopolitique changeant ? Les conclusions auxquelles on aboutira vont éclairer la problématique du développent du Congo. La grande question à laquelle je voudrais répondre dans ce travail est de savoir ce qui est arrivé au cycle de coopération entre les pays capitalistes et le Congo. En d'autres termes, le cycle de « Perdant-Gagnant » et « Perdant-Perdant » a-t-il été brisé ou continue-t-il son chemin ? Et s'il n'a pas connu de modifications, quelles sont les stratégies que le Congo doit développer pour atteindre son décollage économique ? Aussi, Si les partis politiques existaient par rapport aux idéologies défendues, comment peut-on arriver à connaître 1000 partis politiques au Congo ; avons-nous 1000 idéologies défendues au Congo ? Si l'UDPS s'est coalisée avec le PPRD parce qu'ils défendent une même idéologie, alors deux questions demandent des réponses : est-ce que pendant leur 18 ans au pouvoir, le PPRD a promu des valeurs socio-démocrates ? Ensuite, pourquoi l'UDPS ne s'est pas coalisée avec Martin Fayulu, qui dit défendre le Social-libéralisme ?

.Comme hypothèse notamment, loin de moi l'idée de demander aux politiciens congolais de copier les idéologies étrangères, ils peuvent aussi développer leurs propres idéologies. Mobutu a développé l'Authenticité, Laurent Désiré Kabila voulait introduire le Pouvoir populaire

Autre hypothèse, le pays ne pourra pas se développer s'il n'y a pas une classe moyenne dynamique et si par le fait de la corruption les richesses restent concentrées entre les mains d'une minorité et surtout si cette minorité est la classe dirigeante[6]. »

Aussi, si je reviens en besogne après avoir publié « *La coopération entre le Congo et les pays capitalistes. Un dilemme pour les présidents congolais* » en 2010, c'est parce que je suis convaincu que tant que ce dilemme ne sera pas résolu, le Congo ne pourra pas prétendre à son décollage économique.

L'*hypothèse principale* de ce travail est donc que le changement de politique par le régime J. Kabila avait confirmé le cycle de « Perdant-Gagnant » et « Perdant-Perdant », sauf que le régime J. Kabila a connu deux étapes dans sa coopération avec les pays capitalistes : une étape de « Perdant-Gagnant » suivie d'une étape de « Perdant –Perdant.» A la différence des régimes « Perdant-Perdant » précédents qui se sont terminés par la sanction la plus élevée à savoir, l'élimination physique du partenaire, cette fois-ci Joseph Kabila a été éliminé seulement politiquement sans atteinte à sa vie physique. Et le cycle a poursuivi son chemin vers « Perdant-Gagnant » entre les pays capitalistes avec le régime Tshisekedi. Et à l'instar de Joseph Kabila, la coopération entre les pays capitalistes et le régime Tshisekedi qui a commencé avec le schéma « Gagnant-Perdant » s'est muée plus rapidement en une coopération « Perdant-Perdant ». Quant aux

[6] Martin FAYULU, *Investir dans le Citoyen pour développer la RDC*, Kinshasa, 2018, pp. 25-26.

sanctions, jusqu'au début du deuxième mandat du Président Tshisekedi, les paramètres n'étaient pas encore clairs. Les pays Occidentaux n'avaient pas réussi à éliminer politiquement le président Tshisekedi en l'écartant du pouvoir à travers les élections de 2023, ni à appliquer l'élimination physique. Est-ce que le Congo réussira le pari de « Gagnant-Gagnant » dans sa coopération avec les pays capitalistes pendant le deuxième mandat du Président Tshisekedi ? Rien n'est moins sûr, après 115 ans de coopération. Vu les enjeux géopolitiques de l'heure, le Congo doit opter pour une coopération « Gagnant-gagnant » avec les pays des BRICS pour sortir de sa prison de sous-développement.

Comme limite entre autre, après avoir analysé la période allant de 1908 à 2008 dans « *La coopération entre le Congo et les pays capitalistes. Un dilemme pour les présidents congolais* » en 2010, soit 100 ans de coopération, ma réflexion, cette fois, se prolongera de 2008 jusque 2023.

Je n'ai pas la prétention d'étaler ici toutes les conditions nécessaires et suffisantes pour sortir le Congo de la pauvreté. Je veux tout simplement ajouter une condition très importante à ce qui a été développé dans les analyses faites par Mancur Olson et Charles Kenny, spécialement, en ce qui concerne la République démocratique du Congo. . En effet, la République démocratique du Congo, à cause de ses richesses naturelles, a toujours été convoitée par les grandes puissances depuis même avant son indépendance. Les richesses du Congo jouent un rôle stratégique très important dans la géopolitique internationale de telle sorte que ses institutions ont toujours subi beaucoup de pression de la part de ces grandes puissances. Je vais me limiter seulement sur l'institution présidence pour montrer comment cette institution a été déstabilisée au Congo, hypothéquant directement le développement du pays.

Aussi, je ne peux en aucun cas soutenir l'idée d'avoir épuiser la réflexion sur les questions de la coopération internationale entre les pays capitalistes et la République Démocratique du Congo pour son décollage économique. Les apports des autres auteurs sont souhaitables pour enrichir le débat.

La méthodologie et la théorie que j'ai adoptées en vue d'analyser la coopération entre le Congo et ses partenaires extérieurs, comme avec mon ouvrage intitulé « *La coopération entre le Congo et les pays capitalistes. Un dilemme pour les présidents congolais,* » je reste dans la théorie de jeux et l'approche historique. La théorie des jeux me permet d'analyser les gains ou les bénéfices en faveur du Congo ou des pays capitalistes ; et l'approche historique me permet de placer l'analyse non seulement au présent mais de la connecter avec le passé. Cette méthodologie facilite la compréhension globale des enjeux de développement du Congo, un pays immensément riche mais avec une population très pauvre.

Le travail est composé de sept chapitres. Dans le premier chapitre intitulé « Les préliminaires,» je donne plus de détails sur la méthodologie que j'utilise. Le deuxième chapitre intitulé « Les théories de la coopération internationale Mythes et réalités », me permettra de discuter la panoplie des mythes et réalités qui laissent les pays africains dans la confusion en matière de coopération. Le troisième chapitre « La division internationale du travail circa 1900 et circa 2000 comme moteur de la coopération entre le Congo et les pays capitalistes », donnera ma perception des bases de la coopération entre le Congo et les pays capitalistes. Les chapitres qui suivent discuteront les objets montrés par les intitulés : Chapitre IV: « La coopération entre le régime J. Kabila et les pays capitalistes, 2001-2008 : Paiement de dupe » ; Chapitre V : « La coopération entre le régime J. Kabila et les pays capitalistes, 2008-2018 : Punition pour le défaut mutuel » ; Chapitre VI : « La coopération entre le régime F.A. Tshisekedi et les pays capitalistes, 2018-2023 : Paiement de dupe mué en Punition pour Défaut Mutuel.» Enfin, le dernier chapitre intitulé « Essai sur les conditions nécessaires et suffisantes pour le développement du Congo » tirera les conclusions de mon analyse, surtout par rapport à la problématique de développement du Congo.

Chapitre 1
Les préliminaires

Ce chapitre préliminaire expose la méthodologie et la théorie que j'ai adoptée en vue d'analyser la coopération entre le Congo et ses partenaires extérieurs. Comme avec mon ouvrage intitulé « *La coopération entre le Congo et les pays capitalistes. Un dilemme pour les présidents congolais,* » je reste dans la théorie de jeux et l'approche historique. La théorie des jeux me permet d'analyser les gains ou les bénéfices en faveur du Congo ou des pays capitalistes ; et l'approche historique me permet de placer l'analyse non seulement au présent mais de la connecter avec le passé. Cette méthodologie facilite la compréhension globale des enjeux de développement du Congo, un pays immensément riche mais avec une population très pauvre.

Ce chapitre est articulé autour des trois points. Le premier porte sur la classification des pays en pays riches et pauvres. Le second parle des facteurs pour le décollage économique. Le dernier se corse sur les conditions pour l'émergence économique de la R.D.Congo.

1.1. Classification des pays : riches et pauvres

L'une des questions qui taraudent les esprits des chercheurs en matière de développement est sans doute : « pourquoi certaines nations sont-elles riches et d'autres pauvres ? » Cette question est d'autant plus pertinente quand on est en face d'un pays aussi riche comme la République Démocratique du Congo, mais dont la population croupit dans la pauvreté.

Notre planète est composé d'environs 193 pays. L'une des classifications de ces pays est de distinguer les nations riches des nations pauvres. Avant la colonisation et pendant la colonisation, les pays africains étaient considérés comme des pays pauvres. Après les indépendances, on a développé des théories pour le développement des pays pauvres du Tiers Monde. Les nations riches et pauvres y croyaient. La République démocratique du Congo, par exemple, qui avait un certain niveau de développement au moment de l'indépendance en 1960, était projetée comme pays développé en 1980. Le régime Mobutu y avait cru. C'est ainsi qu'en ce temps-là, on parlait de l' « Objectif 80 ». Malheureusement, 1980 vint et le Zaïre est toujours resté pauvre.

La Banque Mondiale et le Franc Monétaire International ne cessent de pomper des théories sur le développement des pays pauvres, mais rien ne change concrètement. Dans son étude sur la persistance de l'écart entre les pays riches et pauvres, John Passé-Smith conclut comme suit :

« ......les données plus haut montrent que pas tout le monde a eu sa part dans la croissance. L'écart absolu entre les revenus élevés et les moyens et entre les revenus élevés et les pays pauvres a augmenté d'une manière constante depuis 1960.......Le nombre des pays à revenu élevé a augmenté passant de treize en 1960 à vingt-cinq en 1998. Dix pays ont rejoint les revenus élevés pendant une période de trente-neuf ans et dix-huit ont rejoint la catégorie de revenu moyen. En tout, vingt-huit pays sont devenus mobiles et ont traversé d'une catégorie à l'autre ; aucun pays n'a chuté vers un niveau inférieur. Il apparait que six pays seulement peuvent combler l'écart avec les pays à revenu élevé dans le prochain siècle : Botswana, Oman, Dominique, Thaïlande, Chine, et la Malaisie. Si les taux de croissance restent semblables à ceux de toute la période de trente-neuf ans, Botswana sera le premier pays africain à rejoindre les pays à revenu élevé.»[7]

Ce que l'on peut constater est que l'écart entre les pays riches et les pays pauvres persistera pour longtemps. Le cas de la République démocratique du Congo est symptomatique parce que c'est un pays qui possède beaucoup de potentialités par rapport au Botswana qui est le pays africain avec les chances les plus élevées à rejoindre les pays développés en Afrique. Les Congolais se sont toujours demandé pourquoi leur pays est-il en train de poiroter dans la misère alors que Dieu leur a donné un pays immensément riche. En expliquant pourquoi certaines nations sont-elles riches et d'autres pauvres, Mancur Olson jr et Charles Kenny défendent des points de vues qui divergent. J'ai été attiré par leurs analyses et je me suis demandé qui d'entre eux a trouvé des éléments qui pouvaient être pertinents pour le cas de la République démocratique du Congo.

Dans son article sur les causes derrière l'écart qui existe entre les pays riches et les pays pauvres, Mancur Olson Jr. a rejeté beaucoup de causes indiquées par beaucoup d'analystes, notamment, l'accès à la connaissance productive, l'accès aux marchés des capitaux, les problèmes de population, le manque de ressources, la qualité du capital humain, la culture, etc. Selon lui, le problème fondamental réside dans la qualité des institutions et les politiques économiques. Abordant le problème de l'accès aux connaissances technologiques, par exemple, Olson note que le stock mondial de connaissances est disponible à un coût réduit ou sans coût du tout à tous les pays du monde. Il s'appuie sur une étude faite sur le cas de la Corée du Sud entre 1973 et 1979 qui montre que pendant cette période, les droits et autres paiements pour les technologies utilisées étaient minuscules, souvent moins qu'un millième du PIB. Il dit que même en considérant les profits des investissements directs étrangers comme un paiement de connaissance et les ajouter aux droits, le total est toujours moins que 1,5 pour cent de l'augmentation

[7] John PASSÉ-SMITH, « The Persistence of the Gap Between Rich and Poor countries, 1960-1998 ,» in Mitchell A. f bv SELIGSON & John T. PASSÉ-SMITH, eds., *Development and Underdevelopment .The Political Economy of Global Inequality,* London : Lynne Rienner Publishers, 2003, p.

dans le PIB Coréen pendant cette période. Ainsi donc, les propriétaires étrangers des connaissances productrices ont obtenu moins qu'un cinquantième des gains de la croissance économique rapide de la Corée.[8]

L'auteur rejette les autres causes en ces termes :

> « …J'ai ensuite examiné le degré auquel la productivité marginale des changements de main-d'œuvre avec des grandes migrations et l'évidence sur les densités de population, et je démontre que la diminution de gains sur la terre et autres ressources naturelles ne peut pas beaucoup expliquer les grandes différences en revenus. Après cela, j'ai emprunté quelques calculs de Robert Lucas sur les implications des grandes différences à travers les pays en intensité de capital—et les relier aux faits sur la direction et l'ampleur des flux des capitaux—pour montrer qu'il est impossible que les pays du monde sont quelque part près des frontières des fonctions de production néoclassiques. J'ai ensuite examiné quelques expériences naturelles, curieusement négligées, avec les migrants des pays pauvres vers les pays riches pour estimer l'importance des différences dans la dotation du capital humain entre les pays pauvres et riches, et j'ai démontré que ça compte seulement pour une petite partie des différences dans le produit marginal de main-d'œuvre. »[9]

Après avoir écarté toutes ces causes, l'auteur conclut que les grandes différences dans les revenus par tête à travers les pays du monde ne peuvent pas être expliquées par l'accès au stock mondial de connaissance productive ou aux marchés des capitaux. Elles ne peuvent pas être expliquées par les différences dans le rapport de la population avec la terre ou les ressources naturelles, ni par les différences dans la qualité du capital humain par rapport au marché, ni par la culture personnelle. Il termine en soutenant que la seule explication plausible qui reste pour expliquer ces grandes différences en revenus ce sont les différences dans la qualité de leurs institutions et les politiques économiques. Il fait remarquer que les pays pauvres en moyenne ont des plus pauvres politiques économiques et institutions que les pays riches, ainsi donc, malgré leur opportunité de pouvoir bénéficier d'une croissance rapide pour se rattraper, ils ne parviennent pas à croitre plus vite en moyenne que les pays riches.

Comme l'auteur pense que le problème de développement concerne seulement les économistes, il termine en exhortant ses compères en ces termes :

> « La meilleure chose qu'une société peut faire pour croître sa prospérité est de s'instruire. Ceci signifie qu'il est très important en effet que les économistes, dans le gouvernement et en dehors, arrangent les choses. Quand nous sommes à côté, nous causons beaucoup de tort. Quand nous sommes sur la voie correcte, et avons la clarté nécessaire en vue de

---

[8] Mancur OLSON, « Big Bills Left on the Sidewalk: Why Some Nations Are Rich, and Others Poor », in Mitchell A. SELIGSON & John T. PASSÉ'SMITH, eds., *Op.Cit.*, p.387.

[9] *Idem*, pp. 385-386.

> prévaloir sur les intérêts spéciaux et le coin-coin, nous apportons une extraordinaire contribution à l'amélioration de la pauvreté et le progrès de l'humanité.[10]

L'auteur évoque lui-même les problèmes que les économistes connaissent avec leurs idéologies. Il reconnait que les idéologies familières dans leur domaine n'offrent pas la sagesse dont ils ont besoin pour changer les choses. Il écarte l'opinion commune de penser que la qualité des institutions et politiques économiques d'une nation dépend de la petitesse, ou la grandeur, de son secteur public, ou la taille de ses transferts vers les gens à bas revenu.[11] Il suggère que la performance économique est plutôt déterminée par la structure des intérêts et motivations.

1.2. Facteurs pour la croissance économique

Les arguments de Mancur Olson ont été challengés par Charles Kenny qui lui voit plutôt l'environnement géographique. Charles Kenny note que le point de vue que les choix des politiques économiques faits par les leaders politiques constituent la raison principale de la croissance économique ne suffit pas. Il suggère que les politiques qu'un pays suit ne sont pas toujours celles que les leaders veulent appliquer, mais celles qui sont possibles. Il ajoute que l'environnement géographique peut être un élément crucial pour la croissance économique.

En somme, on peut dire que Charles Kenny a ajouté trois autres facteurs qui peuvent influencer la croissance économique. Il mentionne d'abord de l'existence de l'Etat-nation. Les Etats, dit-il, doivent être capables d'imposer des contrôles sur leurs interactions avec les citoyens comme le font les pays riches. L'Etat doit parfois corriger les échecs d'une économie intrinsèquement et inévitablement imparfaite et pour cela il faut un gouvernement efficace, un Etat fort.

> « Les contraintes sur l'action de l'Etat sont-elles mêmes une meilleure prédiction de croissance plutôt que les actions que l'Etat pose. Ces contraintes prennent deux formes. D'abord, les Etats peuvent être affaiblis par des divisions internes. Ceci les empêche d'agir pour changer les relations économiques. Un Etat capable de contrôler les relations économiques est, j'affirmerais, un préalable pour la croissance. La seconde contrainte est l'environnement extérieur. Avec des pluies limitées et des voisins frappés par la pauvreté, même un Etat efficace trouvera la croissance intérieure difficile à promouvoir. »[12]

Le deuxième facteur que l'auteur a mentionné comme une grande contrainte à la croissance en général ce sont les limitations à la croissance agricole. L'auteur note que « la croissance industrielle de la Grande Bretagne était rendue possible par une augmentation du produit agricole qui a permis au pays d'échapper au piège

---

[10] Mancur OLSON, *Op. Cit.*, p.401.

[11] *Idem.*

[12] Charles KENNY, « Why Aren't Countries Rich? Weak States and Bad Neighborhoods' », in Mitchell A. Seligson & John T. PASSÉ-SMITH, Eds., *Op. Cit.*, p.423.

Malthusien. » Il ajoute un élément important que dans l'étude de Morris et Adelman's sur le développement au 19ème siècle dans 23 pays, la conclusion était que pour que l'industrialisation se réalise, il fallait une bonne performance agricole comme préalable.

Le troisième facteur soulevé par Charles Kenny est l'environnement géographique.

> « La richesse du voisin peut être importante pour faciliter les bénéfices du rattrapage. Attirer les investissements, exploiter les opportunités de commerce, gagner à partir de la main-d'œuvre migratoire et apprendre sur les progrès technologiques sera de loin plus facile pour un pays pauvre partageant une frontière avec un voisin riche plutôt que pour un pays entouré par d'autres pays pauvres. »[13]

L'auteur termine en faisant remarquer que le rôle de l'Etat-nation comme une condition nécessaire pour la croissance pourrait être réduite dans la mondialisation. On tend vers des réformes régionales. La technologie peut aussi résoudre le problème de manque de pluies. En général, conclut l'auteur, ne considérer que les politiques de l'Etat pour expliquer la croissance n'est pas suffisant.

Les deux auteurs révèlent beaucoup de choses en ce qui concerne la pauvreté au Congo, un pays immensément riche mais dont la population est très pauvre. L'examen du cas spécifique de la République démocratique du Congo révélera que les causes soulevées par ces deux auteurs s'appliquent effectivement au Congo. Mais je dois faire remarquer que ce sont des conditions nécessaires pour le développement du Congo et non suffisantes. Pour atteindre des conditions nécessaires et suffisantes au Congo, il faut y ajouter l'environnement international. Ce que nous avons appelé ailleurs : la coopération internationale. En effet, le Congo, à cause de ses potentialités stratégiques, ne peut pas tracer son chemin de développement sans l'interférence des grandes puissances qui peuvent se sentir en danger.

Considérant les institutions et les politiques économiques comme défendues par Mancur Olson, le Congo doit se sentir interpellé. L'histoire du Congo montre que le pays n'a jamais connu une bonne gouvernance. Les institutions du pays n'ont jamais accompli les devoirs pour lesquelles elles étaient conçues. En examinant seulement l'institution Présidence de la République, on constate que c'est une institution qui a largement détruit le pays depuis l'indépendance. De 1960 jusque 1965, le pays a connu une présidence conflictuelle qui a conduit à un conflit de compétence entre le Président KASA-VUBU et le Premier Ministre LUMUMBA. Et le pays a sombré dans une guerre civile. De 1965 jusque 1997, le pays a été soumis à la dictature de MOBUTU. La dictature de Mobutu n'a pas été favorable à l'économie du pays. Mobutu a créé une kleptocratie au Congo. L'économie du Congo a été apprivoisée par les étrangers et la classe dirigeante

---

[13] Charles KENNY, *Op.Cit.*, p. 421.

du pays au détriment de la population. Le résultat fut la guerre civile et la déconfiture totale de l'Etat. La présidence de 1997 jusque 2001 sous Laurent Désiré KABILA pouvait recadrer la gouvernance, ne fut ce que sous l'aspect économique. Malheureusement, l'environnement international a interféré pour arrêter son action. De 2001 jusque 2018, la présidence sous Joseph KABILA a été un grand fiasco national et international dont le résultat est non seulement une pauvreté absolue du Congolais, mais surtout un génocide à huis clos de plus de douze millions de morts.

Parlant des politiques économiques, depuis son indépendance, le Congo n'a fait qu'appliquer des politiques économiques lui suggérées par l'Occident. Qui sont responsables de ces échecs, les maîtres ou les élèves ? Mobutu s'est mis à appliquer son plan de développement du Zaïre en accord avec ses partenaires Occidentaux. Dans le plan, on peut citer quelques projets tel que le Barrage d'Inga, la ligne Haute Tension Inga-Shaba, la Sidérurgie de Maluku, le Centre Commercial International Zaïrois (CCIZ), la Cité de la Voix du Zaïre. Tous ces projets réalisés avec le concours de l'Occident n'ont pas soulagé la pauvreté des Congolais, alors Zaïrois. Car le plan de développement de Mobutu avec ses partenaires Occidentaux n'était qu'un fiasco. Pendant que le Président Mobutu a reconnu son échec, ses partenaires Occidentaux ne voulaient pas le reconnaitre. Ils voulaient blâmer tout sur Mobutu, ce que je crois être injuste. Mobutu s'est plaint en ces termes :

> « Nous admettons nos erreurs quand cela arrive. L'une d'elles était la sidérurgie de Maluku, une autre était le building du Centre de Commerce International du Zaïre (CCIZ) à Kinshasa. Mais ces erreurs ne sont pas entièrement de notre faute. La responsabilité est largement partagée par les Compagnies Multinationales responsables de la conception et de la construction. Trop souvent leur seul but était de nous vendre un produit fini et aujourd'hui toute l'Afrique souffre de la même agression commerciale des Compagnies Multinationales. Une agression qui se cache derrière le savoir-faire technologique. Je dois dire ceci et je le répète : ils ont profité de notre manque d'expérience pour nous vendre des installations qui ne conviennent pas. Et alors, quand les choses ne vont pas bien, ils blâment notre gestion et oublient comment les dettes qu'ils ont forcées sur nous pèsent sur nos épaules. »[14]

Les politiques économiques ont voulu s'écarter de la direction occidentale pendant la présidence de Laurent Désiré Kabila. Cela a constitué justement l'une des causes de la disparition de ce dernier. Nous allons y revenir. Quant à Joseph Kabila, les politiques économiques ne peuvent se résumées qu'à la stratégie du chaos en vue de permettre le pillage des ressources du Congo par les pays voisins,

---

[14] Mobutu cité dans Georges MPWATE-Ndaume, *La Coopération entre le Congo et les Pays capitalistes. Un Dilemme pour les présidents congolais, 1908-2008* , Paris : L'Harmattan, 2010, pp. 216-217.;

les Multinationales, et lui-même ainsi que ses collaborateurs. Le résultat c'est la crise politique et économique que connait le Congo aujourd'hui. Nous y reviendrons.

Considérant l'environnement géographique tel que soutenu par Charles Kenny, le Congo est encore une fois interpellé. La construction d'un Etat-nation au Congo est un processus qui a connu beaucoup de recul après un travail louable réalisé par le Président Mobutu. En effet, le Président Mobutu a le mérite d'avoir rassemblé les 450 groupes ethniques congolais dans une identité nationale qui avait fait la fierté du peuple Zaïrois. Cette unité retrouvée sous le régime Mobutu a été maltraitée par le régime de Joseph Kabila qui a semé la zizanie entre des groupes ethniques en vue d'implanter des Rwandais à l'Est du pays. Beaucoup de Congolais ont été chassés de leur terre à l'Est du pays et remplacés par des Rwandais. Les conflits entre des communautés à l'Est du Congo, spécialement au Sud Kivu, font partie de cette stratégie. Au Nord et Sud Kivu le régime a toujours promu le faux alibi du possible génocide contre les Tutsi. Malheureusement pour le régime, pendant leurs deux décennies au pouvoir, le génocide contre les Tutsi n'est pas arrivé. C'est plutôt les Congolais qui déplorent douze millions de morts. Sous le régime Joseph Kabila, pour être élu Gouverneur de province vous devez être originaire de cette province, alors que du temps de Mobutu, ce critère n'existait pas. La politique nationaliste de Mobutu a fait qu'un originaire du Kongo Central, Konde Vila Kikanda, a été élu député au Nord Kivu, chose impossible sous le régime de Joseph Kabila. C'est donc un Etat affaibli par des divisions internes qui ne pouvait pas contrôler les relations économiques en vue de lancer la croissance.

Quant à l'agriculture, le Congo n'a jamais pris au sérieux cette potentialité pour le développement du pays. L'agriculture d'exportation, par exemple, connue pendant la colonisation a été complètement détruite. C'est seulement, le Président Laurent Désiré Kabila qui a osé lancer l'agriculture au Congo à travers l'instauration du Service National. Cette expérience a connu beaucoup de succès car la ferme de Kanyama Kasese a produit des tonnes de maïs pour la consommation locale. Le régime de Joseph Kabila qui est venu après a complètement oublié le projet. Ils ont par contre amené une autre expérience à Bukanga Lonzo qui a été un désastre total. Le Congo peut effectivement promouvoir l'agriculture pour son développement comme suggéré par Charles Kenny. Toutefois, il y a lieu de se demander pourquoi le régime de Joseph Kabila n'avait pas poursuivi l'initiative de Laurent Désiré Kabila. Est-ce qu'au niveau de la division internationale du travail les portes n'étaient ouvertes ? Le Congo qui importe beaucoup de maïs, par exemple, peut-il promouvoir l'autosuffisance dans le domaine sans déranger les économies de certains pays ?

Enfin, Charles Kenny parle du profit dont on peut bénéficier des voisins riches. Le Congo n'a pas profité des richesses de ses voisins, c'est juste le contraire. Après que le Congo ait été exploité par la colonisation belge, depuis 1994, le Congo est exploité par la colonisation de ses voisins, surtout le Rwanda. L'Angola profite du pétrole congolais à l'Ouest, l'Ouganda tire le pétrole congolais à l'Est, le Rwanda exploite le gaz méthane congolais au Lac Kivu, le Congo Brazzaville s'occupe des avantages offerts par le Bassin du Congo. Bref, le Congo est sucé par ses voisins, pendant que ses politiciens s'occupent à se quereller à l'intérieur. Pendant deux décennies, l'Est du Congo est déstabilisé et pillé sans que les politiciens Congolais s'en occupent en priorité. Et le nouveau Gouvernement se montre plus généreux que Dieu, pour pardonner des criminels qui n'ont jamais demandé pardon ! Nous voulons bien développer des bonnes relations avec les Rwandais, mais cela doit se faire dans le respect de la loi internationale. Depuis 1994, l'Est du Congo a connu des atrocités jamais connues au monde depuis la fin de la deuxième guerre mondiale. On ne peut pas balayer ce génocide d'un revers de la main parce qu'on veut créer des bonnes relations avec des voisins. Ces bonnes relations pour qu'elles soient durables elles doivent reposer sur la justice. Des milliers de familles ont été endeuillées à l'Est du Congo, elles attendent que justice soit rendue à leurs morts. La communauté internationale a commis l'une des erreurs les plus graves de l'histoire politique de notre planète : avoir été complice d'un autre génocide (congolais) en vue de corriger un génocide (rwandais). En effet, la communauté internationale a fermé les yeux sur le génocide congolais en vue de corriger le génocide rwandais. On peut faire tout ce que l'on veut en vue de faire oublier ce génocide congolais, mais ça ne passera pas, car en Afrique : LES MORTS NE SONT PAS MORTS ! Nous disions que Mancur Olson et Charles Kenny ont avancé des causes que nous pouvons considérées comme des conditions nécessaires pour faire disparaitre la pauvreté au Congo, mais ce ne sont pas des conditions suffisantes.

Loin de moi la prétention d'étaler ici toutes les conditions nécessaires et suffisantes pour sortir le Congo de la pauvreté. Je veux tout simplement ajouter une condition très importante à ce qui a été développé dans les analyses faites par Mancur Olson et Charles Kenny, spécialement, en ce qui concerne la République démocratique du Congo. En effet, la République démocratique du Congo, à cause de ses richesses naturelles, a toujours été convoitée par les grandes puissances depuis même avant son indépendance. Les richesses du Congo jouent un rôle stratégique très important dans la géopolitique internationale de telle sorte que ses institutions ont toujours subi beaucoup de pression de la part de ces grandes puissances. Je vais me limiter seulement sur l'institution présidence pour montrer comment cette institution a été déstabilisée au Congo, hypothéquant directement le développement du pays.

Le premier régime congolais établi par le Premier Ministre Lumumba et le Président Joseph Kasa-Vubu n'a pas pu diriger le pays pendant un seul mandat. Le Président de la République est entré en conflit ouvert avec son Premier Ministre à cause de l'Amérique qui pensait que ses intérêts étaient en danger devant un Lumumba qu'on a qualifié de communiste, alors que ce n'était qu'un nationaliste qui voulait protéger les intérêts de son pays. Ce conflit au sommet de l'Etat a conduit le pays à une guerre civile qui a compromis le développement du Congo.

Au lieu de consulter la volonté du peuple, les Américains ont conçu un coup d'état avec Mobutu en vue de propulser leurs intérêts au Congo. Pendant toute la guerre froide, Mobutu est resté un allié sûr pour la politique étrangère américaine qui cherchait à contenir le communisme à travers le monde. L'Institution Présidence n'a pas joué son rôle dans le développement du pays, car aussi fort que Mobutu pourrait paraitre, il était très faible devant ses alliés Américains quand il s'agissait de promouvoir les intérêts économiques du Congo. Les Américains ont fait promouvoir leurs intérêts stratégiques et économiques au Congo, pendant que le Congo est resté perdant dans cette coopération.

A la fin de la guerre froide, les Américains ont changé leur politique vis-à-vis du Congo (Zaïre). Ils ont lâché leur allié Mobutu. Leur préoccupation à la fin de la guerre froide était la promotion des politiques néolibérales à travers le monde. En Afrique, c'est le Congo qui en a fait les frais. En effet une cabale truffée de beaucoup de mensonges a été peaufinée par les Américains en utilisant le Rwanda, l'Ouganda et le Burundi pour venir occuper le Congo et y installer le chaos et piller pendant deux décennies. A l'intérieur du Congo, un gouvernement complice y a été installé. L'Institution Présidence était encore une fois une manipulation extérieure qui n'avait rien à faire avec le peuple congolais.

Après deux décennies de tueries et de pillage, le peuple Congolais a décidé de changer le système et s'approprier de son pays. Encore une fois, le changement voulu par le peuple Congolais au niveau de l'Institution Présidence a été l'objet de beaucoup de contestations. Finalement, le Congo a eu un Président reconnu officiellement : Félix Antoine Tshisekedi. L'ingérence étrangère a entretenu une cacophonie avec un Président Elu (Martin Fayulu), et un Président qui est parti sans partir (Joseph Kabila). Heureusement, avec une grande dextérité, le Président Félix Antoine Tshisekedi a pu mettre fin à cette cacophonie.

Quand on veut répondre à la question : Pourquoi certaines nations sont-elles riches et d'autres pauvres, il est important d'aller au-delà des analyses classiques. Car ces analyses ont souvent tendance à seulement épingler les faiblesses internes dans les pays pauvres. Aujourd'hui, il est plus qu'évident que les pays pauvres évoluent dans un environnement international qui ne favorise pas leur développement. Le cas de la République démocratique du Congo est plus que symptomatique. Les changements à l'intérieur du pays sont court-circuités au niveau international pendant longtemps. Les Etats-Unis déclarent aujourd'hui qu'ils veulent travailler avec le Président Félix Tshisekedi. C'est une offre de coopération intéressante à première vue. Mais qu'est ce qui a changé aujourd'hui pour que cette coopération qui n'a jamais opéré en faveur du Congo puisse le devenir ? Est-ce que la violence structurelle du système économique international a changé ? Les Américains ont-ils une recette spéciale pour le Congo ?

Dans mon ouvrage intitulé « *La coopération entre le Congo et les pays capitalistes. Un dilemme pour les présidents congolais, 1908-2008* », j'ai examiné les résultats de la longue coopération pratiquée par le Congo avec les pays capitalistes en vérifiant l'hypothèse ci-dessous : « Plus un régime congolais coopère pendant que les pays capitalistes font défaut à la coopération, plus longtemps ce régime restera au pouvoir et négligera les intérêts des Congolais. Plus le régime congolais fait défaut à la coopération au moment où les pays capitalistes font aussi défaut, moins le régime restera au pouvoir tout en insistant sur les intérêts des Congolais. » Après avoir analysé la coopération avec les pays capitalistes sous les différents régimes congolais, j'étais arrivé à la conclusion que les régimes congolais ont fait face à un dilemme : soit ils coopèrent avec les pays capitalistes et restent longtemps au pouvoir, pendant qu'ils négligent les intérêts des Congolais (régime colonial, régime Mobutu, et régime Joseph Kabila) ; soit ils ne coopèrent pas avec les pays les pays capitalistes et passent un bref séjour au pouvoir, pendant qu'ils insistent sur les intérêts des Congolais, lesquels ils ne peuvent pas promouvoir (régime Lumumba et régime Laurent D. Kabila). Pendant les cent ans analysés, la coopération entre le Congo et les pays capitalistes a suivi un cycle qui alternait les résultats « Gagnant-Perdant » et « Perdant-Perdant » où le Congo était toujours « Perdant, » soit :

Tableau 1.1 *La coopération entre les pays capitalistes et le Congo Belge, 1980-1960 :*

CAP= Gagnant RDC=Perdant

	RDC (Congo Belge)		
CAP (Pays Capitalistes)		Coopérer	Faire défaut
	Coopérer		
	Faire défaut	CAP=5 RDC=0 Tentation de faire défaut et Paiement de dupe	

Tableau 1.2. *La coopération entre les pays capitalistes et le gouvernement Lumumba, 1960-1965 :*

CAP= Perdant RDC=Perdant

	RDC (Gouvernement Lumumba)		
CAP (Pays Capitalistes)		Coopérer	Faire défaut
	Coopérer		
	Faire défaut		CAP=1 RDC=1 Punition pour défaut mutuel

Tableau 1.3 *La coopération entre les pays capitalistes et le régime Mobutu, 1965-1997* :

CAP=Gagnant RDC = Perdant

		RDC (Régime Mobutu)	
CAP (Pays Capitalistes)		Coopérer	Faire défaut
	Coopérer		
	Faire défaut	CAP=5 RDC=0 Tentative de faire défaut et Paiement de dupe	

Tableau 1.4 *La coopération entre les pays capitalistes et le régime Laurent D. Kabila, 1997-2001* :

CAP= Perdant RDC= Perdant

		RDC (Régime L.D. Kabila)	
CAP (Pays Capitalistes)		Coopérer	Faire défaut
	Coopérer		
	Faire défaut		CAP=1 RDC=1 Punition pour le défaut mutuel

Tableau 1.5 *La coopération entre les pays capitalistes et le régime Joseph Kabila, 2001- 2008 :*

CAP=Gagnant RDC= Perdant

		RDC (Régime Joseph Kabila)	
CAP (Pays Capitalistes)		Coopérer	Faire défaut
	Coopérer		
	Faire défaut	CAP=5 RDC=0 Tentation de faire défaut et paiement de dupe	

En regroupant les cinq régimes, le tableau présente une alternance entre deux types de coopération : « Tentative de faire défaut et paiement de dupe » et « Punition pour le défaut mutuel » :

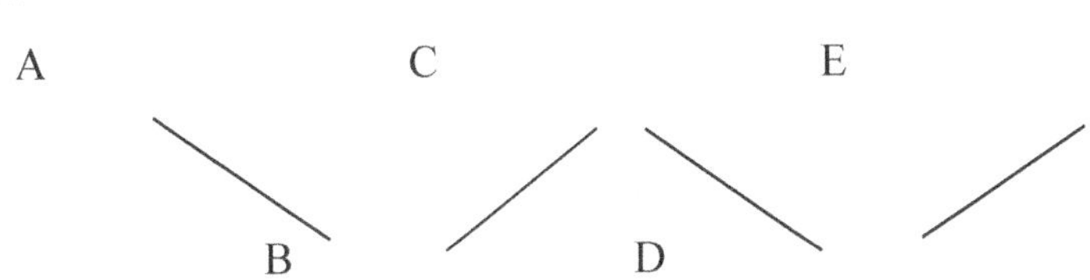

Tableau 1.6 *Alternance entre Tentative de faire défaut et Paiement de dupe*

	RDC (1908-2008)		
CAP (Pays Capitalistes)		Coopérer	Faire défaut
	Coopérer		
	Faire défaut	CAP=5 RDC=0 Tentation de faire défaut et paiement de dupe A : Congo Belge C : Régime Mobutu E : Régime Joseph Kabila	CAP=1 RDC= 1 Punition pour le défaut mutuel B : Gouvernement Lumumba D : Régime L.D. Kabila

La conclusion était que les deux parties n'étaient pas parvenues à un niveau équitable de coopération bénéfique à toutes les parties. Les relations entre la République démocratique du Congo et les pays capitalistes seront une réussite quand les deux parties vont sincèrement coopérer. Cette situation est représentée par la cage décrite comme : *Récompense pour la coopération mutuelle*, soit CAP=3 et RDC=3.

Depuis 2018, beaucoup de choses ont changé au Congo. Le régime Joseph Kabila a été remplacé par un autre régime. Le leader des pays capitalistes, à savoir les Etats-Unis, a changé aussi d'Administrations. Les changements arrivés au Congo laissent certains analystes parler d'une possible révolution. La grande question à laquelle je voudrais répondre dans ce travail est de savoir ce qui est arrivé au cycle de coopération entre les pays capitalistes et le Congo. En d'autres termes, le cycle de « Perdant-Gagnant » et « Perdant-Perdant » a-t-il été brisé ou continue-t-il son chemin ? Et s'il n'a pas connu de modifications, quelles sont les stratégies que le Congo doit développer pour atteindre son décollage économique ?

1.3. La RD Congo : stratégies pour le décollage économique

Pour répondre à ces questions, il est important d'analyser la coopération pendant le régime de Joseph Kabila en entièreté et celle du régime F.A. Tshisekedi. Je rappelle que la première analyse s'était arrêtée en 2008 alors que Joseph Kabila est resté au pouvoir jusque 2018, soit dix ans plus tard. En dix ans, beaucoup de choses peuvent se passer. On se rappellera que le régime Kabila à un moment donné avait tourné le dos à la coopération avec les pays capitalistes pour embrasser la coopération chinoise.

Comme mentionné déjà plus haut, L'*hypothèse principale* de ce travail est donc que le changement de politique par le régime J. Kabila avait confirmé le cycle de « Perdant-Gagnant » et « Perdant-Perdant », sauf que le régime J. Kabila a connu deux étapes dans sa coopération avec les pays capitalistes : une étape de « Perdant-Gagnant » suivie d'une étape de « Perdant –Perdant.» A la différence des régimes « Perdant-Perdant » précédents qui se sont terminés par la sanction la plus élevée à savoir, l'élimination physique du partenaire, cette fois-ci Joseph Kabila a été éliminé seulement politiquement sans atteinte à sa vie physique. Et le cycle a poursuivi son chemin vers « Gagnant-perdant » entre les pays capitalistes avec le régime Tshisekedi au début de son mandat. Et à l'instar de Joseph Kabila, la coopération entre les pays capitalistes et le régime Tshisekedi qui a commencé avec le schéma « Gagnant-Perdant » s'est muée plus rapidement en une coopération « Perdant-Perdant »sans attendre le deuxième mandat du Président Tshisekedi. Quant aux sanctions, jusqu'au début du deuxième mandat du Président Tshisekedi, les paramètres n'étaient pas encore clairs. Les pays Occidentaux n'avaient pas réussi à éliminer politiquement le président Tshisekedi en l'écartant du pouvoir à travers les élections de 2023, en cachant maladroitement leur support à l'Opposition congolaise. L'Occident n'a pas non plus pu appliquer l'élimination physique, comme ce fut le cas avec Lumumba et Laurent Désiré Kabila. Mais ceci ne veut pas nécessairement mener à la conclusion que rien n'a été tenté dans ce sens. Est-ce que le Congo réussira le pari de « Gagnant-Gagnant » dans sa coopération avec les pays capitalistes pendant le deuxième mandat du Président Tshisekedi ? Rien n'est moins sûr, après 115 ans d'échec dans cette coopération. Vu les enjeux géopolitiques de l'heure, le Congo doit opter pour une coopération « Gagnant-gagnant » avec les pays des BRICS en vue de résoudre son problème de sous-développement. J'en donnerai les raisons dans la suite de ces pages.

Comme avec le travail précédent, je garde la théorie des Jeux et spécifiquement le « Dilemme du Prisonnier » dans ma conceptualisation des relations entre la RDC et le pays capitalistes. Le Dilemme du Prisonnier est un jeu à somme non nulle. Le modèle que je propose reste le même, j'utilise l'illustration du Dilemme du Prisonnier telle que présentée par Axelrod. [15] Comme mentionné dans le passé, le modèle est une formulation abstraite des situations dans lesquelles ce qui est mieux pour les pays capitalistes et le Congo individuellement conduit au défaut mutuel, pendant que la coopération mutuelle serait bénéfique à toutes les parties. Le Congo et les pays capitalistes évoluent dans des situations où ils ont deux choix chacun : coopérer ou faire défaut. Le meilleur score que chaque partie peut faire est d'obtenir 5, *la tentation de faire défaut* quand l'autre partenaire coopère. Le pire score que chaque partie peut réaliser est d'obtenir 0, *le paiement de dupe* pour avoir coopéré pendant que l'autre partenaire fait défaut. Entre les deux extrêmes, il y a deux situations : *la récompense pour la coopération mutuelle* quand toutes les deux parties coopèrent. Et *la punition pour le défaut mutuel* quand les deux parties font défaut à la coopération. Le classement de préférence des quatre résultats est le suivant : la tentation de faire défaut=5, la coopération mutuelle = 3, le défaut mutuel = 1, et le paiement de dupe = 0. La seconde supposition est que les pays capitalistes et le Congo « ne peuvent pas résoudre leur dilemme en faisant des tours pour s'exploiter. »

---

[15] Robert Axelrod, *The Evolution of Cooperation,* New York: Basic Books, 1984.

Les conclusions à tirer de mon hypothèse ont évolué : Les régimes congolais ont fait face à un dilemme : soit ils coopèrent avec les pays capitalistes et restent longtemps au pouvoir, pendant qu'ils négligent les intérêts des Congolais ; soit ils ne coopèrent pas avec les pays capitalistes et passent un bref séjour au pouvoir, pendant qu'ils insistent sur les intérêts des Congolais, lesquels ils ne peuvent pas promouvoir.

Le décollage économique du Congo et la stabilité de la République démocratique du Congo dépendent principalement de la résolution de ce dilemme que n'importe quel gouvernement congolais rencontrera dès le début de son mandat public. Dans cette logique, le Gouvernement Tshisekedi fait aussi face au même dilemme, mais la voie de sortie lui est offerte par le ballottage connu dans le Nouvel Ordre Mondial. En effet, le Gouvernement Tshisekedi doit saisir l'opportunité lui offerte d'intensifier sa coopération avec les pays des BRICS et rejoindre ainsi le Sud Global en s'éloignant du Nord Global.

Conclusion

En plaçant cette étude dans la grande problématique du développement du Congo, la réussite de la coopération internationale se place au sommet d'une pyramide comprenant trois étages : à la base, la qualité des institutions et politiques économiques avancées par Mancur Olson Jr. ; au milieu du triangle, l'environnement géographique (Etat-nation, agriculture, voisinage) défendu par Charles Kenny, et au sommet, la coopération internationale. Prise individuellement, les différents étages de la pyramide sont des conditions nécessaires pour le décollage du Congo, mais prises en totalité, les trois étages de la pyramide constituent les conditions nécessaires et suffisantes pour le décollage économique du Congo.

Fig 1.1 Pyramide du Décollage pour le Congo

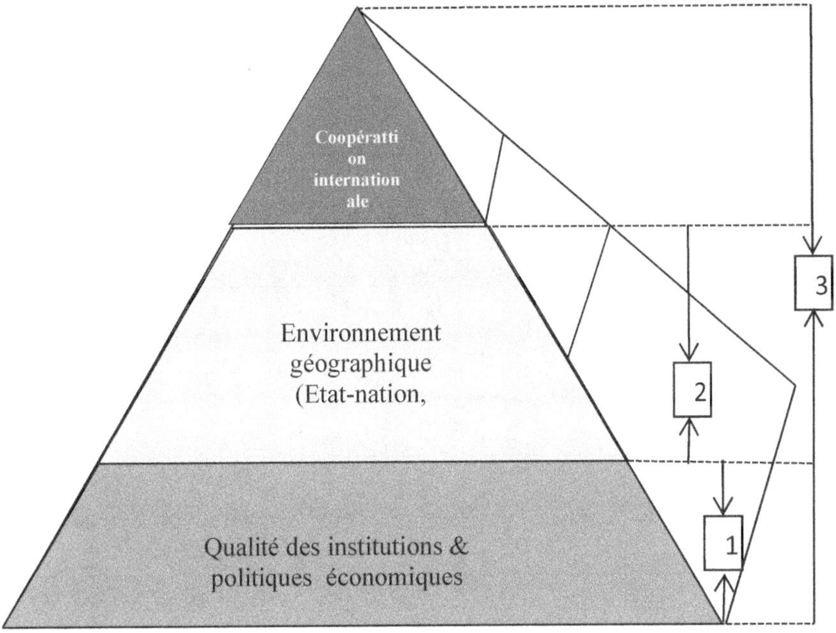

1= conditions nécessaires 2= conditions nécessaires 3= conditions nécessaires et suffisantes

Trois questions de recherche seront examinées dans ce travail pour atteindre son but. La première question est celle de savoir si la coopération entre les pays capitalistes et le régime J. Kabila de 2001 à 2008 peut être décrite comme une situation de « tentative de faire défaut et paiement de dupe » ou non.

Tableau 1.7 *La coopération entre les pays capitaliste et le régime Joseph Kabila (2001-2008)*

	RDC (Régime Joseph Kabila 2001-2008)		
CAP		Coopérer	Faire défaut
	Coopérer		
	Faire défaut	CAP=5 RDC=0 Tentation de faire défaut et paiement de dupe	

Après l'accord de coopération entre le Congo et la Chine, les relations entre le Congo et les pays capitalistes, spécialement, l'Amérique se sont détériorées. La deuxième question de recherche est donc de savoir si la seconde partie du pouvoir de Joseph Kabila peut être décrite comme une situation de « punition pour le défaut mutuel. » ou non.

Tableau 1.8 *La coopération entre les pays capitalistes et le régime Joseph Kabila (2009-2018)*

	RDC (Régime Joseph Kabila 2009-20018)		
CAP		Coopérer	Faire défaut
	Coopérer		
	Faire défaut		CAP=1 RDC=1 Punition pour le défaut mutuel

Les élections ont finalement eu lieu au Congo en décembre 2018 après beaucoup de péripéties malheureuses. Un nouveau régime a pris le pouvoir. La troisième question de recherche est celle de savoir si le régime F.A. Tshisekedi peut être décrite comme une situation de « tentative de faire défaut et paiement de dupe » ou non.

Tableau 1.9 *La coopération entre les pays capitalistes et le régime F.A. Tshisekedi (2018- 2023)*

	RDC (Régime F.A. Tshisekedi (2018- 2023)		
CAP		Coopérer	Faire défaut
	Coopérer		
	Faire défaut	CAP=5 RDC=0 Tentative de faire défaut et paiement de dupe	

Si ces questions sont vérifiées alors en regroupant tous les régimes congolais, le cycle de coopération entre les pays capitalistes et le Congo présentera une alternance de «Gagnant-Perdant » et « Perdant-Perdant » où le régime Joseph Kabila occupe deux étapes qui se suivent :

Gagnant-Perdant

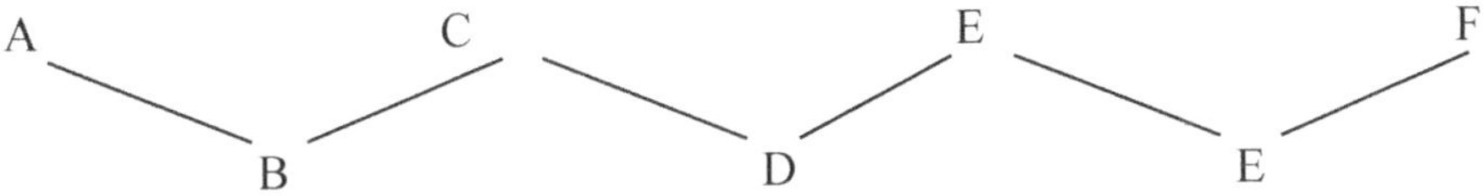

Perdant-perdant

Tableau 1.10 La coopération du régime Joseph Kabila en deux étapes

	RDC (1908- 2023)		
CAP		Coopérer	Faire défaut
	Coopérer		
	Faire défaut	CAP=5 RDC=0 Tentative de faire défaut et paiement de dupe A : Congo Belge C : Régime Mobutu E : Régime J. Kabila (2001 2008) F : Régime F.A. Tshisekedi	CAP=1 RDC=1 Punition pour le défaut mutuel B : Gouvernement Lumumba D : Régime L.D. Kabila E : Régime J. Kabila (2009-2018)

Le prochain chapitre se corse sur les théories de la coopération internationale : mythes et réalités

Chapitre II

Les théories de la coopération internationale : mythes et réalités

Ce chapitre a pour matrice les théories de la coopération internationale : mythes et réalités. En effet, après une soixantaine d'années d'indépendance, les pays africains, à l'exception de Botswana qui fait des prouesses vers son émergence, n'ont pas expérimenté le développement leur promis au lendemain de leurs indépendances. Depuis le début des années 1990, le monde a quitté l'ère de la guerre froide avec toutes sortes d'explications pour entrer dans le nouveau système mondial que nous appelons la mondialisation. Le système mondial peut changer comme il voudrait, le grand enjeu pour les pays du Tiers Monde restera toujours comment réussir leur processus de développement.

Le problème de la pauvreté est d'une importance capitale pour la République Démocratique du Congo, car il est difficile de comprendre comment un pays doté de plusieurs ressources naturelles puisse avoir une population parmi les plus pauvres de la planète et ne puisse pas sortir de ce cercle vicieux de sous-développement après avoir appliqué toutes sortes de programmes lui recommandés par les pays développés. En 1960 quand le Congo est devenu indépendant, on disait aux Congolais que leur pays serait développé vers les années 1980. Mais hélas, l'objectif 80 passa, et le Congo, Zaïre à l'époque, fut classé parmi les derniers du monde. Les années passaient, et le Congo croissait dans la pauvreté jusqu'à devenir un pays pauvre très endetté. Un programme a été suggéré par les Institutions de Bretton Woods et le Congo atteignit le point d'achèvement. Mais la pauvreté ne faisait qu'accroître. La grande préoccupation des Congolais aujourd'hui est de savoir si le pays s'en sortira et comment ?

Dès lors quand on parle de « comment ?», on entre dans le domaine des théories. Parler de la pauvreté conduit naturellement à parler de développement. Et je partage le point de vue de John Baylis et les autres qui disent que « quand nous considérons le problème de développement il est important de se rendre compte que toutes les conceptions de développement reflètent nécessairement un ensemble particulier des valeurs sociales et politiques. En effet, il est vrai de dire que le développement peut être conçu seulement au sein d'un cadre idéologique[16]. » Le Congo est devenu indépendant en 1960 pendant la guerre froide et les problèmes idéologiques étaient très prononcés au niveau

[16] John Baylis, Steve Smith, Patricia Owens, *the Globalization of World Politics. An Introduction to international relations*, Oxford: Oxford University Press, 2008, p. 473.

international. Il était très difficile pour les pays africains, le Congo, en particulier, de s'éloigner de l'idéologie capitaliste qui s'était implantée dans le pays pendant la colonisation. Ce n'était qu'une évolution normale de voir le Congo poursuivre la voie du développement orthodoxe.

Depuis les années 1950, et surtout les années 1980, la littérature sur la théorie et la pratique de développement a connu un grand essor. Ce que l'on constate en général est que les idées sur le développement ont souvent été controversées. En général, la littérature couvre la théorie et la pratique de développement. En d'autres termes « comment le développement devrait ou pourrait arriver, et les efforts du monde réel pour mettre en pratique les différents aspects du développement. [17] » Selon Potter, les théories de développement peuvent être regroupées en superposant deux axes. Le premier axe considère la différence entre les théories normatives de développement et les théories positives. En d'autres mots, on considère ce qui devrait se faire et ce qui a été réellement fait. L'autre axe considère la différence entre les théories holistiques et les théories partielles dont la plupart se concentrent sur la dimension économique. [18] Ce regroupement nous offre quatre approches, notamment, l'approche classique-traditionnelle ; l'approche historique-empirique ; l'approche de dépendance ; et les approches alternatives.[19] Le Congo a naturellement suivi l'approche classique-traditionnelle.

L'approche classique-traditionnelle embrasse la théorie de la modernisation et les impératifs néolibéraux. Il est important de connaître et de maîtriser le contenu de ces approches et théories que les pays africains embrassent en coopération internationale avec leurs conséquences dans le processus de leur développement. C'est le but principal de ce chapitre, car j'estime que les pays africains, en particulier le Congo, appliquent les théories de la coopération internationale seulement sur recommandation de leurs partenaires, sans souvent en mesurer les tenants et les aboutissants.

Quand le Congo devint indépendant en 1960, les autorités avaient opté pour l'approche classique-traditionnelle. Ainsi donc, en vue d'industrialiser le Congo, le Premier Ministre Lumumba avait entrepris un voyage vers les Etats-Unis et le Canada, malgré les accusations des pays capitalistes le qualifiant de communiste. Lumumba n'avait pas pu réaliser l'industrialisation du Congo. La raison avancée était la guerre civile qui avait embrasé le pays. Quand Mobutu vint au pouvoir en 1965, les portes du Congo furent grandement ouvertes au pays capitalistes. Comme je l'ai discuté dans mon ouvrage « *La coopération entre le Congo et les pays capitalistes. Un dilemme pour les présidents congolais* », la coopération entre Mobutu et ses partenaires fut un fiasco. Mobutu était déjà au service des pays capitalistes avant même de devenir président. Nous savons que c'est grâce à

[17] Robert B. Potter, « Theories, strategies and ideologies of development » in Vandana Desai &Robert B. Potter, eds., *The Companion to Development Studies,* London : Hodder Arnold, 2002, p. 61.
[18] *Ibid*, p. 63.
[19] *Ibid.*

la CIA que Mobutu a pris le pouvoir au Congo.[20] Une fois aux affaires, il était naturel que Mobutu ne s'écarte pas de la voie de développement orthodoxe prônée par les pays capitalistes, les Etats-Unis en tête. Ainsi donc, Mobutu développera une grande coopération avec les pays capitalistes dans tous les domaines pour la modernisation du Zaïre. On peut mentionner, en passant, les grands travaux que le régime Mobutu a réalisés avec les pays capitalistes : le Barrage d'Inga, la ligne de haute tension Inga-Shaba, la Sidérurgie de Maluku, le Centre de Commerce International du Zaïre (CCIZ), la Voix du Zaïre, le Pont Maréchal Mobutu, etc. Bref, le régime Mobutu a privilégié la voie du libéralisme économique pour son développement pour terminer dans un chaos total en 1997.

Rien d'étonnant si les relations entre le Zaïre de Mobutu et les pays socialistes étaient très timides. Mobutu n'avait pas développé des relations économiques avec l'Ex-Union Soviétique. D'ailleurs jusqu'à sa mort, il n'avait pas visité Moscou. Il s'est permis de visiter la Chine en 1973 seulement après que le Président Richard Nixon ait ouvert la voie en 1972. Même alors, les échanges entre le Zaïre et la Chine sont restés insignifiants. Le Zaïre sous Mobutu est donc resté un élève fidèle de l'approche classique-traditionnelle de développement.

L'avènement du Président Laurent Désiré Kabila en 1997 fut une cassure dans cette approche. L.D. Kabila n'a pas voulu suivre les directives et conseils du 'Consensus de Washington.' Il s'était tourné vers la Chine, comme je l'ai discuté ailleurs. C'est cette volte-face qui a été à la base de l'échec de sa coopération avec les pays capitalistes et qui a conduit à la punition extrême, sa disparition physique. Après sa mort, Joseph Kabila vint aux affaires en 2001 et ramena le Congo dans la voie classique-traditionnelle. Il évolua dans cette direction pendant 7 ans avant de faire volte-face lui aussi et embrasser la Chine en signant un accord gigantesque de coopération en 2008. Il vogua avec les Chinois pendant 10 ans avant de terminer lui aussi dans le chaos, comme Mobutu, en 2018. Et le Congo reprit de nouveau le chemin de la voie classique-traditionnelle avec le Président F.A. Tshisekedi qui a signé un Partenariat Privé pour la Paix et la Prospérité avec l'Amérique, qui vient d'ajouter l'aspect environnemental. Comme on peut le constater, le Congo vogue au gré des vagues sans savoir exactement ce qui l'attend au bout de l'océan qu'est le système économique mondial. Ce qui se passe au Congo est un éternel recommencement. Je pense qu'il y a lieu de se demander pourquoi faire la même chose pendant 60 ans, sans résultats. N'est-il pas plus raisonnable de s'asseoir un moment et se poser des questions en vue de rectifier le tir ? Les Congolais aujourd'hui ont placé beaucoup d'espoir sur le régime F.A. Tshisekedi. Que doit-on changer pour ne pas tomber dans l'éternel recommencement ? Lutter contre la corruption ? Surement que c'est nécessaire. Mais est-ce que c'est suffisant ? La tâche que je me donne dans ce chapitre est de discuter avec plus de détails les approches et les théories que l'Afrique, en

[20] Pour plus de details, on peut lire: Sean Kelly, *America's Tyrant: The CIA and Mobutu of Zaïre*, Washington, D.C.: The American University Press, 1993.

particulier le Congo, embrasse en vue de ressortir leurs avantages et leurs faiblesses. C'est la maîtrise de ces détails qui aidera l'Afrique, et le Congo, à tracer son chemin dans ce grand océan qu'est l'économie mondiale. Toutes ces théories tirent leurs origines de trois idéologies qui se bousculent dans le domaine de l'économie politique internationale.

Ainsi, je parle des trois idéologies de l'économie politique internationale, les théories de la coopération internationale selon les différentes perspectives

2.1. Les trois idéologies de l'économie politique internationale

Le point de départ de cette discussion, c'est le vieux débat de la relation entre les affaires économiques et politiques. On se rappellera que dans l'un de ses multiples discours le Président Mobutu avait déclaré que « le Zaïre n'avait pas de problèmes politiques, mais plutôt des problèmes économiques.» Je pense que quand Mobutu avait commencé sa chute politique aux enfers, il avait compris que séparer les affaires économiques des affaires politiques était une erreur. La nature de l'économie politique internationale concerne donc « l'impact de l'économie du marché mondial sur les relations des Etats et les moyens par lesquels ils cherchent à influencer les forces du marché pour leur propre avantage. [21]»

Depuis un long moment, trois idéologies ont marqué l'économie politique internationale, le libéralisme, le réalisme, et le marxisme. Comme le souligne Gilpin, « ces trois idéologies sont fondamentalement différentes dans leurs conceptions des relations entre la société, l'Etat, et le marché, et il ne serait pas exagéré de dire que chaque controverse dans le domaine de l'économie politique internationale est ultimement lié aux différentes conceptions de ces relations.[22] »

Ainsi, les trois idéologies de l'économie politique internationale sont ; la perspective libérale ou le libéralisme, la perspective nationaliste ou le réalisme et la perspective marxiste.

2.1.1. La perspective libérale

Le terme « libéral » peut parfois dérouter l'étudiant de l'économie politique internationale dans ce sens que l'on doit distinguer l'économie libérale de la politique libérale. Aux Etats-Unis, il y a des chercheurs qui soutiennent qu'il n'existe pas une théorie libérale de l'économie politique parce que le libéralisme sépare l'économie de la politique. La manière simple de concevoir la différence en Amérique est que tous les Républicains et les Démocrates pratiquent l'économie libérale, alors que politiquement, les Démocrates sont dits être des libéraux par rapport aux Conservateurs. Pour marquer leurs différences, Gilpin note que « la théorie économique libérale soutient le marché libre et l'intervention minimale de l'Etat bien que l'accent relatif sur l'un ou l'autre peut différer. La théorie politique libérale soutient l'égalité et la liberté individuelles, bien

---

[21] Robert GILPIN, *The Political Economy of International Relations*, Princeton, NJ: Princeton University Press, 1987, p. 24.
[22] *Idem*, p. 25.

qu'encore une fois l'accent sur l'une ou l'autre peut différer.[23] » C'est donc dans la pratique de la théorie politique libérale que les Américains sont le plus partagés. L'exemple le plus frappant c'est leur différence dans la pratique ou non de l'avortement comme une liberté individuelle de la femme. Actuellement c'est l'homosexualité qui divise encore plus la société américaine. Les Conservateurs s'y opposent, pendant que les libéraux pensent que cela fait partie des libertés individuelles qu'il faut supporter en politique. Le Président Obama, un libéral, a poussé la politique jusqu'à admettre le mariage entre les personnes d'un même sexe, ce à quoi s'opposent les Conservateurs. On comprend que ces problèmes n'ont rien à faire avec l'économie. Donc quand on parle du libéralisme économique, on est concerné seulement par les aspects économiques du libéralisme et non de la politique.

C'est ainsi que Gilpin note que « la perspective libérale en économie politique est comprise dans la discipline de l'économie comme elle a été développée en Grande Bretagne, aux Etats-Unis, et en Europe. Depuis Adam Smith jusqu'à ses adeptes contemporains, les penseurs libéraux ont partagé un ensemble cohérent de suppositions et de croyances sur la nature des êtres humains, la société, et les activités économiques. Le libéralisme a pris beaucoup de formes : classique, néo-classique, Keynésien, monétariste, etc. Ces variantes se rangent à partir de celles qui donnent la priorité à l'égalité et tendent vers la démocratie sociale et l'intervention de l'Etat en vue d'atteindre cet objectif, jusqu'à celles qui soulignent la liberté et la non intervention au détriment de l'égalité sociale. Toutes les formes du libéralisme économique, cependant, soutiennent le marché et le mécanisme du prix comme le moyen le plus efficace pour organiser les relations économiques nationales et internationales. Le libéralisme peut être défini comme une doctrine et un ensemble de principes pour organiser et gérer une économie du marché en vue de réaliser une efficacité maximale, la croissance économique, et le bien-être individuel. [24] »

Comme je l'ai mentionné plus haut, le Congo et les pays africains en général, pour avoir été colonisés par les Occidentaux, ont suivi cette doctrine dans la résolution de leur problème de développement. C'est une doctrine qui a une connotation Européenne, c'est-à-dire qu'elle soutient l'individualisme, le marché libre, et la propriété privée. Le grand débat que l'on connaît actuellement en Afrique après avoir appliqué cette doctrine est que la société africaine est différente de la société européenne, ce qui a marché pour la société européenne ne doit pas nécessairement marcher pour la société africaine. Je vais y revenir. Toujours est-il que le libéralisme économique a ses principes et croyances.

On peut encore se référer à Gilpin pour découvrir les prémices fondamentales du libéralisme. D'abord « le consommateur individuel, l'entreprise, le ménage est la base de la société….. ; le libéralisme suppose aussi qu'il existe un marché dans

[23] *Idem,* P. 27.
[24] *Ibid.*

lequel les individus ont les informations complètes et sont ainsi capables de sélectionner le cours d'action le plus bénéfique.... ; une économie du marché est gouvernée principalement par la loi de la demande.... ; le libéralisme suppose aussi qu' une économie du marché exhibe une tendance puissante vers l'équilibre et la stabilité inhérente, du moins à long terme.... ; enfin la plupart des économistes libéraux présentement croient au progrès, défini plus fréquemment comme une croissance en richesse par tête d'habitant. Ils affirment que la croissance d'une économie fonctionnant correctement est linéaire, graduelle, et continue.[25] »

En conclusion, quand on se réfère à la problématique de la coopération internationale, la perspective libérale offre un point de vue très optimiste pour les relations entre les nations du monde : « le libéralisme économique suppose qu'un marché se crée spontanément en vue de satisfaire les besoins humains et que, une fois en opération, il fonctionne selon sa propre logique interne. Les êtres humains sont par nature des animaux économiques, et par conséquent les marchés évoluent naturellement sans une autorité centrale. En d'autres termes, la coopération est quelque chose de naturel pour les libéraux. Les nations du monde devaient coopérer naturellement. Adam Smith a dit :'il est inhérent à l'humanité de faire le troc et d'échanger'. .....Par essence, les libéraux croient que le commerce et l'échange économique sont une source des relations pacifiques entre les nations parce que les bénéfices mutuels du commerce et l'interdépendance croissante parmi les économies nationales tendront à faire promouvoir la coopération internationale. Pendant que la politique divise les gens, pour eux l'économie tend à unir les nations du monde.[26] »

Après plusieurs pratiques de ces principes, malheureusement, le monde a constaté que les choses n'étaient aussi évidentes. C'est le problème de « gains absolus » et de « gains relatifs » qui a remis en cause l'optimisme du libéralisme économique. En effet, le problème de gains relatifs et de la distribution des richesses issues des échanges a poussé les chercheurs à proposer d'autres voies de sortie. Comme on le dit souvent par les pays pauvres, le système économique international fait que les riches deviennent plus riches et les pauvres plus pauvres. C'est dans ce cadre qu'il faut comprendre la sortie de deux autres perspectives : le nationalisme économique et le Marxisme. Les lignes suivantes portent sur la perspective nationaliste ou le réalisme.

2.1.2. La perspective nationaliste (le réalisme)

Pendant que Robert Gilpin parle de la « perspective nationaliste », Stephen Gill et David Law parlent du « mercantilisme-réaliste.[27] » Et selon ces derniers, « le mercantilisme-réaliste commence avec la supposition que la vie internationale est

---

[25] *Idem*, pp. 28-30.
[26] *Idem*, pp. 27, 31.
[27] Stephen GILL and David LAW, *the Global Political Economy*, Baltimore: The Johns Hopkins University Press, 1989.

d'une manière inhérente conflictuelle, avec l'anarchie comme règle, l'ordre, la stabilité et la justice des exceptions. Dans ce monde de conflit, la puissance est l'arbitre ultime de la politique, et la distribution des ressources de la puissance nationale détermine la forme des relations entre les Etats rivaux dans le système interétatique. Par anarchie on veut dire l'absence d'une force globale, telle que celle qui pourrait être fournie par un gouvernement mondial, qui pourrait imposer l'ordre sur les Etats-nations. [28] »

Comme pour le libéralisme économique, le nationalisme économique a aussi connu beaucoup de modifications. C'est ainsi que l'on parle du mercantilisme, étatisme, protectionnisme, l'école historique allemande, et le nouveau protectionnisme. A travers tous ces métamorphoses l'idée principale dans cette perspective est que la construction de l'Etat et les intérêts de l'Etat sont supérieurs aux activités économiques. Les nationalistes, qu'on appelle aussi les réalistes, ont toujours cru à la primauté de l'Etat, de la sécurité nationale, et de la puissance militaire sur toute autre considération dans la gestion du système international.[29] Et dans cette perspective la supposition la plus cruciale est que les intérêts des nations du monde doivent être en conflit. En conséquence, dans ces conditions comment expliquer l'ordre et la coopération qui existent entre les différentes nations ? Les réponses sont variées. Mais pour les réalistes « le système international le plus stable serait celui où un gouvernement mondial ou un Léviathan global imposerait l'ordre. Une deuxième solution serait un empire global, ou hégémonique, où une nation serait tellement puissante qu'elle serait capable d'imposer la discipline et de maintenir la paix. [30] »

Dans ces conditions, un concept devient très crucial dans la coopération internationale, à savoir, l'intérêt national. Stephen et Law notent qu' « en se concentrant sur l'Etat-nation, les chercheurs dans cette perspective soutiennent que l'intérêt national existe et peut être clairement défini. A la base de cet intérêt se trouve l'impératif de la survie de l'Etat. Ce besoin donne naissance au concept de sécurité nationale, un concept qui est essentiel dans la conception de la politique économique extérieure d'un Etat. Pendant que la sécurité nationale est souvent liée aux relations extérieures, elle peut aussi avoir un aspect interne par rapport à l'ordre et la cohésion sociale nationale. Là où l'Etat est fragmenté intérieurement, et où il existe peu de cohésion sociale, la réalisation des concepts d'intérêt national et de sécurité nationale sera difficile, même impossible, comme dans beaucoup d'Etats africains.[31] » La République démocratique du Congo est un exemple pertinent de grandes difficultés dans la réalisation des concepts d'intérêt national et de sécurité nationale suite justement à l'absence de cohésion sociale nationale. La guerre qui persiste dans l'Est du pays pendant trois décennies a pour cause principale le manque de patriotisme et de cohésion sociale nationale.

---

[28] *Idem*, p. 25.
[29] Robert GILPIN, *Op. Cit.*, p. 31.
[30] Stephen GILL and David Law, *Op. Cit.*, p. 26.
[31] *Idem*, p. 27.

Après l'instauration de l'état de siège dans deux des provinces dans l'Est du pays, on constate que les Congolais eux-mêmes ont accueilli à bras ouverts les vautours régionaux et internationaux qui viennent piller les richesses du pays. Les Congolais eux-mêmes ont rejoint les tueurs étrangers pour tuer leurs propres frères et sœurs et favoriser le pillage de leurs ressources. La sécurité nationale devient évidemment une tâche très laborieuse. Il est aussi évident que dans un pays comme celui-ci, les intérêts économiques du pays seront très difficiles à faire avancer dans la coopération avec les partenaires extérieurs, car la tricherie se fera à ciel ouvert. J'y reviendrai.

En considérant le problème de gains « absolus » et de gains « relatifs » qui sépare les nationalistes des libéraux, Robert Gilpin note que « Dans un monde d'Etats en compétition, le nationaliste considère que le gain relatif est plus important que le gain mutuel. Ainsi les nations essayent continuellement de changer les règles ou les régimes gouvernant les relations économiques internationales en vue de bénéficier elles-mêmes disproportionnément par rapport à d'autres puissances économiques. Comme Adam Smith a fait remarquer astucieusement, chacun veut devenir un monopole et tentera de l'être à moins qu'il soit empêché par des concurrents. Par conséquent, une économie libérale internationale ne peut pas se développer à moins qu'elle ne soit supportée par des Etats économiques dominants dont leurs propres intérêts sont consistants avec sa conservation.

Pendant que les libéraux soulignent les bénéfices mutuels du commerce international, les nationalistes aussi bien que les Marxistes considèrent ces relations comme étant intrinsèquement conflictuelles. Bien que ceci n'exclue pas la coopération économique internationale et la poursuite des politiques libérales, l'interdépendance économique n'est jamais symétrique; en effet, elle constitue une source de conflit continu et de l'insécurité.[32] »

Le réalisme a beaucoup marqué l'économie politique internationale. Il y a des discussions interminables entre les réalistes et les libéraux, mais les deux perspectives continuent à influencer l'économie politique internationale. On pourra relever seulement que le réalisme est une perspective assez pessimiste, du moins en ce qui concerne les voies et moyens d'éradiquer le conflit en relations internationales, y compris le conflit entre les intérêts économiques des nations.

Il convient de signaler aussi la perspective marxiste au point suivant.

2.1.3. La perspective marxiste

A l'instar du libéralisme, le Marxisme a aussi connu une évolution à partir des idées avancées au départ par Karl Marx et Friedrich Engel. Je discuterai certaines de ces théories plus loin. Je voudrais faire remarquer ici, comme Robert Gilpin le souligne, qu'en dépit de ces variations, quatre éléments essentiels caractérisent la pensée Marxiste : « Le premier élément est l'approche dialectique de la connaissance de la société qui définit la nature de la réalité comme étant

[32] *Robert GILPIN, Op.Cit, pp. 33-34.*

dynamique et conflictuelle ; le déséquilibre social et le changement conséquent sont dus à la lutte de classe et le travail des contradictions inhérentes aux phénomènes sociaux et politiques. Il n'y a pas, selon les Marxistes, une harmonie sociale inhérente ou le retour à l'équilibre comme les libéraux croient. Le second élément est une approche matérialiste à l'histoire; le développement des forces productrices et des activités économiques est au centre du changement historique et opère à travers la lutte des classes sur la distribution du produit social. Le troisième élément est une vue générale du développement capitaliste ; le mode de production capitaliste et sa destinée sont gouvernés par un ensemble des lois de mouvement de la société moderne. Le quatrième élément est un engagement normatif au socialisme ; tout Marxiste croit que la société socialiste est à la fois la fin nécessaire et désirable du développement historique.[33] »

C'est le troisième élément qui intéresse la coopération internationale. Pour les Marxistes, les capitalistes se battent pour le profit et l'accumulation des capitaux dans la coopération internationale. C'est ainsi qu'ils sont pour la propriété privée de l'outil de production et l'existence de la main-d'œuvre rémunérée. Les Marxistes trouvent que le capitalisme est irrationnel. Ils soutiennent que « la contradiction inhérente du capitalisme est que, avec l'accumulation des capitaux, le capitalisme sème les graines de sa propre destruction et est remplacé par le système économique socialiste.[34] »

De ces trois perspectives de l'économie politique internationale sont sorties des théories de la coopération internationale. L'étudiant des théories de la coopération internationale constatera que certains auteurs se limitent seulement à la perspective libérale quand ils discutent les théories de la coopération internationale. James E. Dougherty & Robert L. Pfaltzgraff, jr., par exemple, offrent dans leur ouvrage au chapitre 10 intitulé '*Theories of International Cooperation and Integration*', les théories principalement liées au libéralisme tel que le fonctionnalisme, le néo fonctionnalisme, la théorie de l'intégration.[35] Je vais en parler, mais je souhaite dresser une image plus grande en incluant ce que les autres perspectives pensent de la coopération internationale; d'autant plus que certaines théories sont qualifiées de 'Tiermondistes'.

Les lignes suivante ont pour pierre de touche les théories de la coopération internationale selon les différentes perspectives.

2.2. Les théories de la coopération internationale selon les différentes perspectives

Trois théories avaient eu beaucoup d'influence au départ : la théorie de double économie dans la perspective libérale, la théorie du système-monde

---

[33] *Idem, p. 35.*

[34] *Idem*, p.37.

[35] James E. DOUGHERTY &Robert L. PFALTZGRAFF, jr., *Contending theories of international relations. A comprehensive survey,* New York: Addison Wesley Longman, Inc., 2001, p. 505.

pour les économistes proches du Marxisme, et la théorie de stabilité hégémonique qui est considérée comme plus proche du réalisme que des autres perspectives. Comme on le constatera, ces théories défendent des points de vue différents. L'étudiant de la coopération internationale doit savoir les utiliser efficacement, car elles contiennent toutes des vérités. La discussion ne se limitera pas seulement à ces trois théories. Je vais l'étendre à d'autres théories appartenant à ces trois perspectives : la perspective libérale : la théorie de double économie, la perspective marxiste : la théorie de système monde moderne, théorie de la dépendance, de l'impérialisme, le mercantilisme , la théorie de stabilité hégémonique, la théorie des jeux, les régimes internationaux, le néolibéralisme, le néoréalisme, le fonctionnalisme, la théorie d'intégration, le néo fonctionnalisme

2 .2.1. Perspective libérale : La théorie de double économie

Cette théorie est appelée par d'autres auteurs : la théorie de la modernisation. Comme on le verra plus tard, c'est une théorie qui a été beaucoup combattue par les supporteurs de la théorie de la dépendance. Gilpin note que « la théorie de double économie affirme que chaque économie, domestique et internationale, doit être analysée en termes de deux secteurs relativement indépendants : un secteur progressiste, moderne caractérisé par un haut niveau de d'efficacité productive et intégration économique, et un secteur traditionnel caractérisé par un mode rétrograde de production et d'autosuffisance locale. »[36] Ce que la théorie défend est une sorte de séparation entre le secteur traditionnel et le secteur moderne qui doit absorber le premier secteur. Le processus est appelé ainsi la modernisation des structures politiques, sociales, et économiques. De-là, le terme de la théorie de la Modernisation. D'une manière générale, l'école de la modernisation politique décrit le développement politique d'un Etat en termes de ses changements avec le temps. En d'autres termes, ces analystes et ses supporteurs se demandent par quels processus et changements institutionnels un Etat traditionnel devient un Etat développé ou Etat moderne. La question centrale est de savoir si l'on peut indiquer systématiquement les processus de développement politique à travers lesquels l'on doit passer avant de se développer.

Il existe beaucoup de descriptions des conditions des Etats développés. Elles tendent à inclure des conditions sociales telles qu'une grande urbanisation et une grande alphabétisation aussi bien que des conditions économiques telle qu'une grande industrialisation et une grande capacité de production. Les systèmes politiques plus développés sont aussi associés à la sophistication organisationnelle, l'amélioration technologique et des attitudes différentes (les attitudes « modernes » sont caractérisées par une connaissance accrue, des valeurs séculières, et l'individualisme). Ces caractéristiques sont utilisées dans la littérature pour définir la nature du développement et le processus par lequel les Etats doivent passer en vue de devenir des pays développés.

---

[36] GILPIN, *Op. Cit.*, p. 66

L'école de la modernisation est basée essentiellement sur l'idée que les pays du Tiers Monde devront suivre le même chemin que les pays occidentaux ont suivi s'ils veulent se moderniser. Ils devront accepter des idées modernes sur les processus politiques, l'éducation, et l'économie. Ces changements deviendront réalité, disent-ils, si les valeurs et les structures dans ces sociétés peuvent devenir plus semblables à celles connues dans les pays développés. Les économistes classiques et occidentaux supportent la notion de modernisation en disant que le moyen pour les pays du Tiers Monde de se développer réside dans la compétition avec les pays développés dans les échanges libres à travers le monde. Si les producteurs nationaux dans ces pays sont exposés à la compétition internationale, ils seront forcés à devenir plus efficaces : c'est-à-dire, à se moderniser.

Selon ce raisonnement, le problème des pays du Tiers Monde, c'est leurs leaders qui les ont orientés vers le socialisme, les économies contrôlées par l'Etat, ou la corruption. Cet argument est appuyé par les organisations telles que la Banque Mondiale et le FMI, qui prêtent l'argent seulement aux pays qui se conforment à certaines normes sur la liberté et le capitalisme. Dans les formes plus avancées de cet argument, les supporteurs présentent le besoin pour les gouvernements de promouvoir le développement des compagnies qui peuvent être capables de faire la compétition internationalement et alors adopter la doctrine de laisser-faire. Le Japon et la Corée du Sud sont souvent perçus comme les pays qui ont adopté avec succès cette approche de protéger des compagnies non performantes avec espoir qu'elles deviendraient compétitives. Les pays riches, malgré cette théorie économique libérale, protègent en fait beaucoup d'industries non performantes pour des raisons de sécurité et militaires.

Beaucoup de ces arguments, y compris ceux de Karl Marx, tendent à présenter un modèle de développement linéaire essentiellement basé sur les expériences occidentales _ en particulier l'Angleterre et les Etats-Unis. L'idée que l'histoire des Etats suivra une seule, inévitable séquence des étapes vers le développement est challengée par beaucoup de chercheurs aujourd'hui. Dans les études contemporaines plus d'attention est accordée aux problèmes les plus importants dans le processus développemental et les choix que les leaders font pour confronter ces problèmes.

La théorie de Modernisation a essuyé beaucoup de critique parce qu'elle se base sur la dichotomie entre la tradition et la modernité. Cette discussion nous ramène au débat du rôle des valeurs d'une société dans le processus de son développement. La théorie de modernisation soutient que les valeurs culturelles de certaines sociétés sont la cause de leur sous-développement, il faut les changer et adopter les valeurs occidentales. On critique souvent l'Afrique d'un manque d'esprit d'entreprenariat. On reproche aussi aux Africains d'être corrompus. La corruption n'existe pas dans la culture africaine. On peut se poser la question si la corruption n'a pas été encouragée en Afrique par l'individualisme occidental, car dans la culture africaine on défend la solidarité et le communautarisme. Ces deux valeurs ne doivent pas vous pousser à détourner les biens communs, mais plutôt de les protéger et les promouvoir pour le bien de la communauté. Le problème de distribution équitable de biens communs n'existait pas dans la tradition africaine, tout le monde trouvait sa part.

A l'heure actuelle, l'on peut se demander si les pays émergents tels que la Chine, l'Inde, la Corée du Sud, le Singapour etc. le sont devenus pour avoir adopté aveuglement les valeurs occidentales ? Certainement non. Chaque pays qui s'est développé a dû suivre un modèle de développement. Les pays que nous appelons aujourd'hui des pays développés ont suivi un certain modèle. Ceux que nous qualifions de pays émergents, sont aussi en train de suivre des modèles de développement. Je voudrais souligner que le développement n'arrivera jamais sans qu'un pays puisse avoir une idée claire de ce qu'il veut et ensuite, comment le réaliser. Depuis son indépendance, comme beaucoup de pays africains, le Congo suit la théorie de modernisation telle que soutenue par ses partenaires occidentaux. Les discussions sur le modèle de développement pour le Congo sont inexistantes. C'est comme si le problème n'existait pas. Si elles existent, elles apparaissent dans des discussions savantes qui n'ont aucun impact sur la politique du pays. J'ai discuté ce problème en détails ailleurs. La leçon que nous pouvons tirer des pays émergents est que c'est aux Congolais de créer leur modèle de développement et de sortir des sentiers battus.

Il y a aussi la perspective marxiste : la théorie de système monde moderne comme je l'évoque au point suivant.

2.2.2. La perspective marxiste : la théorie de système monde moderne

Selon Gilpin, « la thèse de base de la position du Système Monde Moderne est que l'histoire et l'opération de l'économie politique internationale peuvent être comprises seulement en termes de 'Système Monde Moderne', défini par l'un des adeptes comme 'une unité avec une seule division de travail et des multiples systèmes culturels.' »[37]

Emmanuel Wallerstein, le principal pionnier de cette théorie, donne certaines précisions que je voudrais discuter un peu en détails ci-dessous à cause de leurs implications sur la coopération internationale. En effet, selon cette théorie, la coopération internationale telle qu'elle est pratiquée travaille non pas en faveur des pays pauvres, mais plutôt pour le système capitaliste qui profite aux pays riches.

La nature de l'économie-monde

Dans son article intitulé : « *Patterns and Perspectives of the Capitalist World-Economy* », Wallerstein explique les concepts clé et les propositions associés au système monde capitaliste. Il en retient cinq :

1. L'auteur soutient que : « le concept d'*économie-monde* devrait être distingué de celui d'*économie mondiale* ou *économie internationale*. Ce dernier concept suppose qu'il existe une série d' « économies » séparées

[37] *Idem*, p. 67

qui sont « nationales » en étendue, et que sous certaines conditions ces « économies nationales » font des échanges entre elles, le résultat de ces contacts (limités) étant appelé l'économie internationale. Ceux qui utilisent ce dernier concept soulignent que les contacts limités ont grandi au 20ème siècle. On affirme donc que le monde est devenu un « seul monde » (un village) dans un sens qu'il n'était pas avant le 20ème siècle. »

L'auteur continue en spécifiant « qu'au contraire, le concept économie-monde suppose qu'il existe une économie partout où il y a une division de travail social en cours ou relativement complète, avec un ensemble intégré des processus de production qui sont en relation les uns avec les autres à travers un « marché » qui a été « institutionnalisé » ou « créé » d'une manière complexe. Quand on utilise un tel concept, l'économie-monde n'est pas un nouveau phénomène qui apparait au 20ème siècle, ni non plus un ensemble des « économies nationales. » Mais on dénote plutôt qu'une économie-monde, capitaliste dans sa forme, a existé, du moins dans une partie du globe, depuis le 16ème siècle. Aujourd'hui, le monde entier opère au sein de cette structure d'une division sociale de travail que nous appelons l'économie-monde capitaliste. »[38]

2. Aux étudiants de la coopération internationale qui aiment souvent brandir la souveraineté des pays sous-développés, Wallerstein dit que « l'économie-monde capitaliste a des frontières beaucoup plus larges que celles de n'importe quelle unité politique. En effet, ceci semble être l'une des caractéristiques d'une économie-monde c'est qu'il n'existe pas d'entité politique avec une dernière autorité sur l'ensemble de ses zones. La réalité est plutôt que la superstructure politique de l'économie-monde capitaliste est un système interétatique au sein duquel et à travers lequel les structures politiques appelées « Etats souverains » sont légitimés et contraints. Loin de signifier autonomie totale dans la prise des décisions, le terme « souveraineté » implique en réalité une autonomie formelle combinée avec des limitations réelles sur cette autonomie, qui sont à la fois appliquées à travers des règles implicites et explicites du système interétatique et à travers la puissance des autres Etats dans le système interétatique. Aucun Etat dans le système interétatique, même le plus puissant à un moment donné, n'est totalement autonome__ mais évidemment certains Etats jouissent de loin de plus d'autonomie que d'autres. [39]»

[38] Immanuel WALLERSTEIN, « Patterns and Perspectives of the Capitalist World-Economy », in Paul VIOTTI and Mark KAUPPI, *International Relations Theory*, New York: Macmillan Publishing Company, 1987, P. 507.
[39] *Idem*, p. 508.

Après avoir discuté la nature de l'économie-monde, Wallerstein a explicité les concepts qui caractérisent les structures de l'économie-monde. Je ne vais pas les étaler ici ; je me contente de mentionner brièvement cinq de ces concepts :

1. L'auteur affirme que « l'économie-monde » a un mode de production capitaliste. C'est une affirmation empirique. Bien qu'il ait existé d'autres économies-monde connues dans l'histoire, l'économie-monde dont nous parlons ici est la seule qui ait survécu pendant une longue période de temps sans se désintégrer ou se transformer en un empire-monde (avec une seule structure politique). »
2. « L'économie-monde capitaliste a opéré à travers une relation sociale appelée capital/main d'œuvre, dans laquelle le surplus créé par les producteurs directs a été approprié par d'autres soit à l'endroit de la production soit au lieu du marché le plus immédiat, selon la règle que les bénéficiaires contrôlent le capital et que leurs droits sur le surplus sont légalement garantis. »
3. « L'échange des produits contenant des quantités inégales de travail social que nous pouvons qualifier cette relation de relation Centre/ Périphérie »
4. « Etant donné que certains Etats fonctionnent comme lieux des activités productives mixtes (certains comme le Centre, d'autres comme la périphérie), nous pouvons parler des Etats semi périphériques. Il existe toujours des zones semi périphériques. »
5. Enfin « les Etats du centre en général, et l'Etat hégémonique quand il existe un en particulier, cherchent à renforcer les avantages de leurs producteurs et à légitimer leur rôle dans le système interétatique en imposant leur dominance culturelle sur le monde.[40] »

On peut retenir de cette théorie développée par Emmanuel Wallerstein, « que l'économie internationale fonctionne pour détruire les économie du Tiers Monde. La division internationale du travail impose les structures de classe et d'Etat sur la périphérie et des économies dépendantes qui empêchent leur développement économique. Les relations extérieures de la société au lieu des facteurs internes sont tenues responsables du sous- développement et la création des Etats faibles......Le système moderne mis en place par le capitalisme Occidental au 16ème et 17ème siècles n'a pas changé dans ses fondements depuis des siècles. C'est un système qui tend à se reproduire soi-même comme les riches deviennent plus riches et les pauvres deviennent plus pauvres. »[41]

Beaucoup de chercheurs dans le Tiers Monde étaient influencés par cette façon d'analyser l'économie politique internationale. Ainsi donc, d'autres théories ont

---

[40] Ces structures sont discutées dans le même article, Immanuel WALLERSTEIN, « Patterns and Perspectives of the Capitalist World-Economy », in Paul VIOTTI and Mark KAUPPI, *Op. Cit.* pp. 508-509.

[41] Robert GILPIN, *Op. Cit.*, pp. 69-72.

été développées. Je retiens dans ce cadre trois théories : la Théorie de Dépendance ; la Théorie de l'Impérialisme ; et la Théorie Structurelle de l'Impérialisme.

Il convient de souligner aussi la théorie de la dépendance dans les lignes qui suivent.

2.2.3. La théorie de dépendance

La théorie de la dépendance qui est inspirée principalement du Marxisme, essaie de désigner la situation des pays sous-développés comme étant causée par leur incorporation dans les économies capitalistes globales pendant la période de la colonisation. Elle rejette l'idée que les pays sous-développés doivent suivre le chemin « Occidental » pour se développer. Pour ces théoriciens le sous-développement du Tiers Monde est perçu comme un produit des relations inégales entre le Nord et le Sud. Ils pensent que suivre le conseil d'ouvrir les marchés du Tiers Monde exacerbera les différences entre le Nord et le Sud. Dans certains de ces approches, l'économie mondiale est perçue comme un processus de création de sous-développement et de la pauvreté dans le Tiers Monde. Les Etats capitalistes sont accusés de maintenir leur domination économique en manipulant les facteurs tels que les salaires, ressources, capitaux, marchés, prix et technologies. Le Tiers Monde reste le grand fournisseur des matières premières et d'une main d'œuvre moins chère au bénéfice des Etats capitalistes.

Les théoriciens de dépendance, Dos Santos, Frank, Cardoso et Faletto diffèrent des analystes orthodoxes dans les pays occidentaux sur deux points fondamentaux. Primo, les analystes orthodoxes de la politique économique suggèrent que le chemin vers le succès politique et économique pour le Sud doit être essentiellement celui qu'a suivi le Nord. En d'autres termes, le Sud doit suivre les stratégies de développement aussi similaires que possibles avec celles suivies par la Grande Bretagne, les Etats-Unis, et les autre pays riches, à savoir la démocratie, l'industrialisation, les systèmes orientés vers le marché. Bref, tout ce qui est recommandé par les pays capitalistes dans la coopération internationale.

Les théoriciens de la dépendance ont un point de vue contraire. Ils reconnaissent que les pays riches ont suivi un long chemin pour parvenir au développement. Mais ils voient que les Etats du Sud doivent suivre un chemin différent justement parce que les pays riches ont commencé le processus avant eux. Ils ont commencé leur processus de développement au moment où le système était sans compétition. Par contre, les pays du Sud aujourd'hui doivent faire face à la compétition dans un système dominé économiquement, politiquement et militairement par ces Etats du Nord. Cette situation différente, selon eux, appelle aussi des stratégies différentes de celles utilisées par le Nord. Utiliser les mêmes stratégies, disent-ils, c'est se livrer aux mains des pays du Nord et assurer aux pays du Sud un statut subordonné et relativement pauvre dans l'économie mondiale.

Les théoriciens de la dépendance croient qu'une telle stratégie perpétuerait un processus que les économistes orthodoxes du Nord tendent à sous-estimer quand ils analysent les expériences historiques des Etats riches aujourd'hui. Ce processus transfert la richesse des pays pauvres vers les pays riches. Une telle redistribution de richesse, du point de vue des théoriciens de la dépendance, est plus ou moins la conséquence naturelle du capitalisme. Les économistes et historiens orthodoxes doivent reconnaître que la colonisation et l'impérialisme existent, mais ils sous-estiment la mesure dans laquelle le progrès des pays du Nord était basé sur l'exploitation du Sud. En bref, les théoriciens de la dépendance affirment que les pays riches sont devenus riches, dans une grande mesure, en appauvrissant les pays pauvres.

Secundo, le deuxième désaccord entre les économistes orthodoxes et les théoriciens de la dépendance concerne l'estimation de l'impact relatif des facteurs internes et externes dans le processus de développement. Les économistes orthodoxes soutiennent que les changements économiques et politiques internes sont la clé au progrès politique et économique. Les théoriciens de la dépendance ne refusent pas que les changements internes sont nécessaires, ils pensent que les analystes des pays du Nord sous-estiment la mesure dans laquelle les problèmes du Sud sont causés par des facteurs externes à ces pays et l'impact de l'environnement politique et économique international sur les pays du Sud, y compris la coopération internationale.[42]

Il me paraît opportun d'évoquer ici la théorie de l'impérialisme au point suivant.

2.2.4. La théorie de l'impérialisme

L'une des théories qui remettent en cause la théorie de la modernisation est la théorie de l'impérialisme. James Lee Ray explique cette théorie en ces termes : « L'explication la plus adoptée de l'impérialisme est celle de Lénine dans son livre : *Imperialism : The Highest Stage of Capitalism* (Impérialisme : le niveau le plus avancé du capitalisme). Lénine lui-même a accepté qu'il fût très influencé par les écrits de l'économiste Anglais John Hobson. Selon John Hobson, le capitalisme opère dans une grande difficulté aussi longtemps qu'il était confiné dans sa base locale. Des grandes richesses étaient concentrées dans quelques mains, pendant que la grande majorité des travailleurs étaient pauvres. Puisque les travailleurs étaient pauvres, les systèmes économiques capitalistes ont souffert de la sous-consommation, les consommateurs ne pouvaient pas acheter tout ce que les capitalistes pouvaient produire. Ainsi donc, les capitalistes avaient besoin des marchés pour verser le surplus de leurs capitaux. Des opportunités ont été créées par les impérialistes. Des colonies ont été acquises pour que les capitalistes aient des opportunités pour de l'investissement profitable qui n'était pas présent en Europe à cause de la sous-consommation.

Cette explication a été acceptée par beaucoup d'observateurs parce qu'au moment où elle apparaissait, un phénomène contemporain demandait une explication. En effet, vers 1870 presque tous les Etats du monde se sont lancés dans

[42] Discussions tirées de James Lee RAY, *Global Politics*, Boston : Houghton Mifflin Company, 1995, pp. 283-284

l'impérialisme. La Grande-Bretagne, la France, et l'Allemagne étaient actives en Afrique et en Asie. La Russie a étendu son territoire à l'Est. Les Etats-Unis ont conquis les Philippines, Porto Rico et le Cuba. Pourquoi tout cela ? Hobson y a donné une réponse. Lénine a soutenu que la compétition libre dans les sociétés capitalistes résulte finalement dans l'établissement des monopoles et les perdants sont éliminés. Lénine était particulièrement impressionné par la tendance des capitaux et le pouvoir à se concentrer dans les mains des banques, créant les finances. Une fois que les monopoles émergent, selon Lénine, ils étendent leurs tentacules à travers le monde pour acquérir des « sources de matières premières, pour exploitation des capitaux, pour des sphères d'influence, c'est-à-dire pour des sphères des affaires profitables, des concessions, des profits en monopole, pour l'espace économique en général. »

Lénine était aussi concerné par la modification de la théorie Marxiste. Marx avait dit que les travailleurs dans les pays capitalistes deviendraient progressivement plus appauvris jusqu'à ce qu'ils atteignent le point de la révolte et de renversement de leurs maîtres capitalistes. La solidarité des prolétaires traversera les frontières nationales et les Etats - avec leurs frontières et leurs guerres - disparaîtraient. Les choses ne se sont pas passées de la manière dont Marx pensait. Il fallait donc une explication. Et Lénine en a trouvée. Certains travailleurs, a dit Lénine, ne s'appauvrissaient pas et étaient plutôt loyaux à la bourgeoisie parce qu'ils étaient achetés. Et ces corruptions étaient financées par l'impérialisme. Ces travailleurs cooptés par la bourgeoisie ruinent la solidarité des prolétaires et la révolution prédite par Marx est retardée. [43] »

La théorie structurelle de l'impérialisme

La grande question que les chercheurs, surtout ceux du Tiers Monde, se posent est de savoir si les pays pauvres peuvent se développer dans le système capitaliste mis en place et contrôlé par l'Occident. Les étudiants de la coopération internationale peuvent trouver une réponse chez Emmanuel Wallerstein qui a dit que « Pour être concret, ce n'est pas possible théoriquement à tous les Etats de 'se développer' simultanément. Le soi-disant 'écart grandissant' n'est pas une anomalie mais un mécanisme de base continu de l'opération de l'économie-monde. Evidemment, quelques pays peuvent 'se développer'. Mais les quelques-uns qui s'élèvent le font au détriment des autres qui chutent.[44] »

Dans cette optique, 'la théorie Structurelle de l'Impérialisme' développée par Johan Galtung[45] a le mérite de détailler les mécanismes mis en place par le capitalisme en vue de rendre le changement difficile et compliqué pour les pays pauvres, car il est de leur avantage de protéger un système qui leur profite. Si l'on admet que nous sommes dans l'économie-monde, il est évident que quand un

---

[43] Discussions tirées de James Lee RAY, *Op. Cit.*, pp. 272-274

[44] Immanuel WALLERSTEIN, *The capitalist world-economy*, New York: Cambridge University Press, 1991, P. 73.

[45] Johan GALTUNG, « A Structural Theory of Imperialism, » *Journal of Peace Research*, 1971, 13 :81-117.

pays change de position dans le système, il y aura des répercutions quelque part. La preuve c'est l'arrivée des Etats émergents aujourd'hui qui ont bousculé l'équilibre économique planétaire.

L'article de Johan Galtung est divisé en quatre parties : l'introduction, la définition du 'conflit d'intérêt', la définition de l'impérialisme et les mécanismes de l'impérialisme. Dans l'introduction, l'auteur dit qu'il a pris comme point de départ deux faits qui caractérisent notre monde : « l'inégalité criante au sein et entre les nations, dans presque tous les aspects des conditions de vie humaine, y compris le pouvoir de décider sur ces conditions de vie ; et la résistance au changement de cette inégalité. » Il reconnaît, comme les adeptes du système-monde, que notre planète est divisée entre les nations du Centre et celles de la Périphérie ; et que chaque nation consiste en un centre et une périphérie. Alors il se demande par quel mécanisme cet écart est sous-tendu ? Il fait remarquer qu' « En d'autres termes, comment concevoir, comment expliquer l'inégalité comme l'une des formes majeures de la *violence structurelle*. N'importe quelle théorie de libération contre la violence structurelle suppose théoriquement et pratiquement des idées adéquates du système de dominance contre lequel la libération est dirigée : et le type spécial du système de dominance à être discuté ici est *l'impérialisme*.[46] »

Ainsi, l'auteur précise comment il expliquera le concept de l'impérialisme : « l'impérialisme sera conçu comme une relation de dominance entre des collectivités, particulièrement entre les nations. Il est un type sophistiqué de relation de dominance qui traverse les nations, se basant sur une tête de pont que le centre dans la nation du centre établit dans le centre de la nation de la périphérie, pour le bénéfice mutuel des deux. » Johan Galtung marque la différence de sa conception d'avec celle de Marxisme-Léninisme « qui conçoit l'impérialisme comme une relation économique sous le capitalisme privé, motivée par le besoin d'étendre les marchés, et qui base la théorie de dominance sur l'impérialisme. Selon ce point de vue, l'impérialisme et la dominance tomberont comme des dominos quand les conditions capitalistes pour l'économie impérialiste n'existent plus. Le point de vue développé ici est que l'impérialisme est une relation structurelle plus générale entre deux collectivités, et doit être compris à un niveau général pour le comprendre dans ses manifestations plus spécifiques. En bref, l'impérialisme est un système qui partage les collectivités et connecte certaines parties les unes aux autres dans les relations d'harmonie d'intérêt, et d'autres parties en relations de disharmonie d'intérêt ou conflit d'intérêt.[47] » Les nations peuvent être représentées schématiquement comme suit :

[46] *Ibid.*
[47] Johan GALTUNG, *Op. Cit.* 1971.

Fig. 2.1. *Division centre-périphérie*

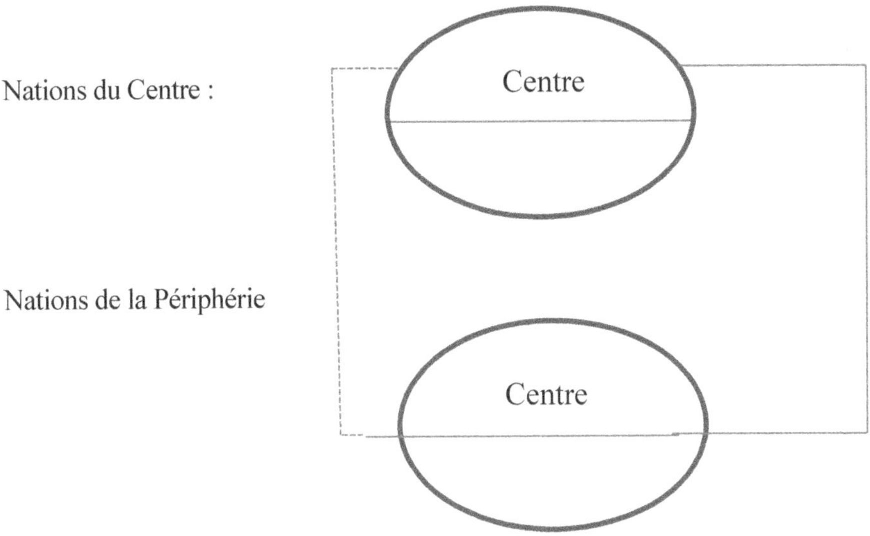

Dans la deuxième partie de son article, Johan Galtung définit ce qu'il qualifie de 'conflit d'intérêt'. Il le discute en ces termes : « le conflit d'intérêt est un cas spécial de conflit en général, défini comme une situation où les parties sont en train de poursuivre des objectifs incompatibles. Dans notre cas spécial ici, ces objectifs sont stipulés par un étranger comme 'les véritables' intérêts des parties, sans tenir compte de ce que les parties elles-mêmes disent explicitement être les valeurs qu'elles poursuivent. L'une des raisons est la réjection du dogme de rationalité illimité : les acteurs ne connaissent pas nécessairement, ou sont incapables d'exprimer, ce que sont leurs intérêts. L'autre raison est que la rationalité est distribuée différemment, certains peuvent dominer les esprits des autres, et ceci peut conduire à une 'mauvaise conscience.' Par conséquent, apprendre à supprimer ses propres véritables intérêts peut constituer une grande partie de la socialisation en général et de l'éducation en particulier. Référons-nous à ce véritable intérêt comme *condition de vie.* Il peut être mesuré en utilisant les indicateurs comme revenu, niveau de vie dans le sens matériel habituel. *Il y a conflit ou disharmonie d'intérêt,* si les deux parties sont en relation de telle manière que l'écart des conditions de vie entre les deux s'accroît ; il n'y a pas de conflit ou disharmonie d'intérêt, si les deux parties sont en relation de telle sorte que l'écart des conditions de vie entre les deux parties *diminue vers zéro.*[48] »

Dans la troisième partie de son article l'auteur nous donne sa définition d'impérialisme en se référant à sa conception du conflit. Ainsi donc, il affirme que « Dans notre monde de deux nations, l'impérialisme peut être défini comme un moyen par lequel la nation du Centre a le pouvoir sur la nation de la Périphérie,

---

[48] *Ibid.*.

de telle manière à créer une condition de disharmonie d'intérêt entre elles. Concrètement, l'impérialisme est une relation entre une nation du Centre et une nation de la Périphérie de telle sorte que :

1. Il y a *harmonie d'intérêt* entre le centre dans la nation du Centre et le centre dans la nation de la Périphérie.
2. Il y a plus de *disharmonie d'intérêt* au sein de la nation de la Périphérie qu'au sein de la nation du Centre.
3. Il y a *disharmonie d'intérêt* entre la périphérie dans la nation du Centre et la périphérie dans la nation de la Périphérie. »

Fig. 2.2.*Voici schématiquement la structure de l'impérialisme selon Galtung* :

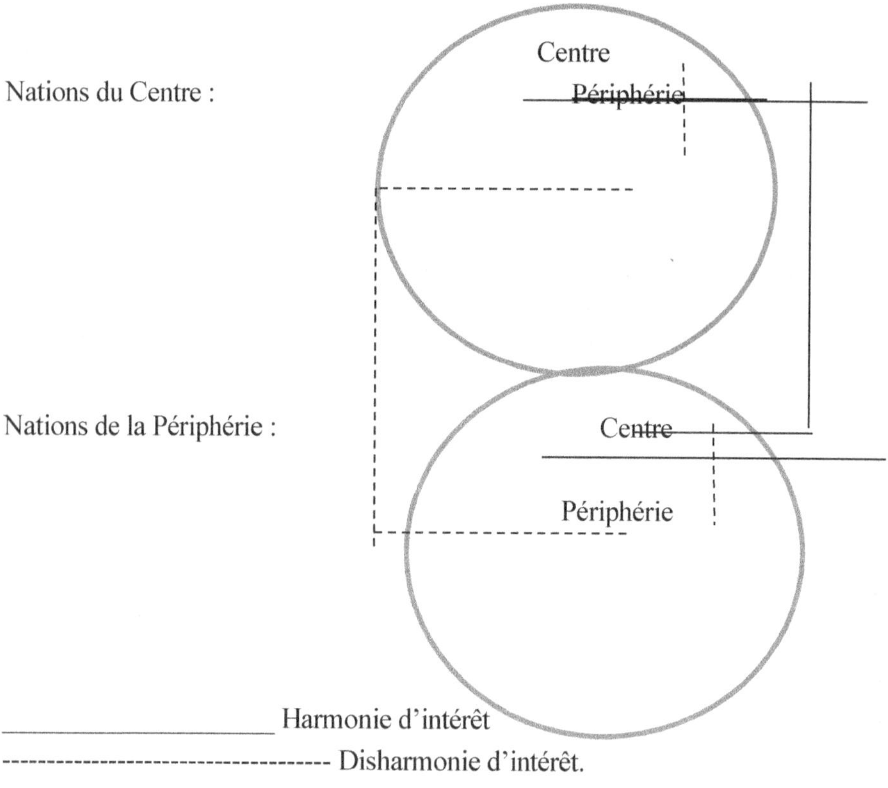

Dans la dernière partie de son article, l'auteur explique deux mécanismes qui œuvrent pour la création et le maintien de l'écart entre les nations du monde : « les deux mécanismes de base concernent les relations entre les parties, particulièrement les nations. Le premier mécanisme concerne la relation d'interaction elle-même, le second concerne comment ces relations sont mises ensemble dans une structure d'interaction plus large :

1. Le principe de *relation d'interaction verticale* ;
2. Le principe de *structure d'interaction féodale*.

Le point essentiel sur les interactions est que les hommes et les nations ont des valeurs différentes qui se complètent, et alors ils s'engagent dans l'échange ou dans la coopération. Certaines nations produisent le pétrole, d'autres nations produisent des tracteurs, et elles échangent selon les principes d'avantage comparatifs. Imaginez que les deux nations ont une histoire de non interaction entre elles, et elles commencent avec ce type d'interaction. Evidemment, toutes les deux changeront suite à cela, et plus particulièrement : un écart entre elles est susceptible de naître et s'agrandir si l'interaction est cumulativement asymétrique en termes de ce que les deux en tirent. Disons en bref que c'est la relation d'interaction verticale qui est la principale source d'inégalité dans ce monde.[49] »

Il termine par expliquer le principe de structure d'interaction féodale qui maintient cette inégalité créée par la relation d'interaction verticale : « Si le mécanisme de *relation d'interaction verticale* est le facteur principal d'inégalité, alors le second mécanisme, la *structure d'interaction féodale*, est le facteur qui maintient et renforce cette inégalité en la protégeant. Il y a quatre règles définissant cette structure particulière d'interaction :

1. L'interaction entre le Centre et la Périphérie est verticale ;
2. L'interaction entre la Périphérie et la Périphérie manque ;
3. L'interaction multilatérale entre les trois manque ;
4. L'interaction avec le monde extérieur est monopolisée par le Centre, avec deux implications :

a/ L'interaction de la Périphérie avec les autres nations du Centre manque ;

b/ L'interaction du Centre aussi bien que la Périphérie avec les nations de la Périphérie appartenant à d'autres nations du Centre manque.[50] »

Présentée d'une manière schématique, la structure d'interaction féodale de Galtung se présente de manière ci-après :

[49] *Ibid.*
[50] Idem.

Fig. 2.3 *Structure d'interaction féodale*

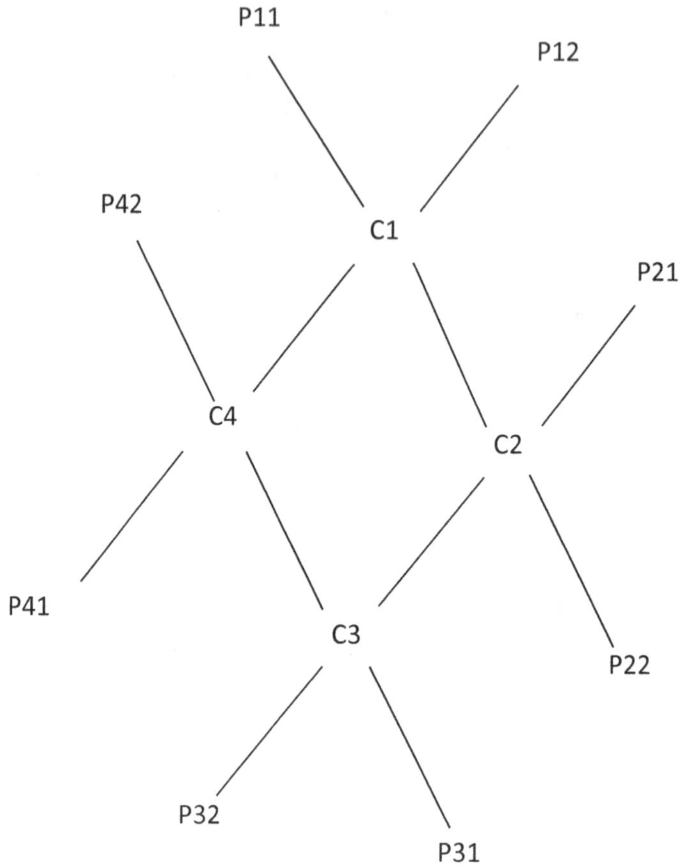

A partir de ce schéma, l'on peut produire une illustration entre l'Europe et l'Afrique :

C1= Belgique	P11= RDC	P12= Rwanda	
C2= France	P21= Côte d'Ivoire	P22= Sénégal	
C3= Grande Bretagne	P31= Nigéria	P32= Kenya	P33= Zambie
C4= Portugal	P41= Angola	P42= Mozambique	etc.

L'étudiant de la coopération internationale constatera que la Théorie Structurelle de l'Impérialisme soutenue par Johan Galtung aide beaucoup dans la compréhension des 0problèmes de sous-développement qui persistent malgré tout ce que les pays pauvres ont tenté de faire en vue de sortir de leur pauvreté endémique. Au chapitre trois, je reviendrai en détail sur le cas particulier de la République démocratique du Congo qui est emberlificotée dans toutes ces structures mondiales depuis très longtemps.

Que retenir de la perspective nationaliste (réalisme) ?

2.2.5. La perspective nationaliste (réalisme)

Un certain nombre de théories en coopération internationale peuvent être classées dans la perspective nationaliste ou le réalisme. Je retiens ici d'abord le *Mercantilisme* qui peut être considéré comme la variante économique du réalisme.[51] Ensuite, il y a la *Théorie de Stabilité Hégémonique* qui est étroitement liée au Réalisme, mais pas totalement. Car il y a certains auteurs qui la classent plus du côté du Libéralisme, comme Stephen Gill et David Law. Dans cette perspective, je discuterai aussi la *Théorie des Jeux* qui suppose que la coopération est comme un jeu pratiqué par des acteurs rationnels qui cherchent à maximiser leurs intérêts dans un monde anarchique. Enfin, je présenterai les *Régimes Internationaux* qui contribuent beaucoup à la coopération internationale, mais dont l'efficacité dépend du leadership de la puissance hégémonique.

2.2.6. Le mercantilisme

Dans leur discussion sur les suppositions du mercantilisme, Gill et Law disent que « l'approche la plus vielle d'Economie Politique est le mercantilisme réaliste. Le mercantilisme réaliste peut être considéré comme la variante économique du réalisme. Le mercantilisme réaliste commence avec la supposition que la vie internationale est conflictuelle par essence, avec l'anarchie comme règle, l'ordre, la stabilité et la justice comme exceptions. Dans ce monde de conflit, le pouvoir est l'ultime arbitre de la politique, et la distribution des sources de pouvoir nationalistes détermine les relations entre les Etats rivaux dans le système interétatique. Par anarchie on fait allusion à l'absence d'une force globale qui peut imposer l'ordre sur les Etats-nations. [52]»

Si les intérêts des nations sont en conflit, sous quelles conditions les nations du monde coopèrent-elles ? C'est la question que ces deux auteurs se posent et proposent des solutions en ces termes : « Sous ces conditions, la question clé pour cette perspective est comment l'ordre est-il possible dans les relations internationales ? Les réponses à cette question sont variées, mais par essence le système international le plus stable serait celui où un gouvernement mondial ou un Léviathan global imposerait l'ordre. Une deuxième solution serait un empire global, ou hégémonie, où une nation serait tellement puissante qu'elle serait capable d'imposer la discipline et de maintenir la paix. [53]»

D'une manière populaire, l'on dit que les pays n'ont pas d'amis, mais seulement des intérêts. Etant donné que ces intérêts sont en conflit et que les nations opèrent dans un monde anarchique, l'enjeu principal devient l'intérêt national. C'est ainsi que les deux auteurs poursuivent en disant que : « dans ces conditions, un concept devient très important dans la coopération internationale, à savoir : l'intérêt national. En se concentrant sur l'Etat-nation, les chercheurs dans cette perspective

---

[51] Stephen GILL and David LAW, *Op. Cit.*, P. 25

[52] GIL and LAW, *Op. Cit.*, p. 25.

[53] *Idem*, p. 26.

soutiennent que l'intérêt national existe et peut être clairement défini. A la base de cet intérêt se trouve l'impératif de la survie de l'Etat. Ce besoin donne naissance au concept de sécurité nationale, un concept qui est essentiel dans la conception de la politique économique extérieure d'un Etat. Pendant que la sécurité nationale est souvent liée aux relations extérieures, elle peut aussi avoir un aspect interne par rapport à l'ordre et la cohésion sociale nationale. Là où l'Etat est fragmenté intérieurement, et où il existe peu de cohésion sociale, la réalisation des concepts d'intérêt national et de sécurité nationale sera difficile, même impossible, comme dans beaucoup d'Etats noirs africains. [54]»

Le cas de la République démocratique du Congo est une illustration depuis le départ du Président Mobutu en 1997. Depuis que la sécurité nationale a été déstabilisée par ses voisins protégés par des vautours internationaux, le Congo a perdu la cohésion nationale et se débat pendant plus de deux décennies en vue survivre comme Etat. Pour que le Congo reprenne sa place comme un Etat-nation viable dans le concert des nations, il doit résoudre son problème de sécurité nationale dont la solution est multidimensionnelle. Les autorités doivent, entre autres, tourner l'opinion internationale en leur faveur, reconstruire une armée républicaine dissuasive, et travailler pour l'émergence économique du pays qui doit beaucoup compter sur une coopération gagnant-gagnant. En poursuivant son intérêt national, le Congo peut être mal compris par certains Etats, surtout ses voisins.

Gill et Law le font remarquer en disant que : « même en supposant qu'il y a un consensus interne sur l'intérêt national dans un Etat donné, et en supposant que les leaders sont capables de poursuivre cet intérêt rationnellement, les intérêts nationaux des différents Etats sont d'habitude perçus comme étant en conflit les uns contre les autres. Les mesures pour accroître la sécurité d'un Etat, par exemple, construire une plus grande armée, sont souvent perçues comme des problèmes créés à d'autres Etats (le surplus pour un Etat est un déficit pour un autre Etat). Dans cette perspective donc, l'intérêt national est souvent perçu comme impliquant le besoin d'augmenter la dépendance des autres Etats à l'économie de votre Etat. L'autre côté de la médaille est de réduire la dépendance de l'économie de votre Eta sur les autres. Par définition, étant donné que la dépendance est relative, lorsqu'un Etat parvient à réaliser ceci, ça doit être aux dépens des autres. De ce point de vue, le jeu de l'interdépendance économique internationale est hasardeux. La condition idéale pour la sécurité économique d'un pays serait l'autosuffisance complète. Mais étant donné que l'autosuffisance est grandement impossible à atteindre pour la plupart des Etats, la deuxième meilleure condition serait l'interdépendance asymétrique, penchée en faveur de votre Etat.[55] » Un observateur averti remarquera que c'était la politique appliquée

---

[54] *Idem*, p.27.
[55] *Ibid.*

par le Président Donald Trump pendant son mandat de 2016 à 2020 aux Etats-Unis d'Amérique.

Que dire de la théorie de stabilité hégémonique?

2.2.7. La théorie de stabilité hégémonique

Stephen Gill et David Law expliquent les débuts de la théorie de stabilité hégémonique en ces termes : « la Théorie de Stabilité Hégémonique était initialement développée par l'économiste et historien Charles Kindleberger comme un moyen pour expliquer pourquoi le désordre monétaire international de 1930 apparut et persistait. L'argument de base de Kindleberger était que bien que la Grande Bretagne avait la volonté de fournir les moyens nécessaires pour la stabilité monétaire internationale, elle n'avait tout simplement pas la force économique de le faire. Pendant que la Grande Bretagne avait la volonté mais était incapable, les Etats-Unis, qui avaient la force économique massive et les réserves d'or, était capable mais ne voulaient pas enlever le manteau de leadership économique à la Grande Bretagne et devenir la nouvelle puissance hégémonique.[56] »

C'est dans ce contexte que l'idée sur la stabilité hégémonique s'est répandue. « Selon la théorie de stabilité hégémonique telle que formulée initialement par Charles Kindleberger, une économie mondiale ouverte et libérale exige la présence d'une puissance dominante ou hégémonique. Selon Robert Keohane, la théorie 'soutient que les structures hégémoniques du pouvoir, dominées par un seul pays, sont plus susceptibles de conduire au développement des régimes internationaux forts dont les règles sont relativement précises et bien obéies….on doit s'attendre à ce que le déclin des structures hégémoniques du pouvoir présage un déclin dans la force des régimes économiques internationaux correspondants.' La puissance hégémonique est capable et a aussi la volonté d'établir et de maintenir les normes et les règles de l'ordre économique libéral, et avec son déclin l'ordre économique libéral est sérieusement affaibli.[57] »

Il est important de préciser que cette théorie se limite seulement à une économie libérale. D'autres formes d'économie peuvent exister, et elles ne sont pas concernées par cette théorie. Robert Gilpin continue en donnant d'autres conditions pour la réussite d'une économie libérale. Ces détails sont importants, car le monde a assisté à beaucoup d'incertitudes sur le futur de l'économie mondiale avec des attitudes parfois étonnantes du Gouvernement américain sous le mandat de Donald Trump. « La simple existence d'une puissance hégémonique n'est pas suffisante pour assurer le développement d'une économie internationale libérale. En plus, la puissance hégémonique doit elle-même s'engager à respecter les valeurs du libéralisme. Les structures économiques domestiques de la puissance hégémonique et des autres sociétés sont naturellement des éléments importants de la disposition des Etats vers une

[56] GILL and LAW, *Op.Cit.* , p. 47.
[57] Robert GILPIN, *Op. Cit.,* p. 72.

économie internationale libérale. Une puissance hégémonique sans une conviction libérale vers l'économie du marché a plus de chance de conduire vers un système impérial et des impositions des restrictions politiques et économiques sur des pays moins forts.[58] »

La dernière condition concerne l'attitude des autres puissances économiques. « Les autres Etats puissants doivent aussi avoir un intérêt dans la croissance des relations du marché ; la puissance hégémonique peut encourager mais pas forcer les autres pays puissants à suivre les règles d'une économie mondiale libre. Ainsi donc, trois conditions doivent exister en vue de voir l'émergence et l'expansion d'un système de marché libéral : l'hégémonie, l'idéologie libérale, et les intérêts communs.[59] »

Les étudiants de la coopération internationale savent que le monde a déjà connu deux leaderships hégémoniques : l'époque de « *Pax Britannica* » et celle de « *Pax Americana* » après la deuxième guerre mondiale. Les Etats-Unis ont créé les institutions de Bretton Woods et s'attèlent à promouvoir la coopération internationale à travers ces institutions. Le Président Qadhdhâfî a voulu challenger le rôle joué par ces institutions et tout le monde connaît le sort qu'il a subi. La Chine par contre est en train de challenger sérieusement la prédominance de ces institutions dans l'économie mondiale et le monde semble vivre des moments incertains. Il est peut-être tôt de prédire la fin de « *Pax Americana* » pour embrasser une autre époque, mais beaucoup de signes montrent que l'économie mondiale passe beaucoup de moments d'incertitude qui peuvent conduire à des grands changements.

Les lignes ci-dessous se corsent sur la théorie des jeux.

2.2.8. La théorie des jeux

Je voudrais m'étendre un peu sur la théorie de jeu dans la coopération internationale étant donné que c'est cette théorie que j'utilise dans mon analyse de la coopération entre le Congo et ses partenaires internationaux. La théorie des jeux dans l'économie politique internationale est classée dans la tradition réaliste. « Un avantage de la théorie des jeux pour l'économie politique est qu'elle offre une approche théorique commune pour analyser les problèmes économiques et de sécurité.[60] » C'est à partir des suppositions du caractère conflictuel des intérêts des Etats en relations internationales que les pionniers de cette théorie cherchent à comprendre dans quelles conditions la coopération peut exister entre les Etats qui vivent dans un contexte d'anarchie. La grande préoccupation de ces auteurs est de se demander pourquoi vivons-nous dans un monde si conflictuel ? Et s'il y avait moyen de résoudre le problème ? Dans leurs recherches il s'est dégagé trois tendances : les optimistes, les pessimistes, et les institutionnalistes.

---

[58] *Idem*, pp. 72-73

[59] *Idem*, p. 73.

[60] Stephen GILL and David LAW, *Op. Cit.* p. 32.

Les optimistes sont « ceux qui croient qu'en montrant les bénéfices de la coopération on pourrait rapidement convaincre les gens qu'ils ont en effet beaucoup à gagner dans les relations amicales et des accords qui travaillent pour le bénéfice de tous. Le fond du problème est que les gens ne cessent pas de penser comme suit : 'Pourquoi tellement des nations augmentent-elles à contre cœur leurs armements comme si elles étaient mécaniquement obligées de faire cela ? Parce que...elles suivent leurs traditions...et instincts...et parce qu'elles n'ont pas encore fourni suffisamment d'effort intellectuel et moral pour contrôler la situation.' Ce point de vue du monde est fondamentalement optimiste, parce qu'il suggère qu'avec des efforts appropriés, les intentions belliqueuses des êtres humains peuvent être éliminées et on peut montrer que les guerres sont inutiles.[61] »

Les pessimistes trouvent qu'on ne peut rien faire. L'homme est agressif de nature, le monde restera toujours conflictuel. Les pessimistes « voient dans les actions humaines une agressivité animale innée. Le seul espoir qu'a Lorenz pour la race humaine était dans le déplacement de son énergie agressive dans des issues désirables socialement tel que le sport et l'art ou des recherches scientifiques.[62] »

Une troisième école croit qu'il faut des institutions pour résoudre le problème. C'est ainsi que Rousseau avancera l'idée d'un contrat social et Hobbes celle de Léviathan. « Une troisième école de pensées, pendant qu'elle perçoit les êtres humains comme agressifs par nature, elle trouve le salut des humains dans la création des institutions capables de renforcer un contrat social. Les philosophes politiques du 17ème et 18ème siècle tel que Hobbes et Rousseau pensaient qu'une moralité intériorisée n'offrait pas de solution à l'anarchie et la brutalité d'un monde dans lequel chacun poursuivait ses propres intérêts. Pour recadrer l'égoïsme et les intérêts individuels vers des objectifs sociaux plus producteurs demanderait une autorité centrale capable de 'forcer les hommes à être libres'.[63] »

Il y a eu beaucoup de recherche sur le comportement individuel et social, mais elles n'ont pas conduit à des réponses claires. C'est cette situation qui a poussé les chercheurs vers la théorie des jeux. C'est à cause de cette impasse que les chercheurs ont pensé « qu'il serait plus profitable d'analyser les situations dans lesquelles la coopération parmi deux ou plusieurs acteurs est difficile, si pas impossible à réaliser.[64] »

L'étudiant de la coopération internationale ne devrait pas être dérouté par le vocable 'jeu'. La coopération internationale n'est pas un jeu. Les acteurs traitent des problèmes sérieux qui concernent les peuples du monde. Toujours est-il que les actions menées parfois ressemblent à un jeu. Etant donné que la théorie des jeux est étroitement liée à la prise des décisions et à la négociation, elle doit être

---

[61] *Steven BRAMS, Rational Politics. Decisions, Games and Strategy, Washington, D.C. : CQ Press, 1985, p. 139.*
[62] *Idem, pp.139-140.*
[63] *Idem, P. 140.*
[64] *Ibid.*

d'une certaine importance à l'étude des relations internationales, spécialement la coopération internationale, qui comprend des mouvements diplomatiques, des négociations, des gains, des pertes etc. « La théorie des jeux est basée sur une forme abstraite de raisonnement, tirant son origine d'une combinaison des mathématiques et de la logique…..Les individus peuvent et se comportent souvent irrationnellement et émotionnellement dans une situation de conflit, mais pour des raisons d'analyse théorique, les théoriciens de jeu supposent que les individus ont un comportement rationnel, tout simplement parce qu'ils trouvent cette supposition plus profitable pour la construction de la théorie. Si nous supposons que les humains sont absurdes, névrosés et psychotiques, alors on ne peut pas avoir de théorie.[65] »

Dans la théorie des jeux, on distingue principalement deux situations : un jeu à somme nulle où ce que a gagné, B perd et un jeu à somme non nulle. C'est le dernier jeu qui offre de la place pour le conflit et la coopération et la forme la plus utilisée est le « Dilemme du Prisonnier ».

Je présente ci-dessous la description d'un Dilemme de Prisonnier tel que présenté par Steve Brams dans son ouvrage : *Rational Politics Decisions Games and Strategy*.[66]

« La situation peut être décrite par l'histoire suivante, attribuée à A.W. Tucker. Deux personnes soupçonnées d'avoir participé à un crime sont arrêtées et placées dans des cellules séparées de telle sorte qu'elles ne puissent pas se communiquer. Sans une confession de la part d'au moins un suspect, le procureur n'a pas assez de preuves pour les condamner. Pour obtenir leur confession, le procureur dit à chacun des suspects les conséquences suivantes de leurs comportements :

1. Si l'un des suspects accepte le crime et que l'autre le renie, celui qui accepte sera relâché pour avoir coopéré avec l'Etat, amis celui qui a renié écopera 10 ans de prison ferme : cette situation est représentée par (0, -10) et (-10, 0) dans le diagramme.
2. Si les deux suspects acceptent le crime, tous les deux auront une peine réduite de 5 ans de prison : situation représentée par (-5, -5) dans le diagramme.
3. Si tous les deux suspects ne confessent pas leur crime, tous les deux iront en prison pour un an seulement : situation représentée par (-1, -1) dans le diagramme.

---

[65] James E. DOUGHERTY & Robert L. PFALTZGRAFF, Jr., *Contending Theories of International Relations. A Comprehensive Survey Third Edition*, New York: Harper & Row, 1990, p. 507.

[66] Steven BRAMS, *Op. Cit.*, PP. 141-142.

Tableau 2.1 *Diagramme représentant les deux suspects*

		Suspect 2	
		Ne confesse pas	Confesse
Suspect 1	Ne confesse pas	-1 -1	0 -10
	Confesse	- 10 0	-5 -5

Stratégie dominante

(X, Y) = (suspect 1, suspect 2)
Les chiffres représentent les années en prison.

Que fera chaque suspect pour sauver sa peau, en assumant qu'il n'y a pas de peine quand on joue un mauvais tour à l'autre. Observons d'abord que si un suspect confesse le crime, il est avantageux pour l'autre suspect de faire de même pour éviter le pire résultat c'est-à-dire écoper 10 ans de prison. Secundo, l'idée de confesser et recevoir 5 ans de prison n'est pas intéressante.

La stratégie la plus intéressante pour les deux suspects serait de ne pas confesser, dans la mesure où chacun pouvait être sûr que l'autre partenaire restera silencieux. Mais sans être capable de communiquer pour coordonner une stratégie conjointe, encore moins de signer un accord contraignant, cette stratégie peut se tourner contre vous et vous pouvez finir par écoper 10 ans de prison. La raison est que le meilleur résultat que (-5, -5) pour les deux acteurs, (-1, -1), est instable, parce qu'il y a toujours la tentation pour un acteur de déjouer son partenaire et tourner la preuve de l'Etat en sa faveur pour réaliser le meilleur résultat de libération (0). Non seulement qu'il y a cette tentation, mais si un jouer pense que l'autre pourrait essayer de le flouer, il n'y a pas d'autre issue que de confesser. Ainsi donc, les deux suspects vont confesser et vont écoper 5 ans de prison chacun. Nous tombons dans la cage (-5, -5) qui est la stratégie dominante pour les deux suspects. »

Cette théorie peut expliquer beaucoup de situations en relations internationales où la coopération est mise en jeu. En matière de sécurité, on peut, par exemple, considérer le cas les Etats-Unis et l'Union Soviétique. Beaucoup de spécialistes avaient prédit qu'on allait vers une confrontation nucléaire, car c'était cela la cage dominante. On n'y est pas arrivé parce que les deux puissances avaient développé la capacité de destruction mutuelle de telle sorte qu'attaquer le premier n'offrait aucune garantie de gagner la guerre.

Les Congolais se rappelleront, par exemple, que lors des négociations de Genève entre sept Opposants Congolais qui cherchaient un candidat commun, Félix Tshisekedi et Vital Kamerhe y sont allés comme coopérants pour se voter mutuellement. Le résultat fut le contraire. Cette théorie explique ce qui s'était passé entre les deux : manque de confiance mutuelle où chacun voulait sauver sa tête. Ils sont tombés dans la cage dominante qui montre l'absence de coopération. J'utiliserai cette théorie pour analyser la coopération entre le Congo et ses partenaires pendant le régime Joseph Kabila et le régime Tshisekedi.

Il est important de rappeler les régimes internationaux au point suivant.

2.2.9. Régimes internationaux

Le concept de régimes internationaux pose un problème de classification en termes de perspective. Il est utilisé aussi bien dans la perspective réaliste (Nationaliste) que dans la perspective libérale. Stephen Krasner évoque ce problème en disant qu' « il est (le concept) compatible avec a certain nombre de formulations de Grotius d'après-guerre, tel que le fonctionnalisme, le néo fonctionnalisme…..mais a échoué de lancer une attaque soutenue contre les perspectives réalistes conventionnelles. » Il continue en appuyant « que le concept de régimes a attiré a certain nombre de chercheurs qui ont été d'abord identifiés comme étant de la tradition réaliste. »[67]

En mettant de côté cette discussion de classement, les étudiants de la coopération internationale retiendront que depuis le milieu des années 1970, la recherche et les analyses en matière de coopération internationale ont été orientées vers ce concept de régimes internationaux. Selon John Ruggie, qui a introduit le concept en 1975, un régime international est « un ensemble des attentes mutuelles, des règles et régulations, des plans, des énergies organisationnelles et engagements financiers, qui ont été acceptés par un groupe d'Etats. »[68] Quand il explore le concept de régime en relations internationales, Stephen D. Krasner le définit comme « un ensemble de principes implicites et explicites, des normes, des règles, et des procédures de prise de décision autour desquels les attentes des acteurs convergent dans un domaine donné des relations internationales. »[69] C'est ainsi que les régimes internationaux comprennent des domaines variés telle que la défense, le commerce, la politique monétaire, le droit, et la politique alimentaire.

Dans sa discussion du cadre intellectuel en vue d'étudier les régimes, Ernest B. Haas note que les régimes peuvent être basés sur une conception d'intérêts communs dans laquelle la collaboration représente une stratégie optimale pour les participants. En fonction de cette considération, il distingue deux types de

---

[67] Stephen D. KRASNER, *International Regimes*, Ithaca and London: Cornell University Press, 1995, p. 355.

[68] John G. RUGGIE, « International Responses to Technology: Concepts and Trends, » in *International Organizations*, Vol. 29, No 3, 1975, P. 570.

[69] Stephen D. KRASNER, *Op. Cit.*, p. 2.

régimes : « Deux sortes de contingence de politique existe ; Arthur Stein les appelle les régimes d'intérêts communs et les régimes d'aversion commune. Dans les régimes d'intérêts communs les acteurs acceptent que si chacun suit sa stratégie personnelle la plus rationnelle tous vont éventuellement perdre ; la seconde meilleure stratégie___ la collaboration___alors devient la politique optimale. La collaboration fait appel à des règles acceptées en vue de s'abstenir de certains comportements, se comporter ensemble et positivement pour certains objectifs, et d'accorder certains pouvoirs aux institutions du régime pour suivre et arbitrer les conflits. Dans les régimes d'aversion commune les acteurs ne s'accordent pas sur un résultat commun préféré, mais sont d'accord sur ce que tous veulent éviter ; de tels régimes demandent simplement une coordination politique, non pas une collaboration.[70] »

Dans sa typologie des régimes, Oran Young parle de trois types à distinguer : les régimes spontanés, les régimes négociés, et les régimes imposés. « Les processus à travers lequel les régimes spontanés apparaissent ne sont pas bien compris. Au même moment, il n'est pas difficile de comprendre les attractions des régimes spontanés. Ils sont capables de contribuer d'une manière significative au bien-être des grands groupes en l'absence des coûts de transactions élevés sur la liberté des participants individuels. En plus, ils évitent le besoin de développer des arguments invraisemblables élevés concernant la négociation ou l'articulation des contrats sociaux. »

L'auteur explique le deuxième type de régimes en ces termes : « Une classe remarquablement différente des institutions sociales peut être décrite sous la rubrique des régimes *négociés*. Ce sont des régimes caractérisés par des sérieux efforts pour s'accorder sur les dispositions, le consentement explicite de la part des participants individuels, et les expressions formelles des résultats. » Il termine avec un troisième type qui se distingue des deux autres : « Une troisième catégorie des régimes internationaux peut être examiné en termes du concept des régimes *imposés*. Les régimes imposés sont différents des régimes spontanés en ce sens qu'ils sont délibérément établis par des puissances dominantes ou des consortiums de acteurs dominants. Au même moment, de tels régimes ne comprennent pas typiquement un consensus explicite de la part des acteurs subordonnés, et opèrent souvent efficacement dans l'absence d'une quelconque expression formelle. En bref, les régimes imposés sont délibérément établis par les acteurs dominants à travers une combinaison de coercition, cooptation, et la manipulation des stimulants. [71]»

Enfin, les régimes peuvent naître et disparaître. Nous vivons dans un monde anarchique, Arthur Stein discute les conditions de survie et de disparition des régimes dans les termes qui suivent : « Les mêmes facteurs qui expliquent la

[70] Érnest B. HASS, « Words Can Hurt You; or, Who Said to Whom About Regimes, » in Stephen KRASNER, *Op. Cit.* p. 27.

[71] Oran R. YOUNG, « Regime dynamics: the rise and fall of international regimes », in Stephen KRASNER, *Op. Cit.* pp. 98-100.

formation d'un régime expliquent aussi le maintien, le changement, et la dissolution. Les régimes sont maintenus aussi longtemps que les types d'intérêt qui ont été à l'origine de leur création persistent. Lorsqu'ils sont modifiés, le caractère d'un régime peut changer ; un régime peut même être dissout complètement. »

Cependant, l'auteur donne quelques raisons pourquoi peuvent résister quand bien même les intérêts qui les ont créés ont changé. Premièrement dit-il, « les nations ne calculent pas continuellement leurs interactions et transactions. » Ensuite, « ...la légitimité des institutions internationales n'émerge pas d'un brandissement d'intérêt national, mais d'un intérêt développé dans les institutions elles-mêmes. Un changement d'intérêts ne conduit pas automatiquement aux changements dans le régime ou à sa destruction, parce qu'il peut bien exister une incertitude sur la permanence des changements observés. » Finalement, dit-il, « Il est possible que la création des régimes internationaux ne conduise pas à l'abandon du calcul national mais à un changement dans les critères par lesquels les décisions sont prises. Les institutions créées pour assurer la coordination ou la collaboration internationale peuvent elles-mêmes servir à changer les critères de décisions et ainsi conduire les nations à considérer les intérêts des autres en plus de leurs propres intérêts quand elles prennent des décisions. [72]»

Je voudrais rappeler ici que l'une des raisons pour laquelle j'ai préféré discuter les régimes dans la perspective réaliste est que le système international dans lequel les régimes sont formés est composé des Etats comme acteurs majeurs, une supposition de la perspective réaliste. Par ricochet, l'on peut affirmer que les régimes représentent des acteurs étatiques. On peut considérer le système de sécurité comme l'OTAN et l'Organisation des Etats d'Amérique ; ou encore des institutions économiques comme le Fonds Monétaire International ou l'Organisation Internationale du Commerce. Toutefois, bien que ces entités soient des créations des Etats, elles existent comme des actrices, ou régimes en elles-mêmes et elles constituent une base solide pour booster la coopération internationale. C'est à cause de cela que certains auteurs préfèrent les discuter dans le cadre de la perspective libérale.

Ainsi se termine la discussion des théories de la coopération internationale directement liées aux trois perspectives que j'ai discutées dans l'analyse des idéologies de l'économie politique internationale. Toutefois, on doit se rappeler que les théories évoluent et il y a beaucoup de progrès dans les réflexions menées dans le domaine de l'économie politique internationale. C'est ainsi que l'on parle du néolibéralisme, néoréalisme etc. Cela veut dire qu'il y a du nouveau dans les analyses menées par les chercheurs. Ainsi donc, dans la partie qui va clôturer ma discussion dans ce chapitre, je vais discuter des avancées connues dans les

---

[72] Arthur STEIN, « Coordination and Collaboration: Regimes in an Anarchic World », in David A. BALDWIN, ed., *Neorealism and Neoliberalism: The Contemporary Debate*, New York: Columbia University Press, 1993, pp. 50-52.

théories contemporaines, notamment : le néolibéralisme, le néoréalisme, le fonctionnalisme, la théorie d'intégration, et le néo fonctionnalisme. A la fin de ce chapitre, j'aborderai un sujet qui souvent préoccupe les étudiants de la coopération internationale, spécialement au Congo, la problématique de l'aide étrangère et le développement. Les lignes ci-dessous parle du néolibéralisme.

2.2.10. Le Néolibéralisme

Bien que le marché libre et le commerce libre global ne soient pas des nouveaux termes, depuis les années 1990, le terme néolibéralisme est utilisé pour désigner une redynamisation des acquis du libéralisme tels que nous légués par Adam Smith. C'est cette redynamisation qui a ajouté le préfixe « néo » ou nouveau au terme libéralisme.

Dans leur discussion sur le néolibéralisme, John Baylis, Steve Smith et Patricia Owens mentionnent que selon David Baldwin quatre variétés de Libéralisme ont engendré le Néolibéralisme : « ...commercial, républicain, sociologique, et l'Institutionnalisme Libéral. Le premier, le Libéralisme commercial, soutient le commerce libre et une économie capitaliste ou du marché comme la voie vers la paix et la prospérité. Aujourd'hui, ce point de vue est promu par les institutions financières globales, la plus part des grands Etats commerçants, et les corporations multinationales. Les champions de l'*Orthodoxie néolibérale* sont parmi des auteurs populaires tels que Thomas Friedman, et ils supportent que le commerce libre, les droits de propriété privés et les marchés libres conduisent vers un monde plus riche, plus innovatif, et plus tolérant. »

Ces auteurs continuent en expliquant la deuxième variété en ces termes : « *Le Libéralisme républicain* postule que les Etats démocratiques sont plus penchés à respecter les droits de leurs citoyens et il est moins probable pour ces Etats d'aller en guerre contre leurs voisins démocrates. Dans la littérature récente, ce point de vue est présenté comme la théorie de la paix démocratique. » La combinaison de ces deux formes de Libéralisme, disent-ils, a sous-tendu les objectifs de la politique étrangère des grandes puissances du monde. Quant au *Libéralisme sociologique*, ils disent qu'il soutient que « la notion de la communauté et le processus de l'interdépendance sont des éléments importants. Comme les activités transnationales augmentent, les gens dans des terres lointaines sont liés et leurs gouvernements deviennent plus interdépendants. Par conséquent, il devient plus difficile et plus onéreux pour les Etats d'agir unilatéralement et d'éviter la coopération avec les voisins. » Les auteurs terminent par l'Institutionnalisme libéral ou l'Institutionnalisme néolibéral qui est « considéré par beaucoup de chercheurs de présenter le défi le plus convainquant contre la pensée Réaliste et néoréaliste. Les origines de cette version de néolibéralisme résident dans les études de l'intégration fonctionnelle des années 1940 et 1950 et les études d'intégration régionale des années 1960. Ces études suggèrent que la voie vers la paix et la prospérité est que les Etats indépendants mettent ensemble leur ressources et abandonnent même une partie de leur souveraineté pour créer des communautés en vue de promouvoir la croissance économique ou de répondre aux problèmes régionaux. [73]»

La coopération entre la République démocratique du Congo et ses partenaires a beaucoup été influencée par les principes néolibéraux et les résultats, comme on le verra plus tard, n'ont pas été favorables au Congo. Je reviendrai plus tard sur les critiques du Néolibéralisme, notamment la problématique des gains absolus et des gains relatifs. Pour le moment, je me limite aux suppositions du Néolibéralisme :

> « * Les Etats sont les acteurs clés en relations internationales, mais pas les seuls acteurs significatifs. Les Etats sont rationnels ou des acteurs instrumentaux, cherchant toujours à maximiser leurs intérêts dans tous les domaines.
>
> - Dans cet environnement compétitif, les Etats cherchent à maximiser les gains absolus à travers la coopération. Le comportement rationnel conduit les Etats à voir de la valeur dans le comportement coopératif. Les Etats sont moins concernés par les gains et les avantages réalisés par d'autres Etats dans les arrangements coopératifs.
> - Le plus grand obstacle vers une coopération réussie est la non-conformité et la tricherie par les Etats.
> - La coopération n'est jamais sans problèmes, mais les Etats transféreront la loyauté et les ressources vers les institutions si celles-ci sont perçues comme bénéfiques mutuellement et si elles fournissent aux Etats des opportunités croissantes pour sécuriser leurs intérêts internationaux. [74] »

Pour terminer avec cette discussion du Néolibéralisme, il faut noter qu'il y a des chercheurs qui pensent que les Néolibéraux sont allés trop loin. On a trop donné du pouvoir au marché, alors qu'il est possible pour l'Etat de supprimer le marché ou de le promouvoir. Ce que l'on veut souligner est que le marché n'est qu'une organisation sociale qui est promue et soutenue par des êtres humains. On peut aussi faire le contraire, auquel cas, le marché libre disparaitrait. Le marché libre est une demande politique qui est renforcée par les Etats et la coopération avec d'autres Etats. Ces auteurs estiment que le Néolibéralisme aujourd'hui a dépassé certaines limites, si Adam Smith retournait sur terre et voyait les aspects extrêmes du Néolibéralisme, il les trouverait bizarres, disent-ils.

Il y a aussi le néoréalisme à évoquer au point suivant.

2.2.11. Le Néoréalisme

Il existe différents groupes de Néoréalistes, mais souvent c'est le Néoréalisme (ou le Réalisme structurel) développé par Kenneth Waltz dans la T*héorie de la Politique internationale*, qui est retenu dans la présentation de cette théorie.

---

[73] John BAYLIS. Steve SMITH. Patricia OWENS, t*he Globalization of World Politics. An Introduction to international relations*, New York: Oxford University Press, 2008, pp. 131-132.
[74] *Idem*, p. 132.

Dans sa description des différences entre le Réalisme et le Néoréalisme, Karen A. Mingst retient les points suivants. Elle souligne l'importance que les Néoréalistes accordent à la structure du système international : « Les Néoréalistes donnent la prédominance dans leurs analyses à la structure du système international comme le facteur explicatif au lieu des Etats et les caractéristiques innées des êtres humains. Selon Kenneth Waltz, l'unité la plus importante à étudier est la structure du système international. La structure d'un système particulier est déterminée par le principe d'ordre, c'est-à-dire l'absence de l'autorité mondiale, et de la distribution des capacités parmi les Etats. Ces capacités définissent la position d'un Etat dans le système. La structure internationale est une force en elle-même ; elle contraint le comportement d'un Etat, et les Etats ne peuvent pas être capables de la contrôler. Selon les Néoréalistes, la structure internationale détermine les résultats en politique internationale, plutôt que les caractéristiques des Etats individuels.[75] »

La deuxième différence entre les Réalistes traditionnels et le Néoréalisme de Waltz réside dans leurs conceptions de la puissance. Tout acceptant que la force militaire est essentielle pour la puissance d'un Etat, « pour les Néoréalistes, la puissance est plus que l'accumulation des ressources militaires et l'habileté d'utiliser cette force pour exercer la coercition et contrôler les autres Etats dans le système. Waltz et les autres Néoréalistes voient le pouvoir comme les capacités combinées d'un Etat. Les Etats sont différenciés dans le système par leur puissance et non par leur fonction. La puissance donne à un Etat une place ou une position dans le système international et ceci forme le comportement d'un Etat. [76] »

La dernière différence entre les Réalistes traditionnels et le Néoréalisme de Waltz concerne la réaction des Etats face à la condition d'anarchie. « Pour les Réalistes traditionnels, l'anarchie est une condition du système, et les Etats réagissent suivant leur dimension, localisation, politique domestique, et les qualités du leadership. Par contre, les Néoréalistes suggèrent que l'anarchie caractérise le système. En plus, les Etats sont des unités semblables fonctionnellement, ce qui signifie qu'ils expérimentent tous les mêmes contraintes présentées par l'anarchie et luttent pour maintenir leur position dans le système. Les Néoréalistes expliquent les différences en politiques par les différences en puissance et en capacités.[77] »

Quant aux handicaps de la coopération internationale, les Réalistes et les Néoréalistes partagent les mêmes points de vue en ce qui concerne les gains absolus et les gains relatifs ainsi que la tricherie. Il est important aux étudiants de la coopération internationale de bien cerner les enjeux des gains absolus et des gains relatifs en coopération internationale. Parlant des possibilités de coopération

---

[75] Karen A. MINGST, *Essentials of International Relations*, New York: W.W. Norton & Company, 2008, p. 66.
[76] John BAYLIS. Steve SMITH. Patricia OWENS, *Op. Cit.*, p. 128.
[77] *Idem*, p. 129.

dans le système international, les Néoréalistes pensent qu'elles ne sont pas grandes. Karen Mingst l'exprime en ces termes : « Dans un tel système, les possibilités de coopération internationale sont logiquement minces. Quand ils sont en face d'une possibilité de coopérer pour un gain mutuel, les Etats qui se sentent en insécurité doivent demander comment le bénéfice sera divisé. Ils sont obligés de se demander « Qui va gagner plus ? » et non pas « Allons-nous gagner tous deux ? ». Si un bénéfice attendu doit être divisé, disons, dans le rapport de deux contre un, un Etat peut utiliser son bénéfice disproportionné pour appliquer une politique qui vise à détruire l'autre. Même la possibilité des bénéfices larges pour les deux parties ne favorise pas la coopération étant donné que chaque partie aura peur de ce que l'autre fera de ces capacités qui augmentent. »

Elle continue en disant qu' « un problème apparait dans le souci des Etats concernant leurs bénéfices relatifs car les Etats agissent toujours en vue de maximiser leur pouvoir relatif face aux autre Etats de telle sorte à améliorer leurs chances de survie. L'importance du pouvoir relatif signifie que les Etats hésitent à s'engager dans la coopération si les bénéfices peuvent être distribués équitablement parmi les Etats participants. Même si la coopération pourrait produire des gains absolus pour chaque Etat, ces bénéfices seront écartés par cet Etat au cas où cette coopération produira des grands bénéfices pour les autres Etats. Dans l'équilibre du pouvoir néoréaliste, la survie d'un Etat dépend du fait d'avoir plus de pouvoir que les autres Etats ; ainsi donc tout pouvoir (et bénéfice de pouvoir) est considéré dans des termes relatifs. [78]»

Ce problème de gains absolus et gains relatifs constitue une grande différence entre les Néoréalistes et les Néolibéraux. Pendant que les Néolibéraux insistent sur les gains absolus où tout le monde gagne dans la coopération, les Néoréalistes soutiennent que les gains relatifs empêchent aux Etats de coopérer. Robert Powell exprime ce handicap de manière claire : « Le problème des gains absolus et gains relatifs divise deux approches les plus influentes dans la théorie des relations internationale. L'Institutionnalisme Néolibéral suppose que les Etats focalisent premièrement sur leurs gains absolus et sont indifférents aux gains des autres. Que la coopération résulte en un gain relatif ou une perte n'est pas très important à un Etat dans l'Institutionnalisme Néolibéral aussi longtemps qu'elle apporte un gain absolu. En termes de préférences, cette focalisation sur les gains absolus est d'habitude comprise que l'utilité d'un Etat est seulement une fonction de son gain absolu. Par contre, le Néoréalisme, ou le Réalisme Structurel, suppose que les Etats sont grandement concernés par les gains relatifs plutôt que les gains absolus. Dans l'anarchie de la politique internationale, 'le gain relatif est plus important que le gain absolu'. L'utilité d'un Etat dans le Réalisme Structurel est au moins en partie une fonction d'une mesure relative comme puissance. Ces différentes suppositions les préférences des Etats conduisent à des différentes attentes sur les perspectives pour le conflit et la coopération internationale. Plus les Etats

---

[78] Karen A. MINGST, *Op. Cit.*, p. 67.

s'occupent des gains relatifs, plus un gain pour un Etat tend à être perçu comme une perte par un autre et plus difficile, il semble, est la coopération.[79] »

Les Congolais se rappelleront que le Régime Mobutu avait connu ce problème des gains relatifs. En effet, Mobutu s'est mis à appliquer son plan de développement du Zaïre en accord avec ses partenaires Occidentaux. Un certain nombre de projets ont été signés, notamment : le Barrage d'Inga, la ligne Haute Tension Inga-Shaba, la Sidérurgie de Maluku, le Centre Commercial International Zaïrois (CCIZ), la Cité de la Voix du Zaïre. Dans l'exécution de ces projets, le Zaïre est sorti perdant. Ce qui importait aux Occidentaux était « Qui va gagner plus ? » et non pas « Allons-nous gagner tous deux ? ». Et Mobutu a appris ça quand c'était trop tard. Il a avoué cela lui-même comme je l'ai mentionné plus haut en ces termes : « Nous admettons nos erreurs quand cela arrive. L'une d'elles était la sidérurgie de Maluku, une autre était le building du Centre de Commerce International du Zaïre (CCIZ) à Kinshasa. Mais ces erreurs ne sont pas entièrement de notre faute. La responsabilité est largement partagée par les Compagnies Multinationales responsables de la conception et de la construction. Trop souvent leur seul but était de nous vendre un produit fini et aujourd'hui toute l'Afrique souffre de la même agression commerciale des Compagnies Multinationales. Une agression qui se cache derrière le savoir-faire technologique. Je dois dire ceci et je le répète : ils ont profité de notre manque d'expérience pour nous vendre des installations qui ne conviennent pas. Et alors, quand les choses ne vont pas bien, ils blâment notre gestion et oublient comment les dettes qu'ils ont forcées sur nous pèsent sur nos épaules.[80] » Malheureusement, ceux qui sont venus après Mobutu ont agi comme si le passé ne disait absolument rien. Ou alors en pensant qu'ils pouvaient réinventer la roue en coopération internationale. J'y reviendrai.

En plus du problème de gains, Mobutu a aussi été victime de tricherie, un souci des Néoréalistes : « Les Néoréalistes sont aussi concernés par la tricherie. Les Etats peuvent être tentés de tricher dans les accords en vue de gagner un avantage relatif, par rapport à d'autres Etats. La peur que les autres Etats peuvent trahir les accords de coopération est spécialement élevée dans le domaine militaire, dans lequel des changements dans l'armement militaire peuvent résulter en un changement majeur d'équilibre du pouvoir. L'intérêt personnel motive chaque Etat à profiter de l'autre. La conscience que de telles motivations existent, combinées avec le désir rationnel des Etats de protéger leurs propres intérêts, tend à empêcher la coopération entre les Etats. [81]» Les régimes qui ont suivi Mobutu ont aussi fait face à cette réalité dans la coopération internationale. Si vous

---

[79] Robert POWELL, « Absolute and Relative Gains in International Relations Theory », in David A. Baldwin, ed., *Op.Cit.*, p. 209.

[80] Georges MPWATE-Ndaume, *La Coopération entre le Congo et les Pays Capitalistes. Un dilemme pour les présidents congolais*, Paris : L'Harmattan, 2010, PP. 216-217.

[81] Karen A. MINGST, *Op. Cit.*, p. 67.

négociez mal, vous perdrez. Votre partenaire n'est pas là pour vous aider à bien négocier, loin de-là.

Le point suivant porte sur le fonctionnalisme.

2.2.12. Le fonctionnalisme

Ces derniers temps, surtout en Afrique, on parle beaucoup de l'intégration comme une solution aux problèmes de développement. Avant de parler de la théorie d'intégration, on doit présenter le fonctionnalisme qui est à la base de cette théorie. Ce sont les travaux de David Mitrany qui sont à l'origine du fonctionnalisme comme l'expliquent James E. Dougherty et Robert L. Pfaltzgraff, Jr. : « Central au fonctionnalisme se trouve l'œuvre de David Mitrany , dont les écrits ont grandement influencé les théoriciens d'intégration qui suivent. Mitrany a écrit pendant les années entre les deux guerres mondiales, aussi bien que dans la génération qui a suivi la deuxième guerre mondiale. Il a suggéré que la complexité grandissante des systèmes gouvernementaux a sérieusement augmenté les tâches essentiellement techniques, non politiques dont les gouvernements font face. De telles tâches ont non seulement crée une demande des spécialistes hautement formés au niveau national, mais ont contribué aussi à l'émergence des problèmes essentiellement techniques au niveau international, dont les solutions reposent sur la collaboration entre les techniciens, plutôt qu'entre les élites politiques. La croissance en importance des problèmes techniques au 20ème siècle a rendu nécessaire la création des structures pour une coopération internationale. On pouvait s'attendre à ce que de telles organisations fonctionnelles s'étendent en nombre et en espace comme les problèmes techniques confrontés par l'humanité croissent. Le résultat est que les organisations pour la collaboration fonctionnelle pourraient éventuellement remplacer, ou rendre superflues, les institutions politiques du passé.[82] »

Les auteurs expliquent une doctrine qui accompagne la théorie de Mitrany en ces termes : « Dans la théorie de Mitrany, il y a une doctrine de « ramification », selon laquelle le développement de la collaboration dans un domaine technique conduit à un comportement comparable dans d'autres domaines. La collaboration fonctionnelle est un secteur qui crée un besoin senti pour la collaboration fonctionnelle dans un autre secteur. L'effort de créer un marché commun, par exemple, suscite des pressions pour une autre collaboration sur les prix, l'investissement, le transport, l'assurance, l'impôt, le salaire, la sécurité sociale, les banques, et la politique monétaire. Mitrany suppose que l'activité fonctionnelle pouvait réorienter l'activité internationale et contribuer à la paix internationale. Eventuellement une telle collaboration va s'ancrer dans le secteur politique et même l'absorber.[83]»

---

[82] James E. DOUGHERTY and Robert L. PFALTZGRAFF, Jr., *Contending Theories of International Relations. A comprehensive survey*. New York: Harper & Row, Publishers, 1990, p. 432.

[83] *Idem.*

Il est important de signaler que le fonctionnalisme diffère du réalisme qui voit le conflit et la compétition comme des caractéristiques dominantes de la politique internationale. Le fonctionnalisme soutient la coopération internationale et c'est ce qui a été approfondi dans les études d'intégration. Beaucoup d'études ont été dévouées au progrès de l'Union Européenne.

Il me semble important de souligner aussi la théorie d'intégration.

2.2.13. La théorie d'intégration

Il se pose dès le départ un problème de définition de ce concept. James Dougherty et Robert Pfaltzgraff, Jr. notent que « Pour la plupart, les théoriciens d'intégration ont insisté sur le processus intégratif au niveau international comme premièrement consensuel, ou communautaire, basé principalement sur le développement des normes, des valeurs, des intérêts, ou des objectifs communs. » Les auteurs continuent en disant que « Les théories de la coopération internationale et de l'intégration se donnent comme tâche d'expliquer le comportement dans un contexte décentralisé dans lequel les Etats font face aux problèmes dont les solutions au-delà de l'Etat sont sollicitées. Ceci comprend les secteurs fonctionnels spécifiques tels que la politique commerciale dans laquelle on pense qu'il existe le besoin d'un comportement coopératif. On dit que de telles fonctions transcendent la capacité de l'Etat-nation à pourvoir des solutions satisfaisantes par des moyens unilatéraux.[84] »

En termes de définitions, ces auteurs en ont suggéré deux : « Ernest Haas définit l'intégration comme un processus par lequel les acteurs politiques dans plusieurs entités nationales distinctes sont persuadés d'orienter leurs loyautés, leurs attentes, et leurs activités politiques vers un nouveau centre, dont les institutions possèdent ou demandent une juridiction au- dessus des Etats-nations qui préexistaient. » La deuxième définition est Karl Deutsch « l'intégration politique est un processus qui peut conduire à une condition dans laquelle un groupe de gens atteignent dans un territoire un sens de communauté et des institutions et des pratiques assez solides pour assurer pendant un long moment, les attentes d'un changement pacifique au sein de la population. [85]»

Pendant que le Réalisme s'occupe de la *haute politique (high politics)*, l'intégration promeut des sujets considérés comme de la *basse politique* (*low politics).* « En plus de la politique commerciale, l'agenda des problèmes sollicitant la coopération comprend, par exemple, l'environnement, les télécommunications, la migration, la santé, l'investissement, la politique monétaire, et la sécurité aérienne. Contrairement aux problèmes de sécurité politique et militaire, ou ce qui est appelé *haute politique*, qui est le principal souci

[84] *Idem*, édition 5, 2001, pp. 510-511.
[85] *Idem*, édition 5, 2001, p. 510.

de la théorie réaliste, cet agenda de problèmes est dit de comprendre la *basse politique.* [86]»

A part le problème de définition, l'autre problème que l'on connaît dans la théorie d'intégration est celui des indicateurs pour évaluer le niveau d'intégration. En général les auteurs soulignent le flux des transactions telles que les voyages, le courrier, le commerce, les différentes formes de communications. Mais Ernest Haas fait remarquer qu'il est crucial de savoir quand ces conditions arrivent. Est-ce qu'elles précèdent, renforcent, ou causent l'intégration, car ceci est important dans l'analyse menée.[87] Karl Deutsch a ajouté en plus du flux des transactions, « l'analyse statistique des opinions exprimées par les élites et l'attention accordée dans la presse. [88]» Leon Lindberg évoque d'autres indicateurs que l'on peut voir dans sa définition de l'intégration considérée comme « le processus par lequel les nations renoncent au désire et à l'habilité de conduire des politiques étrangères et domestiques clés indépendamment des uns et des autres, cherchant plutôt à prendre des décisions conjointes ou à déléguer le processus de prise de décision à des nouveaux organes centraux ; et le processus par lequel les acteurs politiques dans plusieurs districts sont persuadés d'orienter leurs attentes et activités politiques vers un nouveau centre.[89] »

James A. Caporaso et Alan Pelowski ont ajouté un autre indicateur, celui de la « croissance en prédiction de comportement parmi les membres de l'Union Economique Européenne. [90]» Quant à Claude Ake, il suggère des indicateurs relatifs à une série de mesures quantitatives, telles que : «

1. Le score de la légitimité, ou dans quelle mesure les citoyens accordent la loyauté à l'Etat et voient qu'il est l'incarnation de leurs intérêts ;
2. Le score de la violence politique, ou dans quelle mesure les acteurs font recours à la violence en vue d'atteindre leurs objectifs ;
3. Le score de demande de sécession ;

---

[86] *Idem*, p. 511. Je profite de cette distinction entre *high politics* et *low politics* pour expliquer le problème que le régime Tshisekedi a rencontré lors des élections de Décembre 2023. En effet, le Président Tshisekedi était très concentré à résoudre les problèmes relatifs au *high politics* et cette priorité a affecté négativement les problèmes relatifs au *low politics*. Malheureusement, ce qui a le plus affecté la population congolaise, en dehors de l'Est du pays, concernait *low politics*. Heureusement que pendant sa campagne, le Président a réussi à faire passer son message en rapport avec la nécessité de s'occuper de *high politics* car elle affecte directement le *low politics*. La réalité c'est qu'il est très difficile de réussir le *low politics* quand on a échoué dans le *high politics*. C'est un dilemme qui dérange tous les pays, même les USA. C'est l'un des aspects le plus important entre les succès et l'échec des Républicains (*high politics*) et les Démocrates (*low politics)*. Il est évident que l'on doit réussir les deux.

[87] *Idem*, édition 3, 1990, p., 455.

[88] *Idem*, p., 455.

[89] *Ibid.*

[90] *Idem*, p. 456.

4. Le score de l'autorité, ou le degré avec lequel le peuple accepte leur unité politique comme légitime et est préparé à accepter son pouvoir sans coercition. Etc.[91] »

L'Union Européenne est un exemple de réussite d'intégration souvent étudié par les chercheurs dans le domaine d'intégration régionale. Les Africains se sont inspirés du modèle européen pour créer l'Union Africaine, qui connaît encore beaucoup d'handicaps pour intégrer le continent. Dans l'espoir de réussir cette intégration continentale, les pays africains travaillent sur des structures d'intégration sous régionale, telle la Communauté Economique des Etats de l'Afrique de l'Ouest (CEDEAO), au centre de l'Afrique on trouve la CEEAC, la SADC au sud, et la Communauté des Etats de l'Afrique de l'Est. Toutes ces organisations n'ont pas connu beaucoup de progrès, en dépit de la volonté des Etats africains d'aller de l'avant. Les étudiants de la coopération internationale qui veulent savoir pourquoi ces organisations connaissent du retard, peuvent trouver une partie de réponses dans les écrits des Néo fonctionnalistes, tels que Joseph Nye.

Les pages suivantes parlent du néofonctionnalisme.

2.2.14. Le néofonctionnalisme

Une fois de plus le préfix Néo veut dire qu'il y a du nouveau dans le fonctionnalisme. Un certain nombre de chercheurs se sont donné la tâche de modifier la théorie du fonctionnalisme dans le but de l'améliorer. Parmi eux, on retient : Ernest Haas, Philippe Schmitter, Leon Lindberg, Joseph Nye, Robert Keohane, et Lawrence Scheineman. Et leurs écrits se sont concentrés sur la formation et l'évolution de l'Union Européenne.[92]

Le travail d'Ernest Haas a apporté des éléments nouveaux dans la théorie du fonctionnalisme que l'on peut résumer en quelques points. Il parle de la décision de procéder avec l'intégration comme un problème d'intérêt et non de l'altruisme : « Haas postule que la décision de procéder avec l'intégration, ou de s'y opposer, dépend des attentes de profit ou de perte senties par les groupes principaux au sein de l'unité à faire intégrer. Haas suppose que l'intégration est le résultat du travail des élites dans le secteur gouvernemental et privé, qui supportent l'intégration pour des raisons essentiellement pragmatiques plutôt qu'altruistes. Les élites ayant des attentes de profit à partir des activités développées au sein d'une structure organisationnelle supranationale ont tendance à chercher des élites qui pensent comme elles au-delà des frontières nationales. [93]»

Un autre nouvel élément apporté par Haas dans l'amélioration de la théorie fonctionnaliste concerne le traitement du concept « pouvoir.» En effet, « Haas critique Mitrany de ne pas avoir considéré suffisamment l'élément « pouvoir ». Pour Haas le pouvoir n'est pas séparable du bien-être. Il redéfinit les conceptions

[91] *Idem*, p. 457.

[92] James DOUGHERTY & Robert PFALTZGRAFF, *Op. Cit.*, edition 3, 1990, p. 437.

[93] Idem, p., 438.

d'intérêt personnel et du bien-être. Il parle du corollaire : les leçons d'intégration apprises dans un contexte fonctionnel seront appliquées dans d'autres contextes, supplantant ainsi éventuellement la politique internationale. Selon Haas, la politisation graduelle des intentions des acteurs est cruciale à l'intégration. Ces intentions sont considérées au départ comme étant techniques et non controversées. Les acteurs deviennent politisés parce qu'en réponse aux objectifs qui étaient techniques au départ, ils s'accordent à considérer les moyens appropriés à les atteindre. Ici intervient donc l'élément « pouvoir. [94]»

Une autre contribution d'Ernest Haas se trouve dans la qualification des groupes d'experts et techniciens à qui l'on confie des tâches qui conduisent à l'intégration internationale. Haas soutient qu'il existe des conditions pour que ces experts soient efficaces. « Il ajoute deux conditions : (1) que ce sont des groupes qui proviennent d'un environnement régional tel que l'Europe de l'Ouest, qui ont plus de chance à atteindre l'intégration que des groupes qui proviennent de partout à travers le monde; (2) que les experts qui n'ont pas de responsables au niveau national peuvent trouver que leurs recommandations ont été ignorées. Par conséquent, il suggère que des experts des bureaucraties nationales regroupés pour un besoin spécifique ont plus de chance de réaliser l'intégration. Il reformule la proposition en ces termes : 'L'intégration internationale est avancée le plus rapidement par un dévouement au bien-être, à travers des mesures élaborées par des experts conscients des implications politiques de leur tâche et des représentants des groupes sociaux publics ou privés homogènes et symétriques. [95]»

Dans son analyse du fonctionnalisme, Mitrany a parlé de la doctrine de ramification. Ernest Haas a parlé aussi d'une doctrine semblable qu'il a appelée : *spill-over*. « Dans son étude de la Communauté européenne de Charbon et de l'Acier, Haas a trouvé que parmi les élites européennes directement concernées par le charbon et l'acier, relativement peu de personnes étaient initialement des grands supporters de la Communauté. C'est seulement après que la Communauté ait été en opération pour plusieurs années qu'un grand nombre de leaders dans les syndicats et des partis politiques étaient devenus des partisans de la Communauté. En plus, ces groupes, suite au profit que la Communauté a réalisé, se sont placés en tête des autres efforts pour l'intégration européenne, y compris le Marché Commun. Donc, il y avait une tendance marquée pour les personnes qui avaient expérimenté des profits à partir des institutions supranationales dans un secteur donné de favoriser l'intégration dans d'autres secteurs. [96]»

Joseph Nye a aussi contribué, à part Ernest Haas, à la formulation du Néo fonctionnalisme. Le modèle avancé par Joseph Nye se base sur les « mécanismes du processus et le potentiel d'intégration », pendant que Mitrany et Haas ont

---

[94] *Ibid.*.
[95] *Idem*, pp. 438-439.
[96] *Idem*, p. 439.

travaillé sur le modèle européen, Joseph Nye est allé au-delà de l'expérience européenne. Dans son étude, Joseph Nye suggère qu'il existe sept « mécanismes du processus » dans le Néo fonctionnalisme, notamment : Les liens fonctionnalistes des tâches, soit le concept de '*spill-over*', les transactions croissantes, les liens délibérés et la formation de coalition, la socialisation de l'élite, la formation du groupe régional, l'appel d'identité idéologique, et l'implication des acteurs extérieurs dans le processus. Les deux premiers mécanismes sont résumés comme suit : « Les liens fonctionnalistes des tâches, soit le concept de '*spill-over*'. Nye trouve que ce mécanisme a été appliqué faussement pour inclure n'importe quel signe d'accroissance de coopération. Pour Nye, si les liens des tâches peuvent causer le '*spill-over*', ils peuvent aussi causer le '*spill-back*'. » Il donne l'exemple de la Communauté Economique Européenne, où les élites et les groupes d'intérêts avaient bénéficié au début de l'intégration, mais avec la croissance économique, ils sont devenus retissants à prendre d'autres mesures intégratives quand le taux de croissance a chuté. Quand le taux de croissance a chuté à cause de la crise énergétique, le sentiment national protectionniste augmenta et les gouvernements hésitèrent à faire promouvoir les intérêts communs par peur de chômage, d'inflation, et de problèmes monétaires. [97]»

Quant au deuxième mécanisme, les transactions croissantes, « Il est dit que l'intégration est accompagnée par une croissance en transactions, comprenant le commerce, le mouvement des capitaux, les communications, et l'échange des hommes et des idées. Les acteurs politiques dans un programme d'intégration régionale, en face des grandes demandes sur les institutions communes résultant de la croissance du volume des transactions, peuvent choisir de les traiter sur base strictement nationaliste, ou ils peuvent décider de renforcer les institutions communes. Selon Nye, la croissance des transactions ne doit pas conduire à une expansion significative de l'envergure de l'intégration, mais plutôt à intensifier la capacité institutionnelle centrale de gérer des tâches particulières.[98] »

Contrairement à l'exemple de l'Union Européenne, d'autres tentatives d'intégration, particulièrement en Afrique, connaissent beaucoup de problèmes de croissance. Joseph Nye, dans son modèle, adresse ce genre de problèmes dans le *potentiel intégratif.* Il suggère que « quatre conditions influencent la nature de l'engagement du départ et l'évolution consécutive d'un schéma d'intégration », notamment :

1. *« La symétrie ou l'égalité des unités.* La dimension des participants n'importe pas. Ce qui importe c'est l'existence des relations commerciales intégratives, et le niveau de développement, mesuré par revenu par tête d'habitant. Une telle compatibilité s'avère importante pour l'intégration régionale. La dimension des participants potentiels,

---

[97] *Idem.* 443.
[98] *Ibid.*

mesurée par Produit National Brut (PNB), semble être d'une importance relative dans le processus d'intégration parmi les pays sous-développés par rapport aux pays industrialisés. Nye soutient cette hypothèse : 'Il apparaît presque que plus le niveau par habitant est bas dans la région, plus il y a de l'homogénéité dans la dimension de l'économie'. [99]»

2. *« La complémentarité de valeur parmi les élites.* Selon Nye, il est important que les élites dans les différentes entités qui veulent s'intégrer pensent la même chose. En fait, il suggère que plus grand est le niveau de complémentarité parmi les élites, plus forte sera la dynamique vers l'intégration. Mais, il n'exclue pas la possibilité de voir des élites qui ont travaillé efficacement sur une base transnationale embrasser des politiques divergentes qui ne conduisent pas à l'intégration.[100] »
3. *«L'existence du pluralisme.* Les groupes fonctionnellement spécifiques ont plus de chance d'intégration. L'Europe, par exemple, a plus de chance d'intégration par rapport au pays du Tiers Monde. Selon Nye : 'Plus le pluralisme est grand au sein des Etats membres, meilleurs seront les réponses au processus d'intégration.' [101]»
4. *« La capacité des Etats membres à s'adapter et à répondre.* Selon Nye, plus haut est le niveau de stabilité domestique et plus grande est la capacité des décideurs à répondre aux demandes au sein des unités politiques respectives, plus grande est la probabilité de les voir participer au processus d'intégration. [102]»

Les étudiants de la coopération internationale se réaliseront que les conditions évoquées par Nye jouent beaucoup dans les échecs connus en Afrique en matière d'intégration. La Communauté des Pays des Grands Lacs (CPGL) conçue comme une institution pour faire avancer l'intégration sous régionale a connu beaucoup de problèmes, entre autres, à cause du manque de pluralisme dans la Région des Grands Lacs et le manque de complémentarité dans l'échelle des valeurs entre l'élite Congolaise et Rwandaise.

Je voudrais terminer ce chapitre en abordant un aspect très important dans la coopération Nord – Sud, celui de l'efficacité de l'aide étrangère dans le problème de développement de l'Afrique.

Conclusion : aide étrangère et développement

Après soixante ans d'indépendance, l'Afrique continue à recevoir l'aide au développement de la part des pays industrialisés. Mais, l'on se pose de plus en plus de questions sur l'efficacité de cette aide en matière de développement. En d'autres termes, on veut savoir quel rôle cette aide joue exactement, est ce que c'est pour développer les pays pauvres ou plutôt pour soutenir autre chose ? La question vaut

[99] *Idem*, P. 444.
[100] *Idem*, p. 445.
[101] *Ibid.*
[102] *Ibid.*

la peine, car après soixante ans de cette pratique, les pays bénéficiaires ne sont pas développés. La relation entre l'aide étrangère et le développement est un débat qui est de plus en plus d'actualité car les donateurs aussi bien que les récipiendaires se posent beaucoup de questions sur son efficacité.

Il existe des études qui affirment un certain impact positif de l'aide au développement mais terminent avec une note peu encourageante soulignant que l'aide est mieux que rien du tout. David Dollar dit, par exemple, que « Les études ont montré qu'il existe peu de relation entre les montants de l'aide et les taux de croissance dans les pays en voie de développement, mais qu'il existe plutôt une forte relation entre la croissance et l'interaction de l'aide et les politiques économiques. Ce résultat, aussi bien que l'évidence microéconomique sur les projets individuels, suggère que l'effet de la croissance de l'aide est plus grand dans les pays avec des bonnes institutions et politiques raisonnables. Le succès du Plan Marshall est un exemple classique historique. [103] »

Dans cette logique, il faut donner l'aide aux pays pauvres qui possèdent des institutions et des politiques favorables. Malheureusement, la majorité de ces pays n'en ont pas justement. Deux camps s'opposent principalement dans ce débat. La littérature sur l'aide et le développement peut schématiquement se résumer en deux langages contradictoires sur le développement comme le présente Denis Goulet et Michael Hudson. Le premier langage stipule que certaines nations sont malheureusement 'arriérées', elles peuvent évoluer en direction des nations 'développées', si elles adoptent un comportement acceptable et des objectifs 'modernes'. Elles aussi peuvent se 'développer' si leurs efforts sont appuyés par une aide généreuse et les transferts de technologies avec des modifications favorables dans le système international actuel. Ce point de vue est supporté par les nations dominantes et les bureaucraties internationales en général. Il cadre avec le libéralisme classique à travers la théorie de la modernisation.

Le second langage rejette ce point de vue comme étant non réel. Le sous-développement ne tire pas ses racines de la providence, des caractéristiques personnelles inférieures, ou des valeurs traditionnelles. Il existe plutôt parce que le Tiers Monde a été l'objet d'une action de subjugation systématique par les nations dominantes. Faisant suite à des siècles de colonialisme et de néo colonialisme, un système international a été 'aidé' pour se mettre en place, 'créé technologiquement' et 'sécurisé mutuellement'. Les classes privilégiées du Tiers Monde ont eu leur capacité de contrôler et d'exploiter le système de telle sorte que les moins forts servent les plus forts.[104]

La grande question dans ce débat revient à se demander si les effets de l'aide étrangère au développement sont positifs ou négatifs à l'économie ? La littérature

---

[103] David DOLLAR, « Eyes Open: On the targeted Use of Foreign Aid » in Thomas Oatley, *The Global Economy. Contemporary Debates*, New York: Pearson Longman, 2005, p. 384.
[104] Denis GOULET and Michael HUDSON, t*he Myth of Aid. The Hidden Agenda of the Development Reports*, New York: IDOC, 1971, p. 9.

sur le développement a été dominée par quatre théories principales : le modèle de croissance linéaire, les théories de changement structurel, les théories de dépendance, et la contre révolution néoclassique de l'économie du marché.[105] Il est important d'examiner les positions de chaque modèle face à l'aide étrangère.

La théorie des étapes linéaires était introduite par Waltz Rostow dans son ouvrage : *The Stages of Economic Growth : A Non-Communist Manifesto (1961).* Dans les années 1960 quand le problème de développement a surgi dans l'économie internationale, la seule référence disponible aux économistes était le Plan Marshall qui avait fait du succès en Europe et l'expérience des nations industrielles modernes qui avaient évolué à partir des sociétés agricoles.[106] S'inspirant naturellement de ces cas, Rostow a conçu une théorie de croissance économique qui comprenait cinq étapes : la société traditionnelle, les pré-conditions pour le décollage, le décollage, le mouvement vers la maturité, et l'âge de la grande consommation de masse. En vue montrer les similarités entre les étapes de croissance de Rostow et la séquence historique de Marx plus tard, laissez-moi décrire brièvement les étapes de croissance de Rostow.

Rostow définit une société traditionnelle comme « une société dont la structure est développée dans les fonctions de production limitées, basées sur la science et la technologie pré-Newtonienne, et les attitudes pré-Newtoniennes envers le monde physique. [107] » La limite supérieure sur le niveau de production par habitant qui pouvait être réalisé constituait la caractéristique majeure de la société traditionnelle de Rostow. Pour Rostow, cette limitation sur la productivité était due à l'absence de la 'science moderne, ses implications, et sa structure de pensée.' Les sociétés dans le processus de transition sont classées dans le second stage de croissance. La caractéristique majeure de pré conditions pour le décollage est « la construction d'un Etat national centralisé efficace. » Pour Rostow, la puissance coloniale et les coalitions marquées par un « nouveau nationalisme » constituaient un aspect crucial de la période des préconditions comme elles s'opposaient aux « intérêts régionaux de terre traditionnels.[108] »

L'étape la plus importante dans le processus de développement c'est le décollage. Le décollage est défini par Rostow comme « l'intervalle quand les vieilles résistances/ obstacles à une croissance stable sont finalement surmontés. Les forces créant le progrès économique, qui produisaient des activités modernes limitées, connaissent une grande expansion et dominent la société. [109]»

La voie vers la maturité, qui constitue le quatrième stage, arrive quand une économie montre la capacité d'aller au-delà des premières industries qui ont lancé

---

[105] Michael TODARO, *Economic Development in the Third World*, New York and London: Longman, 1977, p.63.
[106] *Idem*, p. 64.
[107] Walt W. ROSTOW, *The Stages of Economic Growth: A Non-Communist Manifesto,* Cambridge: Cambridge University Press, 1961, p.4.
[108] *Idem*, p. 7.
[109] *Ibid.*.

son décollage et d'assimiler les avantages de la technologie moderne dans une grande variété de ses ressources.[110] La confirmation des capacités entrepreneuriales et technologiques en vue de répondre aux besoins d'une économie conduit vers le dernier stage : l'après-maturité. Pour Rostow, l'âge de la grande consommation de masse est le stage où une économie se dirige vers « la production des durables des consommateurs et vers la diffusion des services sur base des masses, si la souveraineté des consommateurs règne.[111] »

Après que Rostow ait déterminé les différents stages de croissance, la question qui était soulevée dans les années 1960 était comment les pays en voie de développement pouvaient aussi réaliser le décollage vers la croissance durable. Dans sa réponse à cette question, Rostow a utilisé le model de Harrod-Domar de la croissance économique à long terme.[112]

Pour Rostow, trois conditions étaient nécessaires pour que le décollage ait lieu : le taux d'investissement nets doit augmenter d'une manière significative, un taux élevé de croissance devrait être exhibé par un ou plusieurs secteurs manufacturiers des économies des pays pauvres ; et ces pays devaient développer un environnement institutionnel favorable qui puisse répandre la croissance à travers toute l'économie.[113] « C'est en augmentant le taux d'investissement pour accélérer le processus de la croissance économique et réaliser le décollage que Rostow accorde un rôle critique à l'aide économique.[114] »

Pour Rostow, bien que l'aide ne soit pas nécessaire au décollage, elle accélère le processus. En plus de son rôle dans la croissance économique, Rostow accorde un autre rôle à l'aide : la promotion de « intérêts mutuels des pays industrialisés et les pays en voie de développement. » Ainsi Rostow assigne trois objectifs à l'assistance dont les pays en voie de développement ont besoin de l'extérieur :

« Les objectifs strictement économiques du programme (pour la croissance économique du monde) serait : d'abord, de rendre disponibles assez de capitaux pour permettre aux pays à bas revenu de lancer un ultime processus durable de développement économique ; deuxièmement, de stimuler et assister les pays sous –développés à surmonter les obstacles à leur propre développement autres que le manque des capitaux ; troisièmement, de créer un climat d'activité économique international dans lequel les économies des pays industrialisés d'Europe et du Japon, aussi bien que des Etats-Unis, puissent continuer à croître. [115] »

L'impression que l'on a de la transition de Rostow dans le développement est qu'il est simplement question d' « écarter les obstacles » et de pourvoir ce qui manque :

---

[110] *Idem*, p. 10.
[111] *Idem*, p. 11.
[112] Pour les détails concernant le model d'Harrod-Domar, voir Michael TODARO, *Op., Cit.*, p.65.
[113] Roger RIDELL, *Foreign Aid Reconsidered,* Baltimore, MD: The Johns Hopkins University Press, 1987, p. 88.
[114] *Idem.*
[115] Rostow cité par Roger RIDELL, *Op. Cit.*, p. 88.

« le capital, les échanges extérieurs, les capacités, et la gestion.[116] » En pratique la réalité était plus complexe que ce que Rostow proposait. Cette approche était qualifiée de naïve, ethnocentrique, anti historique, réductionniste, et non systématique.[117] Les critiques ont conduit à la conception d'autres approches.

La théorie de Changement Structurel devint le grand courant des théories de développement dans les années 1970. Utilisant les instruments du prix néoclassiques, la théorie d'allocation des ressources, et l'économie moderne, la théorie de Changement Structurel se concentre sur le processus de transformation de l'agriculture traditionnelle de subsistance vers une économie industrielle. Deux modèles étaient les plus en vue dans les années 1970 : la théorie de développement de Lewis et les Structures de Développement de Chenery. Le modèle de Lewis divise l'économie sous-développée en deux secteurs : « Un secteur traditionnel de subsistance rural surpeuplé caractérisé par la productivité de labeur marginale zéro » et « un secteur industriel urbain moderne de grande productivité dans lequel le labeur du secteur de subsistance est progressivement transféré. [118]»

Le modèle avance deux suppositions majeures sur le secteur rural de subsistance : Il existe un « surplus de labeur », et le produit est partagé également par tous les travailleurs ruraux. Par conséquent, contrairement au secteur moderne, le « salaire rural réel est déterminé par la moyenne et non le produit marginal du travail. » La transformation structurelle de l'économie arrivera quand tout le surplus du travail rural est transféré dans le nouveau secteur industriel. [119]

Le Modèle de développement de Chenery est semblable à la Théorie de développement de Lewis dans ce sens que « la première phase de développement est caractérisée par la dépendance à la production agricole comme source de revenu et de croissance pendant que la prochaine phase comprend la dépendance à la production industrielle. [120]» La grande conclusion sur le modèle de Changement Structurel est la similarité des caractéristiques de développement à travers tous les pays, ce qui confirmait la thèse de Rostow que les différentes étapes peuvent être identifiées.

En ce qui concerne le rôle de l'aide, ce que Rostow avait fait était d'initier le débat. Le rôle spécifique que l'aide devait jouer dans l'idéologie libérale de l'économie politique était articulé par Hollis Chenery et Alan Strout qui sont identifiés avec le modèle de changement structurel. Ils ont fourni la justification théorique classique pour rendre disponible l'aide économique pour le développement. Leur modèle a identifié les changements qui devraient se réaliser pour transformer une économie stagnante en une économie durable. Pour Chenery et Strout, l'aide étrangère donne

[116] Michael TODARO, *Op. Cit.*, p.68.
[117] Kenneth MENKHAUS, « Political and Social Change », in Mark W. DELANCEY, ed., *Handbook of Political Science Research on Sub-Saharan Africa : Trends from the 1960s to the 1990s*, Westport, Connecticut ; London : Greenwood Press, 1992, p. 12.
[118] Michael TODARO, *Op. Cit*, p. 69.
[119] TODARO, *Op.Cit,* pp. 69-71.
[120] *Idem*, p. 75.

la possibilité d'accélérer les changements qu'ils ont identifiés : « Le succès exige ainsi une croissance simultanée dans les capacités, l'épargne domestique, et les bénéfices d'exportation aussi bien que l'allocation de ce ressources accrues de telle sorte à satisfaire les demandes changeantes qui résultent du niveau croissant de revenu. La tentative d'augmenter le résultat peut être frustrée par l'échec dans n'importe quelle de ces tentatives, même quand d'autres ont réussi. Quand la croissance est limitée de cette manière par quelques obstacles, il y a probablement la sous-utilisation des autres facteurs tels que la main d'œuvre, les ressources naturelles, et les types spécifiques de la capacité productive. En soulageant ces contraintes, l'aide étrangère peut rendre possible l'utilisation complète des ressources domestiques et ainsi accélérer la croissance. [121] »

La grande critique que le Modèle de Changement Structurel a écopée du Tiers Monde est qu'il détournait l'attention des facteurs dans l'économie globale qui maintenaient et perpétuaient la pauvreté des pays pauvres. C'est pourquoi pendant la même période, c'est-à-dire dans les années 1970, le Modèle de Dépendance a fait du succès, surtout parmi les chercheurs du Tiers Monde.

Il y a lieu de comparer Marx et Rostow avant d'évoquer le Modèle de Dépendance et l'aide étrangère. Comme les stages linéaires du modèle de croissance de Rostow, Marx décrit une séquence historique de stages à travers lesquels chaque Etat ou entité géographique devrait passer : l'esclavage, le féodalisme, le capitalisme, et le socialisme. Rostow notes que la différence fondamentale entre les deux modèles est la « perception prise sur la motivation humaine.» Pendant que Marx affirme que « le capitalisme ne laisse aucun nexus entre l'homme et l'homme qu'un intérêt personnel nu, un paiement insensible du cash, » lui perçoit l'homme comme « une unité plus complexe. [122]»

D'autres différences sont relevées par Rostow, mais il montre aussi les similarités entre ses stages de croissance et la séquence historique de Marx. La plus importante est que « les deux sont des perceptions de comment des sociétés entières évoluent, perçues d'une perspective économique....... [123]». Les similarités entre les deux modèles conduit Emmanuel Wallerstein à qualifier la séquence historique de Marx de développementaliste comme les points de vue libéraux. [124]

Contrairement aux stages linéaires de modèle de croissance et la séquence historique de Marx, le modèle de dépendance n'a pas focalisé sur le processus de développement, mais plutôt sur les racines du sous-développement, comme déjà discuté plus haut dans ce chapitre. Concernant le débat sur l'aide, la théorie de dépendance doit être inclue dans les critiques de l'aide étrangère qui soutiennent que le débat a échoué de s'occuper des problèmes plus fondamentaux. Pour ces critiques, le « type de croissance réalisée ou que l'on veut atteindre est plus

[121] CHENERY and STROUT, cités par Roger RIDDELL, *Op.Cit.*, p. 89
[122] ROSTOW, *Op. Cit.*, p. 149.
[123] *Idem*, p. 148.
[124] Immanuel WALLERSTEIN, *the Capitalist World-Economy*, New York: Cambridge University Press, 1978, p. 52.

important que la croissance comme telle. » Pour eux, au lieu d'être une solution, l'aide est plutôt partie du problème « parce qu'elle aide à renforcer les forces dynamiques négatives qui frustrent le développement.[125] » Pour D. Seers et Gunnar Myrdal, l'aide étrangère est gaspillée à travers la corruption et les gouvernements du Tiers Monde ne travaillent pas pour soulager la pauvreté mais plutôt pour garder les revenus de leurs peuples bas et pour retarder les services sociaux.[126]

Pierre Jalee lie l'aide avec l'exploitation impérialiste. Il soutient que l'aide bilatérale apporte la servitude politique et la subjection économique. Elle accordée, reçue et appliquée de telle manière à renforcer les cercles d'affaires dans le pays donateur et les oligarchies dans le pays récipiendaire.[127] » Et pour Teresa Hayter, l'aide peut être considérée comme « un moyen de maintenir, spécialement après la perte des colonies, un intérêt commun entre les élites des pays sous-développés et les pays métropolitains, ou comme une sorte de pot de vin pour appuyer leurs intérêts pendant qu'ils continuent à sucer des capitaux de leurs pays. [128]» Donc la théorie de dépendance n'a jamais perçu l'aide étrangère comme une force bénéfique.

La théorie de dépendance était critiquée non seulement à cause de son pessimisme, mais aussi à cause de son manque de finesse. Les critiques ont soutenu que la distinction entre les exploiteurs et les exploités, le centre et la périphérie, le bien et le mal n'a pas toujours permis des analyses de variations, des degrés, des tendances et des structures raffinées. La critique la plus pertinente de l'approche était la nature statique de son analyse. « Elle était singulièrement mal équipée pour expliquer le changement. [129]» Ces critiques ont conduit à une structure séparée qui pouvait expliquer le changement comme la théorie de Système-Monde de Wallerstein et la théorie Structurelle de l'Impérialisme de Johan Galtung, telles que discutées plus haut dans ce chapitre.

Quand le modèle de dépendance faisait du succès dans le Tiers Monde, la Contre Révolution Néoclassique du marché libre commença à émerger dans le Nord et domina la littérature de développement dans les années 1980. La Contre Révolution Néoclassique a souligné l'engagement libéral au marché libre et l'intervention minimale de l'Etat. Pour les supporters néoclassiques, les causes du sous-développement du Tiers Monde ne sont pas ce que les théoriciens de la dépendance affirment, mais plutôt « la main lourde de l'Etat et la corruption, l'inefficacité, et le manque de motivations économiques qui ont pénétré les économies des nations en voie de développement.[130] » Selon eux, pour résoudre le problème de sous-développement du Tiers Monde, on n'a pas besoin de réformer

---

[125] Roger RIDDELL, *Op. Cit.*, pp. 129-130.
[126] *Idem*, p. 132.
[127] *Idem*, p. 133.
[128] *Idem*.
[129] MENKHAUS, « Political and Social Change », in Mark DELANCEY, ed., *Op. Cit.*, p. 25.
[130] TODARO, *Op. Cit.*, p. 83.

le système économique international, mais plutôt de « promouvoir les marchés libres et le laisser-faire économique dans le contexte des gouvernements permissifs qui permettent à la magie du marché d'avoir lieu et la main invisible des prix du marché à guider l'allocation des ressources et stimuler le développement économique. [131]»

Contrairement au modèle de croissance linéaire et le modèle de changement structurel, la théorie économique néoclassique affirme que l'intervention à travers l'aide étrangère frustre et dérange le processus de développement. Pour les théoriciens néoclassiques, étant donné que l'aide est fournie à travers les gouvernements, elle frustre l'opération libre du marché, détruit le système des prix, et dérange le développement dans le secteur privé. M. Friedman, Peter Bauer, Basil Yamey et Melvyn Krauss partagent le point de vue que « puisque le développement économique est mieux promu en étendant et en élargissant la pénétration des forces du marché, alors l'aide comme distribuée et fournie actuellement devrait être réduite ou mieux encore, éliminée.[132] »

Roger Riddell note que Bauer a écrit qu'il « pense que l'aide officielle devrait être arrêtée aussitôt que possible parce que l'aide a eu tendance à obstruer qu'à promouvoir le développement. » Similairement, Friedman a soutenu que l'amélioration dans le bien-être des masses est probablement par l'aide étrangère. Et Krauss a déclaré que l'absence de l'aide est « une condition essentielle pour le développement économique. [133]»

Le domaine de développement politique Africain a été influencé par des grandes écoles de pensées discutées plus haut, spécialement par le modèle de croissance de stages linéaires et la théorie de dépendance. *Le développement du capitalisme en Côte d'Ivoire* de Samir Amin et *How Europe Underdeveloped Africa* de Walter Rodney, sont deux exemples dans cette tendance. Malgré ses faiblesses, comme le dit Naomi Chazan, la théorie de dépendance a le mérite de prendre en compte les facteurs extérieurs dans la compréhension des problèmes de développement de l'Afrique. Elle a non seulement l'avantage de placer la politique dans un contexte socioéconomique, mais aussi « éclaire les prémisses d'inégalité qui caractérise l'activité politique Africaine. [134]»

Dans les années 1980, le développement politique Africain était dominé par l'école Etatique. Les problèmes sociaux et économiques étaient premièrement blâmés sur l'Etat et les leaders Africains étaient considérés comme les premiers responsables de la détérioration politique et économique du début de 1980. *The State-Society Struggle : Zaïre in Comparative Perspective* de Callaghy est un exemple de cette

---

131 *Ibid.*

132 Riddell, *Op. Cit.*, p. 159.

133 *Idem.*

134 Naomi CHAZAN et al., *Politics and Society in Contemporary Africa*, Boulder, CO: Lynne Rienner Publishers, 1992, p. 19.

approche aussi bien que *Personal Rule in Black Africa : Prince, Autocrat, Prophet, Tyrant*, de Jackson and Rosberg.

En fonction de la théorie de développement que vous considérez, les effets de l'aide étrangère sont décrits comme positifs ou négatifs. Le problème est en effet l'un des plus controversés aujourd'hui. Comme le dit Roger Riddell, malgré leur différence dans les détails et dans le degré de la rigueur analytique, les stages linéaires de la théorie de croissance et le modèle de changement structurel « partagent un terrain commun substantiel : que l'aide comme un instrument d'intervention directe, sur base de certaines conditions, aide à accélérer un processus de développement déjà en progrès en remplissant des écarts critiques empêchant la croissance, y compris des inhibitions structurelles, principalement en augmentant les niveaux d'investissement et en augmentant la capacité absorptive de telle sorte qu'après un certain temps l'aide ne sera plus nécessaire.[135] »

D'autre part, il y en a qui soutiennent que « L'aide ne promeut pas la croissance plus rapidement mais peut en fait la retarder en se substituant plutôt qu'en suppléant les épargnes domestiques et l'investissement et en exacerbant les déficits de balance de paiement des pays moins développés comme résultat d'augmentation des obligations de paiement de dette et le lien de l'aide aux exportations du pays donateur.[136] »

La contre-révolution néoclassique ou le modèle de laisser-faire soutient qu'un transfert de revenu entre gouvernements est opéré dans l'aide étrangère et le rôle et l'influence des gouvernements dans la sphère économique sont nécessairement augmentés. Par conséquent, l'obstruction sur le progrès économique est accentuée.[137] L'aide est perçue par les Néo-Marxistes comme un instrument au service des motivations pour le contrôle et le profit. Même l'aide humanitaire est supposée jouer le même rôle étant donné qu'elle donnée à travers les mêmes circuits. Le même argument est utilisé concernant l'aide multilatérale. Les institutions qui administrent l'aide multilatérale sont perçues comme des complices dans l'exploitation par le Centre et le « multilatéralisme » est tout simplement un moyen pour minimiser le risque.[138]

Toutes ces approches peuvent être classées dans deux perspectives de base par rapport à leur mode de pensées : l'un mécanique, l'autre dialectique. Wallerstein appelle les approches utilisant le premier mode de pensées : la perspective développementaliste ; et celles qui emploient le mode dialectique : la perspective de système-monde. Les approches utilisant les stages rigides dans leurs analyses de développement, comme embrassés soit par les libéraux soit par les Marxistes, sont classées dans la perspective développementaliste. Celles ayant en commun

---

[135] *Idem*, p. 92.
[136] TODARO, *Op. Cit.*, p. 491.
[137] RIDDELL, *Op. Cit.*, p. 159.
[138] TODARO, *Op. Cit.*, p.105.

une critique de la perspective développementaliste sont classées dans la perspective de système-monde. La supposition explicite ou implicite de la perspective système-monde est que « le monde moderne comprend une seule économie-monde capitaliste, qui a émergé historiquement depuis le seizième siècle et qui existe jusqu'aujourd'hui.[139] » Selon la théorie de système-monde, par conséquent, le rôle de l'aide étrangère peut être compris seulement en le considérant comme partie d'un tout.

En se référant à leur mode de pensées et leur attitude vers l'aide, les théories principales de développement peuvent être classées comme montré dans le tableau ci-dessous :

Tableau 2.2. *Les Théories Principales de Développement et les Effets de l'Aide Etrangère*

Effets de l'aide Mode de pensées	Positifs	Négatifs
Mécanique (perspective développementaliste)	Modèle de croissance de stages linéaires (Rostow) Modèle de Changement Structurel (Chenery, Strout)	Modèle de Contre-Révolution Néoclassique (Bauer, Friedman)
Dialectique (perspective système-monde) (Wallerstein)		Modèle de dépendance Internationale (Dos Santos, Galtung…)

Peu importe les effets de l'aide étrangère, la réalité est que les pays en voie de développement continuent à demander de l'aide et les donateurs continuent à la donner. La République démocratique du Congo est parmi ces pays qui ne cessent de demander de l'aide. J'imagine que les étudiants en coopération internationale, surtout ceux qui sont intéressés au Congo, aimeraient savoir plus à cet effet concernant la République démocratique du Congo. Je dois dire qu'une étude que j'ai menée ailleurs a montré que le cas du Congo est mieux compris en se référant à la perception de Wallerstein en matière d'aide.

En effet, la perception de Wallerstein sur les effets de l'aide étrangère est à classée dans la perspective de Baran/ Frank/ Jalee. Dans cette perspective, les chercheurs soutiennent que la pénétration des forces du marché dans les espaces

[139] WALLERSTEIN, *Op.Cit*, p. 53.

périphériques crée la pauvreté. Pour eux, le capital étranger et ses représentants dans les espaces périphériques prennent le surplus économique produit par ces pays ou le dépensent dans des biens luxueux. Ce processus handicape le développement durable dans ces pays. L'acteur principal dans ce processus est l'Etat qui qui est composé d'une petite élite qui profite des avantages des relations existant avec les nations capitalistes. Ces chercheurs soutiennent que étant donné que les relations proches et l'alliance avec les pays avancés est une source de pouvoir et de profit économique, l'élite renforce ces liens pendant que la masse de leurs populations n'en bénéficient pas. Le processus est considéré comme le « développement du sous-développement » pour l'espace périphérique.

Quatre facteurs sont évoqués dans leur évaluation du rôle et effet négatif de l'aide étrangère. Le premier facteur est que l'aide constitue un élément dans les relations de domination entre les Etats du Centre et les espaces de la Périphérie. Le deuxième facteur est que le « type de développement que les fonds de l'aide stimulent est nécessairement le développement dépendant qui est déjà en train de se réaliser ; ainsi l'aide accélère un processus de croissance dont la caractéristique principale pour le pays récipiendaire est le sous-développement. [140]» L'aide est donc considérée comme partie du problème plutôt qu'une solution.

Le troisième facteur est que le cheminement de l'aide renforce le processus de sous-développement en créant plus de ressources disponibles pour la domination. Cette situation arrive, disent-ils, parce que les gouvernements dans les espaces périphériques constituent un mécanisme majeur pour la maintenance du processus de sous-développement et l'aide est cheminée vers eux ou à travers eux. Le dernier facteur mentionné dans cette perspective est que « puisque c'est la puissance de l'élite qui contrôle les opérations de l'Etat, la puissance de l'Etat est un facteur crucial dans la perpétuation et le renforcement du processus du développement dépendant.[141] » Donc, pour Wallerstein et les autres l'aide n'adresse pas les causes majeures de sous-développement parce qu'elle est concernée par l'allocation des « ressources » supplémentaires plutôt que de l'exigence fondamentale de changement des « relations de puissance.[142] »

En fait l'étude que j'avais menée avait montré que l'aide étrangère américaine accordée au Régime Mobutu avait plus servi les intérêts économico-stratégiques des Etats-Unis plutôt que le développement du Zaïre. A partir du troisième chapitre, j'entre dans plus de réalités concernant la République démocratique du Congo. Avec l'aide des théories discutées dans ce chapitre, les réalités congolaises seront mieux appréhendées. Le prochain chapitre parle de la division internationale du travail circa 1900 et circa 2000 : moteur de la coopération entre le Congo et les pays capitalistes.

---

[140] Roger RIDDELL, *Op.Cit*, p. 136.
[141] *Ibid.*
[142] *Idem.*

Chapitre 3

La division internationale du travail circa 1900 et circa 2000 : moteur de la coopération entre le Congo et les pays capitalistes

Le présent chapitre a pour pierre de touche la division internationale du travail circa 1900 et circa 2000 : moteur de la coopération entre le Congo et les pays capitalistes. Sont traités l'économie-monde CIRCA 1900, la division internationale du travail circa 2000 : la résurrection de la nouvelle division internationale du travail première marque au Congo, la mondialisation et la nouvelle division du travail, NDIT marque 1 : l 'incorporation du Congo dans la division internationale du travail (CIRCA 1900), les Sociétés concessionnaires et privées pendant l'état indépendant du Congo (1884-1908) : débouchés pour/de l'économie-monde, l'éducation coloniale : un système fonctionnel a la nouvelle division du travail marque 1, le pouvoir colonial : la coercition comme méthode de production dans la division internationale du travail marque 1, la NDIT marque 2 au Congo . le débâcle du Zaïre de Mobutu et ses partenaires occidentaux, la NDIT marque 3 au Congo égale la NDIT marque 1, la crise congolaise de 1960 et les conflits d'affaires, les guerres de « libération » et les conflits d'affaires, le futur du Congo face aux richesses qui tuent

3.1. L'économie-monde circa 1900

Selon Lilian Knowles, quatre éléments majeurs caractérisent l'économie-monde capitaliste au 19ème siècle : l'accomplissement de la liberté personnelle, la révolution industrielle, la révolution du transport, et l'expansion dans les relations commerciales internationales.[143]

Avant la Révolution Française, le féodalisme et le servage constituaient les principales caractéristiques de la vie économique en Europe jusqu'au 18ème siècle. Le seigneur féodal ou le roi était le leader et le guide de la vie économique de sa population. Les idées étaient en train de couler à partir du sommet vers le bas, mais avec la Révolution Française la direction des idées se transforma à la formule du bas vers le sommet. La conception française de liberté économique qui a suivi

---

[143] Ma description de l'économie-monde capitaliste circa 1900 sera basée sur ces quatre caractéristiques majeures discutées par Lilian Knowles, *Economic Development in the Nineteenth Century,* London : Routledge & Kegan Paul Ltd., 1964 ?, pp. 3-13.

la Révolution Française constituait l'une des forces économiques majeures au 19ème siècle. Cette nouvelle conception de liberté économique a réalisé trois changements importants. Premièrement, elle a aboli le servage en France, en Allemagne, et en Russie, et l'esclavage aux Etats-Unis d'Amérique et l'Empire Britannique. Les armées françaises ont libéré les serfs partout où elles allaient. Deuxièmement, la nouvelle conception de liberté économique a eu comme conséquence la reconstruction de l'administration. Les restrictions d'établissement étaient abolies aussi bien que le monopole des guildes. Des nouvelles lois de propriété étaient conçues, engendrant le mouvement libre et le libre choix d'occupation. Le mouvement était si fort que les Monarques qui souhaitaient rester au pouvoir ont senti la nécessité d'introduire la liberté personnelle à partir du sommet, réalisant ainsi ce que la France a fait à partir de la base. Troisièmement, la nouvelle conception de liberté économique a engendré la reconstruction des méthodes et possessions agricoles. La culture commune des bandes dans des champs ouverts a été cassée et séparée et la possession individuelle a été introduite.

Ainsi donc, la période de 1789-1848 était dominée par l'établissement de la nouvelle liberté personnelle en Europe Occidentale et Centrale comme la caractéristique économique motrice. C'était par le décret d'Allarde en 1790 et la loi Le Chapelier de 1791 que les différentes restrictions concernant la vie économique étaient abolies en France. Et en 1793, la liberté totale de prêter l'argent était instaurée, limitant le rôle de l'Etat dans l'économie et ouvrant la porte vers les entreprises privées. [144]

En 1791 la Déclaration des Droits de l'Homme disait que « les hommes sont nés et restent libres et égaux dans leurs droits ». La Prusse et l'Allemagne étaient obligées de libérer leurs serfs. La puissance des guildes était restreinte très considérablement en Allemagne et était abolie plus tard. La liberté de cultivateur s'est répandue en Autriche-Hongrie et en Russie. Aux Etats-Unis d'Amérique, la libération des esclaves a conduit à la sécession des grands Etats du Sud et l'établissement d'un nouveau système des méthodes et possessions agricoles. La réaction contre les restrictions de l'Etat en commerce et en production était l'une des causes principales de la révolte contre l'Angleterre en 1776 par les émigrés Anglais installés en Amérique. Depuis lors, les Etats-Unis d'Amérique devinrent les plus grands supporters du libéralisme économique.

La conception française de liberté économique était accompagnée d'une autre force économique majeure au 19ème siècle, à savoir, l'invention anglaise qui a augmenté le contrôle de l'homme sur la nature de la manière la plus significative pour la première fois. Le développement de la puissance de la vapeur, l'utilisation du charbon, le fondement du fer, la croissance de l'ingéniorat, les machines et les

---

[144] Jean-Alain LESOURD et Claude GERARD, *Histoire Economique XIXème et XXème Siècles, Tome I,* Paris : Librairie Armand Collin, 1963, p . 18.

instruments de machine, et le développement de la chimie industrielle étaient à l'origine de la révolution industrielle.

Au milieu du 19ème siècle la mécanisation croissante, la division de travail plus grande et la spécialisation de la fonction donnaient forme à un nouvel ordre économique. Cependant, c'était encore en ses stages de début. On a dû attendre jusqu'à la seconde moitié du 19ème siècle pour vivre les changements extraordinaires dans l'économie mondiale. L'emploi extensif des techniques mécaniques avancé cessa d'être un monopole de la Grande Bretagne.

L'Allemagne a lancé son développement industriel dans la période de 1850-1860. Les lignes d'industries étaient développées, les réseaux de train augmentèrent, et caractéristiques générales d'une révolution industrielle prirent forme.

A partir d'un Empire auto-suffisant, dépendant du travail des serfs pour l'agriculture et des ateliers des serfs pour la production industrielle, la Russie atteignit le point le plus élevé de son industrialisation dans la période de 1893-1903. La construction des chemins de fer a facilité le transport des marchandises et a boosté le développement industriel. Le Chemin de fer Sibérien en particulier a d'abord boosté la production du charbon et du fer pour répondre au besoin des matériaux de chemin de fer et ensuite a aidé à accroître les ventes du coton Russe à la Chine.

Partis d'un producteur de céréales, exportant le tabac et le coton, et important la grande partie de leurs biens manufacturés, les Etats-Unis d'Amérique sont devenus l'une des grandes puissances manufacturières du monde entre la Guerre Civile et les années 1900. En 1890, l'industrie de fer et d'acier des Etats-Unis était en première position au monde.

En bref, l'Allemagne, la Russie, la France, et les Etats-Unis ont rejoint l'Angleterre en se transformant des Etats agricoles vers des Etats industriels à travers le développement du charbon et du fer, l'ingéniorat et la fabrication des machines, le développement des industries textiles, et le transport mécanique.

Les changements les plus significatifs que l'invention industrielle a apportés à l'économie-monde étaient le bateau à vapeur et le chemin de fer qui ont lancé la Révolution du Transport. Le transport mécanique a permis non seulement la pénétration des grands espaces de terre, mais aussi la nouvelle mobilité des marchandises et des personnes. Des nouveaux investissements grandirent, les distances entre les nations étaient supprimés, et le monde devint grandement interdépendant.

L'une des conséquences des relations internationales étroites était la diffusion de la connaissance, « les deux concernant la contribution matérielle faite par l'industrie manufacturière au meilleur bien-être et la base technique sur laquelle cette réalisation se posait. [145]» On n'a pas besoin de beaucoup de réflexion pour

---

[145] William ASHWORTH, *A Short History of the International Economy 1850-1950*, London ; New York : Longmans, Green and Co, 1952, p. 40.

comprendre que les pays non-industriels souhaitaient partager les avantages de l'industrie manufacturière.

Dans la deuxième moitié du 19ème siècle, les pays qui n'avaient eu qu'une petite production de surplus pour vendre à l'étranger augmentèrent leur production de surplus des produits en grande demande dans les grands espaces du monde. Comme conséquence, toutes les demandes qu'une économie manufacturière a réalisées en première production ne pouvaient plus être satisfaites par l'emploi intensif de la terre proche des nouvelles régions. En plus, l'expansion créée par les Révolutions de Transport et Industrielle avaient généré la compétition entre les nations. Les nouvelles politiques nationales comprenant le protectionnisme ont vu le jour. Ces nouvelles rivalités commerciales nationales ont trouvé un nouveau conduit dans l'expansion coloniale pour les matières premières et les marchés.

L'industrialisation croissante en Europe avait besoin des nouvelles sources des matières premières et de la nourriture pour les villes grandissantes. Le contrôle des espaces tropicaux et le développement des espaces pour s'installer constituaient l'objectif de l'époque coloniale. Les colonies furent incorporées dans des empires et les nations industrialisées ont commencé l'exploitation scientifique des matières premières dans les régions tropicales. La conquête de l'Afrique eût lieu dans les années 1800 et dans les années 1900 une conquête pour les marchés se passa en Asie.[146]

La Révolution Industrielle et de Transport créa une nouvelle division de travail dans l'économie internationale. Les villes et les industries en Europe se concentrèrent autour des domaines du charbon et du fer. Elles ont fourni des outils économiques, des machines, des produits manufacturés au nouveau monde et en retour elles attendaient les matières premières et les produits alimentaires. Des nouvelles communautés qui étaient presque complètement dépendantes sur le commerce international émergèrent. Elles se spécialisèrent dans la production d'un petit nombre de produits mais en grandes quantités pur vendre à l'étranger et importer la plupart de leurs besoins.[147] Ainsi l'Europe pouvait compter sur la viande provenant des colonies britanniques en Australie et la province de Buenos Aires en Argentine. Une demande pour une fourniture de nourriture plus variée était boostée par des revenus croissants et les régions tropicales et subtropicales devinrent plus actives dans la chaine de production. Non seulement le peu de produits qu'elles avaient l'habitude de fournir, tel que le sucre, le thé, et le tabac, ont connu une plus grande demande, mais les anciens produits de luxe tel que le café et le cacao et les fruits exotiques, tels que les bananes et l'ananas, devinrent des produits de consommation de masse.[148]

---

[146] Lilian KNOWLES, *Op. Cit.*, p. 13.
[147] William Ashworth, *Op. Cit.*, p. 164.
[148] *Idem.* , p. 58.

Une chaine en expansion des produits manufacturés demandait une fourniture des matières premières qui étaient auparavant peu utilisées. Ainsi, « au 19ème siècle le coton était devenu l'un des produits clé du commerce international ; une centaine d'années plus tard ce fut le tour du caoutchouc de jouer un rôle important comparable.[149] L'invention de Charles Goodyear en 1839 était d'une très grande importance pour le Congo. « En formulant une nouvelle technique appelée vulcanisation, » Charles Goodyear contribua au boom de l'industrie de caoutchouc qui a produit d'une manière croissante les consommateurs et les articles industriels.[150]

Vers la fin du 19ème siècle beaucoup de sociétés commerciales Européennes obtinrent des concessions importantes, notamment en Afrique tropicale, pour collecter le caoutchouc. Cependant, la méthode de production n'a pas contribué à la l'expansion productrice. Elle n'a pas modifié la « base de subsistance de la vie économique locale et agrandi la chaine des produits disponibles.[151] » Cette situation a conduit à des frictions sociales et politiques et l'établissement des plantations augmenta dans la première moitié du 20ème siècle.

Les Etats-Unis d'Amérique constituaient le plus important consommateur du caoutchouc où les sociétés Goodyear, Goodrich, et Firestone se partageaient le marché.[152] L'Amérique du Sud était la plus importante productrice du caoutchouc. Cependant, vers la fin du 19ème siècle la production a rapidement augmenté en Afrique. « Vers les années 1880, le continent Africain fournissait seulement 5 pour cent du caoutchouc du monde, mais vers 1900 sa contribution avait augmenté jusqu'à plus de 30 pour cent.[153] » Comme je vais le discuter dans les lignes qui suivent, le Congo était l'un des plus importants fournisseurs et les transactions qui ont lieu en cette période incorporèrent le Congo dans l'économie-monde jusqu'aujourd'hui.

Les pages qui suivent portent sur la division internationale du travail circa 2000 : la résurrection de la nouvelle division internationale du travail première marque au Congo.

3.2. La division internationale du travail circa 2000 : la résurrection de la nouvelle division internationale du travail première marque au Congo

Depuis la fin de la guerre froide, c'est le concept de la mondialisation qui revient dans beaucoup d'analyses que les internationalistes mènent de nos jours. Le processus de la mondialisation a apparemment changé beaucoup de choses, et l'une de ces choses c'est la division internationale du travail. Aujourd'hui, on parle de la nouvelle division internationale du travail. Les chercheurs acceptent

---

149 *Ibid.*

150 Samuel NELSON, *Colonialisme in the Congo Basin, 1880-1940*, Athens, OH: Ohio University Center for International Studies, 1994, p.81.

151 William ASHWORTH, *Op.Cit.*, p. 60.

152 Jean-Alain LESOURD et Claude GERARD, *Op.Cit.*, p. 357.

153 Samuel NELSON, *Op.Cit.*, p. 82.

en général que le monde a changé, ils ne sont pas clairs sur les changements qui ont réellement intervenu. De même pour la Nouvelle Division Internationale du Travail, on ne sait pas ce qui réellement a changé. La République démocratique du Congo est l'un de ces pays qui sont très affectés par la Division Internationale du Travail car elle est considérée comme un réservoir des matières premières. L'une des conséquences de la mondialisation est mentionnée par Gérard Dussouy quand il dit que « On commence seulement maintenant à comprendre que la principale conséquence de la globalisation aura été l'émergence des grandes puissances asiatiques.[154] » En République démocratique du Congo on parle beaucoup de l'émergence. Et c'est aussi connu que le développement du Congo est mal servi par la Division Internationale du Travail. La question que l'on doit se poser actuellement est celle de savoir si la Nouvelle Division Internationale du Travail favorise le développement de la République démocratique du Congo. Nous voulons démontrer dans les lignes qui suivent que depuis que le Congo a été incorporé dans l'économie-monde capitaliste avec sa division internationale du travail, le Congo n'en est jamais sorti. La Nouvelle Division Internationale du Travail a été bénéfique pour certains pays du monde, mais la République démocratique du Congo a carrément raté cette opportunité. Je vais commencer par présenter les concepts évoqués dans cette section. Ensuite, je décrirai l'incorporation du Congo dans la Division Internationale du Travail et ses conséquences. C'est en fait la suite de la discussion sur la division internationale du travail circa 1900 présentée plus haut. A la fin du chapitre, je montrerai comment la Nouvelle Division Internationale du Travail a échappé à la République démocratique du Congo et les conséquences qui s'en suivent.

Que retenir de la mondialisation et la nouvelle division du travail ?

3.3. La mondialisation et la nouvelle division internationale du travail

Nous parlons beaucoup de la mondialisation sans trop comprendre avec exactitude ce qu'elle est, son fonctionnement, quels seront ses conséquences sur les habitants de notre planète. Le monde scientifique est divisé entre les hyper mondialistes et les sceptiques car la vitesse, la profondeur, et l'étendue de l'interconnexion planétaire devient aujourd'hui un sujet de dispute en politique internationale. [155] Les hyper mondialistes soutiennent que le système des Etats-nations que nous avons connu jusque-là va disparaître parce que des forces globales détruisent la capacité des gouvernements de contrôler leurs économies et leurs sociétés. Les sceptiques quant à eux s'opposent à cette globalité exagérée et pensent que les Etats et la géopolitique restent les forces principales qui créent l'ordre mondial. [156]

---

[154] Gérard DUSSOUY, *Traité de Relations Internationales. Tome III. Les théories de la mondialité,* Paris : L'Harmatthan, 2009, p.15.

[155] John BAYLIS et Al., *The Globalization of World Politics,* NY: Oxford University Press, 2008, p. 16.

[156] *Ibid.*

Au-delà de ces disputes, les scientifiques sont d'accord que des changements ont effectivement eu lieu. James Mittelman, par exemple, affirme que « la mondialisation réfère à une croissance dans les interconnexions, ou interdépendance, une augmentation dans les flux transnationaux, et une intensification des processus de telle sorte que le monde est, dans une certaine mesure, en train de devenir un endroit unique.[157] » Beaucoup d'aspects sont mentionnés dans la mondialisation : économique, militaire, légal, écologique, culturel, et social. L'aspect qui nous intéresse le plus ici c'est l'aspect économique. Les changements dans ce domaine sont énormes. Les mouvements financiers journaliers estimés à $ 200 millions par jour dans les 1980 ont atteint aujourd'hui plus de $ 1, 88 mille milliards par jour.[158] Les Compagnies Multinationales connaissent un essor jamais connu auparavant. Les Multinationales deviennent des actrices clé dans l'économie globale étant donné qu'elles contrôlent 70 pour cent du commerce mondial et 80 pour cent des investissements internationaux. Elles contrôlent désormais la localisation et la distribution des ressources technologiques et économiques. [159] Il est certain que ces changements ont aussi affecté la division internationale du travail. C'est ainsi que l'on parle de la Nouvelle Division Internationale du Travail.

Walton a distingué trois phases dans la Nouvelle Division Internationale du Travail (NDIT). Il soutient que :

> « Au moins deux NDIT ont précédé l'actuelle. La NDIT marque 1 a été créée par l'Europe en divisant le monde en colonies et réorganisant la production et les marchés dans les nouvelles colonies. La NDIT marque 2 a eu lieu quand les espaces précédemment semi-développés du monde commencèrent à s'industrialiser à partir de la fin du 19ème siècle. Ce processus d'industrialisation de substitution d'importation créa des grandes concentrations industrielles dans des pays tel que l'Argentine, le Brésil, la Chine, l'Inde, le Mexique et l'Afrique du Sud. Malgré leur pauvreté, ces pays possédèrent certaines des plus grandes économies industrielles du monde en 1960.
>
> La présente NDIT, que nous devrions appeler NDIT marque 3, est très significative mais les deux premiers changements l'étaient aussi. La NDIT marque 1 a conduit à la décimation des peuples autochtones en Amérique Latine et en Australie, la traite d'esclaves à travers l'Atlantique, l'incorporation des nouveaux produits alimentaires dans le régime Européen et leur production dans les colonies, constitue certainement un changement significatif au monde comme les événements des 30 ans passés. Pensez au régime alimentaire de l'Anglais moyen avant que la pomme de terre, la banane, le tabac, la canne à sucre,

---

157 James MITTLEMAN, *The Globalization Syndrome.Transformation and Resistance*, Princeton : Princeton University Press, 2000, p.5.

158 John BAYLIS et Al, Op. Cit.

159 *Ibid.*.

le thé, et le café n'atteignent ces rivages. La NDIT marque 2 a conduit à la croissance de l'industrie et des grandes villes dans la périphérie de l'Europe, l'Afrique du Nord et du Sud, l'Inde, la Chine et une grande partie de l'Amérique Latine. Encore une fois, ceci a représenté un grand changement dans l'organisation de la production mondiale.[160] »

La NDIT marque 3 dans laquelle nous vivons aujourd'hui est marquée par son impact sur la pauvreté et spécialement l'inégalité. Il existe des parties du monde qui se sont enrichies suite à la NDIT créée par la globalisation, mais il existe malheureusement beaucoup d'autres qui ont vu leur pauvreté s'augmenter. L'Organisation Internationale du Travail le reconnaît en ces termes :

« Perçue comme un tout,…l'économie mondiale apparaîtrait être en train de créer la base pour l'augmentation de la prospérité et la croissance de l'emploi. L'expansion du commerce et les flux d'investissements sur un fond d'un changement mondial vers plus de politiques économiques ouvertes et une plus grande confiance sur les forces du marché devraient aussi contribuer à l'amélioration d'allocation des ressources et l'efficacité mondiale. Toutefois, pendant que c'est essentiellement correct du point de vue général, cette manière de voir l'économie mondiale néglige les différences dans la position des différents pays et différents groupes sociaux à l'intérieur qui soulèvent des sérieux problèmes d'ajustement et de distribution.[161] »

La République démocratique du Congo est parmi ces pays qui connaissent des sérieux problèmes d'ajustement et de distribution. La NDIT n'a pas été bénéfique pour le Congo. La globalisation a augmenté des richesses en Amérique, en Europe, et certaines parties de l'Asie, mais beaucoup de pays en Afrique, en Asie, et en Amérique Latine sont en train de perdre. La République démocratique du Congo est en fait rentrée dramatiquement à la NDIT marque 1 connue dans l'économie-monde circa 1900.

3.4. La NDIT marque 1 : l 'incorporation du Congo dans la division internationale du travail (CIRCA 1900)

La discussion sur l'incorporation du Congo dans la division internationale du travail est tirée de mon ouvrage sur *La Coopération entre le Congo et les Pays Capitalistes. Un dilemme pour les présidents congolais,* publié en 2010.[162] Je reprends en résumé ce que j'avais dit pour faciliter la compréhension. C'est la vision du Roi Léopold II qui a été à la base de l'incorporation du Congo dans la division internationale du travail :

« Si nous voulons que notre nouvelle colonie fournisse du travail à la main d'œuvre belge et nous procure tous les avantages et toute la force

---

[160] WALTON cité par Alan GILBERT in Vandana DESAI & Robert POTTER, eds., *The Companion to Development Studies,* London: Hodder Arnold, 2002.

[161] Vandana DESAI & Robert POTTER, *Op. Cit.*, p. 188.

[162] Georges MPWATE Ndaume, *La Coopération entre le Congo et les Pays Capitalistes. Un Dilemme pour les Présidents Congolais*, Paris : l'Harmattan, 2O10.

qu'elle peut donner, nous devons mettre tous ses moyens de production au travail et ne laisser aucune de ses richesses oisives. La Belgique est superficiellement la plus petite des Etats européens. Je rêve d'en faire dans ses modestes frontières un centre d'activité humaine et grande capitale d'un important mouvement commercial, industriel, scientifique, littéraire et artistique….Le Congo est plus riche que vous ne le croyez. La tâche d'un souverain est d'enrichir la nation. C'est cela sa vraie mission.[163] »

Le Roi Léopold II a réussi à rendre sa vison une réalité, car non seulement le Congo a été très sérieusement exploité par la Belgique mais aussi aujourd'hui la Belgique est le centre de l'Europe avec la présence de la Commission Européenne sur son territoire.

Emmanuel Wallerstein note que « l'incorporation signifie fondamentalement qu'au moins quelques processus significatifs de production dans un endroit géographique donné deviennent parties intégrales des chaines de produits que constitue la division de travail actuelle de l'économie-monde. [164]» Trois mécanismes, à savoir : les compagnies privées et concessionnaires, le système d'éducation, et la méthode de gouvernance, ont emberlificoté le Congo dans les filets de l'économie-monde. Les mêmes mécanismes ont consolidé cette position à travers les deux parties de la période coloniale : l'Etat Indépendant du Congo (1884-1908) et le Congo Belge (1908-1960). Cette partie est consacrée à l'examen de ces trois mécanismes en vue de montrer comment cette division de travail a œuvré en faveur des intérêts des partenaires capitalistes. Nous sommes ici dans la NDIT marque 1. Je vais insister particulièrement sur le mode de gouvernance pour expliquer plus tard que la NDIT marque 3 est égale à la NDIT marque 1 au Congo.

Les lignes suivantes porte sur les Sociétés concessionnaires et privées pendant l'état indépendant du Congo (1884-1908) : débouchés pour/de l'économie-monde.

.3.5. Sociétés concessionnaires et privées pendant l'état indépendant du Congo (1884-1908) : débouchés pour/de l'économie-monde

Les premiers contacts entre le Congo et l'Europe, spécialement l'expédition de Stanley, ont fait exploser les intérêts des différentes nations européennes. Sur invitation du Roi Léopold II, la Grande Bretagne, l'Allemagne, la France, l'Autriche, la Russie, et l'Italie envoyèrent des délégués à une conférence organisée le 12 septembre, 1876. L'exploration scientifique de l'Afrique en vue de l'ouvrir à la « civilisation » et la suppression du commerce des esclaves

---

[163] Un extrait du discours du Roi Léopold II à Anvers. George MARTELLI, *Leopold to Lumumba*, London: Chapman & Hall Ltd, 1962, p. 185.

[164] Immanuel WALLLERSTEIN, *the Modern World-System III. The Second Era of Great Expansion of the Capitalist World-Economy, 1730-1840s*, New York: Academic Press, 1989, p. 130.

constituait les objectifs de cette conférence.[165] La création de l'Association Internationale pour l'Exploration et la Civilisation de l'Afrique Centrale était le principal résultat de cette conférence.

Après qu'il ait été nommé président de l'Association, le Roi Léopold II engagea Stanley pour rendre le Congo plus utile à l'Europe et particulièrement à la Belgique. La prétendue mission philanthropique d l'Association Internationale débuta une nouvelle ère dans l'histoire du Congo. L'une des grandes conséquences de l'expédition de Stanley fut l'incorporation du Congo dans la division internationale du travail au 19ème siècle. Ainsi, quand Stanley arriva à Boma au mois d'Août 1877, il écrivit que « la plus grande découverte que son expédition a faite était le large territoire qu'elle a ouverte au commerce international et spécialement aux Anglais, aux Français, aux Allemands, et aux Américains.[166] » Les missionnaires, les marchands, et les compagnies initièrent et réorientèrent leurs échanges vers les sociétés qui produisaient un surplus négligeable. Des produits manufacturés qui étaient autrefois vendus dans les faubourgs des grandes villes européennes sont désormais réorientés vers le Congo créant des débouchés pour l'économie européenne.

Aussitôt qu'on s'aperçut que le Congo était une propriété riche avec d'immenses ressources naturelles prêtes à être exploitées, la région de l'Afrique Centrale devint un domaine de chasse des nations européennes. Pour préserver sa propriété, le Roi Léopold II conçut l'idée d'un Etat Indépendant du Congo, avec lui-même comme souverain. Et l'idée fut vendue aux grandes puissances. La Conférence de Berlin, tenue le 15 novembre, 1884, ouvrit l'Afrique Centrale au monde entier en déclarant la liberté de commerce dans le bassin du Congo. Après avoir réglé la « Question Africaine » et grâce à l'appui des grandes puissances, le Roi Léopold II proclama officiellement l'Etat Indépendant du Congo le 19 juillet 1885, et devint le souverain de ce nouvel Etat.[167]

Pour résoudre les problèmes des dépenses d'administration de sa propriété, le Roi Léopold II avait décidé d'exploiter les richesses naturelles du Congo. Cette exploitation lui a permis de faire face aux dépenses administratives de sa propriété et d'en tirer des profits personnels. L'ivoire et le caoutchouc constituaient les ressources les plus importantes que l'Etat pouvait exploiter à cette époque. Ainsi, le Roi signa un décret déclarant que toute « terre vacante » appartenait à l'Etat. Il était interdit aux autochtones de chasser les éléphants ou de collecter du caoutchouc pour eux-mêmes.[168]

---

[165] Henry WILLINGTON WACK, t*he Story of the Congo Free State*, New York: The Knickerbocker Press, 1905, p. 12.

[166] Michel MERLIER, *Le Congo de la Colonisation Belge à l'Indépendance*, Paris V : François Maspero, 1962, pp. 18-19.

[167] Arthur B. KEITH, T*he Belgian Congo and The Berlin Act.*, New York: Negro Universities Press, 1970, p.67.

[168] George MARTELLI, *Op., Cit.*, p. 139.

La création d'un monopole d'Etat en ivoire et en caoutchouc essuya beaucoup de critiques de la part des compagnies commerciales qui se référaient au principe de liberté de commerce de l'Acte de Berlin. Pour réguler l'exploitation de sa propriété et au même moment répondre aux objections soulevées par les compagnies privées, le roi Léopold II signa un autre décret le 30 octobre 1892divisant les « terres vacantes » en trois zones.[169] La première zone constituait le célèbre Domaine Privé où l'Etat seul pouvait ramasser l'ivoire et le caoutchouc. L'Etat pouvait le faire lui-même ou à travers des compagnies dans lesquelles il détenait des grandes actions. Des concessions de terre ont été accordées aux compagnies privées pour exploitation, de-là le terme « *compagnies concessionnaires* ». La seconde zone était mise à la disposition des compagnies commerciales. Et la troisième zone constituait une réserve pour la « sécurité publique », le caoutchouc dans cette zone n'était pas collectionné. Plus tard, une grande partie de cette zone était attachée au Domaine Privé.

A l'instar des grandes compagnies concessionnaires qui s'occupaient du caoutchouc et de l'ivoire, le Roi Léopold II créa trois grandes compagnies concessionnaires pour exploiter les richesses minières du Congo. L'Union Minière du Haut Katanga fut créée en 1906 pour exploiter les richesses minières du Katanga ; la Compagnie du Chemin de Fer du Bas-Congo au Katanga (B.C.K) fut créée pour relier le Katanga au monde extérieur et pour exploiter le bassin du Kasaï ; et la Société Internationale Forestière et Minière du Congo (Forminière) s'occupait des autres parties du Congo. La création de toutes ces compagnies facilita l'incorporation du Congo dans la nouvelle division du travail marque un, qui a occasionné des morts au Congo. La croissance économique connue sous cette nouvelle division du travail a profité au Roi des Belges et à la Belgique et non aux Congolais.

Que dire sur l'éducation coloniale : un système fonctionnel a la nouvelle division du travail marque 1 ?

3.6. Education coloniale : un système fonctionnel a la nouvelle division du travail marque 1

Pendant que l'économie du pays était confiée aux compagnies concessionnaires et privées, l'éducation coloniale était confiée aux missionnaires. La politique du gouvernement était en parfaite harmonie avec l'Eglise Catholique. Ceci concorde avec la conclusion de Colin Legum selon laquelle « Constitutionnellement le pouvoir était entre les mains du Gouverneur Général, mais en pratique le Congo était dirigé par une trinité---l'administration, les grandes compagnies, et l'Eglise.[170] »

L'économie coloniale avait besoin d'une main d'œuvre très peu qualifiée. Il ne fallait pas aller à l'école en vue de collecter le caoutchouc et le copal ou pour tuer

[169] John DE COURCY MAC DONNELL, *King Leopold II. His Rule in Belgium and the Congo*, New York: Negro Universities Press, 1969, pp. 264-265.
[170] Colin LEGUM, *Congo Disaster*, Baltimore: Penguin Books, 1961, p. 43.

les éléphants en vue de retirer l'ivoire. Plus tard, certaines sociétés concessionnaires se sont lancées dans l'exploitation minière. Ces sociétés n'avaient pas non plus besoin d'une main d'œuvre qualifiée. Elles avaient besoin des ouvriers qui étaient supervisés par les colons qui eux étaient instruits.

Ainsi donc, l'éducation coloniale n'a pas produit des intellectuels, elle s'est orientée vers l'alphabétisation de la population. Les études secondaires n'allaient pas au-delà de quatre ans. Il n'y avait que les écoles où l'on formait des prêtres qui pouvaient aller au-delà de quatre ans secondaires.

L'image générale qui est peinte par les missionnaires est que lors de leur premier contact avec les autochtones, les missionnaires devaient d'abord résoudre le problème de communication. Les missionnaires étaient ensuite engagés dans la dissémination de la Bible avec beaucoup de dynamisme. Les Africains étaient considérés comme des enfants à civiliser et à christianiser. Mais, les missionnaires se rendront compte que malgré les nouvelles idées qu'ils ont amenées, les Africains, spécialement les adultes, continuaient à vivre selon leurs coutumes. Ce dilemme a conduit les missionnaires à la conclusion que l'Afrique sera convertie non pas par les étrangers mais par les Africains eux-mêmes. D'où l'idée de développer des écoles de formation pour des évangélistes africains. Ce fut le véritable début de l'éducation coloniale au Congo. A partir des ministères mobiles, les missionnaires ont commencé à se concentrer sur des stations missionnaires.

Cette politique ouvrit les portes à la nouvelle phase des activités scolaires qui étaient liées aux préoccupations des missionnaires. En plus du défi de convertir les Africains par les Africains, les missionnaires devaient faire face aux tâches journalières. C'est ainsi que les premières écoles étaient fonctionnelles à ces deux catégories de préoccupation. L'éducation était donc formelle et informelle. L'aspect formelle consistait en l'acquisition des qualifications élémentaires : lire, écrire, et l'arithmétique simple. La Bible constituait le manuel scolaire. L'école était composée de six niveaux. Les histoires Bibliques étaient racontées aux enfants dans les trois premiers niveaux. Les paraboles du Christ étaient enseignées au quatrième niveau, les Romains et Premier Corinthiens au cinquième niveau, et la lecture courante de la Bible au sixième niveau.[171]

« Le travail manuel constituait l'aspect informel de l'éducation. L'éducation formelle seule était perçue par les missionnaires comme dangereuse : « L'école est inutile, elle serait même dangereuse, s'il n'y avait pas une autre tendance côte à côte avec elle---la tendance à travailler, la lutte contre l'indolence et l'oisiveté........ [172]».

Les conséquences de ce système d'éducation étaient qu'économiquement et technologiquement, seulement les talents qui maintenaient la division

---

[171] Robert B. BEDINGER, *Triumphs of the Gospel in the Belgian Congo*, Richmond: Presbyterian Committee of Publication, 1960 , p. 61.

[172] John DE COURCY MACDONNELL, *Op., Cit*, p. 136.

internationale du travail marque 1 étaient enseignés aux Congolais. L'aspect le plus important de la colonisation était que les Congolais devraient être des « eunuques politiques, » ils devaient rester dans un « limbo politique et psychologique.» Ainsi donc, les capacités enseignées aux Congolais étaient contrôlées et limitées aux besoins de la division internationale du travail. Ce qui était plus grave c'était le mode de gouvernance que je voudrais examiner ci-dessous.

Les lignes suivantes ont pour objet le pouvoir colonial : la coercition comme méthode de production dans la division internationale du travail marque1.

3.7. Le pouvoir colonial : la coercition comme méthode de production dans la division internationale du travail marque 1

Le mode de production dans l'Etat Indépendant du Congo était résumé dans ce refrain des circulaires envoyées aux officiels de l'Etat dont la première préoccupation devait être la production maximale du caoutchouc, peu importe les moyens utilisés en vue l'obtenir.

Caoutchouc, caoutchouc, caoutchouc,
Rassure-vous d'avoir le caoutchouc.
Il importe réellement très peu
Comment vous l'obtenez.
Mais soyez prudents de vous rappeler
Que votre principal effort
Doit être le caoutchouc, le caoutchouc, le caoutchouc
Toute la journée.
Le gouvernement repose sur ça
Et fournit abondamment
Les alliés nécessaires
Pour la cause.
La chicotte, la cartouche et le fusil
Plus facile pour harceler
(tout en procurant un plaisir en plus)
A titre d'impôt.
La Force Publique, la chaine, la prison
Doivent être la limite de votre vision
Quand vous faites des provisions adéquates
Pour le domaine.
A cette information confidentielle
Nous attirons votre stricte attention.
Aussi bien pour ne pas la mentionner

A l'extérieur.
Pour le monde, une autre histoire
Nous vendons perpétuellement
Laquelle ne peut jamais, jamais échouer
A être efficace.
La relance, morale et matérielle
Journalière jusqu'à la série
Est prêchée en tonalités éthérées
A l'univers.
Mais priez et rappelez-vous encore une fois
Que votre principal effort
Doit être le caoutchouc, le caoutchouc, le caoutchouc
Toute la journée.
(Traduit de : Edmond Morel, 1970, pp. 149-150)

L'introduction et la spécialisation du Congo dans la nouvelle division internationale du travail marque 1 étaient atroces. Le nouveau mode de production introduit au Congo a détruit la vie traditionnelle. Non seulement les Congolais n'étaient pas habitués à la collection forcée du caoutchouc, mais ils n'avaient jamais connu des déplacements forcés pour des besoins de travail. Le nouveau travail forcé a connu des résistances de la part des natifs et a conduit à toutes sortes d'atrocités. Des mouvements de populations à grande échelle dus au recrutement des travailleurs et les pertes de population dues à la coercition ont dépeuplé beaucoup d'espaces au Congo et ont généré des conditions de vie inhumaines.

Le travail forcé prit deux formes majeures : le déplacement forcé des autochtones vers les sites de construction des chemins de fer au sud et la création d'un système de travail comme un moyen d'impôt. Le mouvement des populations vers le sud était examiné par Conan Doyle et des témoignages comme ceux qui suivent étaient donnés par des étrangers : « Ils (les natifs) étaient enlevés de leurs villages et envoyés au sud, pour devenir des soldats, des travailleurs, etc., dans les stations de l'Etat, et des familles paisibles se sont disloquées, et les différents membres dispersés. [173]» La construction du chemin de fer Matadi-Kinshasa a constitué l'une des entreprises les plus horribles pendant le pouvoir de Léopold II en termes de pertes en vies humaines. Cependant, le système de travail comme un moyen de payer l'impôt était de loin un processus destructif.

Le système est correctement décrit par Hennessey dans son livre : *Congo : A Brief History and Appraisal*. On demandait aux chefs de collecter les impôts pour l'Etat, au cas où ils n'arrivaient pas à verser le montant exigé, ils avaient des problèmes. Les individus devaient travailler pour une période de temps en

---

173 A Conan DOYLE, *the Crime of the Congo*, New York: Doubleday, Page & Compagny, 1909, p. 27.

échange d'un paiement insignifiant. Le travail prit la forme d'un nouvel esclavage parce que les autochtones étaient supervisés par des gardes armées sous le contrôle des officiers belges. A cause d'insignifiantes rémunérations et le temps alloué au soi-disant travail d'impôt, les natifs ne voulaient pas faire ce travail. Le travail prenait souvent un ou deux jours de marche dans la jungle avant qu'ils trouvent une végétation avec assez de liquide à extraire. Et le processus lui-même prenait un certain nombre de jours avant qu'ils retournent chez eux. Les conditions de vie inacceptables dans la forêt : le manque de nourriture et d'abris, les attaques des animaux sauvages et les caprices du temps ne pouvaient pas encourager les natifs à faire ce genre de travail autant de fois demandé par l'Etat. En plus, le temps passé à la recherche du caoutchouc signifiait non seulement la séparation avec la famille, mais aussi la négligence des travaux journaliers pour les natifs en vue de leur subsistance : la pèche, la chasse et les travaux des champs.

Le caractère sans appel du travail appuyé par des gardes armées et des officiers belges locaux qui faisaient exécuter les ordres conduisit à toutes sortes d'abus. La tyrannie, la brutalité et le barbarisme devinrent la règle plutôt que l'exception comme c'est montré par certains auteurs. Les pièces à conviction concernant le caractère impitoyable du pouvoir de Léopold II sont données par une riche littérature, par exemple, Edmund Morel, *King Leopold's Rule in Africa, (1904)* et *Red Rubber, (1906)* ; Conan Doyle, *The Crime of the Congo, (1909)* ; et Mark Twain, *King Leopold's Soliloquy, (1907)*. Les atrocités, selon ces auteurs, peuvent être classées en quatre grandes catégories : la torture, la prise en otage, la mutilation et l'exécution. La flagellation était la forme la plus commune des tortures. Faites de la queue de l'hippopotame, avec des bords tranchants comme une lame de couteau, la 'chicotte' pouvait faire jaillir le sang après quelques coups. D'habitude le verdict allait jusqu'à 25 coups. Toutefois, pour des fautes graves contre le pouvoir colonial, les natifs pouvaient être condamnés à cent coups, parfois même à deux cents coups. Non seulement les Congolais finissaient par avoir des entailles sur leurs corps pendant toute la vie, mais leurs esprits étaient traumatisés pour le reste de leur vie.

Pire encore, la flagellation était aussi infligée aux femmes et aux enfants et des cas de mort étaient signalés. Les bandes enchaînées étaient une autre forme de torture. Les natifs pouvaient être enchaînés nus sans nourriture et eau pour des jours. Les prises en otage étaient un second type d'abus. Les femmes étaient saisies en vue d'obliger leurs époux à amener du caoutchouc et la quantité de nourriture demandée pour les officiers locaux. Finalement, la mutilation et la fusillade étaient fréquentes. Si les indigènes n'atteignaient pas la quantité complète exigée de caoutchouc, les gardes armées avaient l'habitude de les fusiller et de couper leurs mains. Ces mains coupées étaient fumées et amenées à l'officier belge qui les comptait pour s'assurer que les gardes n'ont pas gaspillé les cartouches. Parfois au lieu de tuer, les gardes coupaient seulement quelques parties du corps comme punition. Les images des natifs portant les mains de leurs amis tués par les gardes sont fournies dans la littérature aussi bien que des personnes mutilées. Au cas où les gardes refusaient de brutaliser la population, elles étaient elles-mêmes flagellées par le commissaire belge, ou enchaînées, ou encore envoyées au sud travailler dans la construction du chemin de fer. Ces histoires déplaisantes ont été racontées par toutes sortes de témoins : Congolais, Anglais, Américains, Suédois, et Français. On les trouvait parmi des missionnaires, les natifs eux-mêmes, les voyageurs, et même des officiels.

L'une des conséquences de ces atrocités était la dépopulation. Les hommes étaient décimés, les femmes et les enfants fuyaient les territoires occupés. Pour éviter le poids, les femmes « détruisaient les enfants non encore nés » pour être capables de fuir plus facilement dans la jungle. [174] Les femmes devaient se rassurer que les enfants étaient assez grands pour courir seuls dans la forêt avant qu'elles ne puissent éventuellement se permettre d'avoir un bébé. Morel a estimé à 8 millions le taux de dépopulation.[175]

Curieusement, depuis 1994, plus d'un demi-siècle après l'indépendance, les Congolais vivent le même mode de production dans l'Est du pays. Cette fois-ci, ce n'est plus le caoutchouc et l'ivoire, mais les matières premières stratégiques, notamment : le coltan et le cobalt. Des milliers de familles sont déplacées. Des groupes armés au service de l'économie mondiale tuent et pillent les matières premières dont le monde d'affaires a besoin. Le Congo non seulement n'a pas atteint la NDIT marque 3, mais avait raté la NDIT marque 2 sous le Régime Mobutu.

3.8. La NDIT marque 2 au Congo : le débâcle du Zaïre de Mobutu et ses partenaires occidentaux

La NDIT marque 2, comme décrite plus haut, a consisté en la « croissance de l'industrie et des grandes villes dans la périphérie de l'Europe, de l'Afrique du Nord et du Sud, l'Inde, la Chine et une grande partie de l'Amérique Latine. Ceci a représenté un grand changement dans l'organisation de la production mondiale. » Le régime Mobutu a voulu quitté la NDIT marque 1 vers marque 2 en industrialisant le Zaïre. Malheureusement, les programmes conçus par le régime Mobutu et ses partenaires occidentaux avaient complètement échoué. Le résultat était que le Zaïre n'a jamais connu la NDIT marque 2 dans la production mondiale.

Le Zaïre avait signé des accords de coopération pour la réalisation des projets technologiques géants, mais qui ont, en fin de compte, englouti le pays dans des dettes monstrueuses sans introduire le Zaïre dans la NDIT marque 2 dans la

---

[174] Edmund MOREL, *King Leopold's Rule in Africa,* Westport, Connecticut: Negro University Press, p. 372. Dans les années 1960 quand le Congo devint indépendant, ces histoires étaient très populaires dans le pays. Les personnes âgées qui ont vécu ces événements avec leurs parents les racontaient à leurs grands-enfants autour du feu familial dans la soirée. Ma propre grand-mère nous a raconté des histoires semblables dont elle avait été victime quand elle grandissait dans notre village situé dans une partie de la forêt équatoriale.

[175] Roger LOUIS and Jean STRENGERS, *E.D. Morel's History of the Congo Reform Movement,* Oxford : Clarendom Press, 1968, p. 252.

production mondiale. Ce qui était particulier à ces éléphants technologiques, c'était qu'ils comprenaient la vente d'équipements et services d'une technologie complexe avec quelques caractéristiques particulières. D'abord, les paiements étaient garantis et par le gouvernement du vendeur et par le gouvernement de l'acheteur. Ensuite, l'acheteur dépendait du vendeur en ce qui concerne la maintenance et le fonctionnement technologique de l'équipement à cause de sa technologie complexe. Enfin, ces éléphants technologiques souvent appelaient d'autres éléphants. Le projet du Barrage d'Inga, par exemple, appelait la Sidérurgie de Maluku et la ligne de haute tension Inga-Shaba sur une distance de deux milles kilomètres. Le plan du régime Mobutu était d'industrialiser le Zaïre. Si ce plan avait réussi, le Zaïre aurait quitté la NDIT marque 1 vers la marque deux en ce temps-là. Et aujourd'hui on serait mieux placés pour affronter la NDIT marque 3. Hélas, les choses n'avaient pas marché pour le Zaïre. Je vais perler brièvement de quelques-uns de ces projets.

Le régime Mobutu voulait utiliser les potentialités offertes par le fleuve Congo dans son plan d'industrialisation du pays. La première phase du barrage d'Inga était grandement financée par le gouvernement du Zaïre lui-même (87 millions de dollars américains d'un total estimé à 140 millions). Inga I était achevé en 1972 et fournissait 300 mégawatts d'énergie à Kinshasa. En 1973, le gouvernement du Zaïre initia un projet plus ambitieux pour produire 1.200 mégawatts supplémentaires. Cette deuxième phase, appelée Inga II, était achevée en 1977 et s'était avérée être un cauchemar pour l'économie du pays. A l'origine de la catastrophe se trouvait le problème de trouver des clients pour la consommation du surplus du courant électrique produit par Inga II. Pour résoudre ce problème, le gouvernement du Zaïre avait conçu deux stratégies en vue de consommer le surplus d'énergie : l'installation des industries dans la région de Kinshasa et du Bas-Zaïre, et le transport de l'énergie vers la région industrielle du Shaba.

La première stratégie consistait à développer des industries avec une grande consommation d'énergie, spécialement des sociétés d'aluminium et des sidérurgies. Une zone industrielle hors taxe était créée dans la région d'Inga (ZOFI : la zone Franc d'Inga). Malheureusement, les efforts du gouvernement du Zaïre de faire venir des sociétés d'aluminium furent un échec total. Malgré les avantages généreux et une exemption d'impôts, les industries d'aluminium ne vinrent pas au Zaïre. En 1969 Kaiser promit des plans pour une fonderie de 70.000 tonnes, mais le projet s'évapora. Reynolds s'engagea en 1973-74 et les plans s'évaporèrent aussi. Et Alusuisse vint avec un projet d'un milliard de dollars qui périt en 1983. La Sidérurgie de Maluku resta le seul projet susceptible de consommer l'énergie d'Inga II.

L'échec du plan de l'industrialisation du Zaïre pendant le régime Mobutu avait comme résultat le non passage du Zaïre de la NDIT marque 1 vers la NDIT marque 2. Et après Mobutu, la situation économique du pays s'est empirée avec la mondialisation. Ainsi, La NDIT marque 3 au Congo égale la NDIT marque 1.

39 La NDIT marque 3 au Congo égale la NDIT marque 1

Le changement dans le rôle que joue l'Etat constitue la plus importante caractéristique de la NDIT marque 3. Le pouvoir a quitté l'Etat pour aller vers les Sociétés Multinationales. Qu'il soit dit en passant que la guerre d'un quart de siècle connue dans l'Est du Congo est surtout attribuée aux Sociétés Multinationales. « Les 37. 000 Sociétés Multinationales mères du monde et leurs 200.000 affiliées contrôlent maintenant 75 pour cent des biens du commerce international, les biens manufacturés et services. Un tiers de ce commerce est interne aux corporations __rendant la tâche de contrôle très difficile aux gouvernements et aux organisations internationales de commerce.[176] »

Le Congo n'a jamais connu la NDIT marque 2 qui avait créé des concentrations industrielles dans des pays comme le Brésil, la Chine, l'Inde, l'Argentine, le Mexique et l'Afrique du Sud. Au moment où certains pays passent de la NDIT marque 2 vers la NDIT marque 3, la République démocratique du Congo rentre en force vers la NDIT marque 1.

En effet, les mêmes méthodes de production connues pendant l'Etat Indépendant du Congo et l'époque coloniale sont rentrées en force à travers une guerre imposée au Congo par des forces étrangères servies par les voisins du Congo. L'objectif étant de faire main basse sur les richesses du Congo. Hier c'était l'ivoire et le Caoutchouc aujourd'hui c'est le coltan et le cobalt. Hier l'exploitation de l'ivoire et le caoutchouc a fait 10 millions de morts Congolais, aujourd'hui l'exploitation du coltan et le cobalt a fait 12 millions de morts Congolais. Hier les Congolais n'ont rien profité du boom du caoutchouc et de l'ivoire au niveau de l'économie mondiale ; aujourd'hui les Congolais observent la manne du boom du coltan et le cobalt passer devant leurs nez. Plus ça change, plus ça reste la même chose : le problème du Congo ce sont les richesses qui tuent !

En effet, depuis son indépendance en 1960, le Congo a connu plusieurs crises qui ont sérieusement handicapé son développement. Chaque crise a été analysée d'une manière ou d'une autre. La crise de 1960 avait été analysée comme une conséquence de la guerre froide entre l'Ex Union Soviétique et le Etats-Unis. C'est ainsi que le Premier Ministre LUMUMBA était taxé de communiste. La crise de 1996 qui a conduit au départ de MOBUTU et l'arrivée de Laurent D. KABILA a été analysée comme une crise interne, la révolte des « Banyamulenge ». Ainsi donc, le Secrétaire d'Etat américain, Madame Madeleine Albright s'empressa de demander au Président Laurent Désiré KABILA de résoudre les « problèmes ethniques » dans son pays. Depuis 2016, le Congo connaît encore une crise majeure qu'on qualifie encore d'interne. La communauté internationale est au four et au moulin pour demander l'organisation des élections au Congo, car selon eux, la crise congolaise prendra fin. Mais une

---

[176] UNRISD cité par Alan GILBERT, « The New international division of labour » in Vandana DESAI and Robert POTTER, eds., *The Companion to Development Studies,* New York ; London : Hodder Arnold, 2002, p. 189.

lecture approfondie de toutes ces crises révéleront que le problème du Congo ce sont ses richesses ; des richesses qui tuent ! Ce n'est pas pour rien que les Congolais vivant dans des espaces jugés plus riches du Congo ont été les plus massacrés dans toutes ces crises.

Le pétrole du Nigéria a amélioré l'économie des Nigérians, les matières précieuses du Botswana ont propulsé l'économie des Botswanais, le cacao de la Côte d'Ivoire fait le bonheur des Ivoiriens, les arachides font l'affaire des Sénégalais, la liste peut continuer. Mais les richesses immenses du Congo tuent. Elles ont tué les Congolais dans l'Etat Indépendant du Congo, elles ont tué dans le Congo Belge, au Zaïre de Mobutu, et maintenant en République démocratique du Congo. Quand est-ce que les richesses du Congo enrichisseront-elles les Congolais au lieu de les tuer ? Dans cette anatomie des crises congolaises, je voudrais démontrer comment les richesses du Congo ont tué les Congolais dans la crise congolaise de 1960 et dans la guerre de basse intensité, ignorée par la communauté internationale, qui affecte le pays pendant un quart de siècle. Pour y arriver il sera nécessaire d'analyser les conflits d'affaires qui ont élu domicile au Congo depuis l'indépendance. Comme je l'ai mentionné plus haut, la NDIT marque 1 avait généré la compétition entre les nations industrialisées. Ces nouvelles rivalités avaient trouvé comme conduit l'expansion coloniale pour la recherche des matières premières et des marchés et ceci ne s'est pas toujours passé dans le calme.

Dans ce cadre, la théorie proposée par David Gibbs qu'il a appelée « Modèle de Conflit d'Affaires » est très utile pour comprendre le désordre qui existe dans la politique congolaise. Le Modèle de Conflit d'Affaires suppose que « la communauté d'affaires est fondamentalement divisée par rapport à la plupart des politiques. [177]» Et ce qui est même plus significatif en Afrique Centrale est que « les conflits d'affaires affectent aussi la politique domestique des pays du Tiers Monde. Des factions politiques spécifiques au sein du pays reçoivent souvent l'appui extérieur [178] » Voici ce que le Modèle de Conflits d'Affaires dit en résumé :

> « Les compagnies multinationales cherchent souvent l'appui de leurs gouvernements d'origine, et chaque gouvernement a tendance à favoriser ses propres nationaux. Le gouvernement américain va promouvoir les intérêts commerciaux américains, souvent au détriment des intérêts britanniques, français, ou belges. Les gouvernements britannique, français, et belge naturellement, cherchent aussi les mêmes avantages pour leurs compagnies....Ainsi donc les conflits entre les affaires conduisent aux conflits entre des pays ; et ces querelles influencent le caractère général des relations internationales.

---

[177] David GIBBS, *The Political Economy of Third World Intervention*, Chicago: The University of Chicago Press, 1991.
[178] *Idem.*

> Les conflits d'affaires affectent aussi les politiques domestiques des pays du Tiers Monde. Des factions politiques spécifiques au sein des pays reçoivent souvent l'appui extérieur. Les Etats-Unis ont tendance à favoriser les éléments proaméricains dans les pays du Tiers Monde et cherchent à imposer des gouvernements proaméricains, pendant que les Français supportent les éléments profrançais dans les mêmes pays, et les Britanniques supportent les éléments probritanniques. Au sein des pays du Tiers Monde, la manipulation étrangère cause l'instabilité politique, coup d'état, et dans des cas extrêmes des guerres civiles. La compétition commerciale conduit à l'intervention étrangère et au désordre politique dans la périphérie.[179] »

Il convient de parler de la crise congolaise de 1960 et les conflits d'affaires.

3.10. La crise congolaise de 1960 et les conflits d'affaires

Les Congolais souvent oublient que leur pays avait été conçu par les puissances occidentales comme un espace d'affaires pour tous. Pour rappel, en 1908 quand le Roi Léopold II céda sa propriété à la Belgique, le développement économique du Congo était encore une fois confié aux compagnies concessionnaires et privées. Pour la Belgique, les intérêts privés serviraient non seulement les Congolais mais aussi l'humanité toute entière. Ainsi Albert De Vleeschauwer, le Ministre belge des colonies, a défini la politique coloniale au Congo comme une double entreprise : la promotion du bien-être des Congolais et du monde et de l'humanité en général.[180]

Pour réaliser sa seconde mission, De Vleeschauwer affirme que le Congo Belge a exécuté une « politique de porte ouverte » appelée « la politique du développement libre des ressources matérielles des colonies pour le bénéfice commun.[181] Suivant cette politique les ressources matérielles congolaises « devraient être disponibles à tout le monde, et tout le monde devrait accéder aux produits qu'elles fournissent et aux marchés qu'ils peuvent acquérir.[182] Cette ouverture des richesses du Congo à tout le monde ne pouvait que conduire vers des conflits d'affaires entre les puissances, car les Etats sont égoïstes et ne privilégient que leurs intérêts.

Le conflit d'intérêts économiques entre les acteurs en présence explique plus efficacement les différents conflits connus au Congo. Ce n'est pas seulement en 1960 ou pendant l'Etat Indépendant du Congo que les richesses du Congo ont fait tuer les Congolais, mais aussi en 1996 dans la guerre de « libération » conduite par Laurent D. Kabila contre le régime Mobutu, ainsi qu'en 1998 quand les soi-disant alliés de Laurent D. Kabila, à savoir : le Rwanda et l'Ouganda, se sont

---

179 David GIBBS, *Op.Cit.*

180 Albert DE VLEESCHAUWER, *Belgian Colonial Policy*, New York: Belgium Information Center, 1943.

181 *Idem.*

182 *Idem.*

tournés contre lui. Aujourd'hui encore, depuis 2016, le désordre politique qui continue à faire des morts est aussi à expliquer par la théorie des conflits d'affaires au Congo.

Dans la crise congolaise de 1960, deux administrations américaines ont eu à traiter de la crise congolaise : l'administration Eisenhower et l'administration Kennedy. Eisenhower et ses officiels avaient clairement supporté la politique belge au Congo. Il faudra se rappeler que c'est Eisenhower qui était le Président américain pendant la deuxième guerre mondiale. Et qu'à la fin de la guerre, l'Europe était complètement détruite. Pour reconstruire l'Europe en vue de la mettre à l'abri des sollicitations de l'Union Soviétique au début de la guerre froide, l'Amérique avait conçu le Plan Marshall. Dans ce cadre, un accord de coopération était signé entre l'Amérique et la Belgique. En voici un extrait :

> « Le gouvernement des Etats-Unis d'Amérique et la Belgique ; .....se sont mis d'accord sur ce qui suit : Le gouvernement des Etats-Unis d'Amérique s'engage à assister la Belgique, en fournissant...une assistance telle que sollicitée par cette dernière et approuvée par le Gouvernement des Etats-Unis d'Amérique...Le Gouvernement de Belgique facilitera le transfert vers les Etats-Unis d'Amérique, pour stockage et autres objectifs, les matières en provenance de Belgique, dont les Etats-Unis d'Amérique ont besoin suite à des déficiences ou déficiences potentielles dans ses propres ressources.... .[183] »

L'article XI de cet accord stipule que la « Belgique signifie la Belgique et les territoires dépendants sous son administration inclus le Congo Belge et les territoires du Rwanda-Urundi [184]» En d'autres termes, la Belgique facilitera le transfert des matières premières congolaises vers les Etats-Unis en compensation de l'aide qu'elle obtiendra de l'Amérique pour sa reconstruction. Cette forte coopération qui existait entre les deux pays expliquait l'attitude de l'Administration Eisenhower face à la crise congolaise. Cette administration avait beaucoup d'intérêts en commun avec la Belgique. Les officiels Américains avaient des attitudes complètement hostiles envers Lumumba. Ces attitudes reflétaient ce que les Belges pensaient de Lumumba.

La base de la complicité entre la Belgique et l'Administration Eisenhower était les affaires. Les intérêts économiques belges étaient en harmonie avec les intérêts économiques américains. La sécession Katangaise protégeait tous ces intérêts. Il était tout à fait logique que les deux pays soient contre le gouvernement Lumumba qui prônait l'unité nationale, car les Belges savaient que la gestion de Lumumba se ferait dans le respect du principe sacré de la souveraineté du Congo. Les conflits d'affaires apparaîtront quand l'administration Kennedy occupera la Maison Blanche.

---

[183] STATE DEPARTMENT, *Economic Cooperation Agreement between the United States of America and the Kingdom of Belgium,* Washington, D.C. : Government Printing Office, 1948.
[184] *Idem.*

En effet, dès que le Président Kennedy prend le pouvoir aux Etats-Unis en Janvier 1961, Timberlake, l'ambassadeur des Etats-Unis au Congo, très attaché à la politique d'Eisenhower, est rappelé au Département d'Etat pour d'autres fonctions. L'administration Kennedy se démarque de la politique belge au Congo. Deux camps se forment dans les pays capitalistes face à la crise congolaise : le camp des anticolonialistes et le camp des pro- colonialistes. Dans le camp des anticolonialistes trois figures dominent la scène. Il s'agit de la compagnie LAMCO (*Liberian-American Swedish Minerals Compagny*), de Monsieur Maurice Tempelsman, et de la famille Rockefeller. Gibbs note que LAMCO exploitait les minerais de fer au Libéria, mais elle avait des liens avec BOLIDENS GRUV, une compagnie suédoise d'exploitation de cuivre. Les intérêts miniers suédois étaient très proches de la force des Nations Unies au Congo. Gibbs signale que le frère du Secrétaire Général de l'ONU, répondant au nom de Bo Gustav Hammarskjold était un directeur de GRANGESBURG, une grande composante de LAMCO. Les intérêts privés ont influencé la politique des Nations Unies au Congo. En effet, le Secrétaire Général avait nommé Sture Linner comme responsable du programme de l'assistance technique au Congo. Ce Monsieur était un directeur de LAMCO. Les deux Suédois engagés comme consultants au Congo avaient aussi des connections avec LAMCO. Il s'agit de Sven Gustaf Schwartz et Borje Jjortzberg-Nordlund.[185] La présence de ces Suédois était naturellement critiquée par le camp des pro colonialistes qui accusait l'ONU de promouvoir les intérêts des hommes d'affaires suédois en déstabilisant la production du cuivre au Katanga et donner ainsi l'occasion aux compagnies suédoises de faire des profits. Gibbs note que dans un de ses rapports, Monsieur Hjortzberg-Nordlund a malignement suggéré la nationalisation de l'industrie minière au Congo. Il ajoute que ceci s'était fait avec le calcul que le Congo n'ayant pas une main d'œuvre qualifiée, la production allait chuter, mettant ainsi hors compétition l'un des concurrents des Suédois. On voit clairement que les Suédois, à travers les Nations Unies, avaient intérêt à s'opposer à la sécession Katangaise et à la politique coloniale belge en général pour raisons d'affaires.

La seconde figure dans ce camp était Monsieur Maurice Tempelsman. Gibbs note que Tempelsman entretenait des bonnes relations avec les Stevensons, un cabinet d'avocats. Stevenson soutenait une politique anticoloniale. Il aidera donc Tempelsman à entrer dans les affaires au Congo. Les choses sont devenues plus propices quand Stevenson fut nommé Ambassadeur des Etats-Unis aux Nations Unies. Tempelsman avait d'autres connections. Il était en contact avec le bureau de la CIA au Congo à travers le chef de la mission Lawrence Devlin. Il était aussi proche de la famille Kennedy. L'image complète des intérêts de Tempelsman au Congo n'est pas donnée par Gibbs, qui a avoué que la tâche était difficile. Ce que nous devons retenir est que Tempelsman s'était opposé à la politique belge au Congo en vue de faire avancer ses affaires. Il est un fait que Tempelsman

[185] David GIBBS, *Op.CIt.*

apparaîtra clairement dans le régime Mobutu, notamment dans l'exploitation du cuivre au Katanga.

La troisième figure dans le camp anticolonial est la famille Rockefeller. Pendant l'administration Eisenhower, la famille Rockefeller était restée passive dans la crise congolaise probablement parce qu'elle connaissait un conflit d'intérêts au Congo. Gibbs signale que cette famille avait des actions dans une compagnie textile au Katanga et dans Mobil Oïl qui supportait la sécession katangaise. Mais de l'autre côté, la famille Rockefeller avait intérêt à déplacer les compagnies belges en vue d'implanter les siennes. Quand le Président Kennedy est entré à la Maison Blanche, la famille Rockefeller a opté pour la deuxième attitude, celle de s'opposer à la sécession katangaise. Elle a agi avec ses connections, notamment la Banque Chase Manhattan. Il est montré plus haut que trois groupes dans le monde des affaires partageaient les mêmes intérêts au Congo, à savoir : diminuer la dominance commerciale et politique des Belges au Congo et pouvoir y pénétrer soi-même. Il était donc normal que ces groupes soutiennent la politique anticoloniale de l'administration Kennedy au Congo. Le résultat de ces conflits d'affaires sur terrain ce sont des morts au Congo : des richesses qui tuent ! Car face à ces trois groupes, il existait un bloc pro colonial.

Gibbs compte cinq figures dans le bloc pro colonial qui a opposé une très grande résistance à la politique de l'administration Kennedy. La première figure était l'*Union Minière du Haut Katanga* (UMHK) et sa sœur la *Société Générale de Belgique* (SG). Au début, le gouvernement belge supportait avec force les intérêts de la *Société Générale* au Katanga. Mais il y a eu un changement après quand Paul-Henri Spaak devint Premier Ministre. Son parti (socialiste) ne supportait pas les combines financières dans lesquelles se trouvait l'Union Minière d'une part, et d'autre part, Henri Spaak avait des connections avec la Banque Lambert qui était une rivale de la Société Générale.[186] La politique d'Henri Spaak était opposée par l'Union Minière. Malgré ses efforts, le Premier Ministre Belge a demandé à l'administration Kennedy d'éviter une action militaire contre le Katanga. Ce qui en fin de compte était pro colonial.

La deuxième figure était le gouvernement britannique qui a défendu la sécession Katangaise dans des actions concrètes, alors qu'officiellement, il ne reconnaissait pas le Katanga. La Rhodésie, une colonie britannique, constituait une véritable base arrière pour le Katanga, car c'est de là que provenaient les armes pour son armée. Le gouvernement britannique supportait la sécession katangaise pour des raisons d'affaires. En effet, *Tanganyika Concessions Ltd.*, une compagnie britannique, avait des grandes actions dans la *Société Générale*. En plus, le chemin de fer de Benguela qui transportait la production de l'*Union Minière*, était contrôlé par des intérêts britanniques.[187]

[186] David GIBBS, *Op.Cit.*, pp. 114-115.
[187] *Idem*, p. 116.

La troisième figure dans ce bloc était constituée par la France. Le gouvernement français s'est opposé avec force à la politique des Nations Unies au Congo en fournissant de l'aide directe au Katanga. Un colonel Français, Roger Trinquier, a presque assumé le rôle du commandant de la gendarmerie katangaise à un moment. La France était aussi au Katanga pour des raisons d'affaires. Des nationaux français détenaient 25% de stock dans l'*Union Minière.*[188] Les dernières figures dans ce bloc étaient l'Afrique du Sud et le Portugal. C'étaient des Blancs qui occupaient ces pays, ils ne pouvaient qu'avoir des bons sentiments envers une sécession qui était pour les Blancs.

Ce sont donc ces différents intérêts économiques qui étaient à la base du désordre au Congo. Les richesses du Congo étaient accaparées par des étrangers qui s'enrichissaient, pendant que les Congolais, eux, ils étaient tués. Cette crise a pris fin en 1963 grâce à l'intervention militaire de l'administration Kennedy et l'ONU. Mais les richesses congolaises n'ont pas cessé de tuer les Congolais. En 1996, d'autres conflits d'affaires sont venus se manifester au Congo, et depuis lors on tue les Congolais à huis clos jusqu'aujourd'hui.

Que dire des guerres de « libération » et les conflits d'affaires?

3.11. Les guerres de « libération » et les conflits d'affaires

Après trente-deux ans de dictature dominés par les intérêts économiques américains, le Président Mobutu était devenu inefficace suite aux changements connus dans le système international. Pendant trente-deux ans Mobutu a travaillé pour les intérêts stratégiques et économiques des Etats-Unis, en négligeant le développement du Zaïre, qui pourtant avait tous les atouts de décoller économiquement. Le Zaïre n'a pas réussi la transition vers la NDIT marque 2 et le changement connu dans la politique internationale rendra la situation du Zaïre plus compliquée. Avec la chute du mur de Berlin en 1989, la politique étrangère américaine n'était plus focalisée sur l'anticommunisme, mais plutôt sur l'économie internationale. Les différents officiels américains ont explicité cette politique néolibérale en ces termes :

> « Dès 1993, devant le Sénat américain, le sous-secrétaire d'état Georges Moose avait déclaré : « Nous devons assurer notre accès aux immenses ressources naturelles de l'Afrique, un continent qui renferme 78% des réserves mondiales de chrome, 89% de platine et 59% de cobalt. » Après le sommet franco-africain de Dakar, en mai 1995, le secrétaire au Commerce, feu Ron Brown, a lancé : « Les Américains vont tenir la dragée haute aux partenaires traditionnels de l'Afrique, à commencer par la France. Nous ne laisserons plus l'Afrique aux Européens. » En octobre 1996, lors de sa tournée africaine, le secrétaire d'Etat américain Warren Christopher a renchéri en proclamant que « le temps est fini où des puissances extérieures pouvaient considérer des groupes entiers des pays

[188] *Idem*, p. 117.

> comme leur domaine réservé. Aujourd'hui, l'Afrique a besoin du soutien de tous ses amis et pas du patronage exclusif de quelques-uns. [189]»

Les Américains avaient besoin d'un nouveau leadership au Zaïre en vue d'appliquer leur nouvelle politique envers l'Afrique, car c'est le Zaïre qui était le pays le plus visé dans cette nouvelle chasse aux matières premières. Mobutu devenait un allié encombrant dont il fallait se débarrasser. Mais Mobutu n'avait pas compris que ce qui compte pour l'Amérique ce sont ses intérêts et non les individus utilisés en vue d'assurer ces intérêts. Mobutu ayant refusé de partir avec honneur après avoir organisé des élections démocratiques, l'Amérique décida de s'en débarrasser par une guerre par procuration. Plusieurs conflits d'affaires sont encore entrés en collision et le résultat a été que les Congolais ont été tués et sont encore tués jusqu'aujourd'hui dans la grande indifférence de la Communauté Internationale.

Dans la guerre qui a éclaté en 1996 pour chasser Mobutu du pouvoir, les conflits d'affaires en collision existaient entre les Etats-Unis et l'Europe (France), comme mentionné plus haut. Le Rwanda et l'Ouganda ont été utilisés pour les opérations sur terrain contre le Zaïre. Ces deux pays africains sont venus aussi faire prévaloir leurs intérêts au Zaïre. Les intérêts américains étaient articulés par le Secrétaire d'Etat américain Madeleine Albright lors de sa visite à Kinshasa en décembre 1997 :

> « Nous voulons insister sur...l'investissement privé. (Il faut) créer au Congo un climat favorable à l'investissement...Nous avons aussi discuté du caractère urgent que révèlent l'intégration régionale et le développement économique afin de pouvoir profiter des extraordinaires richesses naturelles et humaines du Congo pour faire du pays un agent de la croissance régionale. Cela implique un engagement en faveur de l'ouverture du marché.[190]»

Cette ouverture du marché a profité aux Multinationales Américaines et Occidentales en général. Colette Braeckman affirme que ces Multinationales ont financé la guerre, notamment : « la Société American Mineral Fields (un junior, dont le siège social se trouve à Hope dans l'Arkansas), la suédoise Lundin, la canadienne Banro, la ghanéenne (avec capitaux américains) Ashanti Goldfiels, l'américaine Barrick Gold International . [191]» A la fin de l'étape de conquête de pouvoir en 1997, il est apparu clairement que plusieurs intérêts s'étaient coalisés en vue de faire des affaires au Congo. A part leur intérêt commun de déstabiliser le Zaïre de Mobutu, chacun avait des intérêts particuliers qui parfois étaient en conflit avec ceux des autres acteurs. Ainsi donc, les Etats-Unis voulaient faire partir Mobutu en vue d'appliquer les objectifs qu'ils s'étaient assignés dans le

---

[189] Honoré NGBANDA, *Crimes organisés en Afrique Centrale*, Paris : Editions Duboiris, 2004.
[190] Martin LUDO, *Kabila et la révolution congolaise*, Anvers : Editions EPO, 2002, p. 246.
[191] Colette BRAECKMAN, « Les politiques africaines de l'UE et des USA », in *Bulletin d'Information Africaine*, 18ème année, Février, 2000.

cadre le leur nouvelle politique néolibérale ; le Rwanda voulait dans l'immédiat démanteler les camps des réfugiés au Zaïre, contrôlés par les génocidaires rwandais. Mais à long terme, s'installer durablement au Kivu et exploiter les richesses congolaises pour booster leur économie, et si possible, annexer carrément le Kivu. L'Ouganda voulait dans l'immédiat mettre fin à la rébellion ougandaise qui opérait à partir du Zaïre. Mais à long terme s'installer durablement en Ituri et exploiter les richesses congolaises, et si possible annexer carrément l'Ituri. Le Burundi voulait dans l'immédiat mettre fin à la rébellion qui opérait à partir du Zaïre aussi. Mais à long terme, bénéficier, si possible, des territoires promis dans l'accord de Lemera. Les nationalistes congolais, Laurent D. Kabila et Kisase Ngandu qui luttaient depuis 1964 contre Mobutu avaient jugé le cocktail comme une occasion historique unique pour enfin faire partir Mobutu du pouvoir et le saisir à leur tour. Quant aux Tutsis , l'occasion leur était donnée d'acquérir la nationalité congolaise en masse, de se faire octroyer des territoires au Congo (le dossier du Territoire de Minembwe), et de s'installer durablement dans la sphère politique congolaise.

En 1996, il y avait donc des conflits d'affaires entre les Etats-Unis et ses alliés Africains (Rwanda et Ouganda) d'une part, et d'autre part l'Europe conduite par la France. Le Zaïre de Mobutu, un pays francophone, comptait beaucoup sur la France en vue de contrer la politique agressive des Etats-Unis. Le Rwanda d'Habyarimana était francophone et comptait aussi sur la France. Pour faire face à la donne francophone en Afrique, les Etats-Unis ont utilisé le Canada un pays anglophone et francophone en vue de l'aider au Rwanda à travers les Nations Unies. On peut se rendre compte comment le camp qui voulait le départ de Mobutu était très large. Ainsi, le Rwanda de Kagame et l'Ouganda après avoir eu le support des nationalistes congolais (Laurent D. Kabila et Kisase Ngandu) sont venus tuer au Congo jusqu'à prendre le pouvoir.

En 1998, le conflit d'affaires a éclaté dans le camp des Etats-Unis. Comme on peut le constater, le cocktail pour faire partir Mobutu était tellement hétéroclite qu'après le départ de Mobutu, l'objectif commun à tous, l'alliance devait se défaire. Laurent D. Kabila, une fois devenu Président de la république, a montré clairement que le plan néolibéral américain ne l'a intéressé que pour le départ de Mobutu, mais pas pour le reste. Puisqu'il a tourné le dos à la poursuite de l'opération, sa place n'était plus à la tête du Congo. Ainsi, Colette Braeckman a conclu que :

> « Le crime de Kabila et des siens, c'est d'avoir défié le nouvel ordre du monde, d'avoir voulu conclure des accords économiques avec des partenaires inhabituels, la Chine, la Corée du Nord, Cuba, la Malaisie, le Zimbabwe, la Libye…D'avoir eu la tentation d'inscrire les richesses du Congo dans un schéma de développement Sud-Sud (en concluant des accords avec le Zimbabwe, la Namibie et en remettant en cause les droits de préemption que s'étaient arrogés l'Ouganda et le Rwanda au titre de dédommagement pour l'effort de guerre…) De remettre en cause le

remboursement de la dette de 14 milliards de dollars contractée du temps de Mobutu et dont on sait que rien n'a été rétrocédé au peuple congolais. De négocier les accords conclus durant la guerre avec les sociétés américaines.... [192]»

Les Etats-Unis et leurs alliés n'ont pas fait partir Mobutu pour qu'un autre Congolais vienne réaliser sa vision pour le développement du pays. Il était évident que Laurent D. Kabila devait disparaître. Après l'élimination des nationalistes congolais, les acteurs extérieurs et leurs associés internes ont été placés au Congo et le plan néolibéral américain a fait son chemin dans le pays de Lumumba pendant vingt ans. Sans entrer dans les détails, l'observateur averti constatera que l'Est du Congo a été S*omalisé*, des fractions rivales s'entretuent et se massacrent, pendant que les richesses du Congo sont pillées par les Multinationales Américaines et Européennes et les pays voisins etc. Le néolibéralisme a fait depuis 1996 plus de 12 millions de morts au Congo, jetés dans la poubelle de l'histoire. On comprendra aisément pourquoi la Communauté Internationale s'intéresse aux 800.000 morts au Rwanda et foule aux pieds plus de 12 millions de morts Congolais tombés suite au néolibéralisme appliqué sans état d'âme: le malheur du Congo ce sont ses richesses ; des richesses qui tuent ! Le résultat ultime est que le Congo au lieu d'entrer dans la NDIT marque 3, il a reculé vers la NDIT marque 1, comme ce fut du temps de l'Etat Indépendant du Congo.

Les pays voisins du Congo ont toujours nié leur présence dans le pillage des ressources minières congolaises. Mais la vérité est que ces pays n'ont plus laissé les Occidentaux faire la fête seuls cette fois-ci, ils se sont faits aussi invités au Congo. Le progrès dans les exportations des diamants en Ouganda et au Rwanda peut donner une idée de l'aubaine. Depuis la guerre de 1997, ces deux pays africains voisins du Congo sont devenus des grands exportateurs des nouveaux minerais qu'ils n'exploitaient pas avant.

TABLEAU 3.1. *LA PRODUCTION MINIERE RWANDAISE, 1995-2000*

Année	Production d'Or (kg)	Production de Cassitérite (Tonnes)	Production de Coltan (Tonnes)	Exportations en Diamants (US $)
1995	I	247	54	-
1996	I	330	97	-
1997	10	327	224	720.425
1998	17	330	224	16.606
1999	10	309	122	439.347
2000 (jusqu'Octobre)	10	437	83	1.788.036

Source: Thomas Turner, *Congo Wars. Conflict Myth Reality*, New York: Zed Books, 2008, p. 25.

[192] *Idem.*

Tableau 3.2. *OUGANDA : EXPORTATIONS DES DIAMANTS, 1997-OCTOBRE 2000*

Année	Volume (carats)	Valeur (dollars américains)
1997	1511, 34	198, 302
1998	11303, 86	1.440.000
1999	11024, 46	1.813.500
2000	9387, 51	1.263.385

Source : Diamond Hight Council. Publié dans le rapport du Panel des Nations Unies, Avril, 2001.

Que dire du futur du Congo face aux richesses qui tuent ?

3.12. Le futur du Congo face aux richesses qui tuent

Depuis 2016, à la fin du deuxième mandat du régime Joseph Kabila, les conflits d'affaires ont refait surface au Congo. Trois pôles peuvent être identifiés cette fois-ci : le pôle des Etats-Unis et Alliés ; la Chine ; et le pôle interne conduit par l'Eglise Catholique. Pendant les 20 ans d'application de néolibéralisme sans état d'âme au Congo, d'autres affaires se sont installées au Congo, car il fallait quand même faire semblant de développer le Congo ; c'est le cas spécialement de la Chine. Ce que la Chine était en train de réaliser dans d'autres pays africains était de loin plus efficace par rapport à ce qu'elle faisait au Congo pendant le régime J. Kabila. Elle n'était pas la seule à être blâmer, j'y reviendrai dans les prochains chapitres. Toujours est-il qu'elle était en plein dans l'exploitation des minerais stratégiques congolais. Les enjeux futurs de certains minerais stratégiques, notamment, le coltan, le cobalt et le cuivre, que possède le Congo l'expose à nouveau à des conflits d'affaires.

En effet, Andrew Korybko signale que « la Chine a sécurisé l'une des transactions commerciales les plus importantes du siècle à ce jour. Ce sont les 2,65 milliards de dollars qu'elle a payés fin mai pour la mine Tenke, dans la partie Sud-Est de la République Démocratique du Congo.[193] Il note que le *Financial Times* soutient que la Chine sera le leader mondial de la technologie des batteries électriques grâce au contrôle de 62% du marché mondial du cobalt. La Chine est donc bien placée pour le contrôle mondial des véhicules électriques qui domineront les systèmes de transport personnels, commerciaux et militaires dans les dix prochaines années. On se rappellera que les mines de Tenke Fungurume au Katanga/RDC étaient exploitées par les Américains qui finalement les ont mises en vente. Maintenant que le cobalt s'avère être hautement stratégique pour les années à venir, il est clair que les Américains ne laisseront pas les Chinois contrôler le cobalt congolais. L'observateur averti sait comment les Multinationales Américaines et Européennes sont derrière le coltan actuellement

[193] Andrew KORYBKO, « Guerre hybride. La Chine, le cobalt et les plans de révolution de couleur des USA pour le Congo », *Source Oriental Review*, Février, 2017.

à l'est de la République Démocratique du Congo et d'autres matières premières stratégiques.

Andrew Korybko note que, en plus du cobalt congolais, la Chine poursuit sa vision *One Belt One Road* et construit des « nouvelles routes de la soie ». Ainsi, dit-il, la Chine a l'intention de construire deux routes commerciales transocéaniques reliant l'Océan Indien et les côtes atlantiques de l'Afrique : la route transocéanique Nord-Africaine (NTAR) qui aura dans sa proximité le Barrage d'Inga 3. La Chine compte construire Inga 3 et permettre à la Chine et le Congo de contrôler 40 % des besoins en électricité de l'Afrique et la route Sud-Africaine Transocéanique (STAR) qui ira vers Benguela. Toutes ces deux routes passent par le cœur du continent c'est-à-dire le Congo. Ceci montre à suffisance comment la République démocratique du Congo est d'une importance stratégique pour la réussite des ambitions chinoises dans le continent et dans le monde. Pour cette raison, la Chine n'a pas supporté le départ du président Joseph Kabila, même après des élections, car Joseph Kabila au pouvoir signifiait la réussite de leurs projets d'avenir. Il est bien entendu que la pénétration chinoise dans les minerais stratégiques congolais ne plaît pas aux Etats-Unis et que ces deux puissances sont en conflit d'affaires au Congo depuis le régime J. Kabila.

L'Europe pouvait constituer un pôle, mais apparemment Bruxelles n'a pas pu convaincre. Les relations entre la Belgique et la République démocratique du Congo se sont détériorées en début 2018. La Belgique avait décidé d'orienter une vingtaine de millions de dollars de son aide vers les ONGs congolaises et cela n'a pas plu au Gouvernement de Joseph Kabila. Ceci a constitué probablement seulement une occasion pour Kinshasa qui n'a jamais accepté les sanctions infligées par l'Union Européenne à certains dirigeants Congolais Kabilistes. Ainsi, des mesures de rétorsion ont été prises contre la Belgique en fermant le Centre Shenghen à Kinshasa et en réduisant les rotations de la compagnie Brussels Airlines de sept à quatre rotations par semaine. Ces mesures ont naturellement affecté plusieurs pays européens membres de l'espace Shenghen. L'Allemagne a été spécialement touchée par la mesure contre Brussels Airlines à travers sa compagnie aérienne Luftansa qui travaille avec Brussels Airlines. Bien que Kinshasa fasse prévaloir le principe de réciprocité dans ces mesures, il était vrai que c'étaient tout simplement des mesures disproportionnées prises comme des mesures de représailles. Les pays européens étaient divisés sur la position à prendre face à la situation qui prévalait au Congo. On peut, du moins, être sûr qu'à un certain moment la Belgique ne souhaitait pas que le président Joseph Kabila reste aux commandes jusque décembre 2018. Quant à la France, après avoir signé des contrats d'exploitation de pétrole à l'Est du Congo, elle était retissante de voir le président Joseph Kabila partir avant les élections. Ces conflits d'affaires entre les pays européens font que l'Union Européenne avait du mal à prendre une position claire sur la situation au Congo. Mais, avec l'évolution de la situation, on pouvait penser que l'Europe, malgré ses hésitations avait toléré le camp des Etats-Unis. Ce sont ces hésitations qui ont poussé l'Europe à rassembler les Opposants

Congolais dans le groupe des 7 qui sont allés chercher un candidat commun à Genève sous la coordination d'Alan Doss de la Fondation Koffi Annan.

Le pôle des Etats-Unis et Alliés était clair dans ses prises de position. Le passage de l'Ambassadeur des Etats-Unis aux Nations Unies, Nikki Haley, a probablement été une occasion de faire le bilan de l'application du plan néolibéral américain, même si officiellement, on ait attiré l'attention des Congolais vers le processus de l'organisation des élections. Un examen approfondi par l'observateur averti montrera que bien que l'opération ait marqué beaucoup de points, il restait encore beaucoup à faire, car c'était une opération qui comprendrait beaucoup de volets. Ce pôle d'affaires qui comprenait les Etats-Unis, des Multinationales, le Rwanda, l'Ouganda, le Burundi et des associés à l'intérieur du Congo souhaitait naturellement la continuité des affaires. Comme on le sait, en général, la politique étrangère américaine préfère l'évolution à la révolution. Dans le contexte international en 2018, ceci pouvait s'obtenir en organisant des élections en décembre de la même année en utilisant tous les moyens nécessaires pour que le système mis en place connaisse une évolution favorable aux affaires américaines. Plus ça change, plus ça reste la même chose. On ne doit pas perdre de vue que depuis 2008, le régime Joseph Kabila avait favorisé la pénétration chinoise dans l'économie congolaise et que cette politique n'était pas acceptée par les Américains. Il était vrai que la guerre connue pendant le régime Joseph Kabila dans l'Est du pays profitait aux Multinationales Américaines et Occidentales, du reste ce sont elles qui en étaient les promotrices. Mais la présence accrue des Chinois n'était pas acceptée par les Américains. C'est ce qui expliquera plus tard la politique américaine de lâcher en douceur Joseph Kabila et le remplacer par un Opposant *modéré*. Le président Félix Antoine Tshisekedi se trouve devant un dilemme : comment se détacher des Chinois qui ont investi en cascade pendant le régime Joseph Kabila sans que les Congolais puissent en profiter et accommoder les Américains qui sont en partenariat avec son régime, après avoir fermé les yeux sur une guerre d'un quart de siècle qui a complètement ruiné le Congo. Après l'avènement du président Félix Antoine Tshisekedi, les politiciens Congolais sont divisés en trois camps : les Pro Américains, les Pro Européens et les Pro Chinois. Le passage vers la NDIT marque 3 exige que ces trois tendances privilégient d'abord l'intérêt national. Tous le font bien dans des discours mielleux pour attirer la population vers eux, mais en réalité, ils sont dans les nuages.

Fig. 3.1 Configuration des différents pôles de conflits d'affaires en 2018 au congo

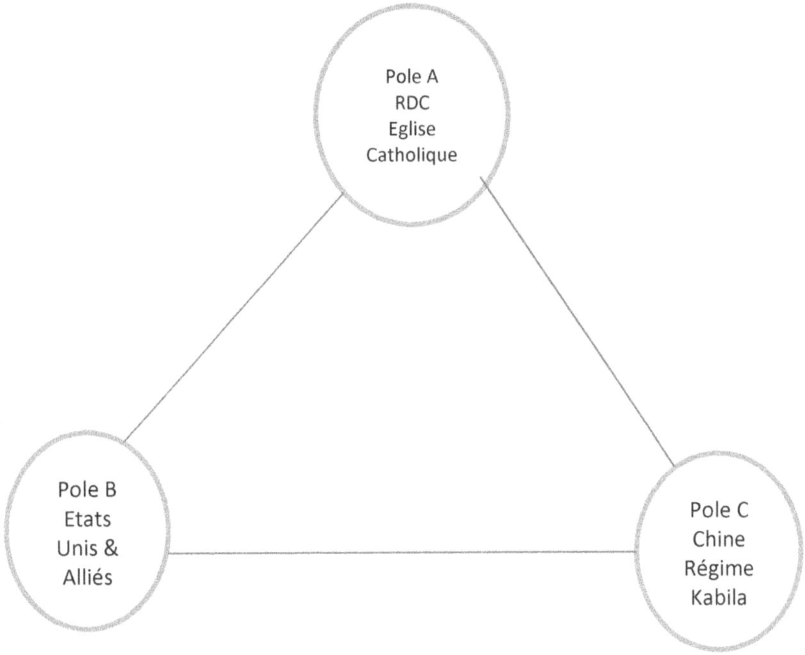

Le dernier pôle est constitué du peuple congolais, victime d'un génocide à huis clos, battant le record de pauvreté dans un sol et sous-sol immensément riches, un véritable paradoxe existentiel. Les intérêts du peuple congolais ne sont pas pris en compte par le pôle Etats-Unis et Alliés et les Congolais veulent que le système change. Ils veulent que le régime Joseph Kabila disparaisse avec tout le système de paupérisation mis en place, sans compter les tueries. De-là le conflit d'intérêt entre l'Eglise Catholique (pôle A) et le régime Kabila (pôle B) supporté par les Chinois. Le peuple congolais avait cru à la « libération » de l'AFDL. Les trente-deux ans de dictature par le régime Mobutu avait conduit la population vers la fatigue. La vague de démocratisation qui a balayé le continent africain au début des années 1990, n'avait pas épargné le Zaïre. Les Congolais ont accueilli l'AFDL car ils avaient besoin d'un changement. Mobutu aurait pu partir dignement s'il avait organisé des élections pour se faire remplacer. Vingt ans après l'arrivée de l'AFDL, le peuple congolais a compris que Laurent Désiré Kabila avait raison quand il avait qualifié l'AFDL d'un « conglomérat d'aventuriers ». Tous les espoirs soulevés par l'AFDL se sont avérés être de la poudre aux yeux. Le niveau qu'a atteint la misère dans le pays, avec des morts non plus seulement à l'Est, mais aussi au Centre, et à la fin du mandat, à l'Ouest du pays, a franchi la ligne rouge. C'est ainsi qu'après, la déstabilisation de l'opposition par le pouvoir à travers les débauchages, des emprisonnements politiques, des exils forcés et non-forcés, la fermeture de l'espace politique, le peuple a répondu favorablement à l'appel de l'Eglise Catholique de se mettre debout. Trois sorties des Chrétiens, le

31 décembre, le 21 janvier, et le 25 février ont été réprimées brutalement par le pouvoir causant chaque fois des pertes en vies humaines. Ce front qui ne demande que l'application de l'Accord de la Saint Sylvestre dans son entièreté a causé beaucoup de dégâts au pouvoir de Joseph Kabila. En effet, les méthodes utilisées par le pouvoir en vue de déstabiliser l'opposition n'étaient plus toutes d'application, notamment : la distribution des postes et la corruption. Les instruments qui restaient en leur possession étaient surveillés par la communauté internationale, telle que la restriction des libertés individuelles. Du coup, la tâche du pouvoir devint très difficile devant la détermination de l'Eglise Catholique suivie par le peuple.

L'Opposition qui a été systématiquement déstabilisée par le pouvoir se rangea naturellement derrière les actions menées par les laïcs Catholiques. Ce pôle ne s'est pas fait d'illusion ou se faire tromper par des discours mielleux de la communauté internationale. Etant donné qu'ils voulaient défendre les intérêts du peuple congolais longtemps exploité et victime d'un génocide à huis clos, ils n'ont jamais été acceptés par les mondialistes (pôle B).

Conclusion

En bref, les conflits d'affaires tels que présentés dans le diagramme plus haut sont plus complexes parce que chaque pôle comprend d'autres acteurs, non mentionnés. Mais globalement, on peut concevoir ces conflits dans ces trois pôles. L'issue de ces conflits d'affaires peut bien conduire à des interventions sur terrain, c'est-à-dire en République démocratique du Congo. Les conflits entre le pôle B et C font profiler la possibilité d'une reprise de la guerre froide, avec les dégâts qu'elle cause dans la périphérie. La guerre froide entre les Etats Unis et l'Ex Union Soviétique avait causé beaucoup de guerre en dehors de ces deux puissances. Si la guerre froide se déclenche entre les Etats Unis et la Chine, elle causera des dégâts en dehors de ces deux pays, et le Congo était en 2018 un terrain potentiel. Un rapprochement entre le pôle B et C n'était pas envisageable dans le contexte international de ce temps. Car la Chine ne minimisait pas les efforts qu'elle devait continuer à fournir en vue de remplacer un jour les Etats-Unis comme la première puissance du monde. La Chine comptait beaucoup sur le Congo dans sa politique de conquête des matières premières pour la transition énergétique. Et le pouvoir de Joseph Kabila comptait aussi beaucoup sur la Chine qui souhaitait la pérennisation du pouvoir des Kabilistes en vue de concrétiser ses stratégies en Afrique. Au moment où je rédige ces lignes, les Américains ont réussi à placer un Opposant *modéré*, Félix Antoine Tshisekedi, au pouvoir à Kinshasa. Ce dernier soutient le peuple congolais dans ses discours qu'il veut traduire en actes en faveur du changement. Une telle réussite peut conduire à l'isolement du pôle B. L'échec du pôle B face au pôle A peut déclencher des interventions sur terrain. C'est la victoire du pôle A qui pourrait permettre aux richesses congolaises d'enrichir les Congolais au lieu de les tuer comme cela s'est fait depuis la guerre du caoutchouc, en passant par la guerre du coltan (un quart du siècle), et bientôt la guerre du cobalt et de lithium.

La configuration des conflits d'affaires pendant le régime Tshisekedi a changé, comme je le démontrerai au chapitre 7. Le régime Tshisekedi a le devoir de réussir la transition énergétique en faisant profiter au maximum la nation Congolaise, tout en évitant une chaude confrontation entre les Américains et les Chinois. C'est dans ces conditions que le Congo pourra combler le déficit connu dans la NDIT marque 2 pour passer à la NDIT marque 3. Une chose est sûre, Dieu n'a pas placé ces richesses au Congo pour qu'elles tuent les Congolais ! Les richesses qui tuent changeront en richesses qui enrichissent, et Franz Fanon n'aura plus honte dans sa tombe pour avoir déclaré que « l'Afrique a la forme de revolver dont la gâchette se trouve au Congo. »

La discussion sur la Nouvelle Division Internationale du Travail permet aux étudiants de la coopération internationale de comprendre que c'est dans ce contexte de la Nouvelle Division Internationale du Travail marque 3 raté par le Congo que les deux régimes que je vais analyser a lieu. Le régime Joseph Kabila a en réalité évolué dans la NDIT marque 1 au lieu de NDIT marque 3 et c'est la même chose avec le régime Tshisekedi. Et cette réalité s'imposera dans la réflexion sur les conditions nécessaires et suffisantes en vue du décollage de la République démocratique du Congo que je compte discuter à la fin de ce travail.

Chapitre 4
La coopération entre le régime de Joseph Kabila et les pays capitalistes, 2001-2008 : un cas de paiement de dupe

Le présent chapitre a pour matrice coopération entre le régime de joseph kabila et les pays capitalistes, 2001-2008 : un cas de paiement de dupe.

En effet, le Président Joseph Kabila a dirigé le Congo pendant 18 ans, de Janvier 2001 à Décembre 2018. Dans une analyse que j'ai faite précédemment de la coopération entre le régime Joseph Kabila et les Pays Capitalistes, j'avais signalé qu'à un moment pendant son pouvoir, certaines actions entreprises par le Régime Kabila pouvaient être interprétées comme un défaut à la coopération avec les pays capitalistes. Et je m'étais posé la question de savoir si la RDC était en train d'amorcer un changement en douceur qui permettrait au pays de passer d'une coopération : CAP= 5 RDC= 0 vers CHINE= 3 RDC=3 ou plutôt vers CAP= 1 RDC= 1 ?

Plusieurs années après, je peux répondre à cette question. L'analyse de la coopération entre le régime Kabila et les pays capitalistes nous conduit aux résultats suivants : pendant la première partie du pouvoir de Joseph Kabila nous avons vécu la situation de : CAP= 5 RDC= 0 soit de 2001 à 2008, date de la signature de la Convention de la Collaboration entre la République démocratique du Congo avec la République de Chine. La deuxième partie du pouvoir de Joseph Kabila s'était muée à CAP=1 RDC= 1, et au lieu d'aller vers CHINE= 3 RDC= 3, nous avons connu la situation de : CHINE= 5 RDC= 0. Les Congolais ont appris de manière dure ce que les Réalistes et les Néoréalistes ont toujours dit : « …... Les Etats peuvent être tentés de tricher dans les accords en vue de gagner un avantage relatif, par rapport à d'autres Etats. La peur que les autres Etats peuvent trahir les accords de coopération est spécialement élevée dans le domaine militaire, dans lequel des changements dans l'armement militaire peuvent résulter en un changement majeur d'équilibre du pouvoir. L'intérêt personnel motive chaque Etat à profiter de l'autre. La conscience que de telles motivations existent, combinées avec le désir rationnel des Etats de protéger leurs propres intérêts, tend à empêcher la coopération entre les Etats.[194] » Les partenaires du Congo ont triché

[194] Karen A. MINGST, *Op., Cit.,* p. 67 .

aussi bien du côté sécuritaire que du côté économique. Le Congo a été victime de la duperie aussi bien du côté des pays capitalistes que du côté chinois.

Ce chapitre sera dévoué à la coopération entre le régime Kabila et les pays capitalistes dans la première partie, soit de 2001 à 2008. Après la mort de Laurent D. Kabila en 2001, le pays était en pleine guerre contre le Rwanda, l'Ouganda et le Burundi, ainsi que toutes les rébellions que ces pays supportaient au Congo. Le régime de Joseph Kabila devait résoudre deux problèmes majeurs : trouver une solution à la guerre et résoudre le problème de légitimité du pouvoir en République démocratique du Congo. Pour résoudre ces problèmes, le régime a développé une coopération étroite avec les pays capitalistes, spécialement, les Etats-Unis d'Amérique qui a triché pour faire avancer ses intérêts, tout en prétendant avoir résolu les problèmes du Congo. C'est cette tricherie qui fait que 20 ans après la signature de l'Accord de Sun City, les armes continuent à crépiter dans l'Est du Congo sous le regard coupable de la Communauté internationale. Les Etats-Unis d'Amérique, championnes des droits de l'homme, sont incapables de dénoncer la présence d'un génocide à huis clos dans l'Est du Congo qui a atteint 12 millions de pertes en vies humaines. Mon analyse sera divisée en trois sections : la coopération dans le domaine sécuritaire, dans le domaine politique, et dans le domaine économique. Les indicateurs montrent que dans cette période on a connu une Tentative de Faire Défaut de la part des pays capitalistes et un Paiement de Dupe pour le Congo, soit CAP=5 RDC= 0.

Je parle de la coopération dans le domaine sécuritaire : tentative de faire défaut et paiement de dupe, de la coopération dans le domaine politique correspond à de bonnes relations qui ont avancé les intérêts capitalistes, la coopération dans le domaine économique : des accords léonins au détriment des intérêts du peuple congolais

4.1. Coopération dans le domaine sécuritaire : tentative de faire défaut et paiement de dupe

Pour résoudre le problème de la guerre dans l'Est du Congo, Joseph Kabila a hérité l'Accord de Lusaka qui était signé par Laurent D. Kabila. Cet accord de cessez-le-feu était conçu par la communauté internationale avec certains pays africains, entre autres, ceux qui étaient impliqués dans la guerre au Congo. Les experts qui travaillaient sur cet accord sont arrivés à une proposition en fin juin 1999. La réunion des ministres de la Défense et des Affaires Etrangères des pays impliqués dans la guerre au Congo démarre le 28 juin 1999. Et le 7 juillet 1999, le projet de l'accord de cessez-le-feu est adopté par les ministres. Les observateurs se sont posés la question de savoir comment le Congo, à travers son ministre des Affaires étrangères, Yerodia Ndombasi, a pu s'accorder avec les rebelles, notamment, Bizima Karahamuetu. Quelques jours avant, le camp du gouvernement jugeait l'accord d'inacceptable. Ludo Martens exprime ses inquiétudes en disant : « Le ministre congolais se dit « très satisfait ». Pour

Karaha, l'accord est également « un grand pas en avant » ! Karaha donne ses raisons : « Une nouvelle armée nationale sera créée à partir des trois force rebelles et de troupes gouvernementales. » « Le territoire sous contrôle rebelle sera retourné au gouvernement après la création de l'armée nouvelle ». « Les rebelles et le gouvernement ont aussi décidé d'organiser un 'dialogue national' sur la situation politique du pays. Les rebelles garderont le contrôle sur leurs zones à l'Est du Congo jusqu'après la clôture du Débat national. [195]»

La dernière étape devait être la ratification de l'accord par les Chefs d'Etat des pays concernés. Ce fut un moment de grands débats à Kinshasa où l'on se demandait si le président Laurent D. Kabila devrait ratifier l'accord ou non ? Le peuple congolais, les Kinois en particulier, était très méfiant. Ce n'était pas parce que le peuple connaissait la tricherie cachée dans l'accord, mais tout simplement du bon sens. Le peuple se disait qu'un accord accepté par Museveni et Kagame et leurs marionnettes ne pouvait pas être bon pour le peuple congolais, et ils avaient raison. Le président Laurent D. Kabila était devant un dilemme, d'un côté il devait sauver l'intérêt national, de l'autre côté les rebelles attendaient son refus de ratifier l'accord pour le pointer comme le grand obstacle contre le retour de la paix dans la région ; et ce qui l'inquiétait le plus c'était l'affaiblissement politique au niveau international et l'affaiblissement militaire sur terrain. Et Laurent D. Kabila décida de se rendre à Lusaka pour ratifier l'accord, au grand étonnement du peuple, mais aussi des rebelles eux-mêmes. Et Ludo Martens a expliqué la situation comme suit : « Les Congolais qui, comme Kabila et Yerodia, connaissent l'histoire des grandes révolutions, savent que les sentiments et les « grands mots » ne suffisent pas pour faire une politique authentiquement révolutionnaire. Parfois, les faits objectifs vous obligent aujourd'hui à faire un pas en arrière, pour être en mesure, demain, d'en faire deux en avant.[196] » Hélas, Laurent D. Kabila ne fera jamais les deux pas en avant après le pas en arrière. Non seulement il disparaîtra physiquement pour toujours, mais aussi le Congo connaîtra une révolution ratée, et surtout difficile à ré expérimenter.

Les forces Néolibérales dans la guerre congolaise ont triché en tendant trois pièges au gouvernement congolais. Et en signant l'accord de cessez-le-feu, le Congo avait signé la *covidisation* de sa sécurité et la pérennisation du pillage de ses ressources minières dans l'Est du pays.

J'évoque ici les points suivants : Le Congo est le responsable de la guerre et non l'Ouganda et le Rwanda, l'accord visant le remplacement de laurent d. Kabila par un président néolibéral, Lusaka détruisait la puissance militaire du Congo et ouvrait la porte à la somalisation du Congo, la politique étrangère américaine : objectifs et moyens d'action, la guerre dite de libération et la politique américaine du « laisser-faire, la politique du laisser-faire comme stratégie de la somalisation

---

[195] Ludo MARTENS, *Kabila et la révolution congolaise. Panafricanisme ou nationalisme ?*, Bruxelles : Editions EPO, 2002 , p. 628.
[196] *Idem*, p. 628.

du Congo, la résistance congolaise et l'échec de la tricherie, la MONUC comme instrument de la politique du « laisser-faire »

4.1.1. Le Congo est seul le responsable de la guerre et non l'Ouganda et le Rwanda

On se rappellera des propos du Secrétaire d'Etat Américain, Madeleine Albright, tout au début de cette guerre quand elle disait que « les Rwandais étaient la prunelle des yeux des Américains.» Cette perception était toujours présente tout au long de la guerre entre le Congo et ses voisins jusqu'aux négociations. L'accord de cessez-le-feu reconnaissait bien que la guerre avait des dimensions internes et externes. Mais quand il était question de mettre chacun devant ses responsabilités, l'accord n'a visé que le Congo, l'Ouganda et le Rwanda étaient devenus des étrangers à la guerre. A titre d'exemple, à son Article III.22, il est écrit :

« Un mécanisme sera mis en place pour désarmer les milices et les groupes armés, y compris les forces génocidaires. Dans ce contexte, toutes les Parties, s'engagent à localiser, identifier, désarmer et rassembler tous les membres des groupes armés en RDC. Les pays d'origine des membres des groupes armés s'engagent à prendre toutes les mesures nécessaires pour faciliter leur rapatriement. Ces mesures peuvent comprendre l'amnistie, dans les pays où cette mesure a été jugée avantageuse. Toutefois, cette mesure ne s'appliquera pas dans le cas des suspects du crime de génocide. Les Parties assument pleinement la responsabilité de veiller à ce que les groupes armés opérant avec leurs troupes ou sur les territoires qu'elles contrôlent se conforment aux termes du présent Accord en général et aux processus menant au démantèlement de ces groupes en particuliers. »

L'Accord demande de faciliter le rapatriement des groupes armés, entre autres, en signant des mesures d'amnistie. Mais ce même accord dit que les suspects du crime de génocide ne peuvent pas en bénéficier. Or le Rwanda a agressé le Congo sous prétexte de venir justement anéantir ces suspects du crime de génocide que sont les Interahamwe. Ne pas signer l'amnistie pour eux veut dire qu'on ne veut pas qu'ils rentrent au Rwanda et que le Congo s'en occupe seul, sans dire ce que le Congo doit faire des groupes armés qui ne sont pas les siens. En plus, l'accord promeut la négation de l'agression du Congo par le Rwanda. Les Rwandais se frottaient les mains parce qu'ils allaient seulement retirer leurs troupes sans être blâmés de quoi que ce soit. Ils n'avaient rien à faire avec cette guerre « congolo-congolaise.» Ainsi donc « Le texte de l'Accord nie la réalité fondamentale qui caractérise toute situation au Congo : l'agression flagrante que la République démocratique du Congo subit de la part des agresseurs rwandais, ougandais, et burundais. Un Accord qui ignore l'élément essentiel déterminant toute la situation du Congo, constitue un danger mortel pour le Congo. [197] » Et comme pour donner raison à Ludo Martens, Kagame savoura sa victoire en déclarant : « La

[197] *Idem.*, p. 632.

dictature au Congo aurait pu continuer pendant des centaines d'années sans notre implication. Mais aussi longtemps que cette dictature arme les Interhamwe et les pousse à travers nos frontières, ça veut dire que vous m'invitez sur votre territoire. Les Interahamwe doivent être désarmés sinon nous n'avons pas d'autre alternative que d'aller les chercher et de les combattre. Nous avons un problème de sécurité qui vient du Congo et nous ne pouvons pas permettre que cela continue. Notre intervention au Congo peut continuer des années sans problème. Nous sommes habitués à combattre sans dépenser beaucoup d'argent. Nos hommes vont à pieds et mangent peu. [198] » La *covidisation* de la sécurité congolaise généra des variantes tels que le CNDP, le M 23, les ADF etc., accompagnés du pillage des ressources minières congolaises. Bref, la supercherie a marché !

Je rappelle dans les lignes qui suivent l'accord qui visait le remplacement de laurent d. Kabila par un président néolibéral

4.1.2. L'accord visant le remplacement de laurent d. Kabila par un président néolibéral

Comme je l'ai discuté ailleurs, la coopération entre Laurent D. Kabila et les pays capitalistes avait comme résultat une punition mutuelle, soit CAP= 1 RDC= 1. Il est vrai que Laurent D. Kabila est venu au pouvoir par les armes en chassant Mobutu que les Américains ne voulaient plus voir à Kinshasa. Dans la première guerre d'agression contre le Congo, les Américains avaient toléré Laurent D. Kabila puisque leurs alliés rwandais et ougandais l'avaient coopté pour les aider dans leur aventure au Congo. Il n'était pas même prévu qu'ils feraient de lui le Président du Congo. Mais la suite des événements avait fait que Laurent D. Kabila s'était fait accepter comme remplaçant de Mobutu à Kinshasa. Jusque-là, Laurent D. Kabila n'avait pas montré sa vraie face d'un révolutionnaire implacable, loin du néolibéralisme.

C'est une fois installé à Kinshasa comme Président que les Américains ont découvert la vraie face de Laurent D. Kabila et avaient compris qu'ils n'étaient pas en face d'un exécutant néolibéral, mais un Chef d'Etat nationaliste avec une vision qu'il tient à appliquer pour sa nation. Ainsi Colette Braeckman dit : « Le crime de Kabila et des siens, c'est d'avoir défié le nouvel ordre du monde, d'avoir voulu conclure des accords économiques avec des partenaires inhabituels, la Chine, la Corée du Nord, Cuba, la Malaisie, le Zimbabwe, la Libye.... D'avoir eu la tentation d'inscrire les richesses du Congo dans un schéma de développement Sud-Sud (en concluant des accords avec le Zimbabwe, la Namibie et en remettant en cause les droits de préemption que s'étaient arrogés l'Ouganda et le Rwanda au titre de dédommagement pour l'effort de guerre.....) De remettre en cause le remboursement de la dette de 14 milliards de dollars contractée du temps de

[198] *Idem*, pp. 633-634.

Mobutu et dont on sait que rien n'a été rétrocédé au peuple congolais. De négocier les accords conclus durant la guerre avec les sociétés américaines.... [199] »

Les Américains voulaient donc se débarrasser de Laurent D. Kabila et les négociations pour un nouvel ordre politique au Congo retenues dans l'Accord de Lusaka étaient une opportunité en vue d'atteindre cet objectif. C'est ainsi que Laurent D. Kabila était déjà dépouillé de son pouvoir présidentiel avant même le dialogue, il y allait non pas comme Président mais comme les autres belligérants. En effet, dans le point 5.2. de l'annexe à l'Accord, il est écrit :

« En vue d'aboutir à la mise en place du nouvel ordre politique et de la réconciliation nationale issue des négociations politiques inter congolaises, les Parties congolaises s'accordent pour appliquer les principes suivants :

a. Le processus des négociations politiques inter congolaises doit inclure toutes les Parties congolaises, à savoir le Gouvernement de la République démocratique du Congo, le Rassemblement Congolais pour la Démocratie et le Mouvement pour Libération du Congo, l'opposition politique ainsi que les représentants des forces vives de la Nation ;
b. Tous les participants aux négociations inter congolaises, bénéficieront d'un statut identique ;
c. Toutes les résolutions adoptées par les négociations politiques inter congolaises lieront tous les participants. »

On voit clairement que l'Accord de Lusaka aidait les forces néolibérales à se débarrasser de Laurent D. Kabila en douceur. Ludo Martens note que « La liquidation de Kabila est le premier point à l'ordre du jour de l'impérialisme américain et européen. Parlant du règlement du problème congolais, un diplomate belge affirme : « Un des préalables est qu'on mette en place une sorte d'arrangement qui oblige le président Kabila soit à quitter le pouvoir, soit à voir ses pouvoirs diminués de façon substantielle.[200] » Hélas ! Les Néolibéraux avaient atteint leur objectif, Kabila ne partit pas en douceur, mais par extrême violence. Est-ce que celui qui venait après lui pouvait ne pas être sympathisant du néolibéralisme ?

Que retenir de l'accord de Lusaka détruisait la puissance militaire du Congo et ouvrait la porte à la somalisation du Congo?

4.1.3. L'accord de Lusaka détruisait la puissance militaire du Congo et ouvrait la porte à la somalisation du Congo

L'Accord de Lusaka a reconnu la division du territoire congolais entre le Gouvernement de L.D. Kabila et les forces rebelles. En effet, l'Article I-3.b. de cet Accord interdit « toute tentative d'occupation de nouvelles positions sur le terrain et de mouvements des forces et des équipements militaires d'un endroit à

---

[199] Colette BRAECKMAN, « Les politiques africaines de l'EU et des USA », in *Bulletin d'Information Africaine,* 18ème Année, No 383, 1er Février, 2000, p. 3

[200] Ludo MARTENS, *Op. Cit.*, p. 638.

l'autre sans accord préalable des parties». Du coup les « gouvernements rebelles» deviennent légitimes. Une légitimité leur octroyée par l'agression de l'Ouganda et du Rwanda contre la République démocratique du Congo. Ce qui était encore plus grave, le Congo n'avait plus une armée nationale reconnue, mais plutôt plusieurs armées que l'Accord va mélanger pour créer un amalgame mortifère en matière de sécurité. Dans l'Annexe A. Chap. 10, il est écrit : « Aux termes du présent Accord et à l'issue des négociations politiques congolaises, il y aura un mécanisme tenant notamment compte du contrôle physique des temps, de l'identification précise de tous les éléments au regard de leur origine, de la date de leur enrôlement , de leur corps d'attache, ainsi que de l'identification des terroristes et du dénombrement des armes de guerre distribuées dans le cadre des institutions gouvernementales parallèles de défense populaire, pour la formation d'une armée nationale, restructurée et intégrée, incluant les forces des Parties congolaises du présent Accord, sur base des négociations entre le Gouvernement de la République démocratique du Congo, le Rassemblement Congolais pour la Démocratie, et le Mouvement pour la Libération du Congo. »

On doit se rappeler que pendant la guerre de 1998, Laurent D. Kabila est parvenu à fabriquer des armes très meurtrières par L'ONATRA à Kinshasa. Il y en avait qu'il avait réservées spécialement pour larguer sur Kigali, car, pour lui, la guerre devait rentrer d'où elle était venue. Il était évident que les forces néolibérales derrière la conception de l'Accord de Lusaka devaient écarter ce danger qui pesait sur leur allié, Kigali. L'explosion de ces armes stockées à l'aéroport de Ndjili, faisant plusieurs morts parmi des civils travaillant à l'aéroport, était sans nul doute une œuvre des forces néolibérales.

Forts de cette disposition mentionnée plus haut, l'Ouganda et le Rwanda ont infiltré l'armée congolaise qui est devenue une armée régionale. Le processus de brassage et de mixage n'a pas su identifier correctement les éléments à brasser, plusieurs soldats rebelles issus surtout du Rwanda et de l'Ouganda ont été incorporés dans l'armée congolaise. En tout état de cause, l'identité congolaise étant sur la rue, n'importe qui pouvait s'en octroyer et intégrer l'armée congolaise. Deux décennies plus tard, l'armée congolaise faite régionale n'arrive pas à mettre fin à la guerre, comme pour dire qu'une armée infiltrée ne gagne jamais la guerre !

Ce qui est plus subtile, c'est que les forces néolibérales se sont cachées derrière cet Accord en vue de faire avancer leur projet de la somalisation du Congo. La balkanisation utilisée comme résolution des conflits en politique internationale n'est pas un fait nouveau. On se souviendra tout récemment de la balkanisation de l'ex-Yougoslavie de Tito et du Soudan de Béchir. Toutefois, le conflit qui a poussé la communauté internationale à concevoir la balkanisation du Congo n'est pas un conflit interne comme ce fut le cas en Yougoslavie et au Soudan. C'est plutôt une exportation des conflits de nos voisins. Et, c'est peut-être là l'une des raisons de l'échec de cette politique. Contrairement à des pays africains crées en divisant des nations, le Congo a été créé en unissant des nations ; et depuis lors, les 450 différents groupes ethniques du Congo ont vécu relativement en paix, une unité qui a du reste été renforcée pendant les 32 ans du pouvoir de Mobutu qui disait : « *Tata bo moko, mama bo moko, ekolo bo moko* ….» (Un seul père, une seule mère, une seule nation). Des voix s'étaient déjà levées dans ce pays pour attirer l'attention des politiciens sur le danger que courait le pays. Le débat sur la balkanisation du Congo, au lieu de rester un débat objectif soumis à la rigueur scientifique, est devenu depuis un certain temps un sujet politisé où les politiciens s'accusent mutuellement de tous les maux.

La balkanisation du Congo n'a pas été décrété quelque part par une résolution que l'on pourrait vous présenter, c'est plutôt une opération clandestine qui demande un certain exercice intellectuel pour déceler son existence et son mode opératoire. Et la politique étrangère américaine a joué un rôle important dans ce processus. Je vous invite maintenant à cet exercice intellectuel qui va enlever les doutes que certaines personnes émettent sur le danger de la balkanisation du Congo. Ma démarche sera divisée en trois étapes : d'abord je ferai une brève analyse des objectifs et les instruments utilisés dans la politique étrangère américaine, cette analyse sera suivie par la démonstration de comment la guerre dite de libération est connectée à la politique américaine du « laisser-faire », la troisième étape sera consacrée à la résistance congolaise et le blocage de la balkanisation.

Que dire de la politique étrangère américaine : objectifs et moyens d'action ?

4.1.4. La politique étrangère américaine : objectifs et moyens d'action

L'erreur la plus grave que Mobutu a commise à la fin de son règne était d'avoir cru que malgré tous les changements qui s'opéraient au monde à la fin de la guerre froide, l'Amérique n'allait pas changer sa politique envers son pays, le Zaïre. Il s'en est rendu compte sur son lit d'hôpital en Suisse quand Honoré Ngbanda lui annonça que son agent à Bukavu l'a appelé à 5h15 du matin pour lui annoncer qu'Uvira était tombé. Il comprit que sa fin était arrivée. Nbganda décrit le moment pathétique en ces termes : « …le Maréchal lâcha : ' Je n'ai jamais cru que Museveni et les Américains pouvaient me faire ça maintenant. Ils connaissent bien ma situation. Donc, ils veulent m'achever en me poignardant dans le dos sur mon lit d'hôpital !' Il s'est tu. Il baissa la tête en la prenant entre ses mains tremblantes. Après un long moment de silence, il releva sa tête et ses yeux rouges fixèrent le plafond. Il dit d'une voix cassée : 'Malheureusement, mes forces m'ont abandonné ! C'est Dieu qui veut ainsi !' Et les larmes ont coulé de ses yeux.[201] » Oui, ainsi sonna le glas pour Mobutu, car ce qui compte en politique étrangère américaine, ce sont les objectifs à atteindre, et non pas les pions qu'on utilise. Hier c'était Duvalier et le Shah d'Iran, aujourd'hui c'est Mobutu, demain d'autres pions tomberont, y compris Paul Kagamé.

Les objectifs de la politique étrangère américaine en RDC restent inchangés depuis très longtemps, ce qui change, selon l'occupant de la Maison Blanche, ce sont les moyens et les instruments utilisés en vue d'atteindre ces objectifs. C'est

[201] Honoré NGBANDA Nzamboko Ko Atumba, *Ainsi sonne le glas ! Les derniers jours du Maréchal Mobutu*, Paris : éditions Gideppe, 1998, p. 116.

en 1992 que l'ambassadeur des Etats-Unis à Kinshasa lança cette phrase très significative : « Washington ne veut plus de Mobutu, le temps est venu de changer d'allié car il n'est plus crédible ».

D'une manière générale, on distingue quatre traditions en politique étrangère américaine : les libéraux traditionnels, les conservateurs traditionnels, les néolibéraux et les néoconservateurs. Deux administrations américaines nous intéressent particulièrement dans cette discussion, notamment, l'Administration Clinton qui a fait tomber Mobutu et l'Administration Trump qui peut constituer actuellement le salut pour le Congo. L'Administration Clinton est à classer parmi les néolibéraux. La tradition néolibérale a comme préoccupation le rôle américain dans l'économie globale et la société globale. Pour eux, le rôle de leader dans le grand projet de mondialisation doit revenir aux Etats-Unis d'Amérique. L'objectif à atteindre est « l'instauration d'un ordre global caractérisé par les démocraties libérales, le marché libre, des sociétés ouvertes, et une paix démocratique.[202] »

Par contre l'Administration Trump peut être classée parmi les conservateurs traditionnels. Pour eux, la protection et la promotion de la sécurité nationale devrait être l'objectif principal de la politique étrangère américaine, c'est-à-dire la protection et la promotion des intérêts américains d'abord. C'est ainsi qu'il faut comprendre le slogan « America First » du Président Trump. Les interventions extérieures (militaires ou financières) qui sont loin des intérêts vitaux américains et qui pourraient épuiser la force de l'Amérique ne sont pas les bienvenues. On comprendra ainsi le retrait de l'Amérique de l'UNESCO, de la Commission des Droits de l'Homme, de la COP 21, tout récemment de l'OMS. La liste pourra continuer si Trump reste au pouvoir en Amérique. Issues des traditions différentes, les deux Administrations, à savoir, l'Administration Clinton et l'Administration Trump, n'utilisent pas les mêmes moyens pour faire avancer les intérêts américains dans le monde. J'ai mentionné l'Administration Trump, parce que c'est à partir de ce Président que le Congo a perçu une possibilité de changement entre les relations américaines et rwandaises.

C'est donc poussés par les objectifs de leur politique étrangère que l'Administration Clinton a décidé d'utiliser les voisins du Congo, spécialement le Rwanda, l'Ouganda et le Burundi pour changer le pouvoir à Kinshasa et accéder aux matières stratégiques congolaises. La guerre en soi n'était pas un objectif de la politique de Clinton, mais plutôt un moyen en vue d'atteindre ses objectifs. Ceci me permet d'examiner la relation entre la guerre à l'Est du Congo et la politique étrangère américaine.

Il me faut rappeler la guerre dite de libération et la politique américaine du « laisser-faire.

---

[202] James KURTH, « Confronting the Unipolar Moment : The American Empire and Islamic Terrorism », in *Current History. A Journal of Contemporary World Affairs*, December, 2002.

4.1.5. La guerre dite de libération et la politique américaine du « laisser-faire »

La guerre qui a commencé en 1996 à l'Est du Congo est appelée Guerre de Libération, mais c'est cette guerre-là qui est à l'origine de beaucoup de malheurs au Congo, car avec tous les dégâts qu'elle a causés, elle a connu beaucoup de mutations pour devenir deux décennies plus tard un génocide à huis clos sur les populations de l'Est du pays.

Le président Mobutu savait que quelque chose se tramait contre son pouvoir à la fin de la guerre froide. Son Ministre des Affaires Etrangères, ancien S.G. de l'OUA, Me Kamanda wa Kamanda avait dit ceci : « ....L'exode des Réfugiés rwandais au Zaïre est à considérer comme la tête d'un Iceberg, car cette situation n'était pas accidentelle, mais plutôt quelque chose de bien programmé dont seul le Zaïre semblait ignorer les tenants et les aboutissants. Un puissant lobby anglo-saxon travaille sur ce dossier depuis des années avec des solides ramifications : au Bureau du Secrétaire Général de l'ONU ; dans les structures mêmes de l'ONU ; en Allemagne ; au Congrès américain ; en Grande-Bretagne ; au Bureau de l'OUA. Le Secrétaire Général de l'OUA avait déjà initié un dossier fort avancé sur les causes profondes de l'instabilité des populations dans la région des Grands Lacs. La solution de cette situation consiste à appliquer sur terrain une étude développée par le Professeur Kenyan de nom de MAZRUI, et qui consiste à revoir les tracés des frontières des Etats sur base des affinités ethniques pour aboutir à l'émergence de l'Empire Hima à l'Est du Continent africain. Le Secrétaire Général de l'ONU le sait et soutient même le plan puisqu'il détient un exemplaire du rapport du Professeur MAZRUI.......J'ai conféré ensuite avec le Secrétaire d'Etat Américain aux Affaires Africaines........Il me dira : pour le moment on maintient la position du Zaïre, mais à long terme, le Zaïre et les Zaïrois doivent arriver à absorber ces populations parce que le problème peut revenir demain.[203] »

Et lors de la Conférence Nationale Souveraine en 1995, le parlementaire VANGU MAMBUENI abondait dans le même sens pour dénoncer le complot contre le Zaïre en ces termes : « Le Zaïre est occupé par les Rwandais. Un complot est ourdi contre le Chef de l'Etat zaïrois. Un plan a été concocté par les Occidentaux, de connivence avec le FPR (Front Patriotique Rwandais de Paul Kagamé) pour embraser la région, favoriser l'avènement d'un Empire Tutsi qui engloberait le Kivu, le Rwanda, le Burundi, l'Ouganda.....La présence commanditée de Barthélémy Bisengimana à côté du Président Mobutu n'a été qu'une étape ; ce que nous vivons aujourd'hui (1995) s'inscrit dans la logique même de la réalisation du plan arrêté. L'OUA voudrait subtilement amener le Zaïre à céder une partie de son territoire aux Rwandais. Mais le peuple zaïrois sera mobilisé pour une légitime défense vis-à-vis des ambitions démesurées de ses voisins. En attendant, tous les réfugiés rwandais doivent quitter le Zaïre, sans condition. Et le

---

[203] Voir le Rapport de la *Conférence Nationale Souveraine* tenue à Kinshasa en 1995.

gouvernement devra s'y employer s'il veut se maintenir au pouvoir. Je détiens des documents compromettants.[204] »

C'est ce complot qui explique pourquoi Paul Kagamé avait refusé plusieurs fois les offres de Mobutu pour un retour contrôlé des ex-FAR qui se trouvaient dans des camps des réfugiés dans l'Est du Congo.

En effet, pour mettre fin aux accusations que le Zaïre hébergeaient des génocidaires qui cherchaient à renverser le pouvoir de Kigali en vue de « parachever » le génocide, Mobutu avait proposé au Président rwandais Bizimungu de créer une zone franche d'accueil des réfugiés qui serait sous contrôle de la communauté internationale pour favoriser le retour volontaire de ces génocidaires au Rwanda. Ceux qui refuseraient de rentrer, le Zaïre s'engageait à les éloigner de la frontière ou leur demander de quitter le territoire zaïrois. Kagame rejeta la proposition alors que le Président Bizimungu était d'accord. Pour ne pas s'attarder sur ce dossier, retenons que Mobutu avait multiplié des initiatives de paix auprès de Museveni et Kagame, mais sans succès, car ces derniers étaient déjà engagés sur la voie de la guerre contre le Zaïre. Après l'attaque du Zaïre par l'APR à partir de Cyangungu, le Président Bizimungu déclara que « le Rwanda allait remettre en question le traité de Berlin II ». C'était en ce moment que les masques étaient tombés, les visées annexionnistes de Kagamé étaient désormais bien claires[205].

Quant aux Américains leurs objectifs étaient explicités par le sous-secrétaire d'Etat américain, George Moose, devant le Sénat américain en ces termes : « Nous devons assurer notre accès aux immenses ressources naturelles de l'Afrique, un continent qui renferme 78% des réserves mondiales de chrome, 89% de platine et 59% de cobalt. Après le sommet franco-africain de Dakar, en mai 1995, le secrétaire au Commerce, feu Ron Brown, a lancé : « Les Américains vont tenir la dragée haute aux partenaires traditionnels de l'Afrique, à commencer par la France. Nous ne laisserons plus l'Afrique aux Européens. » En octobre, lors de sa tournée africaine, le secrétaire d'Etat américain Warren Christopher a renchéri en proclamant que « le temps est fini où des puissances extérieures pouvaient considérer des groupes entiers des pays comme leur domaine réservé. Aujourd'hui l'Afrique a besoin du soutien de tous ses amis et pas du patronage exclusif de quelques-uns [206]».

« L'Administration Clinton a ensuite mis en place une stratégie savamment étudiée durant quatre années par les experts du Pentagone et de Langley (temple de la CIA) pour la conquête des réserves minières en Afrique, le président Bill Clinton a arrêté sa politique africaine en 1995 par la signature de 'l'*Africa New Opportunities Act*'.........Pendant plusieurs années, les experts américains se sont attelés à la constitution d'importants groupes d'intérêts dont les ramifications

[204] *Idem.*
[205] Honoré NGBANDA, *Op. Cit*, p. 90.
[206] *Idem*, p. 113.

s'étendent au-delà des frontières américaines. Leurs objectifs consistent à participer au financement des opérations visant au démantèlement de la RDC.[207] »

La mise en pratique de cette politique néolibérale nécessite naturellement une étroite collaboration entre le Gouvernement américain et les multinationales. C'est ainsi qu' « avant et après le déclenchement de la guerre en RDC, plusieurs grandes compagnies mixtes américaines, canadiennes, européennes, et sud-africaines ont été mobilisées et impliquées dans ce vaste programme. » On peut citer à titre d'exemple : Consolidated Eurocan Ventures (du Groupe Lundin), Barrick Gold Corporation (BGC), Anglo American Corporation (AAC), American Mineral Fields Inc. (AMFI), American Diamonds Buyers .[208]

Beaucoup de sources confirment le rôle capital joué par les Etats-Unis dans la guerre de 1996 au Zaïre. Ludo Martens signale la présence américaine en ces termes :

« La presse française affirma, sur la foi de services mieux renseignés, qu'une centaine de militaires américains, opérant officiellement sous couvert de la société privée *Military Professional Resources Incorporation* (MPRI), étaient présents dans l'armée rwandaise opérant au Zaïre. En effet, un nombre croissant d'opérations de l'armée américaine est réalisé par des « entreprises privées » utilisant des soldats et des officiers supérieurs à la retraite.[209] »

Ludo Martens mentionne aussi ce que le Journal le Monde avait écrit : « Des écoutes pratiquées par les Français ont aussi permis de localiser des radars mobiles de la dernière génération, capables de diriger des avions et une défense antiaérienne, et un système de transmissions rwandaises relié à des formations engagées dans l'ex-Zaïre. La DGSE fait part de son interrogation sur l'origine de mitraillages aériens, opérés de nuit, contre des camps de réfugiés......De tels vols de nuit exigent un entrainement très particulier. Cela pose de graves questions, estime la DGSE, quand on sait que, parmi les avions américains déployés, figurait au moins un C-130 Gunship des forces spéciales, véritable canonnière volante, blindée et armée d'un canon de 105mm, de roquettes et de mitrailleuses, pouvant même larguer des mines.[210] »

L'origine de ces armes était déjà remarquée par Honoré Ngbanda avant le début de la guerre. Il dit qu'il avait « un dossier sur le transfert de l'arsenal de la marine américaine qui avait servi en Somalie, en Ouganda et se trouvait stocké dans les bases ougandaises ainsi que dans les îles du lac Victoria[211] ».

Un document plus détaillé sur la participation de l'Amérique à cette guerre est fourni par le groupe de recherche et d'études sur le Congo (G.R.E.C.) qui identifie la guerre de 1996 comme opération NO PAPER ZAIRE : « Il s'agit d'une vaste

---

207 *Idem*, p. 229-230.
208 *Idem*.
209 Ludo MARTENS, *Op., Cit.*, p. 212 .
210 Ludo MARTENS, *Op. , Cit*, p. 214.
211 Honoré NGBANDA, *Op . Cit*, 1998, p. 105.

opération de déstabilisation du Zaïre de Mobutu afin de le pousser vers la sortie car n'ayant plus le soutien de la plupart de ses anciens lobbies de la CIA et du Pentagone. L'arrivée de Bill Clinton à la Maison Blanche et la fin de la guerre froide sonneront la fin de Mobutu. La CIA et le Pentagone avaient alors programmé la somalisation du Zaïre afin qu'il devienne un territoire sans maître et où des fractions rivales vont s'entretuer et se massacrer, et, pendant ce temps, ils continueraient à exploiter les richesses du pays. L'opération visait les objectifs suivants : avant sa mise en œuvre, éliminer physiquement Mobutu ; mettre en place un régime dictatorial dirigé par des Tutsis ; consacrer la partition du pays et changer les frontières actuelles du Congo en attribuant des territoires aux Rwandais, Ougandais, et Burundais ; la mise en place des structures pour le pillage et vol de nos matières premières par des étrangers. C'est le sens qu'il faudra donner aux « accords de Lemera », lesquels, loin d'être un acte salutaire de libération du pays contre la dictature de Mobutu, comme l'avaient prétendu naguère leurs signataires, or ce fut en fait un accord maffieux donnant aux Rwandais et aux Ougandais une autorité tutélaire sur la population et la partie du territoire qu'ils occupent...[212] »

L'accord de Lemera signé par l'AFDL stipule à l'Article 4 ce qui suit : « Prêchant le panafricanisme, l'Alliance s'engage de céder 300 kms aux frontières congolaises à l'intérieur du pays pour sécuriser ses voisins ougandais, rwandais et burundais contre l'insurrection rebelle. » Nous savons que plus tard M'Zee Laurent D. Kabila avait nié l'existence de cet accord. En tout état de cause, toute l'opération NO PAPER ZAIRE est restée clandestine, il n'y avait pas de raison que quelqu'un mentionne son existence, même pas Kagamé.

Donc ce qu'il faut retenir de ce qui précède c'est que :

1. Les Etats-Unis voulaient faire partir Mobutu en vue d'appliquer les objectifs qu'ils s'étaient assignés dans le cadre de leur nouvelle politique néolibérale, notamment, l'accès aux matières premières stratégiques du Congo ;
2. Pour y arriver, ils ont opté comme moyen la somalisation du Congo, que l'on peut comprendre comme la balkanisation du Congo ;
3. Les voisins du Congo voulaient obtenir les 300 kms leur promis à l'intérieur du Congo en facilitant la tâche à l'Amérique sur terrain.

Les voisins ont donc utilisé des alibis pour attaquer le Congo, notamment, la prétendue insécurité causée par les ex-FAR, et les revendications de nationalité par les Tutsi se trouvant au Zaïre. Les objectifs de la politique étrangère américaine étaient atteints : le départ de Mobutu et l'accès aux matières premières stratégiques à travers le pillage orchestré par les Multinationales. Quant aux voisins, ils profitent du pillage pour booster leurs économies, mais ils n'ont pas

[212] Robert MBELO, « Causes et Conséquences de la Guerre en RDC » « MWANGAZA », Groupe de Recherche et Etudes sur le Congo (G.R.E.C.), Londres, le 27 Avril 2003.

oublié les 300 kms. En d'autres termes, la somalisation ou la balkanisation économique du Zaïre était atteinte, mais elle ne s'est pas concrétisée au niveau géographique. C'est ici qu'il faut situer la persistance de l'instabilité dans l'Est du Congo à travers la politique du « laisser-faire » américain. Le Congo n'a pas perçu cette tricherie cachée dans l'Accord de Lusaka. En quoi consiste exactement cette politique de « laisser-faire » ? Il me faut signaler la politique du laisser-faire comme stratégie de la somalisation du Congo.

4.1.6. La politique du laisser-faire comme stratégie de la somalisation du Congo

Ce que les Congolais doivent savoir c'est que la somalisation du Congo facilite l'accès aux matières premières congolaises et que la politique américaine de « laisser-faire » facilite la décomposition du Congo, la voie choisie par nos détracteurs pour consacrer la division du pays en trois ou quatre Etats et ainsi annexer les territoires de l'Est qu'ils convoitent.

Ludo Martens explique cette politique en ces mots pendant la guerre dite de libération : « Il n'y a plus d'Etat au Congo, il y a un vide du pouvoir. C'est normal que le Rwanda et l'Ouganda y interviennent militairement. Quand l'Etat n'existe plus, les principes de l'indépendance et de la souveraineté ne s'appliquent plus. Kabila (L.D.Kabila) doit discuter avec toutes les oppositions pour remettre l'Etat sur pieds ou pour décider de la division du pays. Les Etats-Unis pourraient intervenir militairement pour retracer les frontières de l'Afrique et créer de nouvelles entités politiques. Mais ce serait très coûteux. Il vaut mieux laisser les guerres civiles africaines se développer et permettre que le Rwanda et l'Ouganda interviennent militairement au Congo. Ainsi, les Africains eux-mêmes diviseront le Congo et l'Afrique Centrale atteindra ainsi une nouvelle stabilité.[213] »

Voilà la cause principale de l'instabilité qui continue dans l'Est du pays pendant un quart de siècle et cette politique est bien explicitée par Madame Marina Ottaway, co-directrice de Projet « Démocratie et Etat de Droit » devant le Sénat américain le 8 juin 1999 en ces termes :

« Aussi longtemps que le vide du pouvoir continue au Congo, d'autres pays vont continuer à intervenir directement pour soutenir des insurrections armées et sauvegarder leurs propres intérêts. (……) La clé, c'est la restauration d'un Etat au Congo. Cela n'arrivera pas avant que Kabila ne négocie avec les rebelles, les partis politiques et la Société Civile pour réaliser un accord qui doit déterminer comment on pourra éventuellement remettre le Congo sur pieds ou comment, si nécessaire, il peut être divisé. (…..) Les Etats-Unis et d'autres acteurs non-Africains sont placés devant un choix important lorsqu'ils doivent traiter des conflits en Afrique Centrale, notamment s'il faut intervenir massivement ou ne pas intervenir du tout. (…..) Beaucoup d'Etats qui ont émergé de la période coloniale ont cessé d'exister en fait, et les règles de l'OUA ne peuvent être appliquées à des Etats qui n'existent plus. Toute solution imposée par des non-Africains exigera une présence étrangère massive pour être appliquée. Les

---

213 Ludo MATENS, *Op., Cit.*, p. 630.

interventions peuvent être louables, mais des interventions pour une partition du territoire africain et pour la création de nouvelles entités politiques et institutions, placeraient les Etats-Unis et d'autres puissances étrangères dans un rôle colonial. Ce qui n'est pas une décision à prendre à la légère. L'alternative, que je crois être plus appropriée pour le moment, est de laisser les pays africains trouver leurs propres solutions. Inévitablement, cela comprendra une continuation des combats internes et entre Etats et probablement la division de certains pays avant d'arriver à une nouvelle stabilité. Ce n'est pas une perspective réjouissante, mais il n'y a pas d'alternatives réalistes.[214] »

Bien avant le Sénat américain, le Pentagone avait déjà adopté cette politique de « laisser-faire » à travers les écrits de Steven Meltz, professeur à l'U.S. *Army War College*. Dans le texte, *Reform, conflict and security in Zaire* le 5 juin 1996, il écrit ceci : « Certains observateurs estiment que le Zaïre n'existe plus longtemps en tant que nation _ le Kivu a dirigé l'essentiel de son économie vers l'Est de l'Afrique ; le Kasaï Oriental refuse d'accepter la monnaie nationale ; le Shaba a été décrit comme une extension virtuelle de l'Afrique du Sud. La possibilité existe qu'une telle désintégration de fait se transforme en sécession formelle. (......) Les Etats-Unis n'auraient pratiquement pas de choix que d'accepter tous les Etats nouveaux qui émergeraient du Zaïre, ils pourraient offrir du soutien diplomatique pour réduire au minimum la violence qui accompagnerait cette désintégration nationale et ils devraient ouvrir des canaux de communication avec les nouveaux Etats.[215] »

Ainsi donc la somalisation ou la balkanisation du Congo n'est pas un mythe mais une réalité étant donné que la stratégie de la décomposition du Congo décrite plus haut est en marche depuis plus de deux décennies et ne s'arrête pas. On peut percevoir un changement possible de politique depuis l'avènement du président Trump au pouvoir. J'y reviendrai plus tard. Si jusque-là le Congo n'a pas été balkanisé géographiquement, c'est à cause de la force de résistance des Congolais, malgré des sacrifices énormes consentis, notamment, 12 millions de pertes en vies humaines.

Il est important de souligner la résistance congolaise et l'échec de la tricherie.

4.17. La résistance congolaise et l'échec de la tricherie

L'Accord de Sun City était une application d'un volet de l'Accord de Lusaka que je viens d'analyser. Les prémisses étant faussées, le résultat ne pouvait qu'être négatif. Pendant un quart de siècle la politique de la décomposition du Congo n'a pas cessé de fonctionner. La *covidisation* de la sécurité congolaise s'est amplifiée. Les différentes rébellions que le Congo a connues, le RCD, le CNDP, le M23 jusqu' au terrorisme ADF font partie de cette politique.

La résistance congolaise à travers les vaillants Congolais comme les Mai-Mai a surpris les artisans de la balkanisation. C'est ainsi qu'ils ont infiltré ces

---

214 Ludo MARTENS, *Op. Cit.*, p. 630.
215 *Idem*, pp. 631-632.

mouvements de résistance et ont commencé à créer les leurs pour semer la confusion. Actuellement, il existe une multitude de groupes armés qui combattent dans l'Est du Congo sans savoir qui défend quoi.

Le Professeur Ndaywel a détaillé lors du Colloque sur « L'Afrique des Grands Lacs soixante ans de tragiques instabilités » à Paris quatre contre–vérités développées par les artisans de balkanisation, notamment : 1°. Les Congolais seraient complices des génocidaires hutu 2°. Les Congolais seraient racistes : ils rejettent les Banyamulenge parce qu'ils sont des Tutsi 3°. Le Congo est à la base de la réduction de l'espace du Rwanda 4°. Les guerres et les pillages de l'Est du Congo seraient la résultante des conflits inter congolais et de la gouvernance du pays.

Plus intéressant, le Professeur Ndaywel termine par montrer les limites de la stratégie de décomposition en ces termes : « Certains vont jusqu'à prédire l'implosion prochaine du Congo et préconisent d'accompagner ce processus jusqu'à son terme présumé. S'engager dans une telle option, c'est faire preuve de cécité historique et oublier que sur cet espace national, l'économie internationale a toujours eu tendance d'isoler la zone dite « utile » du reste du pays, afin de la soumettre à l'exploitation intensive et sauvage. La démarche n'est pas nouvelle. Dans les années 60, elle avait même abouti à la sécession des zones « utiles » de l'époque, le sud-Katanga et le sud-Kasaï. Mais cette politique a ses limites. D'abord, parce que la localisation du « Congo utile » est mouvante et évolue dans l'espace suivant les produits en vedette sur les marchés mondiaux. Elle peut, à l'avenir, se placer dans le triangle des provinces de Sankuru, Tshopo et Tshuapa, au centre du massif forestier ou ailleurs, et amener les capitaines de l'économie internationale à se concentrer sur ces terres-là. Ensuite, l'unité du Congo, reposant à la fois sur la géographie et l'histoire, possède des assises solides. Il s'agit d'un Etat bâti sur les trois quarts du bassin du fleuve Congo vers lequel évoluent ses multiples affluents. Et, pendant ses 135 ans d'existence, de l'Etat léopoldien à nos jours, ce Congo, Zaïre, puis Congo à nouveau, n'a été géré que comme un Etat unitaire. Si donc, comme tout autre pays, il n'est pas à l'abri des forces centrifuges, il n'est pas facile non plus de le déstructurer.[216] »

On ne corrige pas un mal par un autre mal. Deux décennies de la politique de « laisser-faire » ont montré que la solution du Professeur Ali MAZRUI est devenue obsolète. En voulant, trouver une solution pour 800 mille morts au Rwanda, la communauté internationale a causé un génocide à huis clos de 12 millions de morts au Congo. *Errare humanum est, sed perseverare dibolicum est*, (l'erreur est humaine, mais persévérer dans l'erreur est diabolique.) Il est temps de revenir à la raison. J'y reviendrai. Dans tout ceci quel a été le rôle de la Mission d'Observation des Nations Unies pour le Congo (MONUC) ?

---

[216] Isidore NDAYWEL, propos tenus lors du Colloque « Afrique des Grands Lacs soixante ans de tragiques instabilités », Paris, 2020.

4.18. La MONUC comme instrument de la politique du « laisser-faire »

L'un des acteurs principaux dans la recherche de la paix dans l'Est du Congo est l'Organisation des Nations Unies. Ce n'est pas la première fois que l'ONU intervient au Congo. Elle était déjà présente au Congo en 1960 quand l'indépendance du Congo c'était tournée en un cauchemar. C'est donc par la Résolution 1279 du 30 Novembre 1999 que l'ONU a spécifié le mandat qu'elle accordait à la Mission d'Observation des Nations Unies au Congo (MONUC). Dans cette résolution on peut lire au début dans la prise de position ce qui suit : « Réaffirmant la souveraineté, l'intégrité territoriale et l'indépendance politique de la République démocratique du Congo et de tous les Etats de la région,

Réaffirmant également que l'Accord de cessez-le-feu de Lusaka représente la base la plus viable pour la résolution du conflit en République démocratique du Congo, en notant le rôle que l'Organisation des Nations Unies y est appelée à jouer dans le respect du cessez-le-feu, ... »

En lisant ces deux passages on peut pas déceler le piège tendu à la première affirmation dans l'Accord de Lusaka. Le raisonnement est simple, j'ai démontré plus haut que l'Accord de Lusaka soutenait la politique américaine du « laisser-faire ». Si l'ONU réaffirme son soutien à cet Accord et travaille pour sa mise en application, la conclusion logique est que l'ONU travaille pour la politique du « laisser-faire » sciemment ou inconsciemment.

D'une manière officielle les tâches de la MONUC étaient définies comme suit au point 5 de l'Accord :

a) Etablir des contacts avec les signataires de l'Accord de cessez-le-feu, au niveau des quartiers généraux et dans les capitales des Etats signataires ;
b) Etablir une liaison avec la Commission militaire mixte et lui fournir une assistance technique dans l'exercice de ses fonctions découlant de l'Accord de cessez-le-feu, y compris les enquêtes sur les violations de cessez-le-feu ;
c) Fournir des informations sur les conditions de sécurité dans tous ses secteurs d'opérations, notamment sur les conditions locales affectant les décisions futures concernant l'introduction du personnel des Nations Unies ;
d) Elaborer des plans en vue de l'observation du cessez-le-feu et du dégagement des forces ;
e) Maintenir la liaison avec toutes les parties à l'Accord de cessez-le-feu afin de faciliter l'acheminement de l'aide humanitaire aux personnes déplacées, aux réfugiés, aux enfants et autres personnes touchées et d'aider à la défense des droits de l'homme, y compris les droits de l'enfant ;

Il est évident que la MONUC a réalisé beaucoup dans les tâches qui lui ont été confiées, notamment l'observation du cessez-le-feu et le dégagement des forces étrangères engagées dans la guerre au Congo. Autant on admet cette réalité, autant on doit aussi admettre que malgré la présence de l'ONU dans l'Est du Congo depuis 1999, la paix n'est jamais revenue au Congo. Dans leurs communications, les responsables de l'ONU au Congo ont souvent affirmé qu'ils étaient-là pour accompagner le Gouvernement congolais dans la recherche des solutions à l'Est du pays, la sécurité à l'Est du Congo est la responsabilité du Gouvernement et non de la mission de l'ONU. C'est naturellement une vérité indéniable. Il serait irresponsable de blâmer le manque de sécurité dans l'Est du Congo sur la MONUC. Toutefois, cela n'exclut pas que leur présence ait d'une certaine manière contribuer à la pérennisation de l'instabilité dans l'Est du Congo. C'est ce que j'affirme puisque la MONUC a travaillé pour l'application d'un Accord contenant des pièges contre la sécurité du Congo.

Sans trop insister sur certaines allégations, il y a lieu de relever que la population dans l'Est du Congo a signalé beaucoup des comportements ambigus de la mission de l'ONU. La population a déploré notamment que la mission de l'ONU protège des groupes armés soutenus par le Rwanda qui tuent les Congolais autochtones au Sud Kivu. Je pourrai signaler aussi la grande manifestation qu'il y a eu à Kinshasa contre la MONUC sous l' Américain L. SWING quand la MONUC a facilité la prise de Bukavu à l'issue des combats entre les troupes loyales dirigées par le Général Buza Mabe et la rébellion du Rwandais Mutebusi. Avec tout simplement du bon sens, comment expliquerait-t-on l'incapacité de la mission de l'ONU à trouver une solution dans l'Est du Congo après un quart de siècle avec tous les moyens dont ils disposent? Une chose au moins est sûre, la mission de l'ONU n'a pas été en contradiction avec la politique américaine dans la région.

Ce qu'il faut bien voir, c'est que la coopération dans le domaine politique correspond à de bonnes relations qui ont avancé les intérêts capitalistes.

4.2. Coopération dans le domaine politique : des bonnes relations qui ont avancé les intérêts capitalistes

J'évoque la satisfaction de la politique étrangère américaine, la transition 1+´comme un conglomérat des intérêts partisans, les organisées par le gouvernement 1+4 : une opportunité pour les pays capitalistes

4.2.1. Satisfaction de la politique étrangère américaine

En 2001 quand Joseph Kabila est devenu Président du Congo suite à la mort tragique de Laurent désiré Kabila, le Gouvernement américain était entre les mains des Républicains, spécialement le Néoconservateur, George W. Bush. Comme je l'ai mentionné plus haut, la politique étrangère américaine peut être divisée en quatre écoles. Le président George W. Bush en tant que néoconservateur était préoccupé par le rôle que doit jouer l'Amérique dans la sécurité globale. Comment éliminer les menaces militaires et terroristes contre l'Amérique et ses Alliés. On se rappellera que c'était seulement quelques mois après l'assassinat de Laurent D. Kabila que l'Amérique était attaquée par Ben

Laden et Al Qaeda le 11 septembre 2001. Cette conjoncture internationale avait joué en faveur de l'unification des différentes parties du territoire congolais, car l'Amérique avait besoin d'un seul responsable qui pouvait contrôler le Congo. La lutte contre le terrorisme international prônée par l'Administration Bush avait horreur d'un Congo riche incontrôlé qui pouvait servir de base-arrière militaire ou économique pour Al Qaeda. Le 31 janvier 2001, le président Joseph Kabila était invité aux Etats-Unis pour rencontrer le président Bush qui devait s'assurer de sa collaboration. L'Amérique poussera Joseph Kabila vers l'application sur terrain de l'Accord de Lusaka pour les intérêts américains. En effet, cet accord répond aux préoccupations sécuritaires du président Bush et aussi à celles de l'Administration Clinton. C'est ainsi que la politique du « laisser-faire » continuera son chemin. En d'autres mots, si la balkanisation du Congo devait se faire par les Africains eux-mêmes, elle se fera d'une manière qui n'échappera pas au contrôle de l'Amérique après tous les mécanismes mis en place.

Profitant de la mort de Laurent D. Kabila, les pays capitalistes se sont impliqués dans la tenue du dialogue inter congolais qui devait concrétiser leurs avantages contenus dans l'Accord de Lusaka. L'ambassade des USA à Kinshasa annonce que Washington vient d'octroyer un montant de 500.000 dollars pour l'organisation du forum dont le facilitateur Kitumile Masire était chargé. Et l'aide de la Grande-Bretagne de l'ordre de 148.730 dollars américains interviendrait le 5 octobre 2001, date à laquelle les parties congolaises se sont retrouvées à Addis-Abeba.[217]

Le dialogue inter congolais connaissait naturellement trop d'enjeux, aucune partie ne voulait perdre. L'implication des pays capitalistes était si évidente qu'à un certain moment, on se demandait si c'était in dialogue national ou international ? Il était évident que le dialogue était une œuvre des puissances capitalistes qui se cachaient derrière leurs agents formés en République démocratique du Congo. On était dans une foire des Néolibéraux où les intérêts nationalistes congolais avaient du mal à se faire prévaloir. C'est ainsi que toute solution allant vers l'affirmation du nationalisme congolais était découragée. Le Directeur général du FMI déclara que les différentes parties au dialogue inter congolais devaient « continuer à œuvrer pour aboutir à un accord qui réunira tous les Congolais et qui constituera la base pour entreprendre une véritable réforme économique et sociale et pour asseoir la démocratie. [218]» Une preuve de plus que le dialogue n'était pas une affaire des Congolais seuls. Sans entrer dans les détails, l'Accord Global et Inclusif, signé le 17 décembre 2002, loin d'être une victoire pour les intérêts nationaux congolais, était plutôt une victoire des forces néolibérales étrangères avec leurs associés Congolais qui étaient à Sun City. On nous dit que cet accord avait mis fin à la guerre. Oui, les troupes étrangères s'étaient retirées du Congo. Mais comment expliquer qu'un quart de siècle après, les Congolais continuent à

---

[217] Modeste MUTINGA Mutuishayi, *Chronique d'une paix négociée en RDC*, Bruxelles : Editions Espace Afrique, 2005 , pp. 217-218.
[218] *Idem*, p. 265.

être massacrés dans l'Est du pays ? Le peuple congolais s'était fait dupé à Sun City. Non seulement le Congo avait perdu physiquement Laurent D. Kabila qui incarnait la défense des intérêts congolais, mais aussi les forces néolibérales avaient réussi à mettre en place des mécanismes qui leur permettraient de contrôler le Congo.

Les pages ci-dessous portent sur la transition 1+´comme un conglomérat des intérêts partisans.

4.2.2. La transition 1+4 : un conglomérat des intérêts partisans

L'une des grandes résolutions prises à Sun City était le partage du pouvoir entre le président Joseph Kabila et quatre Vice-présidents. Etant donné que c'était des leaders qui s'étaient battus les uns contre les autres, beaucoup de Congolais étaient pessimistes quant à l'aboutissement de ce rassemblement. Mais ce que les Congolais avaient perdu de vue était qu'en dépit de leurs origines immédiates, tous les cinq leaders étaient associés aux puissances capitalistes. Zaidi Ngoma qui représentait la société civile à la place d'Etienne Tshisekedi émanait du RDC Goma parrainé par les Rwandais, Azarias Ruberwa mêmement, Jean-Pierre Bemba était parrainé par les Ougandais. Il n'y avait que Joseph Kabila et Abdoulay Yerodia Ndombasi qui représentaient la résistance de Laurent D. Kabila. Or comme je l'ai démontré, Joseph Kabila était déjà acquis par les forces capitalistes, si bien que le véritable successeur de la vision de M'Zee Laurent D. Kabila, Abdoulay Yerodia Ndombasi, était complètement minorisé dans ce gouvernement de 1+4. Je sais que dans la deuxième partie de son pouvoir (2008-2018), Joseph Kabila s'était éloigné des forces capitalistes, mais au début de son pouvoir ce n'était pas le cas. C'est cette concordance dans la vision libérale de l'avenir du pays qui a permis que, malgré leurs différences, ce cocktail de 1+4 a pu cohabiter sans des grands accrocs.

Les objectifs assignés à ce Gouvernement de Transition, bien que nobles, n'étaient pas atteints avec satisfaction pour le peuple congolais. Les cinq objectifs principaux de la transition étaient :

1. La réunification, la pacification, la reconstruction du pays, la restauration de l'intégrité territoriale et le rétablissement de l'autorité de l'Etat sur l'ensemble du territoire national ;
2. La réconciliation nationale ;
3. La formation d'une armée nationale, restructurée et intégrée ;
4. L'organisation d'élections libres et transparentes à tous les niveaux permettant la mise en place d'un régime constitutionnel et démocratique ;
5. La mise en place des structures devant aboutir à un nouvel ordre politique.

Dans leur évaluation populaire, les Congolais ironisaient au sujet des résultats de la Transition en faisant un calcul spécial : 1+4= 0. Le clergé Catholique, à travers Mgr. Laurent Monsengwo, Président de la CENCO, avait déclaré que : « Si l'accord dit 1+4 a été si mal conclu, c'est que, à vrai dire, ce n'est pas un accord entre Congolais, mais entre les 'parrains' des rebelles congolais par leurs poulains interposés : c'est un accord politique par procuration. Or il n'est pas évident que les intérêts des parrains coïncident avec ceux du peuple congolais. Bien au contraire, l'instabilité politique de la République démocratique du Congo ne peut que profiter à certains de ses voisins. L'histoire récente l'a démontré, notamment en ce qui concerne l'exploitation illégale des ressources naturelles du Congo. [219]»

Un regard rapide sur ces objectifs nous révèle que le pays a été réunifié, mais jamais pacifié ni reconstruit. L'intégrité du territoire a été retrouvée, mais l'autorité de l'Etat n'a jamais été établie sur l'ensemble du territoire. La réconciliation nationale n'a jamais été le partage des Congolais. La multitude des groupes armés se réclamant de tout bord en sont la preuve. La formation d'une armée nationale républicaine que l'on prétend avoir créée est tout simplement une duperie où des forces étrangères sont venues infiltrer l'armée congolaise par le processus de mixage et brassage inspiré par l'ONU. Si bien qu'au lieu de former une armée nationale, le Congo a créé une armée régionale où l'on trouve des Rwandais, des Ougandais etc. Les élections ont été organisées trois fois et ont amené plus de confusion politique que ce que le pays connaissait sous Laurent D. Kabila. Des nouvelles structures ont été mises en place, certes, mais au lieu d'aboutir à un nouvel ordre politique, on a plutôt abouti à un nouveau désordre politique.

Si le Congo n'a pas atteint d'une manière satisfaisante ses intérêts pendant la transition 1+4, les forces néolibérales se sont au contraire réjouies. Ludo Martens nous fait part de leur satisfaction en faisant remarquer la réaction de John Prendergast et David Smock, deux responsables de l'organisme américain nommé « *The United States Institute of Peace* » qui ont déclaré que : « L'Accord constitue 'une réalisation formidable'. Ils soulignent que 'les Etats-Unis ont joué un rôle important en coulisse pour soutenir la médiation africaine'. Aujourd'hui, il s'agit pour les Américains de tirer tout profit de cet accord. 'Il est nécessaire que les Etats-Unis soient activement engagés de façon permanente avec toutes les parties' pour réaliser les différentes points de cet accord. Ce travail incombe aux ambassades américaines dans tous ces pays et à l'envoyé spécial Howard Wolpe; il doit être réalisé, si possible, en étroite coopération avec Aldo Ajello, l'envoyé de la Communauté européenne. [220]»

Les intérêts partisans de tous les animateurs de la Transition 1+4 étaient en harmonie avec les intérêts des pays capitalistes. Tous les leaders de 1+4 avaient besoin d'argent pour gagner les élections demandées dans l'Accord de Sun City. Tous avaient besoin de développer des bonnes relations avec les pays capitalistes qu'ils avaient acceptés comme bailleurs de fonds pour l'organisation des

---

[219] Mgr. Laurent MONSENGWO Pasinya, « La Transition politique en RDCongo : Un casse-tête », *Renaître*, No 22 du 30 novembre, 2005-AnnéeXIV, p. 22.
[220] Ludo MARTENS, *Op. Cit.*, p.647

élections. La conséquence était que ces animateurs ont engagé le pays dans une coopération où le peuple se verra dupé. C'est ainsi que je qualifie cette première partie du régime Joseph Kabila de CAP= 5 et RDC= 0 ; soit une *Tentation de Faire Défaut et Paiement de Dupe.* Les arguments que j'ai détaillés plus haut sont renforcés par la coopération dans le domaine économique caractérisée par la signature des accords léonins qui ont profité aux animateurs de 1+4 et leurs associés des pays capitalistes au détriment du peuple congolais. Ces accords n'ont pas valorisé les richesses congolaises en vue du développement du pays. Les pays capitalistes sont sortis gagnants et le Congo perdant. La responsabilité des accords léonins que je compte analyser dans la section qui suit n'incombe pas seulement sur le président Joseph Kabila. C'est plutôt une responsabilité collective de tous les animateurs de la Transition 1+4, bien que le président Joseph Kabila et le Vice-Président Jean-Pierre Bemba aient été plus impliqués dans ces compromissions.

Comme je l'ai mentionné plus haut, le souci de la communauté internationale était de privatiser le secteur minier congolais. C'est ainsi que peu après l'accession au pouvoir de Joseph Kabila, le Parlement de la RDC adopte un nouveau régime légal pour le secteur minier avec l'assistance de la Banque Mondiale. Dans une étude du Carter Center sur les contrats miniers au Congo, on peut lire la déception de la communauté internationale qui voulait la disparition complète du rôle de l'Etat congolais dans le secteur des mines. On peut lire ceci à la page 23 :

« Si le Code Minier a pour objectif de libéraliser le secteur, comment expliquer que les deux tiers des permis d'exploitation impliquent toujours, de près ou de loin, la Gécamines et les autres entreprises d'Etat ? En théorie, le Code n'accorde aucun privilège spécifique aux entreprises d'Etat, étant donné qu'elles sont censées suivre les mêmes règles que les autres détenteurs de titres. La réponse légale repose sur une subtile clause de transition du Code Minier, dont les répercussions sont toutefois très profondes : les entreprises d'Etat sont autorisées à conserver la propriété d'un certain nombre de permis, tout en se pliant à la nouvelle législation. La Gécamines sélectionne donc ses concessions les plus précieuses, et les convertit en titres d'exploitation selon le nouveau Code Minier. »[221] L'étude signale que la Banque Mondiale avait appuyé le rapport d'une équipe de consultants qui étaient « choqués de l'interférence politique systématique du gouvernement dans les affaires de la Gécamines, et recommandent de remplacer le conseil d'administration de l'entreprise par une équipe de gestion internationale. » Au moment où la Banque Mondiale se démenait à privatiser la Gécamines, le gouvernement 1+4 avait d'autres préoccupations, notamment, la préparation des élections qui devaient avoir lieu en 2006. Le même tableau des contrats léonins ne profitant pas à la République démocratique du Congo a continué son chemin. Je reprends ci-dessous la description de la gestion des contrats miniers avant les élections de 2006, telle que

[221] The Carter Center, « Affaire d'Etat : Privatisation du secteur du cuivre en République Démocratique du Congo, » www. cartercenter.org

présentée par le Carter center. Etant donné l'importance de ce rapport, je préfère le présenter en longueur :

« La vague de privatisation pré-électorale (2005-2006). Alors que les études de la Banque Mondiale sont en cours, et avant que l'équipe de gestionnaires internationaux puisse être recrutée, le gouvernement décide une nouvelle fois d'utiliser le portefeuille d'actifs de la Gécamines comme source de financement hors du Trésor Publique. Cependant, le contexte politique a changé. En juillet 2003, soit un an après l'adoption du Code Minier, un gouvernement de transition d'unité nationale, dit '1+4' est inauguré, constitué du président Joseph Kabila et de quatre vice-présidents, représentant les différentes factions de l'opposition, parmi lesquels le leader rebelle Jean-Pierre Bemba. Les investisseurs désireux d'obtenir un titre de la Gécamines à cette époque doivent tout d'abord négocier avec l'entreprise d'Etat. Il leur faut ensuite obtenir l'accord de la commission ministérielle pour l'Economie et Finance (Eco-Fin), présidée par Bemba. Enfin, ils doivent demander la ratification de cet accord auprès du rival en chef de Bemba, le président Kabila. Avec les élections en ligne de mire, ces partis rivaux sont tous à la recherche de soutiens financiers. 'La première fois que Jean-Pierre Bemba est venu à Lubumbashi en tant que Vice-Président, il avait vraiment la Gécamines dans le viseur,' se remémore un ancien directeur de la Gécamines. 'Il voulait savoir où allait l'argent de nos partenariats en joint-venture.'

Une commission parlementaire reconnaît d'ailleurs que ces élections à venir augmentent le risque de vente précipités des actifs de la Gécamines, à des investisseurs privilégiés et selon des clauses désavantageuses. Elle recommande en conséquence l'interdiction de conclure de nouveaux contrats avant la fin du scrutin. Le gouvernement de transition choisit toutefois d'ignorer ces recommandations. Selon des représentants du gouvernement, le président Kabila et le Vice-Président Bemba commencent tous deux à promouvoir certaines transactions à travers ce système. 'Des acteurs politiques et économiques clés sont actuellement en train de démanteler la Gécamines afin de prendre le contrôle sur le secteur minier, ' écrit un diplomate américain dans un télégramme vers Washington en 2005, l'année précédant les élections présidentielles. 'Les joint-ventures proposées (……) vont s'emparer des plus précieux actifs de la Gécamines, laissant l'entreprise d'Etat avec de maigres options pour son développement.' Plus tard la même année, Kabila ratifie un lot de trois joint-ventures privant effectivement la Gécamines de ses plus importants gisements. Dans les années qui suivent, plusieurs personnalités politiques de premier rang, dont l'ancien ministre des mines en charge du portefeuille de l'Etat et un ancien ambassadeur de RDC auprès de l'ONU accèdent au conseil d'administration d'une de ces trois joint-ventures.

L'une d'entre elles n'est autre que la joint-venture considérée autour de la mine de KOV, que les consultants de la Banque Mondiale avaient identifié comme étant la bouée de sauvetage de la Gécamines. Parmi les bénéficiaires de l'accord autour de KOV, on retrouve Dan Gertler, aujourd'hui l'un des hommes d'affaires les plus puissants du pays. Selon Bloomberg, Gertler avait obtenu un contrat de diamants sous la présidence de Laurent Désiré Kabila, après avoir versé 20 millions de dollars au régime. Il a toutefois perdu ce marché avec l'accession au pouvoir de Joseph Kabila, qui est pourtant son ami depuis 1997. Néanmoins, Gertler accepte d'appuyer le jeune président dans les négociations de paix avec le Rwanda. Cette stratégie s'avère payante. Quatre ans après l'annulation de son contrat de diamants, l'administration de Kabila attribue la mine de KOV à une joint-venture entre la Gécamines, Gertler et ses collaborateurs.

Pendant ce temps, Bemba soutient activement la renégociation de l'accord Tenke Fungurume Mining (TFM). L'américain Phelps Dodge désire acheter une participation majoritaire dans la joint-venture TFM, établie entre Lundin et la Gécamines en 1997, mais à l'unique condition que des amendements majeurs soient apportés au contrat. Le ministre Alexis Thambwe, qui fait partie du camp Bemba, déclare à l'Ambassadeur des Etats-Unis qu'il 's'engage à faire sortir le projet de terre,' et qu'il a demandé à Bemba 'de recommander au président (Kabila) de faire en sorte que la Gécamines n'ait d'autre choix que d'accepter.' Un représentant de TFM rejette cette allégation de biais politique en faveur de Bemba : 'nous avons négocié avec toutes les parties. C'est probablement la raison pour laquelle ce processus a été si long.' Un porte-parole de Lundin commente également que les interactions avec Bemba étaient rares, et uniquement liées à son mandat gouvernemental. Après la ratification de l'accord renégocié de TFM, des délégations d'investisseurs et de diplomates américains de haut niveau rendent visite à Bemba pour 'le remercier de l'aide et du soutien de son bureau.'

Le jour même de la ratification de l'accord TFM, Kabila approuve également l'accord de joint-venture pour la mine partiellement effondrée de Kamoto, à Kolwezi. De nombreux investisseurs convoitent ce site depuis des années. Parmi eux, on trouve Georges Arthur Forrest, un homme d'affaires au bras long, dont la famille est impliquée dans des travaux de génie civil de la région depuis 1922, et qui a même occupé le poste de président de la Gécamines sous Laurent Désiré Kabila. Forrest s'associe à une entreprise aurifère canadienne, Kinross Gold, et assure une convention préliminaire pour Kamoto, en dépit des vives critiques autour de cet accord. Une correspondance entre des représentants du parti de Kabila au pouvoir atteste des relations politiques de Forrest : 'Soulignons que Monsieur George Arthur FORREST et son Groupe sortent du lot, pour nous avoir accompagné, pas à pas, dans le lancement de la campagne du Parti.' 'Le (Parti de Kabila) n'était pas le seul parti que je soutenais ; il y en avait au moins dix,' commente Forrest. Plusieurs investisseurs confirment les multiples allégeances de Forrest. 'Pour DCP, c'était Kabila, pour TFM, c'était Bemba. Et pour Forrest, c'était les deux,' résume un ancien haut représentant du gouvernement.

La Banque Mondiale ne voit pas d'un bon œil cette nouvelle vague de privatisation. Un mémo interne de la Banque semble indiquer que l'institution est au courant des failles dans les contrats des concessions KOV, Kamoto et Tenke Fungurume, et qu'elle craint même que son image ne soit ternie si elle venait à soutenir ces accords. Elle ne parvient toutefois pas à empêcher les procédures en cours. Alors que des consultants juridiques financés par la Banque Mondiale présentent leurs recommandations pour améliorer les clauses contractuelles lors d'un atelier à Lubumbashi, les membres du conseil d'administration de la Gécamines se retrouvent à un autre endroit de la ville, en train d'approuver dix nouveaux contrats de partenariats. Pendant ce temps, la Banque Mondiale continue d'encourager le recrutement d'une équipe d'administrateurs internationaux afin d'endiguer les interférences politiques. Plusieurs personnes interrogées déclarent même que le gouvernement a volontairement retardé la nomination de ces gestionnaires pour qu'elle n'ait lieu qu'après que la Gécamines n'ait cédé ses gisements les plus stratégiques. Un mois après que la Gécamines se soit lancée dans une nouvelle série d'accord de joint-ventures (voir tableau ci-dessous), le gouvernement se décide enfin à nommer le nouveau PDG, l'avocat canadien Paul Fortin, pour diriger ce qui s'apparente avant tout à un portefeuille de participations minoritaires.

Tableau 4.1 *Contrats de partenariat signes 2005-2006*

JOINT-VENTURE	TYPE DE CONTRAT	DATE D'EXECUTION
Shituru Mining Corporation (SMCO Sprl)	Nouveau contrat	25/07/2005
Kamoto Copper Company (KCC) (pour la mine souterraine de Kamoto)	Nouveau contrat	04/08/2005
Tenke Fungurume Mining (TFM)	Convention renégociée	04/08/2005
Appel d'offre de la Banque Mondiale pour une nouvelle équipe de gestionnaires		08/08/2005
DRC Copper and Cobalt Project (DCP) (pour KOV)	Nouveau contrat	13/10/2005

Ruashi Mining	Avenant	08/12/2005
Minière de Kalumbwe Myunga (MKM)	Avenant	08/12/2005
Anvil Mining Concentrate Kinsevere (AMCK)	Nouveau contrat (amodiation)	08/12/2005
Compagnie Minière de Tondo (CMT Sprl)	Nouveau contrat	08/12/2005
Compagnie Minière de Musonoi (COMMUS Sprl)	Nouveau contrat	08/12/2005
Compagnie Minière de Kasombo (MIKAS Sprl)	Nouveau contrat	08/12/2005
Société d'exploitation minière de Chabara	Nouveau contrat Nouveau contrat	08/12/2005 08/12/2005
Congo Zinc SPRL	Nouveau contrat	08/12/2005
Nomination du gestionnaire international Paul Fortin (SOFRECO)		Janvier 2006
Compagnie Minière de Luisha (COMILU Sprl)	Nouveau contrat	07/04/2006 , 28/07/2006
Elections présidentielles et législatives		30/07/2006

La Gécamines conclut un grand nombre d'accords, perpétuant sa volonté de privatiser ses actifs miniers, souvent dans le cadre de joint-ventures en vue des élections de 2006. (fin du rapport du Centre Carter).[222]

Mais avant de continuer avec l'économie, je voudrais mentionner les bonnes relations politiques avec les pays capitalistes qui ont visiblement agi à travers les élections de 2006.

4.2.3. Elections organisées par le gouvernement 1+4 : une opportunité pour les pays capitalistes

Selon l'Accord de Sun City, la Transition 1+4 devait se terminer par l'organisation des élections libres et démocratiques au pays et marquer ainsi le début de la Troisième République. On a beau clamé tout haut que l'on voulait des élections libres, transparentes et démocratiques ; la réalité sur terrain a montré autre chose. Je dois d'abord faire remarquer que l'indépendance dans l'action du Congo était déjà mise en mal au départ. En effet, parlant des élections aux Congolais de Libreville avant sa mort, Laurent D. Kabila avait dit que « Nous devons tout faire pour que la direction de notre pays soit patriotique. Pas des élections avec l'argent venu de l'extérieur, de l'étranger. Nous ne voulons pas ça. Et il faut que les élections soient réellement nationales. [223] » C'est le contraire de ce que Mzee Laurent D. Kabila voulait qui s'est réalisé au Congo. Les pays capitalistes ont non seulement financé les élections au Congo, mais ils ont soutenu leur candidat Joseph Kabila jusqu'au bout. [224]

Les pays capitalistes ont soutenu Joseph Kabila non seulement dans le financement des élections, mais aussi dans la logistique et la sécurisation du processus. Les pays capitalistes avaient pris en charge la facture des élections organisées au Congo. L'Afrique du Sud, en bon élève des pays capitalistes, a bénéficié du marché concernant la fourniture des bulletins et des urnes pour les élections. Le reste était confié aux Européens, y compris les équipements électroniques. Sur le plan logistique, la Mission des Nations Unies au Congo (MONUC) a pris en charge le transport du matériel électoral à travers tout le pays. Quant à la sécurité, l'Union Européenne a envoyé des militaires supplémentaires, à travers EUFOR, avec la mission de sécuriser ces élections. C'était la première fois de voir des troupes Allemandes en mission en République démocratique du Congo. Ces forces étrangères venaient avec des préjugés que Jean-Pierre Bemba pouvait créer des problèmes pendant ou après les élections au Congo. Et l'impartialité des pays capitalistes était mise à l'épreuve dans deux incidents qui ont marqué ces élections.

---

222 The Carter Center, « Affaire d'Etat : Privatisation du secteur du cuivre en République Démocratique du Congo, » congo-report-carter-center-nov-2017-french.pdf, pp. 22-26.

223 Message du Chef de l'Etat Mzee Laurent D. Kabila aux Congolais de Libreville/ Gabon.

224 Ceux qui veulent me contredire n'ont qu'à se référer aux propos tenus par Olive Lembe, l'épouse de Joseph Kabila qui a dit à un groupe des Congolais que ce ne sont pas les Congolais qui ont placé Joseph Kabila au pouvoir mais plutôt les Blancs. En tout état de cause, je vais fournir les preuves de leur partialité.

Il y a d'abord l'attaque contre la résidence du Vice-président Jean-Pierre Bemba par les troupes de Joseph Kabila. Après la proclamation des résultats du premier tour des élections, il y a eu beaucoup de confusions à Kinshasa qui ont culminé par l'attaque de la résidence officielle du Vice-président Jean-Pierre Bemba le mardi 22 août 2006. Les troupes de la GSSP, la garde du président Joseph Kabila, ont attaqué Jean-Pierre Bemba au moment où il recevait officiellement quatorze diplomates étrangers, tous membres du Comité International d'Accompagnement de la Transition (le CIAT). L'Ambassadeur des Etats-Unis d'Amérique, Mr. Roger Meece et le Représentant Spécial du Secrétaire Général de l'ONU, Mr. L. Swing étaient présents dans la résidence du Vice-président Jean-Pierre Bemba. Ce sont les soldats de la force européenne, EUFOR, qui sont venues faire sortir ces diplomates de la résidence attaquée. Joseph Kabila que les pays capitalistes considéraient comme victime du soi-violent Jean-Pierre Bemba a montré le contraire. Les pays capitalistes étaient embarrassés. Ils se sont contentés de condamner l'attaque, mais aucune suite n'a été réservée à ce comportement inacceptable diplomatiquement.

Le deuxième incident a eu lieu le jeudi 22 mars 2007 quand on a connu des affrontements en plein centre-ville de Kinshasa. Vers 10 heures 30 du matin ça a commencé à tirer de partout dans les alentours de la résidence du Vice-président Jean-Pierre Bemba sur le Boulevard du 30 juin. Ce dernier fut pris de panique lui-même, non pas parce que ça tirait de partout, mais surtout parce que ses enfants étaient aussi partis à l'école le matin comme tous les écoliers de la ville. Il s'en suivra des affrontements sanglants entre la garde présidentielle de Joseph Kabila et celle du Vice-président Bemba. Les dégâts humains étaient énormes, beaucoup de civils, même des enfants ont été victimes gratuitement. Encore une fois, ce n'était pas Jean-Pierre Bemba qui avait commencé les hostilités, mais plutôt le protégé des pays capitalistes, Joseph Kabila. C'était la première fois dans l'histoire du Congo d'avoir des combats à l'armement lourd au centre-ville de Kinshasa en pleine journée. Certains observateurs ont parlé de plus de 600 morts. Les pays capitalistes étaient encore une fois confondus, mais ils sont restés collés à leur candidat.

Après les élections du deuxième tour où Joseph Kabila a été proclamé vainqueur, le Congo était divisé entre ceux qui criaient à la fraude et ceux qui savouraient leur victoire. Le MNC de Jean-Pierre Bemba avait crié à la fraude et avait porté le dossier devant la Cour Suprême de Justice. Le mardi 21 novembre 2006, le jour où la Cour devait rendre son verdict, des troubles ont eu lieu devant la Cour Suprême de Justice. Tout le monde, y compris des magistrats et les avocats en toges, étaient en débandade.

Malgré ces échauffourées, les néolibéraux étaient satisfaits. La Belgique, à travers son Ministre de la Coopération au Développement, Armand De Decker, a félicité le peuple congolais. Le journal Uhuru commente sur les propos en ces termes : « Le 6 décembre 2006, est la vraie date du renouveau congolais » a affirmé, M. Armand De Decker, ministre belge de la coopération au développement.

Consacrée au Saint Nicolas, la date de 6 décembre est une des dates historiques de la République démocratique du Congo, a martelé le patron de la Coopération belge. Le hasard n'existe pas. Prophétisant, le ministre belge de la Coopération au développement a fait savoir aux personnes se trouvant dans le salon rouge du ministère des Affaires Etrangères et de la Coopération Internationale que, cette date augura à la population congolaise beaucoup de chances et de bonheurs. « La République Démocratique du Congo vient donc d'avoir la principale date de son histoire politique », a précisé le ministre belge.... »[225]

Un autre appui pour les résultats des élections venait de Monsieur Aldo Ajello, Représentant Spécial de l'Union Européenne pour les Grands Lacs. Dans son rapport sur la mission effectuée au Congo du 10 au 17 novembre 2006, le Représentant de l'Union Européenne pour les Grands Lacs n'a pas caché sa satisfaction sur la dernière étape des élections présidentielles au Congo. Le RSUE a d'abord détruit les propos du Cardinal ETSOU[226] en ces termes : « Tentatives répétées des partisans du Vice-président Bemba pour décrédibiliser la CEI ainsi que le soutien de la communauté internationale au processus électoral. Ainsi, à cet effet, le Cardinal Etsou, probablement manipulé par certains associés extrémistes de Bemba, auxquels il est lié par des relations régionales et familiales, a fait une déclaration incendiaire lundi le 13 novembre, déclaration qui a été appuyée le lendemain par un communiqué de l'Union pour la Nation annonçant la victoire du Vice-président. [227]»

La partialité du RSUE est confirmée par ses propos contre Jean-Pierre Bemba et pour Joseph Kabila. Il peint une image peu rassurante de Jean-Pierre Bemba en ces termes : « Etat d'esprit du Vice-président difficile à cerner vu la rapidité déconcertante avec laquelle il passe d'une position à une autre, diamétralement opposée, en fonction de ses interlocuteurs respectifs. Au RSUE, il a admis implicitement sa défaite électorale et a expliqué son souhait de bâtir une opposition politique...En public, le Vice-président a contesté les résultats des élections lors de son intervention télévisée du 16 novembre. Tout en précisant que

[225] *Uhuru* no 815 du jeudi 14 décembre 2006, p. 7.

[226] On se rappellera qu'une forte contestation des résultats de ces élections émanait du Cardinal ETSOU, Archevêque de Kinshasa. Dans une lettre adressée à ses collègues évêques, à partir de Bruxelles où il s'était rendu pour des soins médicaux, le Cardinal avait stigmatisé la responsabilité et la complicité de la communauté internationale dans la division du Congo en deux blocs fictifs Est-Ouest. Cette division qui a accordé l'Est à Kabila et l'Ouest à Bemba, disait-il, était « fallacieuse ». Le prélat congolais a invité ses collègues à soutenir le peuple congolais dans l' « injustice» dont il était victime car, disait-il, « nous disposons des informations sur les vrais résultats électoraux du 30 octobre dernier émanant des différentes chancelleries Occidentales et Africaines, des organes et des personnalités crédibles comme l'ANR, la Coalition Chrétienne, Mr. Eric De Pallières de l'UE, etc. Ces résultats diffèrent de loin de la mascarade politique que nous venons de vivre le mercredi 15 novembre par la déclaration de la CEI, et du verdict de la Cour Suprême de Justice du lundi 27 novembre 2006. Nous ne devons pas entrer dans cette grande comédie. » (Voir Lettre du Cardinal ETSOU adressée à ses collègues évêques et membres de la CENCO, Bruxelles, le 30 novembre 2006.)

[227] Rapport de la mission du RSUE à Kinshasa du 10 au 18 novembre, point II.

sa contestation se fera par voie légale, le ton de Jean-Pierre Bemba pouvait être perçu comme étant belliqueux et inflexible.[228] »

Par contre, Mr. Aldo Ajello a des mots tendres envers Joseph Kabila : « Le président Kabila, calme et serein, donne l'impression d'avoir tourné la page des élections présidentielles et d'avoir le regard tourné résolument vers l'avenir. Il affiche une ferme volonté de changer en profondeur la manière de gouverner son pays, en mettant l'accent sur la lutte contre la corruption et sur la bonne gouvernance. Le futur gouvernement, qui ne sera pas un gouvernement d'union nationale, sera plus sensible aux équilibres géographiques et ethno/linguistiques que politiques. [229]»

Malgré tous les mots durs contre lui, dans un discours tant attendu par la population congolaise, Jean-Pierre Bemba avait reconnu la victoire de Joseph Kabila, et avait choisi la voie d'une opposition légale au pouvoir. L'attitude était sage, car il avait avec lui les atouts de faire sombrer le pays dans une anarchie certaine que les forces de l'EUFOR auraient eu du mal à maîtriser. Car les Kinois étaient prêts à une telle épreuve. Quant au candidat de la communauté internationale, Joseph Kabila, 18 ans de pouvoir ont montré aux Congolais et à la communauté internationale de quoi il était effectivement capable, j'y reviendrai.

Que dire de la coopération dans le domaine économique : des accords léonins au détriment des intérêts du peuple congolais ?

4.3. Coopération dans le domaine économique : des accords léonins au détriment des intérêts du peuple congolais

Le paradoxe congolais c'est de vivre très pauvres dans un pays immensément riche. Et l'une des raisons derrière ce paradoxe c'est la mauvaise gestion des ressources minières congolaises. La mauvaise gestion des ressources minières du Congo peut être illustrée ici par les conclusions des travaux réalisés par deux Commissions : La Commission LUTUNDULA créée par l'Assemblée Nationale et la Commission Ad Hoc instituée par le Gouvernement GIZENGA en vue de revisiter les contrats miniers en 2007. Voici ci-dessous les rapports de ces Commissions :

4.3.1. COMMISSION LUTUNDULA.

Au Dialogue Inter Congolais, deux résolutions (No DIC/CEF/OI et No DIC/CEF/O4) étaient prises en vue d'examiner les factures des guerres de 1996 et de 1998, ainsi que la validité des conventions à caractère économique et financier signées pendant ces deux guerres. C'est ainsi que l'Assemblée Nationale par sa résolutions No AN/P/COM.SP/03/04 a créé la Commission Spéciale dont la mission comportait les termes de référence suivants :

La Commission Spéciale a pour missions notamment de :

[228] Rapport de la mission du RSUE à Kinshasa du 10 au 18 novembre, point II.
[229] Idem.

1. Inventorier toutes les conventions susvisées ;
2. Le examiner ;
3. En évaluer l'impact financier ;
4. Valider ou rejeter lesdites conventions.

Les membres de la Commission étaient issus de toutes les composantes politiques et la présidence a été confiée à Monsieur Christophe LUTUNDULA APALA de l'Opposition politique. Les autres membres de la commission étaient les personnalités suivantes :

- KYUNGU WA KUMWANZA 5Opposition politique)
- Roger MANGOMA MAPETU (Opposition politique)
- Gaston NGINAYEVUVU (Opposition politique)
- Ignace MUPIRA MAMBO (Société Civile)
- Bruno MUKADI (Société Civile)
- SHABANI MUCHOKOZI (Société Civile)
- Juvénal MABU-ba-BOLONGO (Société Civile)
- BONGELI YEIKELO (Composante Gouvernement)
- ASSUMANI AMANI (Composante Gouvernement)
- David MDT ADIBA DIBWE (MLC)
- EKOMBE MPETSHI (MLC)
- BALAMAGE N'KOLO (RCD)
- KALERA MUSANE (RCD)
- KATAMULIKO TSONGO MAHA (RCD/ML)
- MOPIPI PUKULUMANYA (Mai-Mai)
- Willy Mercier NTUMBA (RCD/N)

Par suite de leur nomination au Gouvernement aux postes des Ministres du Travail et de la Santé Publique, en Janvier 2005, les anciens Députés, Boniface BALAMAGE N'KOLO et Emile BONGELI YEIKELO ont été remplacés par les Députés Godefroid MUHIVWA et Jean-Paul NKANGA BOONGO.

La Commission a travaillé sur base des principes ci-après :

1. Le respect de la souveraineté et de l'intégrité territoriale de la République Démocratique du Congo ;
2. Le respect des textes légaux et réglementaires régissant les secteurs ;
3. Le respect des compétences des mandataires ;
4. Le respect du principe de non enrichissement illicite ;

5. La prise en compte des rapports des groupes d'experts des Nations Unies sur l'exploitation illégale des ressources naturelles et autres formes de richesses de la République Démocratique du Congo ;
6. La prise en compte de l'impact sur la population ;
7. L'obligation de transparence dans les procédures de conclusion desdites conventions ;
8. Le dépôt des conventions ou des actes dans le délai impératif imparti aux personnes physiques et morales concernées.

Enfin, la Commission a agencé son travail en quatre étapes :

1. Collecte des données de base auprès des Ministères et des anciens belligérants et recherche de la documentation ;
2. Enquêtes sur le terrain et missions d'information à l'étranger ;
3. Analyse et dépouillement des données récoltées sur le terrain et à l'étranger suivi de l'audition et, le cas échéant, de la confrontation des personnes signataires et auteurs des conventions, contrats ; accords et actes de gestion ou y impliquées à divers titres ;
4. Elaboration et adoption du rapport final des travaux.

En dépit des entraves connues dans leur travail, notamment, l'insécurité à l'Est du pays et le manque des moyens de transports en vue d'atteindre certains sites ; les refus de collaboration de la part de certaines institutions et personnalités tel que le Sénat du Royaume de Belgique, les responsables de la Belgolaise, les Composantes « Gouvernement » et M.L.C., l'Entité RCDIN ; la dissolution de certaines sociétés, le démantèlement des réseaux d'affaires incriminés qui avaient effacé les traces et brouillé les pistes, la Commission est parvenue à examiner les dossiers ci-après : SENGAMINES, EMAXON, MIBA, CISCAM, et GENERAL DENIS KALUME, MONSIEUR KAZADI NYEMBWE (exploitations de la petite mine). Les conclusions auxquelles est parvenue la Commission se présentent de manière ci-après, en reprenant les termes de la Commission: «

1. SENGAMINES

La SENGAMINES est une joint-venture Congo-Zimbabwe créée en 2000 dans le cadre de l'effort de guerre. L'article 5.2 des statuts de la Sengamines notariés le 07 décembre 2000, renseigne qu'à cette date, ses actionnaires étaient les suivants :

1. COSLEG 98,8 %. La société Cosleg était à capitaux zimbabwéens et congolais à concurrence de : OSLEG (Zimbabwe) 49,4%, COMIEX (RDC) 49,4% , Denis KALUME 0,2%, Frédéric KIBASSA MALIBA 0,2%, Godefroid TCHAMLESSO 0,2%, MOVEN MAHACHI 0,2%, Hubert MURER WA 0,2%, Sydney SEKERAMA YI 0,2%. La Commission signale que Cosleg appartenait en fait à OSLEG et

COMIEX, les autres actionnaires ne détenaient que des parts symboliques pour se conformer à la loi.

2. Frédéric KIBASSA MALIBA 0,2% ;
3. Denis KALUME NUMBI 0,2% ;
4. MWENZE KONGOLO 0,2% ;
5. Charles DAURAMANZI 0,2 ;
6. Shadreck CHIRAMBA 0, 2% ;
7. Francis ZVINA VASHE 0,2%.

La Commission note que « Depuis sa création, la SENGAMINES a évolué en marge de la loi et vole délibérément d'irrégularités en irrégularités. Elle ne rapporte pas grand-chose à la République Démocratique du Congo. Bien au contraire, elle a amputé la MIBA de son patrimoine minier et dépouillé le Peuple congolais d'un pan important de ses richesses naturelles. L'Etat congolais a été vidé frauduleusement de ses droits au profit d'ORYX NATURAL RESOURCES. La conclusion logique à laquelle l'examen du dossier Sengamines aurait été la résiliation de la Convention minière liant l'Etat congolais à cette société et la dissolution de celle-ci pour violation de la loi et non-respect des engagements pris tant dans le cadre de la Convention minière que dans celui du Protocole d'Accord MIBA-COMIEX.

Cependant, au regard des investissements déjà réalisés sur le site et du fait que 1000 Congolais travaillent à la Sengamines, la Commission spéciale de l'Assemblée Nationale a pris la décision de ne ni rejeter cette convention, ni saisir la justice aux fins de la dissolution de cette société. Elle recommande, cependant, ce qui suit :

1. Constituer une nouvelle société SENGAMINES sur de nouvelles bases dans le respect strict des lois de la République et de la philosophie d'origine qui veut que l'Etat congolais y soit associé ;
2. Dans cette perspective, revenir aux équilibres et à l'esprit du départ tels qu'ils ressortent du Protocole d'Accord MIBA-COMIEX/ CONGO-OSLEG concernant la structure de l'actionnariat : ETAT CONGOLAIS 31%, ORYX NATURAL RESOURCES 44%, MIBA 25%.
3. Dans ce cadre, la MIBA gardera ses 20% actuels tandis que l'Etat congolais récupérera les 31% de la COMIEX-CONGO indûment repris par Oryx Natural Resources ;
4. Organiser la gestion de SENGAMINES selon le prescrit de l'article O6 du Protocole d'Accord invoqué ci-dessus et ce, d'autant plus que cette loi des parties n'a jamais été modifiée ni abrogée.... ;
5. Renégocier le régime fiscal et douanier en vertu de l'article 21 de la Convention minière du 29 Août 2000 de manière à équilibrer mieux les droits de l'Etat, puissance publique, et de la société ou appliquer le code minier. Aux fins de la mise en œuvre de ces nouvelles transformations de

la SENGAMINES, elle disposera d'un délai allant de 3 à 6 mois. A défaut de s'exécuter dans ce délai, la société sera dissoute et la Convention minière résiliée de plein droit. Aux dernières nouvelles parvenues à la Commission au moment où elle adoptait le présent rapport, il semble qu'ORYX NATURAL RESOURCES serait en train de liquider la SENGAMINES. En outre, en vertu de l'article 158 du Règlement intérieur de l'Assemblée Nationale, la Commission a pris la décision de référer en justice les sieurs Frédéric KABASELE TSHINEU, Didier KABANGU, liquidateurs de CMIEX-CONGO, et Edmond BULUNDWE MUKUMBI pour participation à l'aliénation frauduleuse des actions de l'Etat dans SENGAMINES, car les deux premiers étaient les seuls Congolais à avoir participé aux Assemblées Générales extraordinaires de cette société au cours desquelles cette aliénation avait été perpétrée en complicité avec ORYX NATURAL RESOURCES, et le troisième était l'Administrateur-Délégué de SENGAMINES pour compte de la partie congolaise.... »

2. EMAXON

La MIBA a actuellement presque disparu, alors qu'à un moment donné de son histoire, cette société faisait la fierté non seulement du Kasaï mais aussi de tout le Congo. Pour permettre aux lecteurs d'appréhender le genre des pratiques qui ont fait disparaître cette société, je vais afficher ici l'entièreté du travail effectué par la Commission Spéciale jusqu'aux conclusions, qui sont naturellement négatives. Ceci donne l'occasion aux lecteurs d'appréhender comment les contrats sont ou deviennent léonins, car il est un fait malheureux que la plupart des contrats signés au Congo sont quasiment indisponibles aux chercheurs.

« D'après la déclaration faite devant la Commission par Monsieur Chaim LEIBOVITZ, Administrateur et Représentant d'EMAXON FINANCE INTERNATIONAL INC, celui-ci serait une société de droit canadien appartenant à Monsieur Dan GERTLER et sa famille. Cependant, les documents statutaires déposés à la Commission (certificat de constitution, certificat de modification, résolution des associés et certificat de conformité) ne corroborent pas cette déclaration. EMAXON FINANCE INTERNATIONALE est, en effet, issu d'EMAXON INC. Celui-ci a été constitué le 28 juin 2001 en vertu de la partie IA de la loi canadienne sur les compagnies (L.R.Q., chap. C-38) sous l'immatriculation 1160199932. Ses statuts n'indiquent rien ni sur son siège social, ni sur l'identité de ses associés, ni sur la structure de son siège social. Toutefois sur le formulaire n°1 du service de l'Inspecteur Général des institutions financières du Québec, il est inscrit au point 6 que le capital social autorisé est de 100.000 actions de 1 dollar canadien chacune. Au point 9 relatif aux fondateurs, apparaît le seul nom de madame Laroche Annette dont l'adresse est la même que celle de la société : « 1000 de la Gauchière West, suite 2900, Montréal, Québec, Canada, H3B 4W5 »

De même, dans l'avis relatif à la composition du Conseil d'Administration d'EMAXON INTERNATION INC, Madame McIntyne Karen est seule inscrite comme Administrateur. Par suite de la modification de ses statuts intervenue le 31 mars 2003, la dénomination sociale de la compagnie a changé en « SOCIETE FINANCIERE EMAXON INC » ou en version anglaise « EMAXON INTERNATIONAL INC ». Le 26 septembre 2003, Monsieur Dan GERTLER remplace Madame Karen McIntyne, démissionnaire, en qualité d'Administrateur d'EMAXON FINANCE INTERNATIONAL.

Par ailleurs, dans le document intitulé « ETAT DES INFORMATIONS SUR UNE PERSONNE MORALE PERSONNES LIEES3, l'actionnaire majoritaire d'Emaxon finance international indiqué est DGI DIAMOND LTD, sis Jabotinsky st. 1 Maccabi Bldg, 24th floor, Ramat Gan 22520 en Israël. Monsieur Dan Gertler, résidant en Israël sur Daniel Street 28, Benei Braq, y figure comme Administrateur-Président Secrétaire. A l'effet d'être mieux éclairée sur l'identité exacte d'Emaxon finance international, la Commission a écrit à l'Ambassade du Canada près la R.D. Congo aux fins de l'authentification des documents statuaires lui déposés et de plus amples renseignements. Par sa lettre, sans numéro, du 18 avril 2005, Monsieur Stephen Randall, Conseiller et Consul à l'Ambassade du Canada près la R.D. Congo a certifié que la compagnie EMAXON est légalement enregistrée au Québec et invite la Commission à visiter le site internet du Gouvernement du Québec, www.req.gouv.qc.ca, pour des plus amples précisions.

Quant au fond, introduit auprès de la MIBA par Monsieur Augustin Katumba Mwanke, alors Ministre à la Présidence de la République, EMAXON FINANCE INTERNATIONAL avait signé le 13 avril 200 », avec la MIBA un « CONTRAT DE PRET ET VENTE » aux termes duquel il accorde un prêt 15.000.000 USD à la dernière aux conditions initiales ci-après, notamment :

1. Lui vendre en 48 livraisons mensuelles 88% de la production des diamants pour un caratage minimal de : 425.000 carats à partir de la première livraison jusqu'au mois de mars 2004. 440.000 carats d'avril à décembre 2004. 480 .000 carats à partir de 2005 ;
2. Appliquer une décote de 5% sur le prix de livraison du diamant par la MIBA fixé par un évaluateur désigné de commun accord par les parties ;
3. La MIBA est libre de commercialiser 12% de sa production par tender (vente Window) ;
4. La durée du contrat est de quatre ans ;

5. Le prêt octroyé n'est pas productif d'intérêts et se reparti comme suit : 5 millions USD au titre de fonds de roulement, 10 millions USD au titre de financement des trois projets : achat d'une dragline, NLK2, et sécurité des usines de traitement et des concessions ;
6. Le remboursement des 10 millions USD débuté en avril 2004 à raison de 750.000 par mois tandis que celui des 5 millions USD en octobre 2005 par mensualité de 250.000 chacune ;
7. Quant à la procédure de livraison, chaque colis de diamant sera déposé dans la chambre forte de la Banque Commerciale du Congo à Kinshasa au moins une fois par mois et sera livré mensuellement à l'évaluateur après l'expertise et la certification du C.E.E.C à Kinshasa. Les frais de transport, d'assurance, d'emmagasinage et tous autres frais généralement quelconques liés au transfert des livraisons à EMAXON sont à la charge de ce dernier (article 3.1.3). Cependant, par suite des Avenants n° 1 et N°....signés respectivement le 18 décembre 2003 et le 15 juillet 2004, des modifications substantielles ont été apportées à la conditionnalité d'origine. Il s'agit, entre autres, de ce qui suit :
   1. La décote de 5% est ramenée à 3% ;
   2. La MIBA prend désormais en charge les frais relatifs à l'exportation du diamant ;
   3. Les livraisons ne transitent plus par la Banque Commerciale du Congo. Chaque livraison mensuelle est immédiatement transférée par la MIBA à la destination qu'EMAXON aura désignée dans le délai de cinq jours ouvrables ;
   4. Le remboursement porte sur la totalité du financement de 15 millions USD à raison de 500.000 USD par mois à compter de novembre 2004 jusqu'en avril 2007 ;
   5. Aux termes de l'avenant N° I, EMAXON achète à la MIBA le diamant, pendant six mois, au prix constant de 14 USD le carat, toutes catégories confondues ;
   6. Dans l'avenant N° II, ce prix sera calculé pour une durée de six mois (juillet-décembre 2004) sur base d'un tableau tenant compte du prix par carat et par catégorie comme suit : TRUCTURE Prix/ carat : GEMS +Near Gems : 119,00 USD/ ct, Rejections : 26,25 USD/ct, Coated : 32,30USD/ct, Boart : 5,20 USD/ct. Les prix des pierres spéciales (supérieures à 10,8 carats) seront conclus séparément par les parties (article 2 de l'avenant N°II). Cependant, cette clause aux prix du diamant n'a pas été appliquée, car EMAXON l'a jugée trop favorable à la MIBA. Aussi, les parties sont-elles revenues au système de prix moyen unique, toutes catégories des diamants confondues, discuté et fixé par leurs experts respectifs ;

7. A la fin de cette durée, c.-à-d. en janvier 2005, les parties se retrouveront pour négocier les prix en fonction de l'évolution marché du diamant. Les négociations ont eu effectivement lieu à la date convenue et les parties ont convenu à cette occasion d'appliquer désormais aux 88% de la production livrés à EMAXON un prix unique, toutes catégories confondues, calculé sur base de la quantité window de 12% et en fonction du prix sur le marché d'Anvers. La décote de 3% est appliquée sur le prix ainsi fixe. Ce mode de fixation des prix est d'application depuis mars 2005. A la lumière des dispositions du contrat de base et des avenants dont l'économie générale est dégagée ci-dessus ainsi que de leur exécution sur le terrain, la Commission Spéciale a formulé les observations suivantes ;

1 / En vertu de la clause 2.2. du contrat de prêt et de vente, EMAXON s'est engagé à ce que les fournitures du matériel destiné à la MIBA dans le cadre des projets financés le livrent au plus tard le 31 décembre 2003. Ce matériel a été livré avec un grand retard et seule la laverie NLK2 est opérationnelle depuis le 10 mai 2005, soit environ deux ans après la signature du contrat. Logiquement, l'échéancier de remboursement du prêt devait tenir compte de cette entrave majeure et courir à partir de la date du début de la production industrielle des projets finances.

En effet, c'est à partir de la production effective que la MIBA acquiert une capacité nouvelle de solvabilité générée par le prêt a obtenu d'EMAXON. Dans le cas contraire, la trésorerie de la MIBA qui n'aurait pas été enrichie d'un apport nouveau, serait obérée davantage. Au demeurant, c'est notamment à cause de cette surcharge que la trésorerie de la MIBA est toujours très serrée et son personnel, plus particulièrement celui affecté aux représentations extérieures (Johannesburg et Bruxelles) accumule des arriérés des salaires.

2/ La quotité de 12% de la production laissée à la MIBA pour la vente window est destinée à lui permettre de connaître l'évolution des prix sur le marché mondial. cette quotité est nettement insuffisante pour servir à cette fin dans la mesure où ces prix sont aussi fonction du volume du tender. Au demeurant, au cours de la séance d'audition de Monsieur Chaim Leibovitz, représentant d'EMAXON, la Commission lui a demandé de donner les paramètres sur base desquels la part de la production de la MIBA à livrer à sa société a été fixée à 88%. Il s'est contenté de déclarer qu'il s'agit d'un compromis qu'EMAXON a accepté, d'ailleurs, difficilement, car il avait exigé la totalité du diamant produit. A cet égard, si l'on s'en tient au paragraphe 3.2.1 du contrat de vente tel que modifié par l'Avenant n°1 au paragraphe 2.8, il est permis de penser qu'EMAXON peut même s'adjuger la totalité de la production, car ce paragraphe stipule que « les 12% pourront, le cas échéant, être livrés à une destination désignée par EMAXON et être commercialisés avec son assistance au nom de la MIBA…

3/ Concernant la décote de 3% appliquée sur le prix de vente en faveur d'EMAXON à chaque livraison, elle devra générer sur une période de 4 ans la somme de 12.264.000 USD, selon l'évaluation faite par la MIBA elle-même. Compte tenu du fait que, selon la convention entre les parties, la totalité du prêt /EMAXON est sans intérêts, la décote ci-dessus n'est ni logique, ni équitable. Au surplus, le représentant d'EMAXON susnommé n'a fourni aucune explication à ce sujet lors de son audition par la Commission. Si à la limite, l'on peut considérer que la décote a pour finalité de couvrir les frais de transfert des livraisons à EMAXON prévus et lis à sa charge par le paragraphe 3.1.3 du contrat de prêt et de vente , il est difficilement compréhensible qu'elle continue à être appliquée dès lors que la MIBA supporte désormais cette charge en vertu du paragraphe 2.7 (ii) de l'Avenant n°1. Même en prenant l'hypothèse d'un prêt avec intérêts au taux LIBOR de 3% l'an plus 5 points de risque pays en considérant que la RD Congo était un pays à haut risque, les 15.000.000 prêtés ne produirait en 4 ans que 4.800.000 USD. En définitive, en termes des coûts financiers, l'opération EMAXON, théoriquement à taux d'intérêts zéro (0), est trois (3) fois plus chère qu'un prêt bancaire obtenu dans les conditions régulières. Bien plus, selon la note technique la Direction de la MIBA elle-même a déposée à la Commission en date du 18 juin 2005, il est clairement établi qu'en convertissant la décote de 3% en taux d'intérêt, elle équivaut à un taux de 16% l'an contre un taux moyen bancaire de 13% l'an. Le financement EMAXON comporte donc un surcoût de 3% l'an par rapport au prix bancaire du prêt. C'est ce que la Direction de la MIBA affirme dans sa note sus évoquée en ces termes : « il est évident que le taux d'intérêt bancaire est meilleur par rapport à la décote qui représente un taux d'intérêt actuariel de + _ 16 % l'an contre celui de +_ 13% généralement appliqué par les banques commerciales. Cependant, elle soutient que « l'utilisation de la décote en lieu et place du taux d'intérêt ne résulte pas d'une préférence quelconque de la MIBA ». La décote se justifierait par le risque encouru par une institution privée, EMAXON, en prêtant l'argent à la MIBA à un moment où celle-ci était pratiquement en faillite.

Conclusions et recommandations :

De l'avis de la Commission Spéciale, quel que soit le taux de rentabilité interne du projet finance par ce prêt, taux estimé à 67% par la Direction de la MIBA, il n'est ni juste ni admissible qu'EMAXON gagne au triple de sa mise et fasse main basse sur la production diamantifère de la MIBA. Le contrat de prêt et de vente MIBA-EMAXON contient, à l'évidence, un déséquilibre financier à l'avantage du dernier eu égard aux règles normales du marché financier international. A la limite, il est permis d'affirmer que le prêt est usuraire. Cependant, il importe d'intégrer dans l'analyse les circonstances particulières, il est permis d'affirmer que le prêt est usuraire. Cependant, il importe d'intégrer dans l'analyse les circonstances particulières dans lesquelles ce contrat a été conclu, circonstances caractérisées par la faillite de la MIBA à cause de la mauvaise gestion de ses dirigeants. Elle a, ainsi, négocié en position de faiblesse avec EMAXON, présenté pour la circonstance comme le père Noel. Par ailleurs, le contrat étant à mi-parcours, il sied de s'interroger sur l'opportunité de le résilier. Une telle résiliation ne comporte- t-elle pas le risque de donner aux investisseurs frileux les raisons de fuir davantage l'espace économique congolais et de décourager ceux qui font encore confiance à la République Démocratique du Congo ? »[230]

Les anomalies de la coopération internationale entre le Congo et ses partenaires étaient stigmatisées dans le travail effectué par la Commission Spéciale dont la Conclusion Générale était très sévère : « Il est indispensable et urgent pour l'Assemblée Nationale de procéder à l'examen systématique des conventions et des actes à caractère économique et financier signés par le Gouvernement de Transition. En effet, des informations recueillies par la Commission Spéciale pendant les enquêtes, il ressort que le Gouvernement de Transition n'a pas fait mieux que ceux qui ont exercé le pouvoir d'Etat pendant la période des guerres de 1996 et de 1998. Bien au contraire, l'hémorragie des ressources naturelles et des autres richesses du pays s'est amplifiée sous le couvert de l'impunité garantie par la Constitution aux gestionnaires gouvernementaux. Il convient donc d'étendre le mandat de la Commission Spéciale à la période de transition ;

En attendant l'application des recommandations de la Commission Spéciale et en vue de présenter le patrimoine national et ceux des entreprises publiques ainsi que des sociétés d'économie mixte contre la tentation de la prédation et du bradage à la vaille des élections, la Commission Spéciale recommande la suspension par l'Assemblée Nationale de toute aliénation du patrimoine national (ressources naturelles en particulier), de ceux de ces entreprises et sociétés par conventions, contrats ou actes de gestion jusqu'à l'installation des institutions issues de prochaines élections;

Il échait de résilier tout contrat minier ou forestier conclu avec toutes entreprises publiques et sociétés d'économie mixte depuis le 30 juin 2003 et toutes

---

230 République Démocratique du Congo, Assemblée Nationale, Commission Spéciale chargée de l' examen de la validité des conventions à caractère économique et financier conclues pendant les guerres de 1996-1997 et de 1998, *Rapport des Travaux. Première Partie*, Kinshasa, juin 2005.

concessions minières, forestières, forestières……accordées dans la même période, pour lesquels les investissements promis n'ont connu aucun début d'exécution dans le délai convenu. »[231]

Le travail n'était pas fait en ce temps-là. Avec l'avènement de la Troisième République, beaucoup de voix se sont élevées en vue de la revisitation de ces contrats léonins. C'est alors que les Congolais comprendront que les pays capitalistes sont loin des préoccupations économiques congolaises. Le 6 octobre 2006, lors d'un colloque organisé par les Médecins du Monde sur la reconstruction post-conflit du système de santé congolais, Colette Braeckman étonna les Congolais de la diaspora en déclarant que « le vainqueur aux élections devra coopérer avec la Communauté Internationale sans dénoncer les contrats léonins signés antérieurement ou au moins ne pas les dénoncer trop vite. Il devra accepter de prolonger la tutelle de la Communauté Internationale sur la RDC, quitte à ce que cette tutelle prenne une forme qui restera à déterminer dans les jours à venir. » Hélas, elle avait malheureusement raison ! Que retenir sur la commission ad hoc du gouvernement Gizenga ?

4.3.2. Commission ad hoc/ gouvernement Gizenga

Une fois nommé, le Gouvernement Ginzenga a créé une Commission Ad Hoc chargée de revisiter les contrats miniers. La Commission s'était mis au travail en toute discrétion et le lundi 29 octobre 2007, dans son N° 3195, le Journal Le Phare publiait le rapport de cette Commission. Le journal signale que « des menaces auraient même été proférées contre certains officiels ayant participé à la négociation des contrats sur base des fonds qu'ils auraient touchés, tout cela pour les obliger à bloquer le rapport, faute d'obtenir le passage de certaines entreprises épinglées de la catégorie C à la catégorie B, et de la catégorie B à la catégorie A. » Le rapport de la Commission était accablant. Sur les soixante contrats examinés, aucun n'était acceptable. Ce qui nous dit tout sur le genre de coopération que le Congo entretenait avec les pays capitalistes. Le Congo était souvent en face des partenaires sans moyens financiers visibles. Ils arrachaient des contrats qu'ils vendaient ensuite sur le marché financier international pour se faire de l'argent. Les résultats de la Commission seront résumés dans des tableaux. Il convient de signaler ici que tous les contrats n'ont pas été signés avec les pays capitalistes. Ce qui est par contre vrai, c'est qu'ils en détiennent la majorité.

Concernant leur viabilité, les contrats ont été classés en trois catégories : la catégorie A reprenait les contrats acceptables, la catégorie B regroupait les contrats à renégocier et la catégorie C indiquait les contrats à résilier.

---

[231] *Idem*, pp. 269-270.

Tableau 4.2 Classification selon la viabilité des contrats : partenaires GECAMINES

Catégorie	Partenaire
A	Aucun partenaire
B	BOSS MINING Sprl JV entre Shafford Capital (Ridgepointe) et GCM COMILU Sprl (Compagnie Minière de Luisha) CMSK Sprl (Compagnie Minière du Sud Katanga CMT Sprl (Compagnie Minière de Tondo) COMIDE (Congolaise des Mines et de Développement) DCP Sarl (DRC Copper and Cobalt Project) G.T.L.Ltd (Groupement pour le Traitement du Terril de Lubumbashi/ S.T.L. Sprl (Société de Traitement du Terril de Lubumbashi) KALUMINES (Kasonta Lupota Mines) Sprl KICO (Kipushi Corporation) Sarl SAVANNAH MINING Sprl (KMC) MIKAS Sprl (Minière de Kasombo) MUKONDO MINING Sprl MUMI Sprl (Mutanda Mining) RUASHI MINING Sprl SEK Sprl (Société d'Exploitation de KIPOY) anciennement Société d'Exploitation du Gisement de l'Etoile) SMCO Sprl (Shituru Mining Corporate)

	SMK Sprl (Société Minière de Kolwezi) Ex SRM (Société de Traitement des Rejets de Mutoshi) SWANMINES Sprl T.F.M. Sarl (TENKE FUNGURUME MINING) AMCK Sprl (Anvil Mining Kulu Concentrate, KINSEVERE)

Source : Commission ad hoc chargée de revisiter les contrats miniers.

Le tableau suivant reprend aussi les contrats selon leur viabilité, mais dans d'autres partenariats en dehors de la Gécamines. Les deux tableaux montrent l'ampleur à laquelle la Gécamines a été liquéfiée et ce qui est aussi arrivé à la MIBA et à l'OKIMO.

Tableau 4. 3 : Classification selon la viabilité des contrats : autres partenaires

Catégorie	Type de Partenariat	Partenaire
A	Tous	Aucun partenaire
B	MIBA OKIMO (Office des Mines d'Or de Kilo Moto)	JV à créer/ ELEMENTAL MINERALS et MIBA SKD Sprl (Société Kasaïenne de Diamant) MIKAS Sprl (La Minière du Kasaï) LUMI Sprl (Société Minière de Lubilanji) AGK Sarl (Anglo Goldfield Kilo) A.T.F. (Contrat d'Assistance Technique et Financière) BLUE ROSE Sprl

	SAKIMA	BORGAKIM Sprl GORUMBWA Sprl KIBALI GOLD Sprl MWANA AFRICA Sprl
	SODIMICO	GEMICO Sprl (la Générale des Mines au Congo)
	EMK-Mn (Entreprise Minière de Kisenge Manganèse)	MMK Sarl (Minière de Mutoshi et Kinsenda) MDDK Sarl (Minière d'Or de Kisenge) JV à créer entre EMK-Mn et OPL (ORAMA PROPERTIES Ltd)

Source : Commission ad hoc chargée de revisiter les contrats miniers

Le Tableau 4.3. reprend tous les contrats à résilier ; c'est-à-dire les contrats appartenant à la catégorie C pour tous les types de partenariats.

Tableau 4.4. Contrats non-viables : partenariat GECAMINES et autres

Catégorie	Types de Partenariat	Partenaire
C	GECAMINES	JV à créer CHABARA, JV entre GCM et SWANEPOEL COMMUS Sprl (Compagnie Minière de Musonoie) JV à créer CONGO ZINC Sprl KMT Sarl (Kingamyambo Misonoi Taillings) M.K.M. Sprl (Minière de Kalumbwe Myunga
	MIBA	

	OKIMO	PZCE
		SENGAMINES Sarl (Minière de Senga)
		AMANI GOLD Sprl
	SODIMICO	RAMBI MINING Sprl
		TANGOLD Sprl
		K.G.H.M. CONGO Sprl
		LONG FEI Sprl (exploitation et vente des minerais in situ à Kimpe Nord et Kimpe Sud)
		MUYAFA CONGO Sprl
	SAKIMA	WESTERN MINING Sprl
		SOCOMIE Sprl
		BANGANDULA Sprl
		CAR Sprl (Central African Resources)
		COCOMINING Sprl
		S.O.L. Sprl (Summervale Overseas Limited)
		DMC Sarl (DFSA Mining Congo)
	Entreprise Minière de Kisenge Manganèse	SAKIMA Sarl (Convention Minière entre la RDC, Sominki et Banro Ressources Corporation)
	Conventions Minières	JV à créer entre EMK-Mn et la SENTINELLE INTERNATIONAL GROUP
		ANVIL MINING CONGO Sarl

Source : Commission ad hoc chargée de revisiter les contrats miniers

La commission a indiqué les différentes raisons qui leur ont permis de classifier les contrats en trois catégories. En parcourant l'ensemble des contrats, on trouve une panoplie d'éléments qui font que les accords doivent être soit renégociés, soit résiliés. On peut, par exemple, lire les raisons suivantes : déséquilibre dans la répartition des parts sociales, absence d'étude de faisabilité au démarrage de l'exploitation, déséquilibre dans les obligations des parties, fixation arbitraires des parts sociales, etc.

A titre exemplatif, voici quatre conventions en quelques détails concernant les contrats que la commission a examinés, je reprends in extenso ce que le Ministère des Mines a publié en novembre 2007 [232]:

A. Convention minière conclue entre la République Démocratique du Congo et Anvil Mining

Historique.

« En date du 31 janvier 1998, la République Démocratique du Congo et Colin Street West Perth, Western Australia, 6005, ont signé une convention minière pour l'octroi à Anvil Mining Congo, société de droit congolais, filiale de Anvil Mining N.L., de quatre (04) Zones Exclusives de Recherche d'une superficie totale de 19.951 km2 dans la Province du Katanga, plus précisément à Dikulushi.

Aspects financiers.

1. Capital social : Le capital social initial est fixé à francs congolais un million cinq cent milles (CDF 1.500.000).
2. Participation au capital social : Aux termes de l'Article 1er de la convention minière. AMC Sarl est une société créée par Anvil Mining N.L. en vue de réaliser le projet Dikulushi-Kapulo dont nonante pourcent (90%) d'actions sont détenus par Anvil Mining N.L. et dix pourcent (10%) gardés par Anvil Mining N.L. jusqu'à son affectation aux actionnaires congolais. A ce jour, ces actionnaires congolais n'ont jamais été identifiés. La Commission note que les statuts de la société AMC Sarl indiquent qu'aucun congolais ne fait partie de l'actionnariat de cette société.
3. Aspects fiscaux : D'une manière générale, AMC Sarl est totalement exonéré pour les cinq (5) premières années à partir de l'entrée en vigueur de la convention de tous impôts, taxes, droits, contributions et prélèvements de quelque nature que ce soit, directs ou indirects, fiscaux ou parafiscaux, nationaux, régionaux ou locaux dus à l'Etat aux collectivités locales et territoriales, aux entités administratives décentralisées existantes ou à venir. Cette exonération s'étend aux fournisseurs, contractants, sous-traitants et prestataires d'AMC Sarl. Il

232 République Démocratique du Congo, Ministère des Mines, Commission de Revisitation des contrats miniers, *Rapport des travaux 1 Introduction Générale, conventions minières conclues par l'Etat, partenariats conclus par : EMK-Mn , MIBA, OKIMO, SAKIMA*, Novembre 2007 .

est prévu que ces impôts, taxes, droits et/ou contributions ne seront payés qu'à partir de la sixième année mais à des taux réduits.

Conclusions

A l'issue de l'étude de la convention minière liant l'Etat à ANVIL MINING N.C., la Commission relève les faits suivants :

- La convention accorde des ZER et des avantages fiscaux et douaniers exorbitants à la Sarl sans aucune contrepartie pendant toute la durée de la convention (cf. art. 7 à 17 de la convention) ;
- Extension de l'exonération des impôts directs et indirects aux tiers contractants de AMC, fournisseurs, sous-traitants et autres prestataires (cfr art. 8) ;
- Non application de l'art. 1 pt b de la convention relative à l'affectation des 10% des actions aux actionnaires congolais ;
- Absence de transfert de technologie (cfr art. 30) ;
- Non réalisation de la valeur ajoutée optimale localement sur les substances minérales exploitées ;
- Impact social insuffisant ;

De tout ce qui précède, la Commission observe et recommande ce qui suit :

- La première Convention a été signée en 1996, mais non approuvée ;
- La Commission constate que l'Etat ne gagne absolument rien dans cette convention et propose au gouvernement d'y mettre fin ;
- Verser à l'Etat le montant équivalant au 10% à dater de l'entrée en vigueur de la convention minière en mars 2001 (cfr articles 1.B et 48 de la convention minière) ;
- La valeur minimale du gisement de Dikulushi et Kapulo est estimée à 1,23 milliards.

B. Convention minière entre la République Démocratique du Congo et la Sakima (ex- Sominki) et Banro Resources Corporation

Historique

En date du 31 mai 1974, une convention minière entre la République du Zaïre et les sociétés minières COBELMIN-ZAIRE, KINORETAIN, KUNDAMINES, MILUBA, MINERGA et M.G.L. fut conclue en vue de la création d'une société ayant pour objet la gestion des droits de recherche et d'exploitation attribués aux sociétés contractantes. En date du 13 février 1976, cette convention fut approuvée par l'ordonnance n° 76-019 du 13 février 1976 ;

Le 25 mars 1976, la SOMINKI SPRL issue de la fusion des sociétés (COBELMIN-ZAIRE, KINORETAIN, KUNDAMINES, MILUBA, MINERGA et M.G.L.) a été constituée conformément aux lois en vigueur en

République du Zaïre, la convention minière du 31 mai 1974, avec les avenants d'adhésion des sociétés SYMETAIN, KIVU-MINES et PHIBRAKI.

La crise de l'étain, à partir du mois d'octobre 1985, nécessita une restructuration de la SOMINKI avec comme objectif, la recherche d'un partenaire. C'est ainsi que le 13 février 1997, une convention minière entre la République du Zaïre, la SOMINKI et BANRO RESSOURCES CORPORATION fut conclue. SAKIMA SPRL devenue SAKIMA SARL sera chargée de mettre en œuvre les droits et obligations découlant de la convention BANRO, ETAT, SOMINKI.

Au mois de février 1997, un contrat de cession des titres miniers entre la SOMINKI et SAKIMA fut conclu. Ainsi, en date du 17 mars 1997, fut signé le décret n° 0021 approuvant la convention minière, signée le 13 février 1997 entre la République du Zaïre et BANRO RESSOURCES CORPORATION.

Le 29 mars 1997, l'Assemblée Générale Extraordinaire des actionnaires de la SOMINKI SARL décida de la dissolution et liquidation de la SOMINKI, laquelle a été substituée par SAKIMA SPRL et le 6 mai 1997, le Décret n° 0035 autorisa la fondation de la SAKIMA SARL à laquelle sont cédés tous les titres et concessions de la SOMINKI dissoute.

A la suite des irrégularités constatées dans la procédure ayant abouti à la dissolution, puis à la liquidation de la SOMINKI pour créer la SAKIMA SARL, SAKIMA ou BANRO qui était actionnaire à 74,95% fut déchue de tous ses titres.

Le 29 juillet 1998, le président Laurent Désiré KABILA signa trois Décrets :

- Décret n° 101 abrogeant le Décret n° 0035 du 06 mai 1997 qui crée la SAKIMA SARL ;
- Décret n° 102 abrogeant le Décret n° 0021 du 12 mars 1997 qui approuvait la convention minière du 13 février 1997 ;
- Décret n° 103 autorisant la création d'une société par action à responsabilité limitée dénommée Société Minière du Congo (SOMICO SARL). Cette dernière reprit les titres, biens et droits anciennement détenus par SOMINKI attribués à SAKIMA.

En réaction au Décret n° 103, BANRO déposa une plainte au CIRDI pendante sous le n° 1 : 00cv 03009 (RCL). En date du 18 avril 2002, l'Etat congolais et BANRO signèrent un accord de règlement amiable pour mettre un terme au litige.

A la suite de cet accord de règlement amiable, la SAKIMA SARL sera réhabilitée, pour devenir une propriété de l'Etat à 100%. Elle conserve 35 de concessions aurifères qui appartiennent en totalité à BANRO et à ses filiales congolaises.

En date du 30 mars 2003, le Président Joseph KABILA prendra trois Décrets :

- Le Décret n° 052-B-2003 rapportant le Décret n° 101 du 19 juillet 1998 qui abroge le Décret n° 0035 du 06 mai 1997 autorisant la fondation de SAKIMA SARL ;
- Le Décret n° 052-A-2003 du 30 mars 2003 rapportant le Décret n°0021 du 12 mars 1997 approuvant la convention minière du Zaïre que SAKIMA a signée le 13 février 1997 entre la République du Zaïre, BANRO et la SOMINKI ;
- Le Décret n° 4/065 du 05 juillet 2004 rapportant le Décret n° 103 du 07 août 1998 qui autorisait la création de la SOMICO SARL.

En effet, par ces trois décrets, l'Etat congolais a ressuscité la SAKIMA SARL ainsi que la convention minière du 13 février 1997. En exécution du Décret n° 4/065 du 05 juillet 2004, Leurs Excellences Messieurs les Ministres du Portefeuille et celui des Mines ont mis en place l'Arrêté Interministériel n° 012/MINPF/MINES/CVK/EDN/2004 du 20 octobre 2004, un comité de Gestion Provisoire de la SAKIMA, devenue Entreprise publique.

Enfin, le 12 mai 2006, a été signé l'Arrêté Interministériel n° 010/MINPF/CVK/2006 et n° 09/CAB.MINES/01/2006 du 12 mai 2006 modifiant et complétant l'Arrêté Interministériel n° 012/MINPF/MINES/CVK/EDN/2004 du 20 octobre 2004 portant constitution et désignation des membres du Comité de Gestion Provisoire de la SAKIMA.

Aspects financiers

1. Répartitions des parts sociales

   Dans la SOMINKI

   Au terme de la convention du 31 mai 1974, les parts sociales furent attribuées de la manière ci-après :

- Vingt pourcent (20%) représentent mille parts sociales pour la République Démocratique du Zaïre. Etant précisé que toute augmentation de capital souscrite par les actionnaires autres que la République du Zaïre s'accompagnera ipso facto d'une remise de vingt pourcent (20%) des nouvelles parts sociales à celle-ci de sorte que sa participation ne sera jamais inférieure à vingt pourcent (20%).
- Quatre –vingt pourcent (80%) distribués aux sociétés apporteuses de manière ci-après :

Tableau 4.5 *Parts sociales SOMINKI*

KINORETAIN	26.726	Parts sociales
KUNDAMINES	7.796	Parts sociales
KIVUMINES	23.664	Parts sociales
MILUBA	16.704	Parts sociales
MINERGA	12.250	Parts sociales
PHIBRAKI	4.176	Parts sociales
M.G.L.	47.885	Parts sociales (dont 23.943 seront attribuées à la République du Zaire en contrepartie de sa participation de 50.000 actions série B dans M.G.L.)
SYMETAIN	100.800	Parts sociales (dont 95 seront attribuées à la République du Zaïre en contrepartie de sa participation antérieure de 80 parts sociales de SYMETAIN)
TOTAL	240.000	Parts sociales

Dans la convention minière

La convention minière prévoit que le capital social de la SAKIMA SARL a été fixé à dollars américains vingt millions (USD 20.000.000) et divisé en 10.000 actions. Ces actions furent souscrites comme suit :

BANRO : 7.495 actions____74 ,95%

Etat comme actionnaire de SOMINKI : 20 actions_____ 7, 00%

BANRO comme actionnaire de SOMINKI : 20 actions_____ 18, 00%

N.B. Au total BANRO a 92,95%

Mr CLUFF J. GORDON : 01 action_____0,01%

Mr KONDRATT ARNOLD : 01 action_____ 0,01%

Mr MITCHELL H. PATRICK : 01 action_____ 0,01%

Mr SMETS LUC : 01 action_____ 0,01%

Mr RISASI MSIMBWA : 01 action_____ 0,01%

Total : 10.000 actions_______100,00%

Il est précisé que toute augmentation du capital de SAKIMA SARL, souscrite par les actionnaires autres que le Zaïre s'accompagnera ipso facto d'une remise de 7% de nouvelles actions à l'Etat de sorte que la participation de ce dernier ne sera jamais inférieure à sept pourcent.

L'avenant qui est intervenu à la suite de l'accord amicale fait perdre à l'Etat 7% des parts lui revenant dans la convention minière sur les gisements aurifères pour avoir 100% des parts sur les gisements stannifères. Or, pour ce qui est des gisements aurifères, ils reviennent en totalité à BANRO et à ses filiales congolaises étant entendu que l'Etat n'a plus que 0% des parts sociales ; alors qu'au moment où BANRO intègre la SOMINKI en septembre 1996, il n'avait que 36% du capital social.

Cependant, à la signature de la convention, il fut convenu que 25% du capital social de la SAKIMA devait être cédé aux actionnaires de la SAKIMA, 7% à l'Etat congolais et 18% à BANRO.

2. Impôts et taxes

L'Etat accorde à SAKIMA SARL pour toute la durée de la convention, l'exonération totale et complète de tous impôts, taxes, droits, contributions et prélèvements, de quelque nature que ce soit, directs ou indirects, fiscaux ou parafiscaux, nationaux, régionaux ou locaux dus à l'Etat, aux entités administratives décentralisées, aux organismes professionnels ou paraétatiques existants ou à venir et notamment les impôts et taxes énumérés à l'article 13 du Décret du 27 février 1887 sur les sociétés commerciales, à l'Ordonnance Loi n° 69-006 du 10 février 1969, à l'Ordonnance Loi n° 69-009 du 10 février 1969 ainsi que l'Ordonnance Loi n° 69-009 titre III.

Cette exonération s'étend à BANRO pour ce qui est de la partie aurifère et à SAKIMA pour la partie stannifère. A ce jour, après avoir pris l'engagement dans la convention de passer à l'exploitation au terme de 18 mois, cet engagement n'existe plus dans l'avenant. Il en résulte que l'Etat ne peut même pas percevoir les impôts dus à la phase exploratoire.

3. Régime douanier

En dehors de la redevance administrative à l'importation ; BANRO, ses filiales de même que les 14 concessions minières acquises en mars 2007 représentant 3.130 km2 sont exonérées de tous droits, taxes et prélèvements, directs ou indirects y compris la contribution sur le chiffre d'affaire. Elle ne pourra payer ces droits qu'à partir de la quinzième année du début de la date d'exploration.

Conclusions

La Commission estime qu'à ce jour, BANRO et SAKIMA ne sont plus en droit de se prévaloir des dispositions de la convention minière. En conséquence, toutes leurs activités minières devraient se dérouler conformément à la législation minière en vigueur en République Démocratique du Congo. Cela étant, la Commission a retenu ce qui suit :

- Le Groupe BANRO et SAKIMA bénéficient indûment des avantages fiscaux et douaniers de la Convention minière alors qu'ils ne sont plus en partenariat en vertu des articles 7 in fine et 10 de l'Accord de règlement amiable ;
- Non-respect par BANRO des dispositions contractuelles notamment l'obligation de clôturer la liquidation de la société ex-SOMINKI (cfr art 5 de l'accord de règlement amiable) ;

La Commission observe et recommande ce qui suit :

- L'accord de règlement amiable, qui vide la convention de toute sa substance, a mis fin de facto au partenariat entre l'Etat, la SOMINKI et BANRO dans SAKIMA. De ce fait, la convention est devenue sans objet car SAKIMA appartient désormais à 100% à l'Etat, BANRO n'ayant plus des actions dans cette société ;
- Mettre un terme à la Convention SAKIMA ;
- Application du droit commun tant pour le Groupe BANRO que pour SAKIMA ;
- Obligation de clôturer la liquidation de SOMINKI par BANRO ;
- Obligation de régulariser le statut juridique de SAKIMA en tant qu'entreprise publique ;
- Exiger au Groupe BANRO et SAKIMA le paiement des impôts, droits et taxes dus à l'Etat, notamment les droits superficiaires, depuis la signature de l'accord du règlement amiable (18 avril 2002), soit 4,9 millions USD droits superficiaires à charge du Groupe BANRO.

C. Convention minière entre la République Démocratique du Congo et l'entreprise minière Kisenge manganèse « emk-mn » et Cluff Mining Limited

Historique

L'Entreprise Minière de Kisenge Manganèse « EMK-Mn » est titulaire des zones Exclusives de Recherches « ZER » en vertu de la Convention Minière signée en date du 20 février 1976 entre la République Démocratique du Congo et l'EMK-Mn.

En date du 16 août 1997, l'Etat congolais conclu avec Cluff Mining Congo Sprl « CLUMINCO » filiale de Cluff Mining Limited devenu par après la Minière d'Or de Kisenge « MDDK » un accord préliminaire qui conférait à CLUMINCO quatre ZER au Katanga portant comme référence ZER XIX/KL, XX/KL, XXI/KL, XXII/KL pour les substances minérales comprenant notamment les métaux de base, les métaux précieux, les métaux du groupe de platine, les diamants et le manganèse.

Ultérieurement à la conclusion de cet Accord préliminaire du 11 septembre 1997 et de la prorogation des droits de recherches découlant de la convention minière de 1976, EMK-Mn et Cluff ont conclu le 09 avril 1998 un Accord d'Exploration relatif aux ZER. En contrepartie de sa participation dans l'entreprise commune à créer, EMK-Mn a dû renoncer à ces droits sur les ZER. C'est dans ce cadre qu'il a été signé, conformément aux dispositions du titre III (articles 38 à 43) de l'ordonnance-loi n° 81-013 du 02 avril 1981 portant Législation générale sur les Mines et Hydrocarbures, la convention minière liant le gouvernement de la République Démocratique du Congo « ETAT », l'Entreprise Minière de Kisenge Manganèse et Cluff Mining Limited en date du 28 octobre 1998.

Aspects financiers

1. Participation au capital : au terme de l'article 5 de la Convention minière le pourcentage de participation des parties au moment de la constitution de la société est fixé comme suit :

- EMK-Mn : 20%
- Cluff : 80%

Il était convenu que l'Etat n'aura aucune participation dans le capital social de société à créer. EMK-Mn a l'option d'augmenter sa participation dans la société par l'achat d'une participation complémentaire de dix pourcent (10%). Cette option peut être levée une seule fois à partir de la sixième année suivant la date de la première production. Le prix d'acquisition pour cette participation complémentaire sera à la valeur marchande « fair market value » exprimée et payable en dollars américains de dix pourcent (10%) de la valeur de la SCARL déterminée par un Expert indépendant nommé d'un commun accord.

2. Retombées financières : dans le cadre de ce partenariat, EMK-Mn attend à titre de retombée financière, le montant de 20% du bénéfice à titre de dividende.

3. Droits superficiaires, impôts et taxes : le présent partenariat bénéficie d'un régime d'exonération.

Conclusions

Après analyse de ce partenariat, la Commission a retenu les éléments ci-après :

- Fixation arbitraire des actions, sans études de faisabilité ;
- La Convention accorde des avantages fiscaux et douaniers exorbitants à la Sarl sans aucune contrepartie pendant toute la durée de la Convention.

A cet effet, la Commission observe et recommande :

- D'identifier et d'évaluer les apports réels des parties dans la JV en vue de répartir équitablement les actions ;
- Le retard dans l'autorisation de la création de MDDK (5 ans) ;
- Le projet est en phase de prospection et recherche ;
- D'exiger le paiement de pas de porte et de royalties sur le chiffre d'affaires.

Eu égard à ce qui précède, la Commission estime qu'il y a lieu de renégocier le partenariat. (Catégorie B).

D. Convention minière entre la République Démocratique du Congo et la Miba et la Minière de Senga Senga « SENGAMINES »

Historique

La Société SELNGAMINES Sarl a été créée le 8 novembre 1999 avec comme actionnaire majoritaire COSLEG, qui détenait 98,8% des actions. Elle a signé une convention minière avec l'Etat congolais. Il y a eu par après évolution de société avec l'entrée de la MIBA en 2003 avec 20% des actions dans SENGAMINES. Plusieurs changements d'actionnaires sont intervenus dans cette société.

Par ailleurs, l'entrée de la MIBA dans SENGAMINES résulte de se réclamations étant donné que les périmètres octroyés à SENGAMINES sont la propriété de la MIBA.

Aspects financiers

1. Capital social et répartition des actions :

- MIBA : 20%
- ORYX (FAD) et autres : 80%

Le capital social est fixé à la somme de francs congolais onze millions deux cent cinquante mille (CDF 11.250.000).

2. Apport des parties : les périmètres mis à la disposition de SENGAMINES sont des périmètres MIBA. Ils constituent l'apport MIBA. Par contre, le partenaire ORYX ou FAD avait l'obligation d'apporter le financement pour les nouvelles explorations et le développement du projet.
3. Retombées financières : outre les dividendes à attendre de 20%, aucune autre retombée financière n'a été prévue, en l'occurrence le pas de porte

et les royalties. Toutefois, le partenaire avait injecté dans la société environ dollars américains douze millions (USD 12.000.000) dont les détails n'ont pas été fournis à la Commission.

4. Droits superficiaires, impôts et taxes : la convention minière exonère la société SENGAMINES du paiement des impôts, droits et taxes en faveur de l'Etat.

Conclusions

La Commission met à charge de la convention minière SENGAMINES, les griefs suivants :

- L'objet de la convention porte sur des concessions, en violation de l'article 38 de la loi minière de 1981 qui limitait l'objet de toute Convention Minière à l'octroi par l'Etat d'une ou plusieurs ZER (Zones Exclusives de Recherches) ;
- Exclusion illégale de la MIBA lors de la signature de la convention initiale alors que les concessions concernées lui appartenaient ;
- Déséquilibre des parts sociales attribuées à la MIBA en l'absence d'une évaluation précise de son gisement ;
- Gel du gisement ;
- Non dépôt des états financiers ;
- Aucune activité de recherche et d'exploration sur terrain actuellement ;
- Non-respect du délai de 18 mois convenus pour la production de l'étude de faisabilité par FAD (First African Diamond) ;
- Cessation de paiement et ébranlement de crédit dans le chef de la SENGAMINES Sarl.

De ce qui précède, la Commission constate et recommande ce qui suit :

- Abrogation du décret n° 009/01 du 23/02/2001, portant approbation d'une convention minière entre la RDC, la MIBA et la SENGAMINES ;
- Déclenchement de la procédure de faillite de la SENGAMINES Sarl ;
- Déchéance des droits miniers de la SENGAMINES conformément à l'article 47 pt 4 et 5 de la convention minière du 29/08/2000 ;
- Rétrocession à la MIBA de ses droits miniers ;
- Existence d'une créance de 198 millions entre FAD et ORYX. »

La lecture de ces quatre conventions montre comment la Commission a exécuté un travail minutieux avant d'arriver aux conclusions reprises dans les tableaux plus haut. Comme on peut le constater, il y a beaucoup de raisons spécifiques à chaque contrat, toutefois, j'ai constaté qu'il y a des raisons qui reviennent d'une manière systématique. Ma curiosité a surtout été attirée par la gestion des parts sociales et à quel moment le contrat a été signé. On constatera qu'à l'exception de quatre, tous les contrats ont été signés entre 2000 et 2007 pendant la première partie du mandat de Joseph Kabila que je qualifie de Paiement de Dupe et Tentative de Faire Défaut (O-5). Les deux tableaux qui suivent représentent ces deux éléments en séparant le partenariat Gécamines des autres partenariats :

Tableau 4.6. Partenariats Gecamines : parts sociales et date de signature des contrats

Partenaire	Parts sociales	Date /signature/ contrat
BOSS MINING Sprl	GCM 20% Shafford Capital 80%	25/02/2004
COMILU Sprl	GCM 28% COVEC 35, 28 % et CRECG 36, 72%	Mai 2004
CMSK Sprl		
CMT Sprl	GCM 40% EGMF 60%	Nov. 2005
COMIDE	GCM 25% LEREXCOM 75%	25/ 03/ 2006
DCP Sarl	GCM 20% SIMPLEX HOLDING 80%	09/09/2004
G.T.L. Ltd		1996
KALUMINES	GCM 25 % GEC 75%	Juin 2003
KICO	GCM 20% OMG 51% et GGF 29%	14/02/2007
SAVANNAH MINING Sprl		08/12/2005
MIKAS Sprl	GCM 40% AVCO 60%	F2VRIER 2004
MUKONDO MINING Sprl	GCM 37 % United Resources 63%	
MUMI Sprl	GCM 20 % DGI 80%	Juin 2000
RUASHI MINING Sprl	GCM 25% Western Mining 75%	10/02/2004
SEK SPRL		

SMCO Sprl	GCM 00% BOSS	KMC 50% et MINING 50%	Septembre 2006
SMK Sprl			
SWANMINES Sprl	GCM 40%	SAMREF 60%	Octobre 1998
T.F.M. Sarl	GCM 45%	CMC 55%	2005
AMCK Sprl	GCM 40 %	COMIN 60%	08/12/2005
JV à créer	GCM 25 % Corporation	East China 75 %	Octobre 2005
COMMUS Sprl			05/01/2006
JV à créer			08/12/2005
KMT Sarl	GCM 20 %	EMIKO 85 %	23/04/2004
MKM Sprl	GCM 25 % 75%	AKAM MINING	Juillet 2001
PZCE			1999
	GCM 17 % 82,5%	Lunding Holdings	
	GCM 25% 75%	Kinross Forrest	
	GCM 45% 55%	SWANEPOEL	
	GCM 27%	COVEC 73%	
	GCM 40% 55%	SWANEPOEL	
	ETAT 5%		
	GCM 17,5%	CMD 82,5%	
	GCM 17,5%	EXACO 11,5%	
	COVEC 71%		
	GCM	Melkior Resources	

L'une des causes de la disparition du Président Laurent Désiré Kabila était le fait d'avoir remis en cause les accords qu'il avait avec les Occidentaux au moment où il était le chef de la rébellion de l'AFDL. Pierre Baracyetse signale que L.D. Kabila avait signé un accord de cession de la Gécamines avec l'American Mineral Fields Incorporated (AMFI). Le même auteur dit plus loin dans son document que « l'autre élément qui a contrarié les projets de l'AMFI en RDC serait dû à la dénonciation du contrat de privatisation de la Gécamines que la société avait négocié en avril 1997 avec les nouvelles autorités congolaises de l'AFDL. »[233] On constatera plus haut que la privatisation de la Gécamines a eu lieu après la mort de M'Zee L.D. Kabila. En effet, les contrats de partenariat avec la Gécamines ont eu lieu pendant les années de la transition 1+4. Et sur un total de 25 contrats signés, la Gécamines n'a obtenu qu'une moyenne de 27% des parts sociales contre 73% pour les partenaires des pays capitalistes. Le même tableau déceptif apparaît dans les accords avec des sociétés en dehors de la Gécamines.

Tableau 4.7. : Autres partenariats : parts sociales et date de signature des contrats

Partenaires	Parts sociales	Date/signature/contrat
1.JV à créer	MIBA 40% ELEMENTAL MINERALS 60%	
2.SKD Sprl		
3.MIKAS Sprl	MIBA 49% DE BEERS 51%	
4.LUMI Sprl	MIBA 50% NIJNE-LENSKOYE 50%	Décembre 2006
5. AGK Sarl	MIBA 49% BHP BILLITON 51%	
6. A.T.F.		2003
7. BLUE ROSE Sprl	OKIMO 13,8% Anglo Gold Ashanti 86%	2003
8. BORGAKIM Sprl	OKIMO 30% BORGAKIM 70%	2003
9. GORUMBWA Sprl		2003
10. KIBALI GOLD Sprl		2003
11. MWANA AFRICA Sprl		Juin 2004
12. GEMICO Sprl		14/07/2006
13.MMK Sarl		Avril 2003
14.MDDK Sarl		28/10/1998

233 Pierre BARACYETSE, « L'enjeu géopolitique des sociétés minières internationales en République Démocratique du Congo (ex Zaïre), Buzet (Belgique) Décembre, 1999.

		03/11/2006
15.JV à créer	SODIMICO 20% CRC 75% et EGMF 5%	23/02/2001
16.SENGAMINES Sarl	EMK-Mn 20% Cluff Mining Ltd 80%	
17.AMANI GOLD Sprl		
	EMK-MN 25% OPL 75%	2003
18.RAMBI MINING Sprl		
	MIBA 20% Oryx (FAD) et autres 80%	2003
19.TANGOLD Sprl		
	OKIMO 20% AMANI GOLD 80%	Juillet 1996
20.K.G.H.M Congo Sprl		
		2006
21.LONG FEI Sprl	OKIMO 20% RAMBI MINING 80%	
		24/02/2005
22.MUYAFA CONGO Sprl	OKIMO 20% TANGOLD 80%	16/06/2006
23.WESTERN MINING Sprl		
		20/02/2004
24.SOCOMIE Sprl		
25.BANGANDULA Sprl	SODIMICO 2O% WESTERN MINING 80%	
26.CAR Sprl		
27.COCOMINING Sprl		
28.S.O.L. Sprl		14/09/2006
29.DMC Sprl		18/04/2002
30.SAKIMA Sarl		26/10/2006
31.JV à créer	SAKIMA 25% S.O.L 75%	31/10/2000
32.ANVIL MINING CONGO Sarl	RDC 7%, BANRO 92,95%, Cluff Gordon 0,01%, Kondrat 0,01%, Smets 0,01% et Risasi 0,01%	
	EMK6Mn 25% SENTINELLE INTERNATIONAL Group Ltd 75%	
	RDC 00% ANVIL MINING 100%	

Source : Commission ad hoc chargée de revisiter les contrats miniers

On peut constater, encore une fois, que ces contrats ont été signés pendant la transition 1+4. Bien que la commission n'ait pas donné les parts sociales pour tous les contrats, on peut analyser ce qui a été fourni. Sur dix-huit contrats détaillés, la RDC obtient une moyenne de 25% des parts sociales contre 75% accordés aux pays capitalistes.

On peut voir clairement à qui profite cette coopération dans le domaine minier. Dans certains cas, on est même sidéré quand on examine les détails du contrat. Le cas du projet Tenke-Fungurume en est un exemple. Manfred Schulz signale dans son ouvrage *Entwicklungstranger in der DR Kongo* (Les porteurs de développement en RD Congo) que le projet Tenke-Fungurume concerne des gisements de 7 millions de tonnes de cuivre et 1,5 million de tonnes de cobalt, estimés sur le marché en ce temps-là à plus ou moins 90 milliards de dollars américains. Le contrat est signé pour une période de plus de 40 ans et la société qui a signé ce contrat n'a engagé que 60 millions de dollars américains.[234] Et comme montré plus haut, la société bénéficie de 82,5% des parts sociales pendant que la GECAMINES n'a que 17, 5%. Dans une lettre ouverte adressée aux 33 candidates et candidats aux élections présidentielles au Congo, Monsieur Robert CREM, ancien Président Délégué Général de la Gécamines, a qualifié cette situation d'un crime international et a exhorté les futures autorités congolaises à la renverser :

« ....Mais depuis les années 90, l'industrie minière est à l'abandon et en faillite ; le peuple ne sait pas vivre ni s'épanouir ; les infrastructures sociales et économiques sont délabrées, etc. Des aventuriers font fortune, au moment où les réserves minières sont toujours présentes. On doit se demander le pourquoi de cette faillite générale. C'est parce que les exploitations des ressources naturelles ont été dans le secret et la précipitation à des personnes (ou des groupements) peu ou non professionnelles et généralement enclines à spéculer sur les droits miniers obtenus et les matières commercialisées. Tous les rapports de ces dernières années reconnaissent le caractère non équitable des contrats et l'absence de profit substantiel pour l'Etat et les populations.....

Après un demi-siècle dans le secteur minier en Afrique et pour l'essentiel au Congo, je me sens le devoir de vous encourager à inscrire à votre programme. En cas de victoire électorale ou même dans la future opposition qui a un statut constitutionnel, la résurrection du capital minier et énergétique national. Ce programme me semble une priorité absolue sur le plan national, tant pour la gestion courante que pour la reconstruction et, surtout, prévenir un génocide silencieux des populations privées des retombées des ressources naturelles. Sur le

---

234 Manfred SCHULZ (Hg), *Entwicklungstranger in der DR Kongo. Entwicklungen in Politik, Wirtschaft, Religion, Zivilgesellschgt und Kultur*, Berlin : lit verlag 2008, p. 286.
Manfred Schultz, ed., *Les porteurs de développement en RDCongo. Dans le domaine de la politique, économie, religion, société civile et de la culture*, Berlin : Lit Verlag, 2008, p. 286.

plan international, il serait criminel de détruire des réserves minérales mondiales, et non renouvelables.... »[235]

Les élections ont eu lieu en 2006 et les choses se sont empirées avec le pouvoir de Joseph Kabila. Non seulement les partenaires occidentaux avaient refusé de renégocier les contrats léonins, mais la Troisième République s'est illustrée elle-même dans des contrats qui n'ont fait qu'aggraver le génocide silencieux des populations évoqué par Robert CREM.

Conclusion

L'analyse que j'ai faite dans ce chapitre me conduit à la conclusion que pendant la première période de l'exercice du pouvoir de Joseph Kabila qui est située entre 2001 et 2008, la coopération entre le Congo et les pays capitalistes s'est déroulée au détriment de la population congolaise. Cette période comprend un temps de transition, les responsabilités peuvent être partagées avec les autres Vice-présidents, notamment Jean-Pierre Bemba, mais toujours est-il qu'il n'y avait qu'un seul Président pour le Congo. C'est ainsi que j'ai qualifié cette coopération de Tentative de Faire Défaut pour les Pays capitalistes et Paiement de Dupe pour le Congo, soit la représentation ci-dessous :

Tableau 4.8 La coopération entre les pays capitalistes et le régime joseph Kabila, 2001-2008

RDC : REGIME JOSEPH KABILA 2001-2008			
		COOPERER	FAIRE DEFAUT
	COOPERER		
CAP	FAIRE DEFAUT	CAP= 5 RDC= 0 TENTATIVE DE FAIRE DEFAUT ET PAIEMENT DE DUPE	

Conclusion

Un changement politique crucial s'était opéré dans la coopération entre le régime de Joseph Kabila et les pays capitalistes à partir de la signature d'une importante convention de collaboration entre la République démocratique du Congo et quatre mastodontes chinois en 2008 en vue d'exploiter le cobalt et le cuivre congolais. Et la deuxième partie du régime de Joseph Kabila avait connu une coopération que j'ai qualifiée de « punition mutuelle ». Je pense que nous avons assisté à quelque chose de particulier, mais pas étonnant. Un régime peut changer de politique en plein exercice du pouvoir. Les relations que Joseph Kabila avait avec les pays capitalistes ne sont pas restées les mêmes du début jusqu'à la fin de son deuxième mandat.

---

[235] Lettre ouverte de Robert CREM aux 33 candidates et candidats à l'élection présidentielle, Bruxelles, 15/07/2006.

Chapitre 5 La coopération entre le régime de joseph kabila et les pays capitalistes, 2008-2018 : un cas de punition mutuelle

Ce chapitre éclaire la coopération entre le régime de Joseph Kabila et les pays capitalistes, 2008-2018 : un cas de punition mutuelle.

Dans mon ouvrage publié en 2010 chez l'Harmattan[236], j'ai analysé la coopération entre les pays capitalistes et le Congo. Mon analyse était allée aussi loin que 1908. Et j'avais démontré comment cette coopération oscillait entre CAP=5 RDC=0 et CAP=1 RDC=1. Aucun régime n'a obtenu le résultat CAP= 3 RDC=3. Et j'avais dit que c'était ce résultat qui était la condition nécessaire en vue de voir la RDC décoller économiquement. Bien qu'elle ne soit pas une condition suffisante. Au dernier chapitre de ce travail-ci, je tenterai de discuter les conditions nécessaires et suffisantes pour atteindre le décollage économique du Congo.

Dans mon analyse passée, j'avais qualifié la coopération entre le régime Joseph Kabila et les pays capitalistes de CAP=5 RDC=0. C'est ce que je viens encore une fois d'enrichir au Chapitre 4. Mais je dois mentionner que cette analyse du régime Joseph Kabila s'était limitée à la période 2001-2008. En effet, le régime ayant fait des promesses électorales (cinq chantiers), après avoir constaté qu'il courait le risque de ne pas réaliser ses promesses en se fiant à cette coopération avec les pays capitalistes, avait décidé de se tourner vers la coopération avec la Chine. Et le 17 septembre 2007, un accord de coopération important avait été signé entre la RDC et la Chine. Du coup, l'on avait commencé à parler des problèmes « géoéconomiques ». La grande question que je m'étais posée en ce temps-là était de savoir si cet accord nous conduisait vers une coopération CHINE=3 RDC=3 ou plutôt vers CHINE=5 RDC= 0 et CAP=1 RDC=1 avec toutes les conséquences qui s'en suivraient ?

Dans ce chapitre, je vais démontrer que les indicateurs montrent que la deuxième partie du régime Joseph Kabila a connu le schéma CHINE=5 RDC=0 et CAP=1 RDC=1 c'est-à-dire la tentative de faire défaut et le paiement de dupe pour la Chine et la RDC et la punition pour le défaut mutuel pour les pays capitalistes et la RDC. Et comme je l'ai défini ailleurs, la forme extrême de la punition contre le régime congolais était l'élimination physique du Chef du Gouvernement comme

[236] Georges MPWATE-Ndaume, *La Coopération entre le Congo et les pays capitalistes. Un dilemme pour les présidents congolais*, 1908-2008, Paris : l'Harmattan, 2010.

Lumumba et Laurent Désiré Kabila. Mais il y avait d'autres formes de punition, telle que le renversement du régime ou la propulsion de l'opposition en vue d'écarter le partenaire que l'on veut punir du pouvoir. En cas d'espèces, la punition contre Joseph Kabila n'a pas pris la forme extrême, mais les pays capitalistes ont travaillé pour le chasser du pouvoir et il l'a quitté en 2018.

Ce chapitre comprendra deux points. Dans le premier, je démontrerai comment les relations entre le Congo et les pays capitalistes se sont détériorées jusqu'à atteindre le résultat de CAP=1 RDC=1. Le deuxième point sera consacré à la coopération entre le Congo et la Chine que je qualifie de CHINE=5 RDC=0.

5.1. La coopération entre le Congo et deux administrations américaines

J'ai utilisé plusieurs indicateurs au chapitre 4 pour démontrer les bonnes relations qui ont existé entre Joseph Kabila et l'administration Bush. Les pays capitalistes ne comprennent pas seulement les Etats-Unis d'Amérique, les pays européens sont aussi placés dans cette catégorie, spécialement, la Belgique, la Grande Bretagne, la France, l'Allemagne et l'Italie. Toutefois, en vue de ne pas trop disperser l'attention des étudiants de la coopération internationale, je préfère me concentrer seulement sur les relations avec les Etats-Unis, qui sont la superpuissance dans ce monde capitaliste. Le régime Joseph Kabila a travaillé avec trois différents présidents américains : l'Administration Bush jr, l'Administration Obama et l'Administration Trump. J'ai déjà analysé les relations entre le régime Joseph Kabila avec l'administration Bush au Chapitre précédant.

Gauthier de Villers note que « comme Mobutu, comme son père, Joseph Kabila a utilisé ce que Jean-François Bayart a appelé la 'stratégie de l'extraversion' pour renforcer son pouvoir. Cette stratégie est définie comme suit par l'auteur : « Cependant, dans le cas africain tel que l'évoque Bayart, l'extraversion se réalise sur le mode particulier d'une relation de dépendance, d'une insertion dépendante dans l' « économie-monde ». A l'époque du commerce de traite et de l'esclavage, à l'époque coloniale, à celle de la formation des Etats postcoloniaux jusqu'au temps actuel de la « démocratisation », la stratégie de l'extraversion serait l'économie politique d'élites ou de pouvoirs africains : elle leur assure des formes de rente en contrepartie de dépendance dans laquelle ils sont mis et qu'ils entretiennent ».[237]

Cette stratégie a été utilisée par Joseph Kabila en vue d'obtenir deux choses : la fin officielle de la guerre contre le Rwanda et l'Ouganda avec leurs rébellions fabriquées au Congo et la victoire aux élections car il fallait légitimer le pouvoir qu'il a obtenu de manière floue après la mort de Laurent Désiré Kabila. Ce jeu a été bien joué par Joseph Kabila pendant l'administration Bush. Mais à la fin du mandat de Bush, Joseph avait changé de politique et les deux administrations qui

---

[237] Gauthier DE VILLERS, « Les trois présidences de Joseph Kabila. Vertus et limites d'une stratégie de l'extraversion » Bruxelles, Juin 2009.

ont suivi__ Obama et Trump__ ont connu des relations tendues avec Joseph Kabila.

5.1.1. Joseph Kabila et l'administration Obama 2009- 2017

La fin du régime 1+4 issu de l'Accord de Sun City et les élections organisées en 2006 ont apporté un changement dans la stratégie de l'extraversion dont parle Gauthier de Villers. Pendant sa campagne électorale Joseph Kabila avait fait beaucoup de promesses au peuple congolais. Son programme était basé sur ce qu'il a appelé « les cinq chantiers » : infrastructures____ routes, rail, ponts___, création d'emplois par des investissements, éducation, eau et électricité, santé. Il comptait beaucoup sur des investissements occidentaux, de là son optimisme devant Colette Braeckman, quand il lui disait : « Pour moi, le Congo, c'est la Chine de demain : d'ici 2011 ___ échéance du mandat présidentiel___, l'exemple pour moi viendra des pays asiatiques que l'on appelle les « Dragons ». Le Congo va surprendre, car il se redressera beaucoup plus vite que prévu ».[238] Malheureusement, les choses ne se sont pas passées comme lui pensait. Les investissements occidentaux ne sont pas venus.

J'ai déjà brièvement évoqué certains traits de la politique étrangère dans le chapitre précédent. Toutefois, je pense que pour mieux saisir la détérioration des relations entre l'administration Obama et le régime Joseph Kabila, il est important de discuter un peu plus la politique étrangère américaine en général et ses intérêts en République démocratique du Congo. Comme le signale Dr. Florent Pumu, les intérêts américains dans l'exercice de leur politique étrangère peuvent être regroupés dans quatre catégories ;

- Les intérêts militaires et géostratégiques,
- Les intérêts socio-économiques,
- La lutte contre le terrorisme particulièrement aujourd'hui contre les djihadistes,
- Les intérêts d'ordre humanitaire et sentimental.[239]

Je vais revenir plus bas sur les détails fournis par l'auteur sur chaque catégorie de ces intérêts américains.

Ces intérêts sont à inscrire dans les objectifs de la politique étrangère américaine et les moyens utilisés en vue d'atteindre ces objectifs. Dans sa définition de la politique étrangère américaine, Charles Kegley déclare que ce sont « les objectifs que les officiels américains cherchent à atteindre à l'étranger, les valeurs qui génèrent ces objectifs, et les moyens ou instruments à travers lesquels ils sont poursuivis ».[240] En dépit de certaines mesures isolationnistes, comme

---

[238] *Idem*

[239] Florent PUMU, « Administration Obama, Kabila et les vrais enjeux du Dialogue de 2015 », www. Kamotocentre.com

[240] Charles KEGLEY & Eugene WITTKOPF, *American Foreign Policy. Pattern and Process*, New York: St. Martin's Press, Inc., 1991.

l'Amérique en a connu sous l'administration Trump, une lecture de la politique étrangère américaine depuis la fin de la deuxième guerre mondiale montre que la politique étrangère américaine est caractérisée par des objectifs qui sont restés relativement constants en comparaison avec les moyens et les instruments variables en vue d'atteindre ces objectifs.[241] Depuis la fin de la deuxième guerre mondiale, la politique étrangère américaine a été dominée par trois principes :

- « Les Etats-Unis doivent rejeter d'une manière permanente l'isolationnisme et le substituer par une responsabilité active pour la direction des affaires internationales ;
- Le Communisme représente une force idéologique dangereuse dans le monde, les Etats-Unis devraient combattre son expansion ;
- Puisque l'Union Soviétique est le fer de lance du défi Communiste, la politique étrangère américaine doit contenir l'expansionnisme et l'influence Soviétique ».[242]

Avant d'en arriver à ces principes, l'Amérique avait connu l'isolationnisme. On peut mentionner les propos tenus par le président George Washington dans son discours d'adieu : « si vous dormez avec des chiens, vous vous réveillerez avec des puces. » Cette pensée avait été explicitée par le Secrétaire d'Etat John Quincy Adams plus tard quand il avait dit : « N'importe où a existé le standard de liberté et d'indépendance ou là où il sera déployé, là aussi sera le cœur de l'Amérique, ses bénédictions, et ses prières. Mais elle n'ira pas à l'étranger à la recherche des monstres à détruire… » Le principe était que l'Amérique devrait se comporter en un modèle de liberté et inciter les autres pays à suivre son exemple, mais non à intervenir dans les affaires internes des autres pays.[243]

La politique étrangère américaine a aussi été caractérisée par l'internationalisme qui « comprend des pratiques diverses entre autres non seulement l'exercice du pouvoir, mais aussi l'intervention dans les affaires politiques des autres, la pénétration des marchés étrangers à travers des investissements et le commerce, le maintien d'un haut profil diplomatique, la recherche d'un statut militaire et diplomatique prépondérant, la sensibilité aux menaces à l'honneur de la nation, la promotion active des valeurs américaines à l'étranger, et un effort correspondant pour transplanter les institutions américaines ».[244] Le président Harry Truman avait marqué la politique étrangère américaine après la deuxième guerre mondiale avec sa doctrine : « Les hommes libres du monde comptent sur nous en vue de les supporter pour maintenir leurs libertés… Si nous faisons défaut dans notre leadership, nous pouvons mettre en danger la paix dans le monde_____ et nous allons sûrement mettre en danger le bien-être de notre propre nation ». Cette même politique a été renforcée par le président John Kennedy qui a dit : « Notre

---

241 *Idem.*

242 *Idem*

243 Charles KEGLEY & Eugene WITTKOPF, *Op. Cit.*

244 *Idem.*

nation a été commissionnée par l'histoire à être soit une observatrice de l'échec de la liberté soit la cause de son succès.[245] Depuis la deuxième guerre mondiale donc, la politique étrangère américaine a pris beaucoup d'initiatives à travers le monde et dans presque tous les domaines. Elle a accompagné l'Organisation des Nations Unies dans sa mission de veiller sur la sécurité mondiale. C'est ainsi que l'on parle de « *pax americana* » pendant cette période de l'histoire du monde. Il est vrai qu'après l'attaque de *World Trade Center* à New York, le 11 septembre 2001, la politique étrangère américaine a ajouté la lutte contre le terrorisme international dans ses préoccupations.

J'ai déjà mentionné que James Kurth, parlant de l'empire américain, a identifié quatre écoles des dirigeants américains selon leurs perceptions du rôle que l'Amérique doit jouer dans le monde globalisé. J'ai dit qu'il distingue les libéraux traditionnels, les conservateurs traditionnels, les néolibéraux, et les néoconservateurs. Il signale que ces quatre écoles ressemblent à ce que Walter Russel Mead a identifié comme les quatre traditions historiques de la politique étrangère américaine : la tradition Jeffersonienne, Jacksonienne, Wilsonienne, et Hamiltonienne.[246] L'auteur décrit chaque tradition en ces termes : les libéraux traditionnels sont surtout préoccupés par l'économie domestique américaine. La politique étrangère pour eux devrait protéger et promouvoir l'économie domestique. Les interventions extérieures qui affecteraient l'économie domestique ne sont pas les bienvenues. C'est l'administration Carter qui a été citée par l'auteur comme un exemple de la tradition Jeffersonienne.

Les conservateurs traditionnels sont surtout préoccupés par la sécurité nationale américaine. Pour eux, la protection et la promotion de la sécurité nationale devrait être l'objectif principal de la politique étrangère américaine. Les interventions extérieures qui sont loin des intérêts vitaux américains et qui pourraient épuiser la force de l'Amérique et créer des ennemis à l'extérieur ne sont pas les bienvenues. L'administration Bush (1ère) a été citée par l'auteur comme un exemple de la tradition Jacksonienne. En dépit de leur différences, étant donné que certains sont libéraux et d'autres conservateurs, ces deux traditions font valoir le principe de l'intérêt nation, c'est-à-dire, la protection et la promotion des intérêts américains d'abord.[247]

Les néolibéraux ont comme préoccupation le rôle américain dans l'économie globale et la société globale. Pour eux, le rôle de leader dans le grand projet de mondialisation doit revenir aux Etats-Unis d'Amérique. L'objectif à atteindre est « l'instauration d'un ordre global caractérisé par les démocraties libérales, le marché libre, des sociétés ouvertes, et une paix démocratique ».[248]

[245] *Idem.*
[246] James KURTH, « Confronting the Unipolar Moment: The American Empire and Islamic Terrorism » in *Current History. A Journal of Contemporary World Affairs*, December, 2002.
[247] *Idem*
[248] *Idem.*

L'administration Clinton a été citée comme un exemple récent de la tradition Wilsonienne.

Enfin, les néoconservateurs sont préoccupés par le rôle que doit jouer l'Amérique dans la sécurité globale. Comment éliminer les menaces militaires et terroristes contre l'Amérique et ses alliés. L'exemple le plus récent c'est l'Administration George W. Bush (Junior) qui a lancé une guerre contre l'Iraq en vue de l'élimination des armes à destruction massive. Même si plus tard on ait remis en cause les raisons officielles avancées par l'Amérique, il reste vrai que les Etats-Unis étaient préoccupés par leur sécurité globale. La même administration a mis en place la Doctrine Bush qui préconise des actions préventives par les Etats-Unis contre les Etats qui constituent des menaces à cause de leurs armes à destruction massive. On est donc ici sous la tradition Hamiltonienne. Les deux dernières traditions, comme on le voit, considèrent que le monde se trouve à une époque où l'Amérique est une puissance unique qui devrait asseoir son influence d'une manière globale sur tous les plans : militaire et économique.

Avec la fin de la guerre froide donc, l'Amérique s'est engagée résolument dans l'internationalisme, chaque tradition cherchant à rencontrer les préoccupations qui lui sont chères. C'est à cause de cela que l'administration Trump qui a prôné la politique d' « America First » (l'Amérique d'abord) a connu beaucoup de critiques de la part des politiciens américains. Devant ses critiques, le président Trump a dû préciser que : « America First » ne veut pas dire « America alone » (l'Amérique isolée). Il a rejeté l'accusation d'être un isolationniste, car pour lui, il sert d'abord l'intérêt national.

C'est dans ce contexte général de la politique étrangère américaine que nous devons analyser la politique de l'administration Obama face au régime de Joseph Kabila.

A) Les intérêts de l'administration Obama face au régime de Joseph Kabila

Mon analyse des relations entre l'Administration Obama et le régime Joseph Kabila fait référence à l'article du Dr. Florent Pumu sur « Administration Obama, Kabila et les vrais enjeux du Dialogue de 2015 : Déductions de ce que j'ai appris au Département d'Etat américain »[249] Cet article contient des éléments utiles qui permettent de comprendre pourquoi le régime Joseph Kabila qui avait bien commencé avec l'Administration Bush a fini par un cas de Punition Mutuelle. Comme je l'ai signalé plus haut, voici les détails fournis par l'auteur sur les intérêts de l'Administration Obama au Congo :

« L'univers politique des Etats-Unis est divisé en deux grands blocs : démocrates et républicains. Souvent les intérêts de ces deux groupes sont identiques dans la politique extérieure surtout mais ils s'opposent parfois. Et puis aux USA et dans tous les pays du monde, il y a des groupes d'intérêts très divers. Ces groupes

[249] Dr. Florent PUMU, Kamoto Centre www.kamotocentre.com

d'influence- lobbies- comprennent les individus puissants, les partis politiques, les organisations de la société civile, les multinationales et les pays du monde. Il est parfois difficile de déceler les prémices de tous ces facteurs sur une politique. Un exemple, qui est souvent à la base des guerres américaines, les politiciens ou des fabricateurs des Tomahawks, des Chinooks et autres équipements militaires ? Et à qui cela profite ? Les intérêts de qui sont finalement servis ?

Il est parfois évident de constater que la politique des pays développés est d'une façon ou d'une autre contrôlée par ces lobbies constitués aussi d'organisations étrangères. Et, les politiques ne sont pas consistances. Elles varient avec les temps, les circonstances et les détenteurs du pouvoir. Ainsi, les USA peuvent soutenir le Rwanda contre la RDC en 2001, mais changer carrément de politique en 2010.

Un point important, le rôle des Etats-Unis dans les affaires du monde demeure encore central étant aujourd'hui la plus grande force économique et industrielle de la terre. Dans tous les, les intérêts américains dans leurs relations avec le reste du monde sont grosso-modo de quatre ordres :

1. Les intérêts militaires et géostratégiques
2. Les intérêts socio-économiques
3. La lutte contre le terrorisme particulièrement aujourd'hui contre les Djihadistes
4. Les intérêts d'ordre humanitaire et sentimental. »

Après avoir tracé ce cadre général, l'auteur l'a appliqué au cas spécifique du Congo en ces termes :

« Intérêts militaires et géostratégiques : Depuis l'avènement du Congo à l'indépendance, en passant par la sécession katangaise puis le soutien à l'UNITA de Jonas Savimbi pour contrer l'expansionnisme soviétique en Afrique, l'intérêt américain pour ce pays n'a point décru, au contraire. Les documents publiés par différents départements et agences américains soulignent l'importance stratégique du Congo liée à se grande superficie, sa position dominante au cœur de continent africain, ses frontières avec neuf différents pays, sa richesse commensurable en minerais, en ressources hydrauliques et ses potentielles agricoles. ....9 -11, produit directe de la bouillabaisse afghane du temps de Mullah Omar et son compère Ben Laden, a dévoilé une réalité : un chaos loin des milliers de kilomètres peut avoir une conséquence désastreuse sur le sol américain. Cette révélation a conduit les adeptes de *Preemptive War* (guerre préventive) de s'embobiner dans la guerre désastreuse contre Saddam Hussain. Pour les Etats-Unis, la stabilité en RDC est liée de loin ou de près à celle de leur pays ; de façon sûre celle d'une grande partie de l'Afrique. En ordre d'importance, le Congo est une très grande priorité des USA ; beaucoup plus que les « lilliputiens » Rwanda ou Burundi. Si le Congo était divisé en provincettes aussi petit que le Rwanda, le pays en totaliserait 89 !

Les intérêts économiques : Les intérêts économiques d'Etats-Unis datent de la période de l'Etat indépendant du Congo (EIC) avec l'exploitation du caoutchouc et de l'ivoire qui a beaucoup profité à la couronne royale Belge et à la Belgique. Le caoutchouc, principale production de l'EIC, était destiné aux industries automobiles naissantes d'alors dont Ford, Rover et Mercedes.

De nos jours l'intérêt économique principal des USA est lié au cobalt et au cuivre congolais. Muriel Devey dans un article de Jeune Afrique Economique du Mai 2013 dit ceci : « Avec des exploitations en hausse de plus de 350 % en cinq ans, la RD Congo est devenue le premier producteur et exportateur mondial du cobalt ». Et elle ajoute que « ses nombreuses applications industrielles font du cobalt l'une de huit matières premières stratégiques. Or le Congo concentrerait quelque 40% des réserves mondiales de ce minerai, soit environ 1,14 millions de tonnes ».

Dans la logique de « sécuriser » l'acquisition de ce métal très précieux classé avec le coltan et les terres rares dans la liste des matières premières stratégiques des USA et de l'Union Européenne, les Américains s'en procurent directement du ventre du sous-sol congolais à travers les Tenke Fungurume Mining dont les actionnaires sont l'Américain Freeport MC Moran 56% (Phoenix Arizona), le Canadien Lundin Mining Company 24 (Toronto) et la congolaise Gécamines 20%.

Le contre-terrorisme : Avec la menace grandissante du terrorisme des Djihadistes, la RDC est encore perçue comme le *weakest link* (le maillon faible) dans la stabilité de l'Afrique. Il y a ici un danger d'infiltration possible du pays par l'Al Shabab somalien et surtout leur accès à l'uranium de Shinkolobwe. L'effort du contre-terrorisme américano-britannique contre l'expansion Djihadiste globale soutient l'avènement en RDC d'un leadership fort et légitime, capable de sécuriser de façon durable toute l'étendue de la RDC et de sortir le pays de la pauvreté celle-ci étant perçue comme racine de tous les maux surtout les conflits armés dont l'Est du pays est la pépinière.

Les intérêts humanitaires et sentimentaux : Les intérêts humanitaires des USA à l'égard de la RDC ne sont pas différents de la politique générale de ce pays envers les pays dits « pauvres ». Une particularité est le rôle personnel du président Barack Obama. Depuis sa position de Sénateur d'Illinois, il s'est particulièrement intéressé du cas congolais avec la Loi publique 109 456 intitulée : *Democratic Republic of the Congo : Relief, security, and Democracy promotion ACT of 2006* … » [250]

Cette analyse de Dr. Florent Pumu peut se résumer dans les déclarations de l'USAID en 1975 sur la première page d'un document du Programme d'Assistance au Développement qui définit les intérêts américains au Zaïre comme suit :

- « Maintenir l'accès des Etats Unis aux matières premières qui sont en abondance au Zaïre ;

---

[250] Dr. Florent PUMU, *Op. Cit.*

- Promouvoir les investissements américains au Zaïre de telle sorte que nous ayons accès au marché zaïrois ; et
- Soutenir nos intérêts politiques en Afrique Centrale, gardant en esprit que le Zaïre est le « bélier conducteur de troupeau » pour la stabilité dans cette partie du monde. »[251]

Comme je l'ai dit ailleurs, les intérêts américains en politique étrangère sont hiérarchiques et en général, les intérêts économico-stratégiques prennent l'ascendance sur les autres intérêts. Dans l'analyse du Dr. Florent Pumu, il soutient que trois éléments constituent les reproches de l'Administration Obama à Joseph Kabila :

« 1. Le fait qu'il soit ce qu'Obama appelle « un homme fort », un euphémisme du terme dictateur. Ici, il faut se référer au fameux discours d'Accra. Les administrations dirigées par les « hommes forts » se retrouvent généralement aux antipodes des institutions fortes et stables. Elles sont presque toujours caractérisées par une mauvaise gouvernance, la persistance de la pauvreté et surtout l'instabilité future prévisible. Beaucoup soutiennent que pour les Américains, il y a des « bons » et « mauvais » régimes autoritaires. Pas vraiment, il y a plutôt ceux qu'ils tolèrent et ceux qu'ils ne tolèrent pas. Il y a d'autres facteurs qui s'ajoutent comme dans une synergie ou un antagonisme. Pour Joseph Kabila le facteur d'ajoute est deux autres reproches qui suivent.

2. Une gouvernance jugée défectueuse et un « leadership faible». Pour saisir la vraie dimension de ceci, il faut comprendre la notion de leadership et compétence dans le management ou la gestion des institutions et organisations dans le contexte anglo-saxon. Tony Blair a fait des discours éloquents sur la nécessite d'un leadership fort et la bonne gouvernance en Afrique.

Un leadership fort n'est point une dictature, c'est la base d'une hiérarchisation capable d'accomplir la gestion ou d'amener le changement voulu dans une organisation ou un pays. Le président ici, très compétent, avec une formation académique, une expertise et une expérience sûres, est un acteur de premier rang, toujours au four et au moulin. Il donne des directives claires – nécessité d'être bon communicateur, réorganise les choses – même le découpage territorial – pour que les décisions prises au sommet soient répercutées directement et le plus vite possible à la base pour une exécution rapide. Il faut créer des ensembles souples, facilement administrables. Un mécanisme de feedback est en place. Tout est passé à l'audit et au ré-audit. Le pays est un chantier permanent avec comme ingénieur-en-chef le président de la république ou son équivalent. Celui-ci doit être « éveillé » assez pour diriger activement le pays. Voilà comment les occidentaux et surtout les anglo-saxons voient le leadership et voilà pourquoi beaucoup préfèrent les présidents Paul Kagamé et Yoweri Museveni à Joseph Kabila.

[251] Guy GRAN, ed., Zaire: *The Political Economy of Underdevelopment*, New York : Praeger, 1979, p. 310.

Le sentiment américain vis-à-vis de Joseph Kabila est bien résumé dans les phrases notoires d'Hillary Clinton. Dans son *bestseler « Hard choices »*, elle commente sur son voyage d'août 2009 en RDC qui avait pour objectif d' « améliorer la gouvernance et de protéger les femmes du Congo ». Elle décrit Kabila comme « un distrait et incapable de se concentrer, manifestement dépassé par les problèmes que connaît son pays. Elle invoque la question de rémunération des soldats congolais « indisciplinés et sous-payés », « devenus aussi dangereux pour les habitants que les rebelles qui attaquaient depuis la jungle.

L'équation est simple; faut-il laisser la potentielle stratégique bombe RDC aux mains des gens jugés come apprentis sorciers ou lui donner la chance d'avoir des institutions fortes et stables ? Sans action, cette bombe risque d'exploser un jour avec des conséquences possibles plus catastrophiques que la « première guerre africaine » de 1998-2002 qui a vu les armées de neuf pays s'affronter sur le son sol.

Seulement, les USA ne souhaitent pas un départ ex abrupto or hic et nunc de Joseph Kabila au risque d'un vacuum politique qui peut précipiter le pays dans un autre chaos. L'élection présidentielle de 2016 sans lui comme candidat permettra un atterrissage en douceur de la mastodonte RDC. C'est en tout cas le meilleur moyen d'initier l'avènement des institutions fortes au Congo avec une nouvelle administration qui devra jouir d'une légitimité sûre, qui aura la confiance des occidentaux – dont les milieux financiers – et surtout aura le contrôle des FARDC. Il s'agit d'un équilibre à obtenir plutôt qu'un changement pour le changement qui peut même s'avérer plus néfaste pour le pays comme vécu en République Centrafricaine ou la Somalie depuis la chute de Siyaad Barré….

3.La persistance de l'instabilité à l'Est du pays jugée comme négligence grave dans les fonctions de l'institution Présidence de la République du Congo. Il est considéré que le premier rôle de tout gouvernement est la protection du territoire national et de ses habitants. Demeurer incapable de l'assurer est une insuffisance sérieuse. »[252]

Si j'ai beaucoup mentionné l'analyse du Dr. Florent Pumu, c'est parce que, contrairement à ceux qui lui reproche de surestimer l'influence américaine sur ce qui s'est passé entre l'administration Obama et le régime Joseph Kabila, moi, je pense que son analyse est correcte et je vais aller plus loin.

Les Kabilistes qui pensent que ce sont les intérêts politico-économiques du soutien direct de Kabila au lobby républicain lié à la famille Bush et que ces intérêts serraient liés à Freeport-MacMoran qui a acheté Tenke Fungurume, auront du mal à expliquer pourquoi plus tard, le même Kabila a mis les Américains mal à l'aise avec des taxes qui ont finalement poussé les Américains à vendre Tenke Fungume aux Chinois.

---

[252] Dr. Florent PUMU, Op. Cit.

C'est ici où je veux en venir à la raison fondamentale de la détérioration des relations entre l'administration Obama et Joseph Kabila, à savoir, les décisions économiques prises par Joseph Kabila pendant la deuxième partie de son pouvoir, lesquelles décision ont été perçues par les Américains comme un grand défaut à la coopération. Ce défaut à la coopération a conduit à l'utilisation des instruments politiques pour se débarrasser du régime Joseph Kabila.

B) Différends sur le plan économique

1. Changement de politique économique

J'ai montré au chapitre 4 que la coopération entre l'Administration Bush et le régime de Joseph Kabila pouvait être qualifiée de CAP= 5 et RDC=O, c'est-à-dire très favorable aux pays capitalistes au détriment du Congo. Pendant les élections de 2006, le régime de Kabila avait fait beaucoup des promesses électorales (cinq chantiers) à la population congolaise. La coopération telle que menée jusque-là avait convaincu le régime qu'il ne serait pas en mesure d'honorer ses promesses électorales. C'est la cause principale qui a poussé le régime à ouvrir les portes de la coopération avec la Chine qui avait promis une enveloppe consistante de 9 milliards de dollars. Et le 17 septembre 2007, après les élections, un accord de coopération important a été signé entre la RDC et la Chine. Du coup, l'on a commencé à parler des problèmes 'géoéconomiques' dans les relations entre l'Amérique et le Congo. Je vais revenir avec plus de détails sur l'accord chinois dans la deuxième partie de ce chapitre.

2. Le nouveau code minier

Le deuxième élément de changement de politique concerne le nouveau code minier en préparation. Le nouveau code minier a été signé en 2018 pendant l'Administration Trump. Mais les préparatifs avaient eu lieu pendant l'Administration Obama et les relations entre les deux pays en souffraient déjà. Les commentaires préliminaires de *Natural Resource Governance Institute* [253] donnent une idée sur les problèmes que le régime Kabila a connus :

« Messages clés

- Le gouvernement de la République démocratique du Congo a publié le code minier révisé et le règlement minier en mars et juin 2018. Le code prévoit le paiement direct de la redevance minière et d'autres revenus aux entités locales des zones extractives. Si ce code est adéquatement appliqué, le secteur minier peut significativement accroître les retombées économiques et sociales aux communautés riveraines et à l'Etat. En dépit de ces progrès législatifs, les objectifs et les règles de partage des revenus entre entités locales devront être clarifiés de façon à prévenir d'éventuels conflits et à assurer une meilleure allocation des revenus partagés.

---

[253] Jean-Pierre OKENDA & le personnel de Natural Resource Governance Institute. Oil, gas and mining for development, « Innovations de la nouvelle législation minière de la RDC : Opportunités, défis et perspectives de mise en œuvre », www.resourcegovernance.org

- Le gouvernement a créé un fonds minier pour les générations futures (FOMI), qui doit être alimenté par 10% des revenus issus de la redevance minière. La démarche du gouvernement est certes légitime, mais pour l'heure, la création du FOMI ne repose ni sur une vision minière de long terme ni sur une définition des générations futures. Elle pose de nombreuses questions que le gouvernement congolais devra clarifier.
- Le code s'aligne sur les normes internationales en matière de transparence et de redevabilité. Il étend la transparence et la divulgation à plusieurs domaines, en exigeant notamment la publication des contrats, des études d'impact environnemental et social, des bénéficiaires réels des sociétés, des revenus, ainsi que des rapports financiers des sociétés étatiques. Cependant, l'application effective des dispositions légales relatives à la transparence des informations demeure le défi majeur, d'autant plus que, très souvent, la RDC peine à appliquer entièrement sa propre législation en matière de transparence. »

L'auteur donne le résumé de son analyse en ces termes : « La République démocratique du Congo a promulgué le code minier révisé le 9 mars 2018 et son règlement minier le 8 juin 2018. Ce nouveau cadre législatif contient plusieurs avancées et innovations qui, adéquatement appliquées, peuvent significativement améliorer la gouvernance du secteur minier et apporter d'importante retombées économiques et sociales aux citoyens.

On trouve parmi ces progrès l'intégration de bonnes pratiques en matière de transparence et de redevabilité, de partage des revenus entre le pouvoir central et les entités étatiques décentralisées, de contribution au développement communautaire ou encore de contenu local. Le nouveau cadre législatif répond juridiquement à un nombre considérable de frustrations communautaires, qui sont accentuées par la faible contribution du secteur au développement. Le code s'aligne également sur les bonnes pratiques internationales en matière de transparence et de redevabilité qui, lorsqu'elles sont mises en œuvre, peuvent considérablement améliorer la gouvernance du secteur.

Cependant, il y a un risque important que les divergences sur les aspects fiscaux monopolisent l'attention des parties prenantes et que la mise en œuvre des autres dispositions soit reléguée au second plan. Par ailleurs, ces avancées et innovations législatives ne suffisent pas à elles seules pour atteindre les objectifs ayant fondé la révision de la législation minière. Pour que la mise en œuvre du cadre légal soit effective, il est urgent que le gouvernement prenne les mesures d'application restantes et renforce les capacités de l'administration publique.

Selon l'indice de gouvernance des ressources naturelles, il existe dans 26 des 28 pays évalués en Afrique subsaharienne un « écart entre les règles et les pratiques », c'est-à-dire entre ce que les lois stipulent et la manière dont la gouvernance des ressources naturelles se déroule dans la pratique. Cette situation empêche les pays de recueillir les fruits de leurs investissements dans les réformes juridiques. Toujours dans le même indice, les secteurs des mines et des hydrocarbures de la RDC ont obtenu respectivement les notes de 35/100 et de 25/100. Ces mauvais scores sont principalement attribués à l'écart entre le cadre légal et sa mise en œuvre, et montrent que l'application effective des lois demeure l'une des principaux défis qui affectent la gouvernance du secteur des ressources naturelles en RDC.

Dans un pareil contexte, la réforme du code minier et de son règlement n'a donc été qu'un premier pas. La connaissance du nouveau cadre légal ainsi que l'appropriation des opportunités et défis inhérents à sa mise en œuvre par les acteurs clés constituent une étape décisive vers la réalisation des objectifs qui ont conduit à sa révision. Dans cette optique, la présente note analyse certaines opportunités offertes par le nouveau cadre légal, en décrivant pour chacune d'elles les défis subséquents de mise en œuvre pour lesquels des actions additionnelles demeurent requises ».

Je voudrais terminer cette section sur le changement de politique économique en rappelant que le code minier congolais de 2002 qui était en application pendant l'Administration Bush avait joué en faveur des pays capitalistes, les Congolais n'ont rien bénéficié de cette coopération. Les relations entre l'Administration Obama et le régime Joseph Kabila se sont détériorées surtout pour deux raisons : l'accord chinois et le nouveau code minier congolais. Bien que le code soit publié en 2018 pendant l'Administration Trump, les tractations avaient déjà commencé pendant l'Administration Obama, car les travaux sur le changement du code minier ont commencé en 2012, avant l'arrivée de Trump. Ce qui se passera entre Trump et Joseph Kabila doit être compris comme le paroxysme de ces mauvaises relations qui ont débuté avec Obama. Dans l'introduction de leur analyse, Jean-Pierre Okenda et le personnel de *Natural Resource Governance Institute* montrent bien ce qui s'est passé entre les deux codes miniers :

« Promulgué en 2002, le code minier a permis d'attirer des investissements privés et de relancer la production minière, notamment celle des métaux non ferreux. En 2015, le pays est devenu le premier producteur de cuivre en Afrique et premier producteur de cobalt au monde, positions qu'il occupait toujours en 2018. Cependant, 10 ans après la promulgation du code minier, le gouvernement a conclu que « l'essor du secteur minier n'a pas apporté à l'Etat les recettes substantielles escomptées, et n'a que guère contribué au développement économique et social du pays ». C'est pour remédier à cette situation que le gouvernement a lancé le processus de révision du code minier. Entamé en 2012, ce processus a duré environ six (6) ans à cause notamment de divergences de vues entre le secteur privé et le gouvernement autour des éléments fiscaux et, plus récemment, de la clause de stabilisation. En vue d'informer ce débat, NRGI avait publié une analyse fiscale comparée du régime fiscal du projet de loi de mars 2015.

C'est seulement au cours de la session extraordinaire de janvier 2018 que le Parlement congolais a voté le code minier révisé. Il a été promulgué le 9 mars

2018 par le président de la République sous la loi n+ 18 / 001 modifiant et complétant la loi n+ 007/2002 du 11 juillet 2002 portant code minier, tandis que son règlement a été promulgué en juin de la même année. Des divergences majeures persistent autour du régime fiscal, jugé prohibitif par les compagnies, ainsi que du non-respect de la clause de stabilité de 2002 par le gouvernement. Ainsi, les sociétés minières estiment que le code minier révisé met en péril le développement futur de l'industrie minière en RDC en ce qu'il augure d'un environnement hostile aux investissements.

Concernant la fiscalité, les sociétés minières désapprouvent particulièrement l'introduction d'une redevance au taux de 10% sur les « substances stratégiques » et d'une taxe de 50% sur les profits excédentaires. Quant à la stabilité, les sociétés minières désapprouvent la suppression unilatérale, par le gouvernement, de la garantie de stabilité du régime fiscal prévue à l'article 276 du code de 2002 et du régime conventionnel dont jouissaient les entreprises minières en vertu de l'article 340 du même code. Une récente analyse de NRDI publiée en novembre 2018 et mesurant l'impact fiscal du code minier révisé revient systématiquement sur ces éléments fiscaux de la loi ».

Si on revenait maintenant sur la question « Que reproche l'Administration Obama à Joseph Kabila ? », on doit se référer aux préoccupations des dirigeants américains de l'école Jeffersonienne, telle que décrite par James Kurth plus haut dans ce chapitre. J'ai dit que selon cet auteur, les libéraux traditionnels (école Jeffersonniènne) sont préoccupés par l'économie domestique américaine. La politique étrangère pour eux devrait protéger et promouvoir l'économie domestique. Eh bien, il est évident que le changement de politique économique de Joseph Kabila affectait négativement l'économie américaine, par conséquent, c'était un régime à combattre. On se souviendra que la politique domestique de l'administration Obama avait focalisé sur la lutte contre l'inflation en vue de restaurer la croissance économique américaine qui avait reçu un coup dur pendant l'Administration Bush. Les compagnies multinationales américaines devaient participer à cette lutte de l'Administration Obama. Naturellement, on peut me demander quelle connexion existe-elle entre ces acteurs ?

L'une des questions controversées dans la coopération internationale est sans doute le rôle positif ou négatif des compagnies multinationales. De toute manière, la réponse concernant les multinationales américaines a été abordée par les spécialistes américains eux-mêmes: « l'une des réponses les plus vigoureuses à ces arguments par les critiques des MNC focalise sur les activités des MNC dans les pays sous-développés. Ce que les comparaisons montrent est que les MNC soutirent plus d'argent des pays sous-développés qu'elles en introduisent, un fait accepté même par quelques défenseurs des corporations. Raymon Vernon, par exemple, un professeur de gestion internationale à l'école de l'administration des affaires à l'Université Harvard, et certainement pas un critique enragé MNC, a reconnu dans son ouvrage bien connu *Sovereignty at Bay* que pendant les années 1960, quand approximativement un capital de 1 milliard de dollars était transféré aux subsidiaires contrôlés par les USA dans les pays en voie de développement, environ 2,5 milliards de dollars étaient soutirés annuellement de ces mêmes subsidiaires. Plus récemment, une étude du Département de Commerce américain a estimé qu'en 1989 l'investissement étranger en général a généré 53,6 milliards de dollars de revenu, pendant que la sortie des capitaux à partir des USA cette année n'était que de 37,7 milliards, confirmant ainsi que les suspicions de ces pays en voie de développement qui pensent que les MNC génèrent une fuite nette des capitaux, au lieu d'en introduire. [254]»

A la lumière de ce qui précède, il était évident que l'Administration Obama, qui comptait sur la contribution des multinationales américaines dans sa lutte pour accroitre la croissance économique aux USA, ne pouvait pas accepter l'accord chinois et la nouvelle politique économique de Joseph Kabila. Le problème était que la RDC en tant que pays souverain avait le droit de concevoir ses lois dans la coopération et dans la vente de ses minerais. Les Etats-Unis ne pouvaient pas se lever ouvertement contre le changement de politique introduit par le gouvernement congolais. Et comme d'habitude dans la politique étrangère américaine, les Etats-Unis utilisent leur instrument préféré dans ce cas : la bonne gouvernance et le respect des droits de l'homme. Et sur ce point il y avait deux opportunités qui se présentaient à l'administration Obama : l'insécurité dans l'Est du Congo et l'organisation des élections de 2011.

C) Différends sur le plan politique

1 . L'insécurité dans l'Est du Congo

Je ne veux pas m'embarquer ici dans les discussions sur les responsabilités du régime Joseph Kabila dans les crimes commis par le M23 dans l'Est du Congo. L'Administration Obama avait fait de l'insécurité causée par le M23 dans l'Est du Congo un point de conflit entre les deux gouvernements, l'Amérique blâmant le gouvernement congolais d'incompétence face à la résolution de ce problème. C'est possible que les Américains aient raison, mais il y a des faits que l'on ne doit pas oublier : d'abord, l'insécurité dans l'Est du Congo tire son origine de la politique du président Clinton. Et puis, le Secrétaire d'Etat américain Hillary Clinton, se trouve être l'épouse du président Clinton. Enfin, que la politique initiée par l'Administration Clinton en cette matière a perduré jusqu'au-delà des 18 ans du pouvoir de Joseph Kabila.

En effet, toutes les administrations américaines qui ont suivi l'Administration Clinton n'ont pas changé la politique initiée par le président Clinton pour avoir accès aux matières premières congolaises. Cette politique était bien résumée par la sénatrice américaine Cynthia McKinney dans la lettre qu'elle avait adressée au président George W. Bush :

« / ....../ Je viens juste de rentrer de la République démocratique du Congo. Malheureusement, je me vois dans l'obligation de vous informer qu'en RDC,

[254] James Lees RAY, *Global Politics*, Boston : Houghton Mifflin Company, 1995, p. 498.

comme en Afrique en général, des crimes se commettent, avec apparemment l'aide et le support de votre administration. Je tiens à vous dire que la politique des Etats-Unis a échoué en RDC. Le résultat est une politique africaine brouillonne, désordonnée, un continent à vif et la complicité des Etats-Unis dans ces crimes contre l'humanité. Je dois ajouter que votre échec à arrêter l'invasion illégale de la RDC qu'ont mené à terme vos alliés l'Ouganda et le Rwanda a porté directement ces pays à commettre des crimes contre l'humanité en territoire congolais /.../ Maintenant vous-même, vous demandez au monde qu'il ferme les yeux devant cette politique scandaleuse, alors que le monde entier sait que l'Ouganda comme le Rwanda ont attaqué militairement le territoire de la RDC. Et cela jusqu'à l'intérieur du pays et non pas seulement sur les frontières. Les atrocités qu'endurent quotidiennement tous les habitants de cette région sont scandaleuses. C'est la conséquence de la mauvaise politique des Etats-Unis et de l'indifférence du leadership américain. Vos alliés rwandais et ougandais ont rayé de la carte du Congo l'équivalent de toute la population du Danemark, voire de la Belgique. Leur rêve est de morceler le territoire congolais et d'en prendre le contrôle au profit des multinationales étrangères et des Etats-Unis qui les appuient. Depuis plus d'un demi-siècle, le peuple congolais souffre et subit toutes sortes d'agressions. Autrefois, c'était la colonisation belge qui prétendait lui apporter la « civilisation ». Aujourd'hui, ce sont les Etats-Unis qui prétendent l'aider à vivre en « démocratie ». Pour « civiliser » les Congolais, le roi Léopold II, leur faisait couper les bras, pour leur apporter la « démocratie », les Etats-Unis les laissent se massacrer. Derrière l'emploi apparent d'apporter la civilisation et la [255]démocratie aux Congolais, se cache le besoin récurrent de profiter des énormes richesses minières du Congo, richesse dont s'emparent les Belges et les Américains, tantôt discrètement, tantôt ouvertement depuis très longtemps. Ce sont ces immenses richesses qui ont toujours attiré Européens et Américains au Congo, et qui excitent tant leur convoitise et qu'ils oublient les êtres humains qui peuplent le pays. En 1961, les Etats-Unis avaient décidé d'assassiner le leader nationaliste congolais Patrice Lumumba, parce qu'ils ne voulaient pas que les Congolais contrôlent eux-mêmes leurs richesses. En 2001, j'ai découvert que certains pays dont les Etats-Unis et le Rwanda ne supportaient plus Laurent-Désiré Kabila depuis qu'il avait pris la décision de se débarrasser des soldats rwandais, qui occupaient son pays, en même temps qu'il changeait de partenaires miniers. /.../ La mort de Laurent-Désiré Kabila n'est pas non plus le résultat d'un hasard malencontreux. J'ai eu le temps de m'apercevoir que des réseaux politico mafieux très puissants rodaient comme des vautours autour des richesses de la République démocratique du Congo avant même sa prise de pouvoir en 1997. Les Etats-Unis et certains pays européens continuent à surveiller de près les richesses du Congo et à fermer les yeux sur les massacres à grande échelle commis dans ce pays. Plus de 8 millions de Congolais sont morts depuis 1998, dont plus de la moitié tombée sous les balles des soldats du président rwandais Paul Kagamé, notre « homme à tout faire » en Afrique centrale. A vrai dire, nous disposons de preuves suffisantes sur ce que fait le Rwanda dans cette région. Mais à ce jour, aucune sanction n'a été prise pour arrêter la guerre et le pillage des ressources naturelles du Congo. La RDC est toujours pillée, et le nombre de femmes congolaises violées, torturées et tuées augmente. Cela n'entraine toujours pas de sanction contre les auteurs de ces atrocités.[256] »

L'Administration Obama dont le Secrétaire d'Etat était l'épouse du président Clinton l'initiateur de cette politique avait certainement du mal à s'opposer à cette politique. D'ailleurs, lors de sa visite au Congo, Hillary Clinton avait clairement dit aux étudiants congolais qu'elle ne venait pas pour répondre de la politique de son mari, mais plutôt en tant que Secrétaire d'Etat américain. La politique de son mari ne la concernait pas. Une bonne manière de s'échapper de leurs responsabilités. Elle est venue distraire les Congolais avec le discours des violences contre les femmes, tout en ignorant la cause à la base de toutes ces violences.

Il est toutefois vrai que le président Obama avait levé le ton face aux atrocités commises par le M23 en 2013. Son indignation a poussé Kagamé et le régime Joseph Kabila à faire disparaître momentanément le M23 de l'Est du Congo. Mais la politique de fond n'avait pas changé. L'administration Obama n'est pas allée plus loin que cela. La preuve est qu'en 2022, le M23 réapparaît comme par magie. Ce que je voudrais souligner ici est que le problème était ailleurs. Les relations entre l'Administration Obama et le régime Joseph Kabila avaient franchi le cap de la *Punition pour le défaut mutuel.* Et comme je l'ai spécifié ailleurs, le défaut comprend beaucoup d'actions qui peuvent affecter l'autre partie. Le cas extrême de défaut, c'est la suppression physique du partenaire. Ce processus de suppression du partenaire se fait à travers l'intervention. Et cette intervention comporte plusieurs aspects, y compris la guerre et l'écartement du partenaire du pouvoir. Dans le cas en espèce, l'Amérique avait opté pour l'écartement de Joseph Kabila du pouvoir. Les élections de 2011 étaient une occasion en or pour l'administration Obama.

2. Les élections de 2011 : une occasion ratée

L'élection présidentielle congolaise de 2011 a été organisée le 28 novembre 2011 dans le cadre des élections générales (présidentielles et législatives) prévues par la Constitution de la République démocratique du Congo, le mandat de cinq ans du président Joseph Kabila arrivant à échéance le 6 décembre 2011. Les résultats officiels de l'élection étaient proclamés le 16 décembre 2011 : Joseph Kabila réélu à 48,9/% contre Etienne Tshisekedi, 32,3%. Mais ces résultats étaient controversés. L'Opposition n'avait pas accepté ces résultats, jusqu'en arriver à faire prester un serment comme Président élu par Etienne Tshisekedi. En tout état

[256] Guy-Lambert SANTIMI, *Relations nord-sud, un grand scandale. Le cas de la RDC et des pays de la zone CFA*, Saint-Léger, Suisse : Monde Nouveau/ Afrique Nouvelle, 2014, pp. 215-217.

de cause, même la population et la communauté internationale avaient mal reçu ces résultats. En dépit de tout cela, les Etats-Unis n'ont pas pu se débarrasser de Joseph Kabila pour des raisons que je discuterai à la fin de cette section. Je vais d'abord présenter les grandes lignes de l'analyse faite par Roland Pourtier sous le titre : « Les élections de 2011 en RDC, entre cafouillage et tripatouillage »[257] :

« Les observateurs sont unanimes : les élections couplées, présidentielles et législatives, de novembre 2011 en RDC ont été calamiteuses. Pires que celles de 2006. La Fondation Carter, la Commission européenne, les Etats-Unis, la France, la Belgique, la Conférence épiscopale congolaise, les ONG de tous horizons se rejoignent pour déplorer les ratés de la première consultation organisée par les Congolais eux-mêmes – à la différence du scrutin de 2006, encadré par la communauté internationale, la MONUC (Mission des Nations Unies au Congo) et le CIAT (Comité International d'Accompagnement de la Transition). Leur emboitant le pas, la presse occidentale à l'unisson a dénoncé le fiasco électoral, l'opacité des opérations de dépouillement mettent en cause la crédibilité des résultats. Les perdants ont naturellement crié à la fraude. Arrivé second, l'opposant Etienne Tshisekedi s'est auto-proclamé Président, ajoutant à la confusion. Kinshasa a été le théâtre de violences pré et surtout post électorales qui ne sont pas de bon augure pour le second mandat quinquennat de Joseph Kabila.

....

Paysage électoral : le « terrain des urnes »

Les observateurs ont été frappés par la dimension des urnes. Tous les reportages consacrés aux élections congolaises ont montré l'envoi des grandes poubelles en plastique transparent, commandées à une entreprise allemande qui les a fait fabriquer en Chine, destinées à recueillir les bulletins de vote. Elles se distinguent par la couleur de leur couvercle : bleu pour la présidentielle, jeune pour la législative. Ces méga urnes sont proportionnées aux bulletins de vote particulièrement volumineux : mesurant 42 cm sur 60 cm, ils ont le format d'un journal. Les bulletins ont été imprimés à Johannesburg, l'Afrique du Sud s'étant engagée à les livrer dans les délais, l'épaisseur des bulletins (jusqu'à plus de 50 pages à Kinshasa) résulte d'une inflation de candidats aux législatives : 18.864 pour 500 sièges à pourvoir, le double de 2006 ! Pour chacun d'entre eux figure le nom, le parti et la photo, suivis de la case où l'électeur appose sa signature ou un signe tel qu'une croix s'il ne sait pas écrire. Or le tiers du corps électoral est analphabète, retrouver son candidat dans ces bulletins-journaux représente de ce fait une difficulté certaine et un allongement de la durée des opérations. Il est vrai que les bureaux de vote ne manquent pas de personnes prêtes à aider ceux qui en ont besoin – éventuellement à influencer leur choix. On vote souvent en famille, les jeunes scolarisés aideront de vieux parents à s'y retrouver. Au bout du compte le temps passé à décrypter les bulletins a ralenti le processus et certains électeurs ont renoncé à voter, découragés par la longueur des files d'attente.

---

[257] https://doi.org/1O.4OOO/echogeo.13119

Les principaux cafouillages ont été liés à la difficulté pour beaucoup d'électeurs à se retrouver sur les listes électorales affichées dans les bureaux de vote. La CENI n'a disposé que de quelques mois pour préparer le scrutin, alors que la Commission électorale indépendante (CEI) qui eut en charge l'organisation des élections de 2006 les avait longuement préparées, il est vrai dans un contexte post conflit différent. Elle avait surtout bénéficié de l'appui technique et financier décisif de la MONUC, ce qui n'a pas été le cas en 2011 : la Mission de l'Organisation des Nations Unies pour la Stabilisation au Congo (MONUSCO) a fourni une aide logistique (transport du matériel électoral) mais n'a pas été directement impliquée dans l'organisation des élections. La RDC a assumé plus de 80% du coût des opérations électorales. Les retards de la CENI ne sont pas uniquement dus à la lourdeur des opérations ; ils sont pour partie imputables aux débats sans fins des parlementaires concernant la désignation des membres de la commission ou la composition du bureau. La CENI a été créé en juillet 2010 mais son bureau installé seulement en février 2011. L'enlisement dans les palabres, un formalisme juridique dissimulant généralement des stratégies personnelles intéressées paralysent le travail d'assemblée. Comme l'ensemble de la classe politique dont elle est issue, la CENI n'échappe pas au syndrome de la « politique du ventre » selon l'expression de Jean-François Bayart. L'abbé Apollinaire Malu qui présidait la CENI, n'a pas manifesté un grand empressement pour céder sa place au Pasteur Daniel Ngoy Mulunda à la tête de la CENI. Depuis la Conférence nationale de 1990, c'est une tradition bien établie de recourir à des hommes d'église pour présider des instances nationales indépendantes des partis au nom de leur présumée neutralité. La gestion de Ngoy Mulunda, proche de Kabila, a été dénoncée par l'opposition qui a mis en doute son impartialité. Elle le considère comme responsable des irrégularités du scrutin et demande sa démission. La préparation des prochaines échéances électorales – élections provinciales, sénatoriales, locales et municipales, ne se présente pas sous les meilleurs auspices. Afin de calmer le jeu et dans l'attente d'une retombée des tensions elles ont été prudemment reportées à 2013. »

L'auteur continue son analyse en mettant en exergue d'autres difficultés, notamment : «

- Le recensement des électeurs dans un contexte d'incertitudes démographiques. ….'L'enrôlement est une opération difficile, particulièrement dans un pays où l'identification de la population est déficiente et la définition des lieux de résidence insuffisamment définie'.
- Les élections à l'épreuve de la logistique. Le scrutin s'est déroulé dans plus de 63.000 bureaux de vote (63.875 officiellement) répartis sur tout le territoire. Une difficulté particulière a été d'accéder dans des lieux reculés inaccessibles par route ou voie fluviale pour transporter les 'kits électoraux'.
- Compilation, proclamation, violences. Le dépouillement dans les bureaux de vote présentait en théorie des garanties suffisantes : présence

de témoins, d'observateurs congolais (l'Eglise catholique en a déployé quelque 30.000) ou internationaux, de représentants des partis. En pratique, il y eut pourtant de nombreuses irrégularités et intimidations ; les observateurs ne pouvaient être partout présents.

…..Face aux contestations, la CENI, confrontée aux accusations réitérées d'incapacité ou de partialité, a fait appel à des experts étrangers financés par les Etats-Unis pour vérifier la validité des résultats. En retour de mission, à la mi-janvier 2012, ceux-ci ont déclaré qu'ils n'avaient pas eu accès à toutes les données qui auraient été nécessaires pour accomplir leur travail.

- Le pouvoir se mange tout entier. Dans un article rédigé à la suite d'un séjour à Kinshasa au moment des élections, Jean-Claude Williame rapporte un propos de Vital Kamehre : « au Congo c'est toujours 'ou tu gagnes, ou tu gagnes', mais jamais 'ou tu gagnes ou tu perds ». L'idée de perdre est en effet proprement inconcevable pour le détenteur du pouvoir. »

L'auteur termine son analyse par cette conclusion qui devrait interpeller les politiciens africains :

« Eu égard aux désordres récurrents que suscitent les opérations électorales, en RDC comme dans bien d'autres Etats africains, on ne peut s'empêcher de s'interroger sur le bien-fondé non pas du principe de la représentation populaire mais de ses modalités. La représentation du « souverain primaire » ne passe pas forcément par le suffrage universel. Celui-ci n'est pas en soi une valeur démocratique comme en témoignent les « démocratures ». Il s'inscrit dans une histoire, celle des transformations économiques, sociales et culturelles relevant du temps long. En Europe le suffrage a longtemps été censitaire, ou indirect avant d'être universel et élargi – tardivement en France – aux femmes. En Afrique, le mimétisme constitutionnel post colonial, « la greffe de l'Etat » et de ses institutions calquées sur le modèle des anciennes métropoles n'ont tenu compte ni des spécificités des systèmes locaux de pouvoir, ni de la lenteur des maturations sociopolitiques. L'application des textes est trop souvent aveugle aux contextes. Au Congo, certains intellectuels préconisent des formules de représentation indirecte à différents échelons territoriaux du village jusqu'à l'Etat. Ils en attendent une plus grande proximité géographique et culturelle entre le corps social et ses représentants, et pour certains une reconnaissance des fondements ethniques de la société contrebalançant l'abstraction citoyenne. L'émancipation de l'Afrique passe par l'invention de modalités de gouvernement répondant mieux aux aspirations des peuples que la réplication formelle des modèles élaborés par les démocraties occidentales. Le défi démographique et l'inscription du continent dans une mondialisation qui dissout ce qui reste du cordon ombilical de l'histoire coloniale y pousseront dans doute ».

Ce que l'on doit retenir du cas du Congo est que c'est précisément dans ce désordre organisé que sont les élections, que les Occidentaux font promouvoir des dirigeants pro-américains, pro-français, pro-belges etc. Les élections de 2011 ont connu une disharmonie d'intérêts entre les Américains et les Français.[258] Pendant que l'administration Obama voulait punir Joseph Kabila, ce dernier s'est appuyé sur le soutien français pour faire échec au plan américain. La lourdeur de l'Administration américaine a contribué à l'échec de la politique d'Obama. En effet, pendant que le Secrétaire d'Etat américain Hilary Clinton cherchait de l'appui au congrès américain, le président Sarkozy s'est mis dans la dance au Congo pour faire avancer rapidement le processus et mettre les Etats-Unis devant un fait accompli. C'est ainsi que les choses iront très vite à Kinshasa jusqu'à la validation des résultats contestés par la Cour Constitutionnelle congolaise qui a mis fin à tout le processus. Les loups ne se mangent pas entre eux, dit-on. Les Américains se résigneront, demandant à Sarkozy de s'occuper des conséquences de son comportement au Congo. C'est cela qui transpire dans la déclaration officielle américaine :

« Dans un communiqué, Victoria Nuland, la porte-parole du Département d'Etat, soutient que le processus électoral en RDC a été « gravement entaché d'irrégularités, d'avoir manqué de transparence et de ne pas être à la hauteur des avancées démocratiques observées lors d'autres élections récentes en Afrique ». La porte-parole du ministre des Affaires Etrangères précise que les Etats-Unis sont parvenus à cette conclusion sur la base des déclarations faites pars différentes missions d'observateurs internationaux et locaux, sur la base aussi des propres observations de l'ambassade américaine à Kinshasa, de celles faites par d'autres représentations diplomatiques en RDC et par des organisations non gouvernementales comme le Carter Center.

L'Administration Obama prévient néanmoins qu'à ce stade, il 'n'est pas évident que les irrégularités du scrutin aient été suffisantes pour modifier son résultat'. Elle appelle donc les autorités congolaises à « examiner de près » les irrégularités en questions et à « procéder avec un maximum d'ouverture et de transparence ». Elle indique que les Etats-Unis sont prêts à offrir leur assistance technique afin de mener une telle enquête.

« Les Etats-Unis continuent de suivre la situation de près et continuent de se tenir aux cotés des Congolais dans leur désir de faire progresser la paix et la démocratie dans leur pays », affirme Victoria Nuland.

---

258 Pour mieux comprendre ce concept de disharmonie d'intérêts entre les puissances occidentales au Congo, prière de lire l'ouvrage de David Gibbs, *The Political Economy of the Third World Intervention. Mines, Money, and U.S. Policy in the Congo Crisis*, Chicago and London: The University of Chicago Press, 1991.

La porte-parole du Département d'Etat appelle par ailleurs les hommes politiques congolais à « agir de manière responsable, à renoncer à la violence et à résoudre leurs désaccords par un dialogue pacifique et constructif ».[259]

Ce n'était qu'une partie remise car cinq ans après à la fin du second mandat de Joseph Kabila, l'Administration Obama est revenue avec force pour appliquer sa punition contre le pouvoir de Joseph Kabila. Ceci devait se passer d'une manière propre à travers des élections crédibles et pacifiques, étant donné que la Constitution ne donnait plus un troisième mandat à Joseph Kabila.

Le 31 mars 2015, l'ambassade des Etats-Unis à Kinshasa a fait ce communiqué de presse : « Le président Obama a parlé aujourd'hui avec le président Joseph Kabila de la République démocratique du Congo (RDC). « Le Président a souligné l'importance de l'organisation d'élections dans les délais requis, qui soient crédibles et pacifiques, et qui respectent la Constitution de la RDC et protègent les droits de tous les citoyens. Le Président a noté que l'héritage du Président Kabila en tant que dirigeant qui a sorti la RDC de la guerre et l'a mise sur la voie du progrès démocratique continu serait consolidé par des élections libres et équitables en 2016. Le président Obama a assuré le Président Kabila que les Etats-Unis resteraient engagés en RDC tout au long du processus électoral, notamment par la nomination d'un nouvel envoyé spécial américain pour la région des Grands Lacs africains et la RDC. Les deux dirigeants ont réaffirmé leur engagement commun à mettre fin à la menace des groupes armés, en particulier les Forces démocratiques pour la Libération du Rwanda (FDLR). Le Président a encouragé la coopération entre les Forces armées de la RDC et la Mission de l'Organisation des Nations Unies pour la Stabilisation de la RDC dans les opérations contre les FDLR. Le président Obama a également discuté avec le Président Kabila des adoptions en suspens par des familles américaines en RDC et a appelé à une résolution rapide de cette situation »[260]

Le Président Kabila n'a pas respecté la date des élections qui devaient se tenir en 2016 en avançant beaucoup d'alibis. La tension était devenue très élevée au Congo, l'opposition exigeant la tenue des élections sans Kabila comme candidat. C'est dans cette opportunité que l'administration Obama a joué en vue d'écarter le régime de Joseph Kabila en organisant l'Opposition congolaise.

Le conclave de Genval en Belgique

D'aucuns se demandent qui a organisé le conclave des opposants congolais à Genval en Belgique d'où est sorti une opposition solide contre le troisième mandat pour le président Joseph Kabila ? Il est difficile de répondre avec précision à cette question. Toutefois, en se référant à la conversation qu'il y a eu entre le président Obama et le président Joseph Kabila en mars 2015, il y a beaucoup de raisons de penser que c'est l'Administration Obama qui était derrière cette organisation des

---

[259] www.bbc.com, Les USA critiquent l'élection en RDC, 15 décembre 2011.

[260] Cd.usembassy.gov, Contenu de l'appel du Président Obama au Président Joseph Kabila de la R.D. Congo, 31 mars 2015

opposants congolais en vue d'obtenir des élections crédibles et pacifiques qui respectent la Constitution du Congo, c'est-à-dire en rejetant un troisième mandat pour Joseph Kabila.

Ainsi donc la RTBF rapporta le 10 juin 2016 : « Des applaudissements nourris. Des accolades. Des cris. L'opposition congolaise, traditionnellement très divisée, annonce qu'elle a dégagé un accord, après deux jours de négociations au Château de Genval dans le Brabant wallon. Des dizaines d'opposants ont fait le voyage de Kinshasa, pour faire front face au président Kabila. L'opposition l'accuse de s'accrocher au pouvoir, en retardant l'organisation de l'élection présidentielle, prévue au départ en novembre prochain.

Une nouvelle structure, le « Rassemblement »

L'opposition repart avec une nouvelle structure : Le Rassemblement. Elle doit donc chapeauter l'opposition, composée de la Dynamique de l'opposition, du G7, de l'AR, de l'UDPS et d'une partie de la société civile. C'est tout un symbole ; mercredi, l'opposition est arrivée en ordre dispersé. A la tête du Rassemblement, un comité des sages a été élu. Il est présidé par Etienne Tshisekedi, le président de l'UDPS, satisfait, à la fin du Conclave de Bruxelles : 'Je manque de mots pour vous féliciter pour ce travail abattu. Sachez que quelque soient les circonstances dans lesquelles le pays va vivre, nous sommes tout près de la victoire' »[261]

Avec la création du Rassemblement, la pression sur le régime Joseph Kabila s'est accentuée. Le président Kabila voulait un dialogue avec l'opposition en vue de trouver un compromis. L'opposition s'est opposée et les manifestations convoquées les 19 et 20 septembre par l'opposition congolaise ont dégénéré en affrontements entre la police et les manifestants dans plusieurs villes du pays, occasionnant plusieurs morts, surtout à Kinshasa. Il fallait trouver une voie de sortie. C'est ainsi que Joseph Kabila fera recours à un facilitateur de l'Union Africaine Edem Kodjo. Vital Kamerhe qui dénonçait jusque-là le dialogue avec Kabila comme un piège, s'est, curieusement, joint aux travaux conduits par Edem Kodjo alors que l'opposition refusait d'y prendre part. Ces assises, sans l'opposition, ont sorti « l'Accord politique pour l'organisation d'élections apaisées, crédibles et transparentes en République démocratique du Congo » du 18 octobre 2016.

Malgré la sortie de cet accord, la situation du pays n'avait pas changé. Il fallait d'une manière ou une autre associer l'opposition à une entente. C'est en ce moment où Joseph Kabila a eu l'idée d'associer l'Eglise Catholique. Quelques rares opposants, comme Franck DIONGO, s'étaient opposés. Mais l'opposition avait mordu à l'appât. C'est ainsi que se sont tenus au Centre Interdiocésain de la Conférence Episcopale Nationale du Congo (CENCO) des pourparlers entre le pouvoir, l'opposition et la société civile qui ont abouti à « l'Accord politique global et inclusif du centre interdiocésain de Kinshasa » du 31 décembre 2016.

---

261 Aline WAVREILLE, « RD Congo : l'opposition s'est trouvé un nom, mais pas encore de plan d'action », RTBF, 10 juin 2016.

Désormais, tout le monde se fiait à l'Accord de la Saint-Sylvestre comme la solution à l'impasse électorale au Congo.

En ce moment l'Administration Obama quittait la Maison Blanche après avoir jeté les bases de la punition que devait subir Joseph Kabila.

Le pouvoir à Kinshasa spéculait beaucoup sur le départ d'Obama en se disant que le départ d'Obama allait changer leurs relations tendues avec Washington et que le nouveau Président républicain changerait d'attitude à l'égard de Kinshasa. L'analyse était mauvaise car elle n'était pas basée sur les réels enjeux de la coopération entre Washington et Kinshasa. Une fois à la Maison Blanche, l'Administration Trumpt s'est avérée plus mordante que celle d'Obama, au grand étonnement du régime Joseph Kabila.

5.1.2. Joseph Kabila et l'administration Trumpt, 2017-2018

Comme je l'ai mentionné plus haut, Trump doit être classé dans l'école des conservateurs traditionnels, la tradition Jacksonnienne. Les Kabilistes au pouvoir ont jubilé quand Trump a gagné les élections aux Etats-Unis. Obama qui les narguait était parti. Cette fois-ci, ils pourront s'offrir des bonnes relations avec les Républicains, disaient-ils. Le président Donald Trump est venu avec un principe : l'Amérique d'abord ! Certains observateurs l'ont qualifié d'isolationniste, mais lui-même ne le voyait pas dans ce sens. Les conservateurs traditionnels se préoccupent de protéger et promouvoir la sécurité nationale américaine. Comme nous sommes dans l'ère de la mondialisation, les menaces contre la sécurité nationale américaine doivent inclure non seulement l'aspect militaire et géopolitique, mais aussi les enjeux économiques. C'est ainsi qu'il n'a pas hésité à s'attaquer aux ambitions militaires Nord Coréennes et Iraniennes, qu'il considère comme des menaces à la sécurité nationale américaine. Il s'est aussi attaqué à l'immigration parce qu'il considère que les immigrés créent des problèmes à l'Amérique, surtout les Islamistes. Il ne s'est pas limité à l'aspect militaire, il s'est attaqué aussi à tous les accords internationaux, surtout économiques, qu'il considère comme des menaces à la vie économique américaine.

Continuité sur plan économique

C'est dans ce contexte qu'il faudrait comprendre que le changement de politique économique (accord avec la Chine) opéré par Joseph Kabila sous l'Administration Obama ne pouvait pas être accepté par l'Administration Trump. De la même manière, le nouveau code minier décrié par les Multinationales ne pouvait pas enchanter l'Administration Trump. L'Administration Trump a mené une guerre économique contre la Chine car elle était perçue comme un danger contre la suprématie américaine. Cette Amérique-là ne pouvait pas laisser le Congo avec toutes ses richesses stratégiques lui échapper en faveur de la Chine. Tout comme l'Administration Obama, l'Administration Trump considérait que le régime Joseph Kabila a fait défaut à la coopération et devait être puni.

Continuité sur le plan politique

L'Administration Trump a hérité l'Accord de 18 octobre et celui de la Saint-Sylvestre. La République démocratique du Congo passait un moment crucial de son histoire. Comme par le passé, la transition politique au Congo ne s'était jamais faite d'une manière pacifique. Le passage du régime colonial à la Première République s'était déroulé dans la violence. On se rappellera de ces martyrs de l'indépendance tombés le 4 janvier 1959 ; le passage de la Première République vers la Deuxième République s'était réalisé aussi dans la violence. D'abord le Premier ministre Lumumba fut assassiné en 1961 et en novembre 1965, Mobutu prenait le pouvoir par un coup d'état. Le passage du pouvoir vers Laurent Désiré Kabila s'était aussi effectué à travers une guerre dite de « libération » qui a fait déguerpir Mobutu. Et l'arrivée du président Joseph Kabila au pouvoir était occasionnée par l'assassinat du président Laurent Désiré Kabila en 2001.

Les Congolais n'avaient jamais assisté à une passation de pouvoir pacifique entre un Président sortant et un Président entrant. Dans le modèle que j'ai développé plus haut, l'élimination du partenaire comprenait différentes formes, l'élimination physique étant la forme extrême. Certains éléments ont concouru cette fois-ci pour que l'Amérique privilégie le départ de Joseph Kabila du pouvoir au lieu de l'éliminer physiquement. L'histoire politique du pays pourrait être l'un de ces éléments.

Beaucoup de Congolais espéraient vivre une passation de pouvoir pacifique en 2016. Mais héla, les choses ne se sont pas passées comme espérées. Deux accords avaient donné un espoir au peuple Congolais, mais la mise en application de ces accords posait problème.

L'Administration Trump avait appuyé l'Accord de la Saint-Sylvestre. Pour mieux comprendre le choix américain, je vous présente les points de convergence et de divergence entre les deux accords.

Les points de convergence entre les deux accords

- Le président Kabila reste en fonction en vue de la stabilité des institutions et de leur bon fonctionnement pendant la période préélectorale et électorale. Bien que le front pour le Respect de la Constitution ait émis une réserve, il était reconnu au Président au pouvoir la prérogative de rester en fonction jusqu'à l'élection de son successeur.
- Les parties prenantes se sont accordées sur l'organisation des élections présidentielles, législatives et provinciales en décembre 2017 et ceci, en une seule séquence moyennant une appréciation du Conseil National de Suivi de l'Accord et du Processus Electoral, du Gouvernement et de la CENI.
- Il a été retenu le principe de la refonte totale du fichier électoral, le maintien à son poste du Président de la Commission Electorale Indépendante (CENI). En vue de la redynamisation de la CENI, il a été recommandé des ajustements et mesures à prendre en ce qui concerne les structures organiques et le fonctionnement de celle-ci. Il a été ainsi

permis aux parties présentes de procéder au remplacement de leurs délégués.

- Pour assurer une gestion consensuelle de la période préélectorale et électorale, le poste de Premier Ministre a été accordé à l'opposition/ Rassemblement, il revient aussi à l'opposition d'assurer la direction de l'organe de contrôle dudit accord.

Les points de divergence entre les deux accords

- L'accord politique du 18 octobre 2016 a seulement mentionné que les parties prenantes s'engagent à respecter la Constitution dans son intégralité, alors que celui du 31 décembre est allé plus loin en spécifiant qu'aucune partie ne pourra entreprendre ni soutenir de réviser ou changer le Constitution. Aucun référendum ne peut être organisé pendant la transition. Le Président de la République étant élu au suffrage universel direct pour un mandat de cinq ans renouvelable une seule fois, il s'ensuivait que le Président au pouvoir ayant puisé le deuxième mandat, ne pouvait plus briguer un troisième.
- Conformément à l'accord du 18 octobre 2016, le Premier Ministre devait sortir de l'opposition politique signataire de cet accord ; alors que dans l'accord du 31 décembre 2016, le gouvernement de la République devrait être dirigé par le Premier Ministre présenté par l'opposition politique non signataire de l'accord politique du 18 octobre/ Rassemblement.
- L'accord du 18 octobre fixe l'organisation des élections du président de la république, des députés nationaux et provinciaux dans un délai de 6 mois à dater de la constitution du nouveau fichier électoral prévu pour le 31 juillet 2017 ; alors que l'accord du 31 décembre 2016 prévoyait l'organisation des élections présidentielles, législatives et provinciales au plus tard en décembre 2017, sous réserve d'une appréciation par les parties prenantes du temps nécessaire pour l'achèvement desdites élections.

La lecture attentive de ces deux accords montre que les deux se complétaient, ils ne s'excluaient pas. On pouvait confirmer qu'il y avait une convergence de vues concernant le futur du pays. On se rappellera qu'à l'issue du Dialogue de la Cité de l'Union Africaine, la population avait manifesté son insatisfaction en sortant sur la rue le 19 et 20 septembre 2016. Par contre, le choc fatidique de 19 décembre avait été amorti par la tenue du Dialogue du Centre Interdiocésain, et la signature de l'accord issu de ce dialogue avait apaisé les esprits pour que le pays connaisse une accalmie qui avait suivi. Les politiciens devaient reconnaître ces faits, c'était tout simplement du réalisme politique.

Ainsi donc on pouvait conclure que la mise en application de l'accord de la Saint Sylvestre allait dans le sens de la solution souhaitée par la population congolaise. En d'autres termes, elle était conforme avec l'intérêt national. Et pourtant la mise en application de cet accord posait des problèmes. Les parties prenantes devaient encore s'entendre sur cinq points, notamment :

- Le mode de désignation du futur Premier Ministre,
- La désignation du Président du Conseil National pour le Suivi de l'Accord (CNSA),
- Le rôle de la CENCO après les discussions directes,
- La répartition des postes ministériels entre les composantes,
- Le chronogramme de l'application de l'accord.

La grande question que l'on devait se poser était celle de savoir si toutes les parties prenantes au Centre Interdiocésain travaillaient pour l'intérêt national ? Et pourtant tous les participants le déclaraient. Peut-être que tous les politiciens congolais n'ont pas le même entendement de l'intérêt national ? C'est ainsi que ça vaut la peine d'en parler brièvement. Qu'est-ce que c'est que l'intérêt national ?

La réponse n'est pas aussi évidente qu'on le pense. Quand on interroge Karen Mingst, elle dit que la réponse dépend des différentes perspectives en politique internationale : Pour les réalistes, l'intérêt national signifie l'intérêt de l'Etat, plus précisément la protection du territoire et la souveraineté ; pour les libéraux, l'Etat a plusieurs intérêts ; et pour les radicaux, l'intérêt national c'est l'intérêt de l'élite.[262] Les radicaux sont ces penseurs en politique internationale dont les positions ont beaucoup été influencées par les écrits de Karl Max, et qui utilisent la primauté de l'économie pour expliquer presque tous les autres phénomènes. La définition des radicaux donc peut nous expliquer pourquoi on a connu des blocages dans la mise en application de l'accord de la saint Sylvestre.

En effet, ce n'était pas la population congolaise qui était en train de cogiter au Centre Interdiocésain, c'était justement l'élite, plus précisément, une partie de l'élite congolaise. S'ils se référaient à la définition des radicaux en mettant leurs intérêts au même niveau que l'intérêt national, il n'y aurait pas d'issue, car ils avaient des intérêts divergents. J'ai peur que c'était le cas.

En effet, selon Hans Morgenthau, un réaliste, l'intérêt national est défini en termes de pouvoir. Etant donné que toutes les nations souveraines luttent pour le pouvoir, toutes les nations doivent considérer leur survie comme le minimum qu'il faut sauvegarder. « Toutes les nations sont obligées de protéger leur identité physique, politique, et culturelle contre les empiétements par les autres nations. Ainsi donc, l'intérêt national est identité à la survie. Pris d'une manière isolée, la détermination de son contenu dans une situation concrète est relativement simple, car il comprend l'intégrité du territoire de la nation, l'intégrité de ses institutions politiques, et celle de sa culture. »[263] Il était évident qu'en ce moment-là que

---

[262] Karen A.MINGST, *Essentials of International Relations*, New York: Norton & Company, Inc, 2008.

[263] Hans MORGENTHAU, cité par James DOUGHERTY & Robert PFALTZGRAFF, Jr., *Contending Theories of International Relations*, New York: Harper & Row Publishers, 1990.

l'intérêt national congolais passait par la survie de la nation congolaise à travers le sauvetage de ses institutions politiques qui étaient toutes devenues illégitimes. L'élite congolaise devait donc se référer à la définition des réalistes en vue de trouver une solution aux problèmes qui se posaient.

En bref, la lumière de la fin sans issue des travaux au Centre Interdiocésain, je peux affirmer que les participants n'avaient pas adopté la définition de l'intérêt national selon les réalistes (Hans Morgenthau) ; ils avaient adopté la définition des radicaux : l'intérêt national, c'est l'intérêt de l'élite. Si je pouvais m'adresser aux générations futures congolaises : le Congo a plus que jamais besoin des héros. Il ne fait aucun doute que Patrice Emery Lumumba et Laurent Désiré Kabila sont morts pour l'intérêt national bien compris. Si les protagonistes au Centre Interdiocésain étaient des héros nationaux vivants, on aurait pu aboutir à deux possibilités face à l'impasse pour la nomination d'un premier ministre. Le Rassemblement aurait pu réfléchir comme suit : ' La majorité nous demande trois noms pour la Primature, l'accord nous demande de proposer un seul, mais pour la sauvegarde de l'intérêt national, nous allons quand même proposer trois noms.' Et la majorité aurait pu aussi raisonner comme suit : 'Le Rassemblement ne veut donner qu'un seul nom, nous avons droit à trois noms, mais pour sauvegarder l'intérêt national, nous allons quand même accepter un seul nom. ' Aucun scénario n'a eu lieu, car l'élite protégeait ses intérêts.

Tant que le Congo n'aura pas des héros nationaux vivants, nous irons tous vers la ruine. Tout ce qui restera du Congo sera seulement ce majestueux Fleuve Congo coulant du Katanga, bravant forêts et chutes, parsemé des jacinthes d'eau pour se verser à l'océan au Kongo Central comme du temps de Diego Cao en 1482. Pauvres, nous étions ; pauvres, nous sommes ; pauvres, nous resterons. *Nihil novi sub sole* (rien de nouveau sous le soleil). C'est dans ces entremêlés que l'Administration Trump, à peine installée à Washington, a été invitée dans le jeu.

La continuité dans la politique étrangère américaine au Congo a été affirmée par la Voix de l'Amérique en novembre 2017 : « L'actuel président américain n'a pas hésité à exprimer sa préoccupation sur la crise congolaise quelques jours après son élection en 2016. Bien que critiqué au début pour le peu d'intérêt montré pour l'Afrique, le nouveau président américain semble faire de la RDC un des points d'articulation de sa politique africaine. ' Nous sommes profondément perturbés par la violence en cours au Soudan du Sud et au Congo (RDC) et surveillons étroitement la situation', a déclaré Donald Trump lors d'une réunion de déjeuner le 20 septembre 2017 avec des dirigeants africains en marge de l'Assemblée générale des Nations Unies. …Herman Cohen, ancien sous-secrétaire d'Etat américain aux affaires africaines, confirme à VOA Afrique que l'intérêt de l'administration Trump est grand sur la question congolaise. Il estime que la politique de son pays envers l'Afrique et en particulier envers la RDC n'a pas changé depuis le président Obama. » [264]

Le président Joseph Kabila n'avait pas appliqué l'accord de la Saint Sylvestre, alors que c'était lui-même qui avait demandé à l'Eglise Catholique de trouver une voie de sortie à la crise politique. Au lieu de faciliter les choses, l'attitude de Joseph Kabila a au contraire empiré la crise congolaise. Le rapport de Human Rights Watch intitulé « Une transition citoyenne pour la RD Congo » que je reprends in extenso ci-dessous décrit la gravité de la situation au Congo :

« Au lieu de donner à Kabila « un laisser-passer » pour s'accrocher au pouvoir, les dirigeants mondiaux devraient appuyer un plan pour le remplacer. Parmi les dirigeants mondiaux attendus à New York cette semaine pour la session annuelle de l'Assemblée générale des Nations Unies, il y en a un qui devrait, techniquement, déjà être à la retraite. Le deuxième et dernier mandat autorisé par la Constitution au président Joseph Kabila a expiré l'année dernière. Mais il a utilisé un stratagème après avoir retardé l'élection de son successeur et s'accrocher au pouvoir, menant une répression sans merci contre les opposants politiques et les activistes pro démocratie et envoyant ses services de sécurité pour abattre plus de 170 manifestants pacifiques en 2015 et 2016.

Toutefois, lors de réunions à l'ONU cette semaine, le gouvernement de la République démocratique du Congo essaiera de convaincre les dirigeants mondiaux que le président Joseph Kabila s'est engagé à tenir des élections et à renoncer au pouvoir si seulement il lui est accordé plus de temps. Accepter aveuglement de telles promesses vaines pourrait avoir des conséquences désastreuses pour le peuple congolais.

Alors que le président Kabila était toujours fermement installé dans ses fonctions après que la fin de son deuxième mandat soit passée en décembre dernier, l'Eglise catholique romaine a assuré la médiation d'un accord de partage du pouvoir d'urgence dénommé « accord de la Saint Sylvestre » qui appelait à une série de concessions de la part du gouvernement, y compris la désignation d'un nouveau premier ministre issu des rangs de l'opposition, et à la tenue d'élections avant la fin de 2017.

Cette nouvelle échéance approche rapidement, mais les élections ne sont toujours nulle part en vue.

Entre-temps, la coalition au pouvoir a défié les grands principes de l'accord de la saint Sylvestre en écartant les membres de la principale coalition d'opposition du nouveau gouvernement et en nommant un premier ministre qui avait été exclu du principal parti d'opposition. Elle a également interdit systématiquement les rassemblements et les manifestations de l'opposition politique tout en

[264] Eddy ISANGO, « Trump et la question congolaise » www. Voaafrique.com, 2 novembre 2017.

emprisonnant de nombreux leaders et de partisans de l'opposition ainsi que des activistes prodémocratie ou défenseurs des droits humains

Beaucoup d'entre eux sont détenus au secret, sans que des chefs d'accusation n'aient été formulés à leur encontre et sans accès à leur familles ou à des avocats. D'autres ont été poursuivis en justice sur base de chefs d'accusation fabriqués de toutes pièces. En juillet, des hommes armés non identifiés ont tiré sur un juge qui avait refusé de rendre un jugement contre un leader de l'opposition. Il a échappé de peu à la mort. Le gouvernement a aussi fermé des médias congolais, expulsé des journalistes et des chercheurs internationaux critiques et a périodiquement restreint l'accès aux réseaux sociaux.

Pire encore, des sources bien placées au sein des services de sécurité et de renseignements décrivent des efforts officiels visant à semer la violence et l'instabilité à travers le pays par ce qui semble être une « stratégie du chaos » délibérée pour justifier de nouveaux retards dans l'organisation des élections. Depuis août 2016, des violences impliquant les forces de sécurité gouvernementales, des milices appuyées par le gouvernement et des groupes armés locaux, ont fait plus de 3000 morts dans la région du Kasaï, dans le sud du pays. Six cents écoles ont été attaquées ou détruites, et 1,4 millions de personnes ont été déplacées de leur foyers. Quatre-vingt fosses communes ont été découvertes dans la région, dont la majorité contiendrait les corps de civils et de militants tués par les forces de sécurité gouvernementales.

En mars, deux enquêteurs de l'ONU – Michel J. Sharp, un Américain, et Zaida Catalan, de double nationalité suédoise et chilienne – ont été tués alors qu'ils enquêtaient sur les graves violations des droits humains dans la région. Les recherches de *Human Rights Watch* et une enquête de Radio France Internationale suggèrent une responsabilité du gouvernement dans le double meurtre.

De manière prévisible, le président de la Commission électorale de la RD Congo a depuis invoqué la violence dans les Kasaï comme la raison principale pour laquelle les élections ne peuvent pas être organisées cette année.

Le refus de Kabila de quitter la pouvoir peut s'expliquer en partie par la fortune considérable que sa famille et lui ont amassée depuis son arrivée au pouvoir. De récents rapports de Bloomberg et du Groupe d'Etude sur le Congo de l'Université de New York détaillent comment les membres de la famille de Kabila sont propriétaires, soit partiellement, sont dans leur totalité, de plus de 80 compagnies dont les revenus s'élèvent à des centaines de millions de dollars depuis 2003. Parallèlement, des centaines de millions de dollars versés ces dernières années par des compagnies minières à des organes de l'Etat « se sont évaporés », ne parvenant jamais dans les caisses du Trésor national, selon un rapport de *Global Witness.*

La corruption a contribué à priver le gouvernement de fonds pour répondre aux besoins fondamentaux d'une population appauvrie. Des centaines de fonctionnaires se sont mis en grève ces dernières semaines, y compris des employés d'hôpitaux qui n'ont pas été payés depuis 2016. Ceci survient au milieu d'une épidémie nationale de choléra et d'une famine imminente menaçant des millions de Congolais.

Les évêques catholiques de la RD Congo ont sonné l'alarme en juin, imputant la non-organisation de nouvelles élections conformément à l'accord de la Saint Sylvestre à un petit groupe d'alliés de Kabila. Apparemment convaincus que Kabila ne quittera pas ses fonctions à moins qu'il n'y soit contraint, les évêques ont appelé les Congolais à « se mettre debout » et à « prendre leur destin en main ».

En réponse à cet appel, des leaders de mouvements de jeunes pro-démocratie, des organisations de la société civile et des représentants de l'Eglise catholique ont publié ensemble un « manifeste » en août, exigeant la démission de Kabila et appelant à une « transition citoyenne » - supervisée par des responsables qui ne pourraient pas se présenter aux élections – dont l'objectif premier serait d'organiser des élections crédibles.

Les partenaires internationaux et régionaux de la RD Congo devraient soutenir cette « transition citoyenne ». Pour augmenter la pression de Kabila pour qu'il démissionne, les Etats-Unis et l'Union Européenne devraient imposer de nouvelles sanctions ciblées à l'encontre des membres de la famille de Kabila et de ses proches collaborateurs qui ont détourné des fonds ou abusé de leur pouvoir pour miner le processus démocratique. La mission de maintien de la paix des Nations-Unies en RD Congo devrait aussi avoir pour mandat la protection de la population congolaise durant la période de transition.

Les dirigeants du monde entier à New York cette semaine devraient exprimer leur soutien à un Congo démocratique et appeler Kabila à se retirer. Garder le silence alors que les élections sont sans cesse retardées, ne fera que l'encourager dans sa stratégie de répression, de violence et de vol. »[265]

Ce tableau sombre de la crise congolaise a ouvert les portes pour que l'Administration Trump entre en action et finaliser le départ de Kabila. Le pouvoir congolais avait commis l'erreur de penser que l'indifférence de Trump sur les affaires africaines s'appliquerait aussi au Congo.

C'était l'ambassadrice américaine aux Nations Unies, Nikki Haley qui était jusque-là au-devant de la politique étrangère américaine au Congo. L'Amérique supportait l'accord de la Saint Sylvestre comme voie de sortie à la crise congolaise. Mais devant la mauvaise application de cet accord, l'Administration Trump a dépêché l'ambassadrice Nikki Haley à Kinshasa. A l'issue de cette visite, l'Amérique avait demandé au président Kabila de s'écarter de la course et de trouver un dauphin. A cette occasion, l'ambassadrice américaine a même accepté le risque d'accorder une année de plus au pouvoir de Kinshasa. On comprend que

[265] Human Rights Watch, « Une transition citoyenne pour la RD Congo », www.hrw.org, 19 septembre 2017.

ce qui importait le plus pour l'Administration Trump était le départ de Kabila, même s'il fallait patienter un peu.

L'ambassadrice Nikki Haley a été beaucoup critiquée, car ce geste était considéré par beaucoup comme une accointance avec le pouvoir de Kinshasa, alors que c'était mal interpréter la politique américaine, comme l'explique Herman Cohen :

« Ancien sous-secrétaire d'Etat américain aux affaires dans les années 199O, Herman Cohen estime que les déclarations de l'ambassadrice des Etats-Unis à l'ONU lors de son passage à Kinshasa tracent une ligne rouge pour le pouvoir de Kinshasa. Dans une tribune, publiée le 30 octobre 2017 en anglais sous le titre '*Congolese intellectuals' misguided reaction to ambassador Haley's visit to DRC'* sur le site *Afrohollywolrd TV*, l'ancien diplomate appelle les intellectuels congolais à bien lire les signes du temps où le vent, prévient-il, tourne en défaveur du président Kabila. Voici sa tribune.

« Immédiatement après le départ de la RDC de l'ambassadrice des Etats-Unis grande déception parmi les intellectuels de ce pays et un certain nombre de personnalités politiques. Ils ont accusé l'ambassadrice Haley d'avoir aidé le président Kabila à prolonger son séjour au pouvoir, aussi longtemps que possible, bien au-delà de l'expiration de son mandat constitutionnel le 31 décembre 2016.

Cette critique est totalement erronée et démontre un manque de compréhension de la part des critiques Congolais quant à la manière dont la diplomatie américaine et les relations internationales sont menées.

L'Administration Trump n'est en fonction que depuis janvier de cette année. Ses hauts responsables sont encore en train d'apprendre sur leurs principaux défis de politique étrangère, y compris la crise en RDC. Haley a été invitée à faire la visite qui a identifié le Sud-Soudan et la RDC comme 'deux principaux pays en crise' en Afrique.

Dans une déclaration publique avant son départ de Kinshasa, l'ambassadrice Haley a déclaré que des nombreux Congolais souffrent et qu'il est donc absolument nécessaire qu'une élection présidentielle ait lieu avant la fin de l'année 2018. Les critiques ne se rendent pas compte que la déclaration publique de Haley constitue un ultimatum. Le fait que cette déclaration ait été faible diplomatiquement ne le rend pas moins qu'un véritable ultimatum.

Il aurait été ridicule et contreproductif pour l'ambassadrice Haley de se rendre en RDC pour la première fois, puis de se présenter devant la presse et de déclarer : 'Kabila doit partir au plus tard le 31 décembre 2017'. Une telle déclaration aurait constitué une pause formelle dans les relations diplomatiques entre les Etats-Unis et la RDC. Les Etats-Unis auraient perdu toute capacité d'influencer le régime de Kabila. En outre, les Etats-Unis auraient perdu toute capacité de protéger leurs intérêts politiques et économiques en RDC.

L'ambassadrice Haley a tenu une réunion privée de deux heures avec le président Kabila. Nous ne savons pas ce qu'elle a dit à Kabila lors de cette réunion, mais je suis tout à fait sûr qu'elle a émis de très forts avertissements au nom du président Trump.

Si le gouvernement américain ne voit pas d'avancées significatives pour une élection en 2018, il ne fait aucun doute que les sanctions actuelles contre les Congolais dans le gouvernement de Kabila seront étendues et intensifiées. Des individus de plus en plus haut placés seront ciblés jusqu'au niveau le plus élevé. Il est clair que la France, la Belgique et l'Union européenne sont d'accord avec cette politique.

Je trouve également intéressant qu'aucun des leaders politiques de l'opposition en RDC ne se soit joint à la critique. Ils comprennent que la politique des Etats-Unis est de leur côté.

Mon message aux intellectuels Congolais est de se détendre. Les Etats-Unis sous le président Trump restent en total solidarité avec le peuple de la République démocratique du Congo. »[266]

En effet, Kabila avait mal compris ce geste, alors qu'il était clair du côté américain qu'une autre allonge ne lui serait plus accordée. La nomination à la sauvette d'un dauphin pour le pouvoir était le résultat non du respect de la Constitution par le président Kabila, loin s'en faut. C'était plutôt l'échec d'un entêtement mené jusqu'au bout par le pouvoir de Kinshasa. N'eut été la pression extérieure, principalement américaine, et la pression interne, le Congo serait embarqué dans le tourbillon d'un troisième mandat du président Kabila. Si le pouvoir était si démocratique au point de vouloir proclamer le président Kabila, « Père de la démocratie congolaise », pourquoi le processus électoral n'était – il pas complètement libéré? Les prisonniers politiques étaient toujours en prison, les exilés politiques étaient toujours en exile, la machine à voter qui ne rencontrait pas l'assentiment de tous les acteurs politiques n'était pas écartée etc. l'Amérique qui faisait face au refus de Kinshasa d'appliquer correctement l'accord de la Saint Sylvestre, a été encore plus frustrée dans les mois qui ont suivi.

En effet, l'élection présidentielle s'était déroulée sous une forte tension entre le candidat du pouvoir Ramazani Shadari et les deux candidats de l'opposition : Martin Fayulu et Félix Antoine Tshisekedi. Des élections entachées de beaucoup d'irrégularités sont décrites par la Synergie des missions d'observation citoyenne des élections (SYMOCEL) dans la conclusion de leur rapport final en ces termes:

« Un processus électoral est jugé démocratique et crédible lorsqu'il garantit l'intégrité du vote reflétant la libre expression des électeurs.

Cette nécessité passe, notamment, par un cadre juridique impersonnel, cohérent, précis, et inclusif ; une administration électorale indépendante et professionnelle ; un environnement pré-électoral caractérisé par le respect des libertés des citoyens ainsi que des juridictions indépendantes.

---

266 www.cohenonafrica.com, Hank COHEN'S Africa Blog, "Congolese Intellectual's Misguided Reaction to Ambassador Haley's Visit to the DRC » october 30, 2017

Les scrutins de 2018 ont connu des aspects positifs qu'il faut pérenniser et des écueils qu'il faut éviter pour améliorer les processus électoraux futurs bien que le processus ait été entaché de plusieurs irrégularités et d'allégations de fraude, notamment pour les scrutins indirects.

S'agissant des aspects positifs, il y a lieu de mentionner l'organisation effective des scrutins, globalement dans le calme ; la liberté laissée globalement aux candidats pour battre campagne ; la forte mobilisation des citoyens pendant tout le processus électoral ; le professionnalisme des missions d'observation citoyennes ainsi que l'organisation du processus électoral sur financement du budget de l'Etat.

Quant aux aspects à améliorer, il conviendra de retenir : la nécessité de la recherche du consensus autour du processus électoral et de l'utilisation de la MAV (Machine à voter) ; l'empêchement de battre campagne électorale aux candidats de l'opposition à la présidentielle dans 3 villes (Beni, Butembo et Kinshasa) ; la formation des agents des BVD (Bureaux de Vote et Dépouillement) ; le respect des procédures en ce qui concerne la compilation et la transmission des résultats ainsi que leur publication ; le traitement des contestations électorales…

A titre illustratif, la MOE SYMOCEL ne dispose pas, à ce jour, des informations lui permettant de juger de l'intégrité des résultats des élections du 30 décembre 2018, en l'absence de l'affichage des résultats ventilés par bureau de vote.

Par ailleurs, la MOE SYMOCEL a constaté l'inadéquation entre la présidentielle, gagnée largement par l'opposition et les législatives nationales et provinciales largement en faveur de la majorité, ce qui remet à jour le déséquilibre de forces, entre compétiteurs, observé dans les réformes électorales et surtout la problématique des frais prohibitifs de dépôt de candidature et du financement des activités des partis politiques, mécanisme pouvant garantir aux compétiteurs l'égalité des chances.

Les scrutins indirects aussi ont été entachés de graves irrégularités. L'ampleur des allégations de corruption et la violation du secret de vote ont vicié le vote de la plupart des grands électeurs, notamment dans les élections des Sénateurs et des Gouverneurs.

Enfin, la SYMOCEL convie toutes les parties prenantes à tirer les leçons de toutes ces élections en vue de consolider les processus électoraux à venir et, par conséquent, la démocratie en RDC. » [267]

Les irrégularités signalées ci-haut ont eu comme conséquence une proclamation des résultats contestés. Mais avant d'arriver à la proclamation des résultats, beaucoup de sources avaient révélé des tractations qui se sont déroulées entre Kinshasa et le monde. Il ressort de ces révélations que l'Amérique avait joué le

[267] Synergie des missions d'observation citoyenne des élections (SYMOCEL), « Rapport Final d'Observation des Elections Directes et Indirectes de 2018 et 2019, République Démocratique du Congo, » drc2019symocel.pdf, Kinshasa, mai 2019

rôle décisif pour mettre fin aux ambitions des uns et des autres. On se rappellera que même l'Union Africaine, à travers le Président en exercice à l'époque, Paul Kagame, avait demandé la suspension de l'arrêt de la Cour Constitutionnelle reconnaissant le Président déclaré par la CENI. Ce que l'on doit retenir est que le président Trump était prêt à envoyer des troupes à Kinshasa au cas où le président Kabila en faisait de sa tête. L'Amérique avait atteint son objectif : l'élimination de Joseph Kabila du pouvoir. Dès lors, les Congolais qui soutiennent une passation volontaire du pouvoir de Joseph Kabila vers Etienne Tshisekedi sont à côté. Le discours de la *première passation pacifique du pouvoir* est tout simplement un langage diplomatique pour gérer la politique congolaise et internationale.

Ainsi donc, la coopération entre le régime de Joseph Kabila et l'Administration Trump sont à classées comme *Punition pour le défaut mutuel* :

TABLEAU 5.1.

Régime Joseph Kabila (2009-2018) et Administration Trump

	RDC (Régime Joseph Kabila 2009-2018)		
CAP (Administration Trump)		Coopérer	Faire défaut
	Coopérer		
	Faire défaut		CAP= 1 RDC= 1 Punition pour défaut mutuel

Je peux conclure cette section en affirmant que le pouvoir de Joseph Kabila a connu deux périodes distinctes dans sa coopération avec les pays capitalistes, spécialement l'Amérique. La première période qui est allée jusque 2008 est caractérisée comme une coopération de *Gagnant-Perdant* en faveur des Etats-Unis. La deuxième période allant de 2009 jusque 2018 a connu un changement qui a conduit à une coopération *Perdant-Perdant* pour les deux partenaires. Et dans ce cas, comme je l'ai mentionné au début de ce travail, le pouvoir au Congo a toujours été puni. Ce fut le cas de Lumumba et de Laurent Désiré Kabila. Il est fort probable que si le président Joseph Kabila s'était entêté jusqu'au bout, il aurait subi le sort de Lumumba et de Laurent Désiré Kabila. C'est sa souplesse et sa clairvoyance qui ont permis que son sort soit limité à quitter le pouvoir. Pour des raisons que j'ai évoquées dans cette analyse, il est difficile que Joseph Kabila rentre au pouvoir en République démocratique du Congo, à moins que ces raisons changent. La politique étant dynamique, tout est possible. Mais le cas de Joseph Kabila semble être désespéré.

Beaucoup de Congolais croyaient à un mythe selon lequel la coopération avec les Chinois était de loin meilleure que celle que le Congo a développée avec les pays capitalistes. Beaucoup ont vite compris que la réalité reste toujours que les relations entre les Etats n'est qu'on problème d'intérêts. En effet, l'accord chinois qui a créé des problèmes à Joseph Kabila n'a pas été à l'avantage du peuple congolais. L'accord avait suscité beaucoup d'espoir de la part des Congolais qui pensaient sortir des inégalités causées par la coopération avec les pays capitalistes. Mais hélas ! Plus ça change, plus ça reste la même chose.

Je vais donc analyser cette coopération avec la Chine avant de passer au sixième chapitre qui concerne la coopération sous le régime de Félix Antoine Tshisekedi et les pays capitalistes.

5.2. L'accord chinois : une coopération de tentative de faire défaut et paiement de dupe entre la chine et la RDC

Cet accord a fait tomber le mythe que beaucoup de Congolais se faisaient autour de la coopération chinoise. La réalité est que cet accord n'a pas sorti le Congo de sa position de perdant qu'il a toujours connu dans sa coopération avec les pays capitalistes. La Chine a aussi privilégié ses intérêts au détriment du Congo. La théorie réaliste et néoréaliste en matière de coopération internationale, telle que discutée plus haut, a prouvé toute sa pertinence. Les Etats peuvent être tentés de tricher dans les accords de coopération en vue de gagner un avantage relatif par rapport à d'autres. Les Etats se demandent « Qui va gagner plus ?» et non pas « Allons-nous gagner tous deux ? »[268]

La coopération entre la Chine et le Congo ne date pas de 2007, elle est plus vieille que cela. En effet, après que le président américain Richard Nixon ait visité la Chine, ouvrant la porte ainsi à tous les pays 'amis' des Etats-Unis, le président Mobutu avait rendu une visite officielle à Mao Zedong en janvier 1973. Cette visite avait ouvert la voie aux relations diplomatiques et à la coopération entre les deux pays. Naturellement, la Chine n'étant pas un pays 'ami' des Etats-Unis, le régime Mobutu ne pouvait pas aller très loin dans sa coopération avec la Chine. Nonobstant ce handicap, le Zaïre avait bénéficié d'un certain nombre de réalisations chinoises. Après la visite de Mobutu en 1973, la Chine avait octroyé 100 millions de dollars d'aide au développement agricole au Zaïre. Toujours pendant le régime Mobutu, le Zaïre avait bénéficié de l'encadrement de l'unité militaire « Kamanyola » par des experts militaires chinois, la construction du Palais du Peuple à Kinshasa et du Stade des Martyrs avec une capacité de 80.000 personnes. A cela, il faut ajouter l'unité postale de l'aéroport de Ndjili à Kinshasa et l'usine textile de Lotokila dans la Province Orientale du temps du Zaïre. Après le voyage effectué en Chine par le président Mobutu, le Zaïre avait bénéficié de

[268] Karen A. MINGST, *Essentials of International Relations*, New York: W.W. Norton & Company, 2008, p. 67.

la construction d'un Centre Commercial Congolo-Chinois au sein de l'espace occupé par la Foire Internationale de Kinshasa.

Avec le régime Laurent-Désiré Kabila, la coopération entre les deux pays avait pris un nouvel élan. Après son voyage en Chine, le président L.D. Kabila avait déclaré que le Congo devait prendre la Chine comme son modèle de développement. Grâce à la coopération avec la Chine, le Congo a bénéficié d'un hôpital moderne dans la commune de Ndjili, de la réfection de la route Kinshasa-Matadi qui était complètement délabrée, ainsi que la réfection de la route reliant Bukavu au Sud-Kivu et Kasongo dans la province du Maniema. Le régime LD. Kabila avait aussi bénéficié de 25 millions de dollars américains que le président L.D. Kabila avait utilisés pour l'organisation du Service National en vue de relancer la production agricole au Congo. Il y a eu beaucoup d'autres accords qui n'ont pas été concrétisés suite à la mort de L.D. Kabila. On peut signaler, en passant, l'accord signé en janvier 1998 pour la construction d'autoroutes devant relier tous les chefs-lieux des provinces congolaises.

Il n'y a pas que la République démocratique du Congo qui avait bénéficié de la coopération chinoise. En effet, depuis un certain temps, la Chine avait pris l'option d'intensifier sa coopération avec les pays africains. Une Conférence Chine-Afrique avait même été créée à l'instar de la Conférence France-Afrique. La première rencontre du Forum de coopération Chine-Afrique avait eu lieu en l'an 2000 à Pékin. Le deuxième sommet s'était tenu à Addis-Abeba en Ethiopie trois ans après en 2003. Et la troisième édition s'était tenue à Pékin, le 3 novembre 2006. Les deux premiers sommets n'avaient pas attiré l'attention de la communauté internationale. Le troisième par contre n'avait pas laissé Paris, Londres ou Washington indifférentes. Sur 53 pays que compte le continent africain, 48 pays avaient participé au troisième forum Chine-Afrique, dont 41 chefs d'Etat et de gouvernement.[269]

Si au 19me siècle, l'Europe avait conquis l'Afrique et avait consolidé sa présence jusqu'au 20ème siècle, depuis le début du 21ème siècle, la Chine s'installe solidement dans le continent noir. Un indicateur fiable est la montée des échanges entre la Chine et le continent noir. Estimés à 10 milliards de dollars en 2000, ils avaient atteint 12,39 milliards de dollars en 2002, puis 39,8 milliards en 2005. En 2006, ils avaient été estimés à 55 milliards de dollars américains.[270] Les Présidents Africains adhèrent avec enthousiasme à cette nouvelle coopération sud-sud. Le leitmotiv de ce Forum avait été lancé par le Président Chinois Jiang Zemin en 2000 qui avait dit : « La Chine est le plus grand pays en développement du monde tandis que le continent africain regroupe le plus grand nombre de pays en développement ».[271]Comme pour dire que ces pays partagent beaucoup en commun et ont tout intérêt à coopérer. En sa qualité de coprésident du Forum, le

---

[269] Serge MICHEL et Michel BEURET, *La Chinafrique : Pékin à la conquête du continent noir*, Paris : Bernard Grasset, 2008, pp. 27-29.
[270] *Idem*, p29.
[271] *Idem*, p. 31.

président Meles Zenawi d'Ethiopie avait déclaré que « La Chine a toujours été aux côtés des Africains » pendant l'ère coloniale. Il avait ajouté que cette situation avait créé « une confiance mutuelle » car le mérite de la Chine était « de ne pas mener de politique d'ingérence ».[272]

Cet enthousiasme africain, nous rappelle la Conférence de Bandung. En 1955, sous le leadership du Chinois Zhou Enlai, l'Egyptien Nasser, le Yougoslave Tito et l'Indien Nehru, vingt-quatre pays d''Asie et d'Afrique s'étaient réunis à Bandung pour « annoncer avec panache le droit des peuples à l'indépendance et leur refus de prendre parti entre l'Est et l'Ouest. Bandung, l'entrée du tiers-monde sur la scène internationale, Bandung, qui pose les bases du mouvement des non-alignés et l'espoir d'un développement Sud-Sud. »[273]

Le mouvement des « non-alignés » promu par Tito, Nehru et Nasser n'était pas du goût des pays capitalistes, les Etats-Unis en tête. En ces débuts du 21ème siècle, le Forum de coopération Chine-Afrique avait pris l'allure de la Conférence de Bandung en matière de coopération internationale. Les pays capitalistes observent avec inquiétude le succès que connait la Chine en Afrique. Et comme beaucoup de pays africains, la République démocratique du Congo avait voulu aussi bénéficier des actions chinoises dans la reconstruction de ses infrastructures. Le régime Joseph Kabila avait fait comme les autres pays africains. Un accord très important était signé avec la Chine. Mais, contrairement à d'autres pays africains qui avaient bénéficié des infrastructures construites par les Chinois, l'accord congolais a rappelé aux Congolais ce que Robert Axelrold avait dit au sujet de la coopération : « …Nous savons tous que les hommes ne sont pas des anges, et qu'ils tendent à s'occuper d'abord d'eux-mêmes… »[274] Sans entrer dans des polémiques, on peut dire que quelque part les Congolais avaient pensé que les Chinois étaient des « anges » en coopération internationale. Le mythe est tombé. Peut-être que la Chine et le Congo atteindront une coopération « gagnant-gagnant » avec le temps, mais l'accord de 2007 n'en était pas une. Je vais donc décrire brièvement l'accord signé entre les deux pays en septembre 2007, puis présenter quelques évaluations faites par les spécialistes les années plus tard.

Convention de collaboration entre la République Démocratique du Congo et le groupement d'entreprises chinoises : China Railway Group Limited Sinohydro corporation relative au développement d'un projet minier et d'un projet d'infrastructures en RDC

La convention contient 27 articles et trois annexes. L'article 1 traitant des objectifs de la convention stipule ce qui suit : « Les Parties reconnaissent et déclarent qu'en signant la présente Convention de Collaboration, elles poursuivent la réalisation des objectifs suivants : Pour la RDC : trouver les ressources financières nécessaires à la réalisation des projets d'infrastructures nationales estimées

[272] *Idem*, p. 33.
[273] Serge MICHEL et Michel BEURET, *Op. Cit.*, p.34.
[274] Robert AXELROD, *The Evolution of Cooperation*, New York: Basic Books, 1984.

importantes. Pour le Groupement d'Entreprises Chinoises : investir dans le domaine des métaux non ferreux dans les territoires de la RDC »[275]

Les objectifs tels que spécifiés sont tout à fait normaux dans la coopération internationale. Les pays capitalistes se sont posé beaucoup de questions sur le mode de financement de ces travaux qui est spécifié à l'article 3 : « les Parties réaliseront leur coopération par la constitution d'une JV Minière à laquelle la RDC fera céder, par l'entremise de son entreprise publique GECAMINES et avec la participation de cette dernière, les droits et titres sur les gisements faisant l'objet de la présente Convention de Collaboration au Projet Minier. La JV Minière sera ainsi constituée conformément aux règles et usages courants de constitution des sociétés commerciales en république démocratique du Congo.

Elle sera gérée par le droit des sociétés commerciales et devra générer des profits dont une partie servira au remboursement aussi bien des investissements miniers que des investissements des travaux d'infrastructures. Pour garantir au Groupement d'Entreprises Chinoises les moyens de recouvrer leurs investissements dans le Projet Minier et dans le Projet d'Infrastructures, les Parties fixent la répartition du capital social de la JV Minière comme suit : 68% pour le Groupement d'Entreprises Chinoises et 32% pour le Groupe GECAMINES ».[276]

Les deux pays ont donc créé une JV Minière qui allait exploiter les minerais congolais et générer l'argent nécessaire pour financer les travaux que les Chinois effectueraient au Congo. Le remboursement se ferait donc par un système de « troc » que beaucoup d'observateurs avaient critiqué. Toutefois, en vue de se rendre compte de l'importance de cet accord, il est nécessaire de saisir les détails fournis dans les annexes A, B, et C que je voudrais décrire ci-dessous. L'accord dans son entièreté est présenté dans l'appendice.

[275] Voir la Convention, p. 5.
[276] Voir la Convention, p.7.

Tableau 5.2. Les gisements concernes par la convention chine-rdc

Types de Réserves	Gisements	Tonnes Cuivre	Tonnes Cobalt
RESERVES CERTAINES	Cuvette Dima	1.933.160	49.883
	Dikuluwe	2.248.673	42.037
	Jonction dimanche	334.408	19.776
	Mashamba Ouest	1.593.512	163.592
	Cuvette Masahamba	703.617	151.331
	Total	6.813.370	426.619
RESERVES PROBABLES ET POSSIBLES	Dikuluwe	100.000	*
	Mashamba Ouest	50.000	*
	Cuvette Dima	2.000.000	*
	Cuvette Mashamba	300.000	*
	Synclinal Dik Colline D	1.352.700	*
	Total	3.802.700	* 200.000
Total Général		10.616.070	626.619

Source : La Convention / Annexe A, p.30

Les réserves faisant partie de l'accord sont donc évaluées à 10.616.070 tonnes de cuivre et 626.619 tonnes de cobalt. L'annexe B donne une description géologique de réserves concernées :

Description géologique et minéralisation

Les gisements à céder sont contenus dans des PE GECAMINES et sont des gisements naturels sédimentaires qui forment une structure synclinale avec, au Sud, les flancs monoclinaux de DIKULUWE et de MASHAMBA réunis par la JONCTION DIMA. Les gisements ont un pendage en dressant et semi-dressant au Sud. Ils forment vers le Nord une plateure dénommée Cuvette Dima et Cuvette Mashamba qui se superpose à un autre flanc monosynclinal appelé Synclinal Dik Colline D. Au NW, le synclinal est en contact anormal avec les écailles de Kamirombe.

La minéralisation est cupro-cobaltifère oxydée en surface et mixte-sulfurée en profondeur (moyenne de 3,5% Cu et 0,2% Co). Cette minéralisation est localisée dans deux ore bodies réguliers de 9 à 12 m d'épaisseur. Une minéralisation lenticulaire avec des teneurs plus faibles s'observe aussi dans les RSC qui séparent les deux ore bodies et dans les formations (SDS+CMN) du toit du gisement. D'autres substances minérales de concentration mineure comme l'or, l'argent et autres métaux non ferreux accompagnent cette minéralisation. Ils seront déclarés au cas où les teneurs atteignent des valeurs significatives valorisables dans les gisements ou les produits.

Les coordonnées des carrés cadastraux

Les gisements retenus sont inclus dans 13 carrés cadastraux limités par les coordonnées reprises dans le tableau ci-dessous des PE 525 te PE 8841 de la GECAMINES.

Tableau 5.3 Coordonnées des carrés cadastraux

	LONGITUDE	LATITUDE
1	25 degrés 21'30''	10 degrés 43'00''
2	25 degrés 23'00''	10 degrés 43'00''
3	25 degrés 23'00''	10 degrés 45'00''
4	25 degrés 22'00''	10 degrés 45'00''
5	25 degrés 22'00''	10 degrés 45'30''
6	25 degrés 21'30''	10 degrés 45'30''

Source : La Convention/ Annexe B, p. 32.

Les détails des actions à réaliser par la partie chinoise sont fournis dans l'annexe C. C'est en estimant la valeur de ces réalisations que l'on pourrait parler d'un bon ou mauvais accord quand on connaît la valeur réelle des réserves accordées aux entreprises chinoises. Je peux affirmer dès le départ que l'exercice n'est pas facile pour le Congo.

Tableau 5.4 Liste des projets d'infrastructures

No	PROJETS	Longueur En Km	Description des travaux
1	Chemin de fer *Tenke-Kolwezi-Dilolo *sakania-Lubumbashi-Kamina-Mweneditu-Kananga-Ilebo *Kinshasa-Matadi	1833 365	Réhabilitation + Modernisation
2	Chemin de fer *Ilebo-Kinshasa	1015	Construction
3	Routes 3.1. Construction des routes bitumées *Kasindi-Beni-Komanda-Niania *Komanda-Bunia *Lubumbashi-Kasomeno-Kasenga *Kasomeno-Pweto *Likasi-Kolwezi *Bukavu-Kamanyola *Bretelle-Moba 3.2. Construction d'un pont sur la rivière Lualaba 3.3. Construction des routes bitumées *Pweto Kalemi-Fizi *Fizi-Uvira-Kavinvira *Bukavu-Goma-Beni *Niania-Bafwasende-Kisangani 3.4. Réhabilitation des routes asphaltées *Matadi-Boma *Uvira-Kamanyola *Moanda-Banana *Mbuji-Mayi-Mwene Ditu 3.5. Réhabilitation des routes en terre *Kananga_Mbuji-Mayi-Kasongo-Kindu *Kolwezi-Kasaji-Dilolo *Dilolo-Sandoa-Kapanga-Kananga	520 7 207 336 180 55 462 730 142 590 363 135 85 9 135 887 426 709 139 125 232 220	Construction Construction Construction Réhabilitation réhabilitation

	*Kasaji-Sandoa *Boma-Moanda-Yema *NiaNia-Isiro		
4	Voiries urbaines *Ville de Kinshasa (250 km) *Autres villes (300 km) : Lubumbashi, Bukavu, Kisangani-Kananga-Mbuji Mayi-Goma-Matadi-Bandundu-Mbandaka-Kindu Lubumbashi Bukavu Kisangani Kananga Mbuji-Mayi Goma	250 300	Réhabilitation
5	Aéroports *Réhabilitation de l'aéroport de Goma *Réhabilitation de l'aéroport de Bukavu		Réhabilitation
6	Construction et équipement des hopitaux *Dix (10) hopitaux (150 lits) un par province *Vingt un (21) hopitaux (150 lits) un par nouvelle province *Hôpital centre-ville Kinshasa		Construction Réhabilitation
7	Energie (Electricité) *Barrage hydro-électrique de Kakobola (Bandundu) *Barrage hydro-électrique de Katende (Kasaï Occidental) *Réseau de distribution électrique de Kinshasa *Réseau de distribution électrique de Lubumbashi		Construction

8	Construction et réhabilitation des centres de formation aux métiers BTP		Construction + Réhabilitation
9	Habitat *Construction de 2000 logements sociaux à Kinshasa *Construction de 3000 logements sociaux en provinces		Construction
10	Centre de santé de 50 lits équipés *Construction de 145 centres de santé 50 lits (1 par territoire)		Construction + Equipements
11	Construction de deux (2) Universités modernes		Construction

Source : la Convention/ Annexe C, p. 33

Evaluations de l'accord chinois

Je dois rappeler ici que dans ma première analyse en 2010, [277]j'ai soutenu que la coopération entre le Congo et les pays capitalistes pendant cent ans (1908-2008) a oscillé entre le *Paiement de dupe* et la *Tentation de faire défaut* (RDC=0 CAP= 5) d'une part, et la *Punition pour défaut mutuel* (RDC=1 CAP=1) d'autre part ; jamais cette coopération n'avait pris la forme de *Récompense pour la Coopération mutuellement bénéfique.* Et j'avais dit que c'est en atteignant cette dernière forme que le Congo pourrait prétendre au décollage économique. Cette forme de coopération est une condition nécessaire pour le développement du Congo, bien qu'elle ne soit pas une condition suffisante. Au chapitre 7 du présent travail, je tenterai de présenter une ébauche de ce que pourraient constituer les conditions nécessaires et suffisantes pour le décollage économique du Congo. Les politiciens Congolais étaient très divisés devant l'accord chinois.

En présentant l'accord entre le Congo et la Chine, lors de sa signature en 2008, le Premier Ministre Antoine Gizenga l'a qualifié d'accord « gagnant-gagnant ». Dans cette étude, cela équivaut à Chine = 3 RDC=3. Les discussions sur les avantages de ces accords ont été très controversées. Le pouvoir soutenait que les accords étaient favorables à la RDC qui allait « relancer sa production minière, créer des emplois, augmenter les recettes publiques, construire les infrastructures routières et socio-économiques, inciter l'esprit d'entreprise par des partenariats avec des opérateurs économiques congolais dans les Petites et Moyennes

[277] Georges MPWATE-Ndaume, *La Coopération entre le Congo et les pays capitalistes. Un dilemme pour les présidents congolais, 190-2008*, Paris : l'Harmattan, 2010.

Entreprises ».[278] L'opposition ne voyait pas les choses dans ce sens-là. Si bien que certains politiciens au pouvoir avaient commencé à accuser l'opposition de vouloir torpiller le programme du gouvernement et crier plus tard à son échec.

Mon analyse se veut objective, sans considérations politiques. La « récompense pour la coopération mutuelle » veut dire que chaque partie est pleinement satisfaite et qu'aucune partie n'a été lésée. On comprend dès lors qu'un tel accord est un idéal à atteindre car, en pratique, il est très difficile d'évaluer avec précision tous les éléments pris en compte dans un partenariat. Toutefois, on peut évaluer un accord selon qu'il s'approche de l'idéal ou non. Car un accord à 80% satisfaisant est mieux qu'un accord à 10% satisfaisant, quand bien même il n'est pas à 100% satisfaisant. L'une des conditions pour atteindre une satisfaction mutuelle est que les négociateurs doivent être non seulement compétents, mais aussi des véritables hommes d'Etat qui privilégient les intérêts de l'Etat avant toute considération partisane ou individuelle. Quand souvent les partenaires du Congo remplissent ces conditions, les Congolais accusent souvent des faiblesses dans ce domaine. Pour mieux évaluer les accords avec la Chine, j'avais dit au début de l'accord que les Congolais devaient être capables de chiffrer les travaux demandés à la partie chinoise. C'était en fonction de ce chiffre que l'on pourrait rendre disponible l'équivalent en minerais. Encore que l'évaluation des gisements des minerais restait elle-même une tâche difficile à réaliser. Cet accord me faisait penser aux accords signés entre les pays capitalistes et la Gécamines où cette dernière obtenait en moyenne 25% des parts sociales et les sociétés des pays capitalistes 75%. En effet, il était écrit à l'article 3 de la Convention avec les Chinois, au point 3.4. que « pour garantir au Groupement d'Entreprises Chinoises les moyens de recouvrer leurs investissements dans le Projet Minier et dans le Projet d'Infrastructures, les Parties fixent la répartition du capital social de la JV Minière comme suit : 68% pour le Groupement d'Entreprises Chinoises et 32% pour le Groupe Gécamines. »

Les observateurs avaient exprimé trois craintes au début de cet accord. D'abord, ils craignaient que les Congolais aient bradé les ressources minières du pays. Ensuite, ils stigmatisaient l'absence de planification de l'exécution de ces accords. A ce sujet, beaucoup de Congolais se demandaient quand ces travaux allaient commencer exactement. Certains commençaient à politiser le retard en disant que le pouvoir voulait retarder le début des travaux pour être en plein chantier en 2011 et solliciter un deuxième mandat au peuple en vue de terminer les chantiers. Enfin, d'autres observateurs craignaient que le gouvernement congolais ne respecte pas ses engagements et mette ainsi en péril lesdits accords.

A cause de tous ces couacs, il m'était difficile d'affirmer ou d'infirmer que l'accord entre la Chine et le Congo était un cas de « *récompense pour la coopération mutuelle* » telle que perçue dans ce travail. Ce qui me rendait encore perplexe en ce temps c'était le projet Tenke-Fungurume basé sur 7 millions de

---

[278] TSHIBAMBE LUBOWA, *Diplomatica Magazine 12*, no 001, février-avril 2008.

tonnes de cuivre et 1,5 million de tonnes de cobalt qui était évalué à 90 milliards de dollars américains. Je ne comprenais pas alors pourquoi la Convention avec les Chinois estimée à 10.616.070 de tonnes de cuivre ne puisse être évaluée qu'à 9 milliards de dollars américains. En ce temps-là, les Congolais pensaient que la coopération chinoise était mieux que celle que l'on connaissait avec les pays capitalistes. Aujourd'hui, 15 ans après la signature de cet accord, il est possible de l'évaluer. Et je constate à travers les études en présence que les craintes que j'ai émises au début de l'accord, comme beaucoup d'autres observateurs, se sont avérées réelles. L'accord chinois doit être qualifié de Chine = 5 RDC = 0, un accord *Gagnant-Perdant*, du moins à ce niveau.

Il est vrai que les Kabilistes qui étaient au pouvoir rejettent l'évaluation faite par l'Inspection Générale des Finances (IGF). Du coup le dossier a été politisé. Je pense qu'en considérant seulement la visibilité des réalisations de cet accord, il est très difficile de croire à un accord *gagnant-gagnant*. Je pense que pour séparer le pouvoir et les Kabilistes, le dossier devrait peut-être être soumis à la justice et que le peuple connaisse qui a fait quoi dans cette affaire. Quant à moi, je vais présenter quelques évaluations qui ont été réalisées et qui confirment que le Congo a, une fois de plus, été roulé dans la farine en coopération internationale.

Rapport de l'inspection générale des finances

Voici ci-dessous le résumé du rapport de l'Inspection Générale des Finances rendu public en février 2023 : « Rapport de l'IGF : importants décaissements en faveur des entreprises chinoises, mais très faibles investissements en Infrastructures au profit du Congo

L'Inspection Générale des Finances (IGF) a publié son rapport sur le contrat signé le 17 septembre 2007 entre la RDC et un groupement d'entreprises chinoises (GEC). La partie chinoise s'était engagée à construire 3500 Km de routes, autant de kilomètres de chemins de fer, des infrastructures de voiries, 31 hôpitaux de 150 lits et 145 centres de santé. Le tout pour une valeur estimée à 6,5 milliards de dollars, selon l'entente. Grâce à ce programme, la Chine est devenue le premier destinataire des exportations minières congolaises. L'IGF a relevé plusieurs cas de déséquilibre dans cette entente qualifiée de contrat du siècle. Elle note par exemple ce qu'elle considère comme une « faiblesse criante et une modicité des investissements des infrastructures ». La SICOMINES, dit l'IGF, a mobilisé, en 14 ans, des financements d'un montant total de 4.471.588.85, 14 USD et n'a consacré que 822.190.060, 14 USD pour le financement des travaux d'infrastructures, soit 18,38% du financement total mobilisé.

L'IGF note paradoxalement « l'importance des décaissements effectués en faveur des entreprises chinoises en six ans. En six ans, soit de 2016 à octobre 2022, SICOMINES a décaissé, à partir d'un de ses comptes à l'étranger, en l'occurrence le compte principal n° 100001700001077logé dans les livres de BANK OF CHINA DUBAI BRANCH, un montant total de 9.677.613.625, 15 USD en faveur des entreprises chinoises et d'elle-même pour diverses raisons non étayées.

Il y a au départ la constitution de SICOMINES en 2008 qui serait faite en violation de l'article 1er de l'Arrêté Royal du 22 juin 1926. L'IGF conclut que le capital social est non proportionné à l'objet de la société et non indication des gisements miniers comme apport de la partie Congolaise. « USD 100.000.000, 00 fixés par le GEC étaient très insuffisants et donc disproportionnés à l'objet social ».

L'IGF note aussi qu'aucune évaluation des gisements miniers apportés par la Gécamines S.A. n'a été faite. Pour elle, il existe un défaut d'intégration de la valeur dans le capital social. Elle dénonce aussi le « caractère arbitraire, discriminatoire et illégal de la fixation ainsi que de la répartition du capital social à 100.000.000 USD à raison de 68% des parts pour le GEC et 32% pour le Groupe Gécamines.

« On a fixé ce capital à 100.000.000 USD (alors que SICOMINES détenait des actifs de 90.936.120.000 USD) et on a décidé que les entreprises chinoises auraient 68% des arts contre 32% pour la partie congolaise. Les Chinois apportaient 68 millions USD et prêtaient à la Gécamines S.A. USD 32 millions qu'elle a, du reste, remboursés avec intérêts de 10.979.566,00 USD par des retenues sur ses dividendes. Pourtant, l'article 2 de la loi n°77/027 précise que les personnes physiques ou morales étrangères ne peuvent pas détenir plus de 60% du capital social ».

L'IGF rapporte aussi un important déséquilibre financier au détriment de la RDC entre les avantages octroyés à la partie chinoise et les engagements à sa charge ainsi que les gains attendus par la partie congolaise. « 90.936.120.000,00 USD aux Chinois contre des engagements à leur charge de -.2 milliards USD, soit un gain pour les Chinois de USD 84.736.120.000,00 auquel devront s'ajouter les exonérations fiscales et douanières estimées provisoirement aux taux les plus faibles à 2.163.623.850, 15 USD ».

L'IGF cite aussi d'importantes importations des biens en exonération totale sans évidence dans les états financiers, le dumping commercial pratiqué et manipulations des prix de transfert, de paiement sans production des contrats, et de plus, l'empiétement des gisements de la GECAMINES S.A. par les installations de SICOMINES, le recours quasi systématique injustifié au préfinancement des exportations et la violation de la réglementation du change en RDC et règlement Minier, le défaut de rapatriement des recettes d'exportation et amendes de 5% dues par SICOMINES, etc. Ainsi, l'IGF propose au gouvernement d'opposer à la partie chinoise l'exception de la non-exécution du contrat. » [279]

La partie chinoise a réagi négativement au rapport de l'IGF dans un communiqué de presse publié le 17 février 2023 en ces termes : « Le 08 février 2023, la SICOMINES a reçu l'invitation de l'Inspection Générale des Finances (IGF) à se

[279] Rapport IGF « Importants décaissements en faveur des entreprises chinoises, mais très faibles investissements en infrastructures au profit de la RDC, » *Economie*, Jeudi 16 février 2023, actualité.cd

présenter dans la salle des réunions de l'Inspection générale des Finances, avec comme objet : examen des conclusions et des recommandations de l'IGF en vue de décanter la situation de SICOMINES.

Le 15 février 2023, la SICOMINES s'est présentée à la réunion couverte par la presse, au cours de laquelle il a été fourni à l'assistance, deux documents intitulés « Conclusions de l'IGF sur la convention de collaboration d'avril 2008 entre la RDC et le groupement d'entreprises chinoises (Contrat chinois) » d'une part et « Exigences de l'IGF au regard de ses conclusions sur le Contrat chinois » d'autre part.

La SICOMINES, qui n'est pas partie, à la Convention de Collaboration, a pris connaissance de ces documents. Elle conteste tant la compétence de l'IGF, que la procédure suivie (en violation des droits de la SICOMINES) et le contenu de ces documents, lesquels font fi du mécanisme mis en place par la RDC au travers de la Convention de Collaboration et les droits bénéficiés à la SICOMINES, et en particulier du droit d'être entendu.

De plus, les critiques et mesures injustifiées mises en œuvre contre la SICOMINES nuisent au bon fonctionnement de cette entreprise et du Projet de Coopération, portant atteinte en définitive aux intérêts du pays et du peuple congolais.

La SICOMINES évaluera la suite qu'il convient d'y donner afin de protéger ses droits.

La RDC est un Etat de droit où le droit de la défense est consacré et garanti par la Constitution. En particulier, la securité des investissements privés, nationaux ou étrangers, est garantie en RDC et les engagements pris à l'égard des investisseurs ne peuvent être bafoués. »[280]

Cette réaction négative de la part de la société chinoise est tout à fait normale et ne change rien à la réalité sur terrain. Je constate malheureusement pour les Chinois que d'autres sources confirment la tendance négative de cette coopération telle qu'émise par l'IGF. La deuxième évaluation que je voudrais présenter est celle faite par *AfreWatch* (*African Resources Watch/* Observation Africaine des Ressources Naturelles) en juin 2021.[281]

Evaluation faite par l'observation africaine des ressources naturelles

Voici en résumé les trois parties essentielles qui composent cette évaluation, notamment :

- Etat de lieux de la mise en œuvre des obligations des parties contractantes ;

---

280 Cellule de Communication de SICOMINES S.A., « Communiqué de presse, » Kolwezi, le 17 février 2023

281 Observation Africaine des Ressources naturelles, « Convention de la sino-congolaise des mines : qui perd,, qui gagne entre l'Etat congolais et la Chine ? », SICOMINE-NEW-1 . pdf, juin 2021.

- Transparence dans la divulgation des données SICOMINES dans le rapport ITIE 2008-2020 et
- Analyse comparative des paiements de la SICOMINES et de TENKE FUNGURUME au gouvernement congolais.

1. Obligations des parties contractantes

Dans la première partie *AfreWatch* présente les obligations des deux parties en vue d'évaluer plus loin le taux des réalisations par la SICOMINE et le Gouvernement congolais. Le résumé de ces obligations sont reprises dans le tableau ci-dessous :

Tableau 5. 5 : Synthèse des engagements des parties des volets mines et infrastructures retenus pour l'analyse

Nature de l'obligation	Personne /Institution Responsable	Nombre d'obligations		
		Pour chaque partie	Communes	Total
Projet Mines	Etat congolais	6	2	17
	Groupement d'entreprises chinoises	9		
Projet Infrastructures	Etat congolais	1	1	6
	Groupement d'entreprises chinoises	4		
Total Obligations				23

Source : Observation Africaine des Ressources Naturelles, « Convention de la sino-congolaise des mines : Qui perd, qui gagne entre l'Etat congolais et la Chine ? » Juin 2021, page 18.

Après l'évaluation de ces obligations, *AfreWatch* signale que sur les 23 obligations retenues, seulement 11 ont été complètement exécutées par les parties, 8 ont été partiellement exécutées, et 4 n'ont pas été exécutées. La partie congolaise a exécuté 83,3% de ses obligations, pendant que la partie chinoise n'a exécuté que 55,5%. C'est ce qui est repris schématiquement dans les deux tableaux qui suivent :

Tableau 5.6 : synthèse des résultats de l'évaluation de l'exécution des obligations Sicomines des volets mines et infrastructures

Nature de l'obligation	Personne/Institution Responsable	Nombre d'obligations	Exécutées	Partiellement exécutées	Non exécutées	Taux d'obligations totalement exécutées en %
Projet Mines	Etat congolais et Groupement d'entreprises chinoises	17	11	3	3	64.1
Projet infrastructure	Etat congolais et Groupe d'entreprises chinoises	6	0	5	1	0
Total		23	11	8	4	47.8

Source : Observation Africaine des Ressources Naturelles, « Convention de la sino-congolaise des mines : Qui perd, qui gagne entre l'Etat congolais et la Chine ? » Juin 2021, page 20.

Tableau 5.7 : synthèse de l'évaluation de l'exécution des obligations du projet Sicomines par volet et par partie

Libellé de l'obligation	Partie	Nombre d'obligations	Totalement exécutées	Partiellement Exécutées et/ou en cours d'exécution	Non exécutées	Taux d'obligations totalement exécutées en %
Projet mines	Groupement d'entreprises chinoises	9	5	3	1	55.5
	Etat congolais et Gécamines	6	5	0	8	83.3
	Etat congolais et Groupement d'entreprises chinoises	2	1	0	1	50
Projet infrastructure	Groupement d'entreprises chinoises	4	0	3	1	0
	Etat congolais et Gécamines	1	0	1	0	0
	Etat congolais et Groupement d'entreprises chinoises	1	0	1	0	0

Source : Observation Africaine des Ressources naturelles, « Convention de la sino-congolaise des mines : Qui gagne, qui perd entre l'Etat congolais et la Chine?»Juin 2021, page 20.

2. Transparence dans la divulgation des données Sicomines dans les rapports ITIE 2008-2020

La deuxième partie du rapport de la Convention Africaine des Ressources Naturelles nous présente les résultats de l'engagement pris par le Groupement d'entreprises chinoises de mobiliser et de rendre disponible le financement pour la construction des infrastructures de la République démocratique du Congo. En se référant aux rapports de l'ITIE, les résultats sont résumés dans les tableaux qui suivent :

Tableau 5.8 : évolution du financement du volet infrastructures selon les données 2008-2020 de l'ITIE

N°°	ANNEE	MONTANT DECAISSE EN USD PAR SICOMINES	MONTANT ENCAISSE EN USD PAR SICOMINES	ECART EN USD
1	2008	N / A	N/A	N/A
2	2009	N/ A	N/A	N/A
3	2010	468 000 000	118 000 000	350 000 000
4	2011	8 987 918, 83	8 721 613,90	266 304,93
5	2012	0	54 993 933	(54 993 933)
6	2013	563 062 821	327 146 763	235 916 058
7	2014	123 000 000	47 257 143	75 742 857
8	2015	0	62 011 141	(62 011 141)
9	2016	16 456 922	66 272 246	49 815 324
10	2017	0	68 944 998,65	708 245 061,7
11	2018	0	49 526 244,08	0
12	2019	0	0	0
13	2020	N/A	N/A	N/A
TOTAL		1 179 507 661, 83	802 874 082,63	376 633 579,2

Source : Observation Africaine des Ressources Naturelles, Op. Cit, p.26

Tableau 5.9 : Evolution du financement du volet mines selon les données ITIE 2008-2020

N°	ANNEE	MONTANT ENCASSE EN USD PAR SICOMINES	MONTANT DECAISSE EN USD PAR SICOMINES	ECART
1	2008	N /A	N/A	N/A
2	2009	0	225 000 000	(225 000 000)
3	2010	0	315 000 000	(315 000 000)
4	2011	0	28 419 200	(28 419 200)
5	2012	501 637 330	274 286 181	227 351 149
6	2013	846 937 179	423 889 454	423 047 725
7	2014	177 000 000	522 565 430	(345 565 430)
8	2015	117 240 000	374 978 775	(257 738 775)
9	2016	0	0	0
10	2017	0	0	0
11	2018	0	0	0
12	2019	0	0	0
13	2020	0	0	0
TOTAL		1 702 814 509	2 164 139 040	(461 324 531)

Source : Observation Africaine des Ressources Naturelles, *Op. Cit.*, page 28

Le rapport signale que la production de la SICOMINES qui devrait faciliter un remboursement rapide du prêt n'a jamais été atteinte. Cette situation complique clairement le remboursement du prêt par la République démocratique du Congo.

Tableau 5.10 statistiques de production de la Sicomines

N°		ANNEE	CUIVRE MATTE EN TONNES	CATHODE DE CUIVRE EN TONNES	ALL DE COBALT ET NICKEL EN TONNES
1		2015	18 533,64	11 058,03	0
2		2016	114 567,07	51 362,02	0
3		2017	100 478 ,54	35 969,63	266,38
4		2018	0	0	0
5		2019	N/A	N/A	N/A
6		2020	N/A	N/A	N/A
TOTAL			233 579,54	95 353,68	266,38

Source : Observation Africaine des Ressources Naturelles, *Op. Cit.*, page 30

Le gouvernement congolais espérait créer beaucoup d'emplois en signant le contrat avec le Groupe d'Entreprises Chinoises. Le rapport de l'Observation Africaine signale que de 2009 à 2020, le Groupe chinois n'a créé que 3.140 emplois. Sans considérer la qualité des emplois offerts aux Congolais et les salaires, on constate que le Groupe d'Entreprises chinoises a offert moins d'emplois par rapport à d'autres entreprises, telles que Mutanda Mining et Kamoto Copper Compagny. La création des emplois se présente de manière ci-après :

Tableau 5.11 statistiques d'emplois créés par Sicomines et impact sur l'économie

N°	ANNEES	EMPLOIS DIRECTS	EMPLOIS INDIRECTS
1	2008	N/A	N/A
2	2009	N/A	N/A
3	2010	N/A	N/A
4	2011	N/A	N/A
5	2012	0	0
6	2013	0	0
7	2014	0	0
8	2015	877	0
9	2016	1 080	0
10	2017	1 183	0
11	2018	0	0
12	2019	N/A	N/A
13	2020	N/A	N/A
TOTAL		3 140	

Source : Observation Africaine des ressources Naturelles, *Op. Cit.*, p. 33

3. Analyse comparative des paiements de la Sicomines et de Tenke Fungurume Mining (TFM) au gouvernement

La dernière partie de l'analyse de l'Observation Africaine porte sur une comparaison des paiements entre la SICOMINES et TFM. On doit signaler au départ que la comparaison n'est pas absolue, comme les chercheurs eux-mêmes le font remarquer. La raison est simple : TFM a produit plus et les deux projets ne sont pas les mêmes en termes de montages financiers. Mais, la comparaison vaut quand même la peine pour se faire une idée sur ce que la République démocratique du Congo perd dans son accord avec la SICOMINES. Voici la comparaison :

Tableau 5.12. Paiements compares entre Sicomines et TFM

N°	ANNEE	PROFITS GENERES PAR SICOMINES EN USD	ANNEE	PAIEMENTS VERSES PAR TFM EN USD
1	2015	0	2009	16 893 378
2	2016	0	2010	102 389 096
3	2017	83 731 293,52	2011	149 086 114
4	2018	0	2012	105 898 571
5	2019	N/A	2013	206 574 620
6	2020	N/A	2014	205 036 892
TOTAL		83 731 293,52		785 878 671

Source : Observation Africaine des ressources naturelles, *Op. Cit.*, p. 39

Les chercheurs notent que « il se dégage des chiffres de ce tableau que, dès les six premières années de production de TFM, la RDC a perçu 785 878 671 USD au titre d'impôts, redevances, droits et taxes contre 83 731 293,52 USD de revenus pour la SICOMINES. Cela veut dire que ce dernier projet, bien que bénéficiant de l'exonération totale de tous les impôts et taxes, n'a pas généré assez de revenus versés à la partie chinoises au titre de remboursement des financements d'infrastructures……Selon toute vraisemblance, le projet SICOMINES occasionne d'énormes pertes pour la partie congolaise, du moins sur la foi des données disponibles. »[282]

Je voudrais terminer l'évaluation faite par *AfreWatch* en reprenant in extenso leur conclusion sur les études qu'ils ont menées. Comme je l'ai dit plus haut, beaucoup de sources que j'ai consultées arrivent aux conclusions que la République démocratique du Congo sort perdante dans son accord avec le Groupement d'Entreprises Chinoises. Le mythe autour de la coopération chinoise, au Congo du moins, doit être requalifié. L'Observation Africaine conclut ses études en ces termes : « Créé sur base de la Convention de collaboration signée en 2008 entre la République démocratique du Congo et le Groupement d'Entreprises Chinoises pour financer d'une part, les projets de construction d'infrastructures et, d'autre part, le projet de construction de la mine de la SICOMINES, qui doit rembourser des prêts contractés à cet effet, le projet SICOMINES est à ce jour au cœur d'un grand débat sur le bénéfice à tirer par la RDC. En effet, 11 ans après l'entrée en vigueur de la Convention, plusieurs questions se posent autour du projet SICOMINES. Elles portent pour l'essentiel sur le niveau d'exécution des

282 Observation Africaine des Ressources Naturelles, *Op. Cit.*, pp. 39-40

engagements des parties, notamment la rentabilité pour le remboursement des investissements et leurs intérêts.

Les recherches menées par AFREWATCH mettent en exergue l'état de lieux de la mise en œuvre des obligations par les parties prenantes, le niveau de transparence du projet SICOMINES dans la divulgation des données sur le projet et sa rentabilité. Elles comparent les remboursements effectués par SICOMINES, projet entièrement exonéré de tous les impôts et taxes payés par le projet Tenke Fungurume Mining (TFM) qui, lui, n'est pas totalement exonéré au gouvernement.

En somme, selon les conclusions de ces recherches, l'exécution des engagements des parties est trop faible, soit moins de 50% sur l'ensemble convenu. Sur les 23 obligations retenues comme échantillons pour l'analyse, seules 11 obligations ont été complètement exécutées par les parties, soit un taux d'exécution de 47,8% ont été partiellement exécutées, soit 34,7%, et 4 ne sont pas encore exécutées soit 17,3%. Individuellement, la partie chinoise n'a exécuté que 55,5% d'obligations contre 83,3% d'exécution pour la partie congolaise.

Ce score s'explique par le défaut non seulement pour la partie chinoise de ne pas tenir certains engagements phares de la Convention, mais aussi le fait, pour la SICOMINES, de ne pas produire la qualité des minerais prévue dans la Convention et ses annexes. Par conséquent, la partie congolaise est exposée à un risque d'endettement, si pas de surendettement, en ce sens qu'elle ne sera pas en mesure de rembourser des prêts chinois et leurs gros intérêts cumulés.

Etant donné qu'en dépit de la révision du Code minier en RDC en 2008, la SICOMINES continue à bénéficier d'un régime spécial, celui d'exemptions fiscales entières, il est donc difficile de dire que ce projet est profitable à la RDC. Voilà qui a amené AFREWATCH à formuler, à l'issue de ses recherches, des recommandations aux parties prenantes à la Convention pour fournir toutes les informations nécessaires à la compréhension de la gestion du projet. Puissent les institutions de droit de s'y investir pour prendre les mesures qui s'imposent. »[283]

La dernière évaluation que je voudrais présenter est celle faite par l'ITIE RDC (Initiative pour la Transparence des Industries Extractives).[284] Je m'attarde un peu sur ces évaluations par souci de voir le Congo et la Chine progresser vers une coopération *Gagnant-gagnant* pour le bien-être des populations des deux pays. Car pour moi, il serait très triste si cette coopération suivait le schéma occidental que j'ai tant décrié dans mes recherches.

---

[283] L'Observation Africaine des Ressources Naturelles, *Op. Cit.*, pp. 40-42

[284] Léonide MUPEPELE, « Contrat de services de consultance N°002 ST ITIE-RDC 2021, Etude dévaluation de la mise en œuvre de convention de collaboration relative au développement d'un projet minier et d'un projet d'infrastructures en RD Congo, Projet SICOMINES », Kinshasa, septembre 2021

Etude d'évaluation de la mise en œuvre de la convention de collaboration relative au développement d'un projet minier et d'un projet d'infrastructures en R.D. Congo : projet Sicomines

L'évaluation de l'ITIE RDC est composée de trois parties : 1ère PARTIE : Présentation des Accords de Coopération sino-congolaise ; 2ème PARTIE : Le Projet de Joint-Venture Minier SICOMINES ; 3ème PARTIE : Le Projet d'Infrastructures. Etant donné que les Accords ont déjà été présentés et que les annexes donneront encore plus de détails sur ce qui a été conclu entre les parties, je vais directement à l'essentiel en vous présentant les conclusions auxquelles l'ITIE RDC est arrivée après son étude.

Concernant le Projet de Joint-Venture Minier SICOMINES, l'ITIE RDC a conclu et recommandé ce qui suit :

« En termes de conclusions, le Consultant recommande :

- La dénonciation, par l'Etat congolais, du caractère léonin de la Convention de Joint-Venture du 22 avril 2008 et le retour à la table de négociation des sociétaires de SICOMINES en vue de la restauration du capital social de l'entreprise en fonction des apports réels d'un chacun dans la constitution de l'actif de l'entreprise
- La dénonciation et le rejet de l'Etude de Faisabilité de CHINA ENFI pour sa forme inexploitable et son caractère partisan, incomplet et inachevé et l'appel à un cabinet indépendant qui aura la mission de réaliser une étude technicoéconomique visant notamment à restaurer les ressources et réserves totales cédées par l'entremise de la GECAMINES, et, en conséquence, envisager la possibilité d'extension des installations de traitement actuelles en vue de consolider la capacité de production de la mine
- Confirmer les réserves de la partie congolaise, déjà formulées au travers des divers PV et correspondances de la GECAMINES et demeurées jusqu'à ce jour sans suite pertinente, notamment sur le montant surévalué de l'investissement du projet SICOMINES et diligenter une mission d'audit d'un Expert indépendant visant à vérifier et à rectifier la valeur réelle des installations minières et industrielles actuelles de SICOMINES
- Diligenter un audit technique indépendant visant à établir l'efficacité des méthodes d'exploitation et es procédés de traitement métallurgique actuels de SICOMINES, couplé à une étude technique sur l'opportunité, pour la RD Congo, de continuer à exporter du cobalt sous forme des céments au lieu du cobalt métal
- Révoquer l'Avenant N° 4 dans les plus brefs délais pour son caractère illégal et attentatoire aux droits et intérêts de l'Etat congolais et retour à l »Avenant N° 3, tout en exigeant la restitution des sommes perçues au titre de dividendes en application de cet avenant

- Révoquer l'Accord de Joint-Venture relatif à l'Exploitation d'une Centrale Hydroélectrique à BUSANGA pour son caractère confiscatoire des droits de l'Etat congolais et attentatoire aux intérêts des populations congolaises et exiger le retour à la table de négociation avec objet l'équilibrage des parts sociales de toutes les parties prenantes en fonction des apports réels de toutes les parties dans la constitution de l'actif de l'entreprise
- Restructurer et débarrasser le BCPSC des politiciens qui ont fait de l'institution une caisse de résonance de leurs parrains politiques pour les remplacer par des Experts indépendants et vertueux, recrutés sur base de leurs profils et compétences techniques
- Dénoncer l'usurpation, par CONGOMANAGEMENT, de la qualité de représentant de l'Etat congolais dans les négociations de l'Accord de Joint-Venture de la CHE de BUSANGA et son alignement dans le capital social de SICOHYDRO et diligenter une enquête judiciaire en vue de documenter sur le statut et les activités de CONGO MANAGEMENT et établir les raisons de son intrusion ans le capital social de SICOHYDRO avec le statut usurpé de représentant de l'Etat congolais
- Envisager des poursuites judiciaires en l'encontre des Mandataires Publics et Hauts Fonctionnaires de l'Etat, soupçonnés d'abus de pouvoir de leur signature ayant ainsi porté atteinte aux droits de l'Etat congolais et desservi les intérêts des populations congolaises notamment :
  - Dans la mise en place de l'Avenant N°4 de la Convention de Collaboration du 22 avril 2008 et de l'Accord de Joint-Venture Relatif à l'Exploitation d'une Centrale Hydroélectrique à Busanga du 4 juillet 2016,
  - Dans la validation de l'étude de Faisabilité de SICOMINES réalisée par CHINA ENFI. »[285]

Les conclusions sur le Projet d'Infrastructures n'est pas non plus positives. Après avoir formulé des recommandations à la SICOMINES, l'ITIE RDC a répondu à certaines questions pertinentes qui préoccupent les observateurs. Je reprends aussi in extenso ce que l'ITIE RDC a avancé comme réponses :

« Des question qui nécessitent des réponses

Enfin ce Rapport ne sera pas clos sans avoir donné suite à quelques questions précises qui lui ont été posées par le Promoteur de cette étude :

- *La hauteur (cumul) des sommes décaissées, à ce jour, pour la réalisation des travaux d'infrastructures (travaux les plus urgents et les autres infrastructures) ?*

[285] Léonide MUPEPELE, *Op.Cit.*, pp. 107-108

Comme il a été résumé dans le paragraphe précédent, sur base des copies des décomptes déposées sur la table du Consultant par l'ACGT, la hauteur du montant total de sommes certifiées par l'ACGT est de 781 293 321, 25 USD (voir annexes V à IX) contre des engagements de 814 013 371, 46 USD.

Cependant, le BCPSC avance, un décaissement cumulé de 802 294 073 USD à fin mars 2020 alors que SICOMINES, à son tour, avance le chiffre de 982,05 Mi USD au titre de montant global déjà décaissé pour les projets d'infrastructures déjà exécutés à ce jour.

La DGDP qui a dans ses missions la gestion de la dette publique, annonce dans un memo daté du 21 mars 2021, un décaissement à date de 738 149 9938 USD au profit du Projet d'Infrastructures, en précisant néanmoins qu'elle ne gère pas la dette sino-congolaise de la Convention de Collaboration.

Les déclarations de BCPSC et de SICOMINES ayant été livrés brutes, sans soubassement, il sera difficile de mettre un terme à cette cacophonie des chiffres sans que les protagonistes n'aient documenté davantage leurs déclarations

- *La liste exacte des travaux d'infrastructures considérés comme les plus urgents ?*

Comme on peut le constater dans les annexes VI et VII, douze projets ont été déclarés les plus urgents. Il s'agit de 12 premiers projets dont le financement est intervenu bien après l'approbation de l'étude de faisabilité du projet minier en 2011. Leur caractère d'urgents n'a donc aucun lien avec les priorités des besoins des populations censés pourtant en être les destinataires et bénéficiaires.

- *La liste exacte des travaux d'infrastructures considérés comme faisant partie de « autres infrastructures » ?*

Les travaux sont à puiser dans la liste de l'Annexe C de la Convention de Collaboration et qui sont à l'annexe 1 de ce rapport. De ce fait, la liste exacte des travaux d'infrastructures considérés comme faisant partie de « autres infrastructures » ne peut être précisée. Cependant, à date, cette liste constituée de 31 projets d'infrastructures exécutés au cours de 3ème et 4 -ème phase de financement dont le démarrage des travaux est intervenu après l'approbation de l'étude de faisabilité en 2011. Les détails de ces projets sont indiqués dans les annexes VII et IX.

Il y a lieu de noter qu'aux termes de l'Avenant N° 3 à la Convention de Collaboration, les travaux d'infrastructures ne s'exécuteront désormais qu'en une tranche. A ce stade, les listes d'infrastructures les plus urgentes, ne s'arrêtent qu'à 43 projets d'infrastructures dont le cout total des engagements est de 814 013 371, 46 USD.

Ce qui revient à dire que par rapport au plafond de Milliards USD, sans cesse reconduit par différents (le très problématique Avenant N° 4 y compris), il resterait un solde de 2 185 986 628,54 USD à mobiliser au profit des travaux du Projet d'Infrastructures. C'est le montant que SICOMINES est appelée à mobiliser pour le financement des listes restantes d'infrastructures dites « autres infrastructures ».

Ces listes restantes d'infrastructures ne sont pas encore identifiées, mais elles sont à constituer sur base des projets éligibles à la liste de l'Annexe C de la Convention de Collaboration et pas ailleurs. A titre de rappel, le Consultant a fait des recommandations au paragraphe 21.4 pour une sélection cohérente des infrastructures restantes.

- *Les listes actualisées des travaux d'infrastructures convenues par les parties au Projet de Coopération durant les années 2008 à 2019 et 1er semestre 2020 ?*

Les listes des travaux d'infrastructures reprises dans les annexes VI, VII, VIII et IX du présent rapport constituent les listes convenues par les parties durant les années 2008 à 2019 et 1er semestre 2020. Il s'agit des listes de 43 projets d'infrastructures financés en 4 phases (janvier 2009, juin 2010, aout 2012 et mars 2013).

- *L'état d'avancement des travaux d'infrastructures sous financement du programme sino-congolais exécutés en 2018, 2019 et durant le 1er semestre 2020 ?*

L'état d'avancement des travaux financés par le programme sino-congolais est présenté aux tableaux repris en annexes 7,8 et 10. Ils peuvent se résumer ainsi :

- 32 Projets terminés et réceptionnés ;
- 6 Projets dont le taux d'exécution est supérieur à 80% et prêts à être réceptionnés ;
- 4 projets exécutés à moins de 80%.

En résumé, sur 43 projets d'infrastructures prévus, il n'y a que 32 projets qui ont été terminés et réceptionnés, soit 74% des projets totalement exécutés.

Conclusions

La Convention de Collaboration, signée le 22 avril entre le Gouvernement congolais et les Entreprises chinoises du GEC, porte sur deux Projets de coopération par nature indissociables : le Projet de Joint-Venture Minière et le Projet d'Infrastructures. Le Projet de Joint-Venture a pour rôle d'être comme « une machine à fabriquer des sous » en vue d'alimenter son jumeau, le Projet d'Infrastructures, destiné à doter le Congo d'une série d'infrastructures indispensables à son développement.

L'étude qui a été demandée par ITIE RDC porte sur l'évaluation de ce deux Projets. L'approche du Consultant dans ce Rapport a consisté tout simplement à établir, 13 ans après la signature de ladite convention, ce que sont devenus ces deux Projets de coopération, en comparant ce qui a été réalisé à ce qui avait été convenu de réaliser dans ladite convention. Clairement, il s'agit donc de rechercher et de définir, pour chaque projet, les deux termes appelés à équilibrer une même équation, le premier terme étant la créature souhaitée par les parties dans leur accord et le second terme étant celle produite par les mandataires commis par les parties à la gestion de cet accord.

Pour le Projet de JV Minière, la créature que les parties se sont engagées à donner existence est un mégaprojet dans la filière cuivre-cobalt d'une capacité de 400 milles tonnes de cuivre par an, avec un TRI de 19%. Des gisements crédités d'une réserve de 10 millions de tonnes de cuivre, susceptibles par conséquent d'assurer au projet une espérance de vie de 25 ans, ont été octroyés à la JV, avec à la clef des indicateurs techno-financiers qui en garantissaient l'exploitabilité à profit. En réponse, la créature produite 13 ans après par les gestionnaires du Projet de JV Minière s'appelle SICOMINES, de capacité de 90 tonnes de cathodes à 99,99% de cuivre, mais extensible à 250 milles tonnes, promet-on, après entrée en production de la CHE de BUSANGA.

Rien qu'en termes de capacité, il est clair que les termes de l'équation Projet de JV- Minière ne peuvent s'équilibrer. La créature engendrée, 250 milles tonnes de cuivre, est un nain à côté du mégaprojet de 400 milles tonnes souhaité par les parties ans leur accord du 22 avril 2008. Le raisons avancées par la partie chinoise pour expliquer cette malformation de leur créature, notamment l'insuffisance des réserves, se sont avérées fallacieuses d'autant qu'il a été démontré dans ce Rapport que l'Etude de Faisabilité de CHINA ayant servi de DFS à ce projet, était partisane, incomplète et inachevée et par conséquent non crédible. Pour cette raison, le Consultant a appelé la partie congolaise à rejeter cette étude sans détour et à faire appel à un cabinet indépendant pour restaurer le potentiel géologique octroyé en patrimoine à SICOMINES.

Une telle étude qui devrait normalement être à charge de SICOMINES est appelée notamment à rétablir la vérité sur des questions soulevées par le Consultant en rapport avec la restructuration du capital social en fonction des apports réels des parties, la surévaluation de l'investissement du projet minier par la partie chinoise, l'efficacité des choix techniques qui ont faits dans la mise en œuvre du processus de l'usine métallurgique, etc.

Pour ce qui est du financement du Projet d'infrastructures qui est la raison d'être de cette Joint-Venture, l'Avenant N° 4 qui est le dernier dispositif juridique qui règle la question de la clef de répartition des profits de SICOMINES, a été jugé comme un artifice visant à confisquer, à la source, les revenus fiscaux de l'Etat congolais et de ce fait, le Consultant a appelé à sa révocation à brève échéance et au retour de l'Avenant N°3. Dans la foulée, le Consultant appelle à la dissolution pure et simple de SCOHYDRO d'abord pour son caractère léonin et ensuite pour usurpation du statut de représentant de l'Etat congolais reconnu indument à l'un de ses associés.

En ce qui concerne l'équation Projet d'Infrastructures, la liste de 43 projets réalisés dans le cadre du montage financier de la Convention de Collaboration du 22 avril 2008 est loin de ressembler à la liste des travaux convenus de commun accord entre les parties et jointe à l'annexe C de la Convention de Collaboration.

Sur les 43 projets réalisés, 15 projets d'un montant total de 540 486 813,11 USD ont été reconnus éligibles à la liste de l'Annexe C. leur caractère partiel par rapport à la taille réelle du projet et leur émiettement à travers le territoire national ont été dénoncés comme un saupoudrage de l'effort financier qui risque de finir en dilapidation des ressources nationales. Quant aux 28 autres inéligibles à la liste conventionnelle, financés à une hauteur de 274 184 694,38 USD, ils ont été épinglés comme étant sans lien avec les priorités des populations bénéficiaires, et sélectionnés le plus souvent sur base des critères népotiques pour servir le plus souvent de vitrine politique dans les fiefs électoraux de leurs promoteurs.

En ce qui concerne le montant réellement décaissé pour la réalisation de ces 43 projets, le rapport a déploré une cacophonie dans les déclarations des intervenants. La sommation réalisée sur les montants engagés dans les copies des contrats transmises par l'ACGT au Consultant, donne un montant global de 814 671 507,49 USD, que l'ACGT aurait engagé au travers des 43 contrats de 43 projets réalisés. Mais le BCPSC a déclaré un montant global décaissé de 802 294 073 USD alors que SICOMINES déclare 982,05 Mi USD. Par rapport aux sommes engagées par l'ACGT au travers des contrats, ACGT doit encore recevoir de SICOMINES un montant de 12,4 Mi USD suivant la déclaration de BCPSC ; mais suivant celle de SICOMINES elle-même, ACGT accuserait un trop perçu de 167,35 Mi USD par rapport au montant reçu de SICOMINES.

Le rapport a notamment recommandé l'élaboration d'un Manuel des Procédures, ce qui éviterait le cumul des rôles épinglé dans le chef de l'ACGT qui se comporte à la fois, en maitre d'ouvrage, en cabinet d'étude, en contrôleur, etc. » [286]

Les différentes discussions sur les évaluations faites par des spécialistes sur l'Accord de coopération entre le Congo et la Chine clôturent le chapitre 5 de ce travail. Ma conclusion est que les Congolais étaient devant un mythe ; les Chinois se sont comportés comme les pays capitalistes qui ont toujours *fait défaut* dans la coopération avec le Congo depuis son existence dans le concert des nations. Les résultats de cette coopération peuvent être représentés dans le tableau ci-dessous :

[286] Léonide MUPEPELE, *Op. Cit.*, pp. 158-162

Tableau 5.13 La coopération entre la Chine et le régime Joseph Kabila, 2008-2018

	RDC (Régime J. Kabila 2008-2018)		
CHINE		Coopérer	Faire défaut
	Coopérer		
	Faire défaut	CHINE=5 RDC=0 Tentation de faire défaut et paiement de dupe	

Conclusion

Certains observateurs soutiennent que le Congo doit cesser de placer ses espoirs sur la coopération avec les pays capitalistes et se tourner complètement vers la Chine. D'autres trouvent qu'il faut garder les deux, pourvu que les intérêts du Congo soient valorisés. Il est un fait que le Président Félix Antoine Tshisekedi a été invité en Chine pour une visite de travail entre les deux gouvernements du 24 mai au 28 mai 2023. Au menu se trouve l'amélioration de la coopération entre les deux pays.

Dans le chapitre qui suit, je propose d'analyser la coopération sous le premier mandat du Président Félix Antoine Tshisekedi. L'analyse comprendra d'un côté la coopération avec les pays capitalistes et de l'autre côté la coopération avec la Chine. L'analyse est supposée apporter plus de lumière sur quelle coopération serait plus avantageuse pour le Congo.

Chapitre 6
La coopération entre le régime Tshisekedi, les pays capitalistes et la chine, 2019-2023

Comme je l'ai démontré plus haut, le pouvoir de Joseph Kabila s'était terminé sur une mauvaise coopération avec Washington, particulièrement l'Administration Trump. Cette mauvaise relation avait en fait profité à son successeur, Félix Antoine Tshisekedi. L'analyse que je compte mener dans ce chapitre concerne la coopération entre les Pays Capitalistes, l'Amérique en tête, et le premier mandat du Président Tshisekedi de 2018 à 2023 d'une part, et la coopération entre la Chine et le Président Tshisekedi pour la même période. Les deux coopérations qui à l'arrivée du Président Tshisekedi au pouvoir étaient toutes au détriment du Congo ont pris des directions différentes vers la fin du premier mandat de ce dernier. En effet, la coopération entre les Pays capitalistes et le régime Tshisekedi peuvent être qualifiée de CAP= 5 et RDC= 0 à l'arrivée du Président Tshisekedi. Cette coopération qui a commencé avec l'Administration Trump s'est poursuivie avec l'Administration Biden jusqu'à prendre la direction vers CAP=1 et RDC=1 en d'autres termes, *Perdant-Perdant*. Par contre, la coopération entre la Chine et le régime Tshisekedi qui avait commencé avec la note CHINE=5 et RDC= 0 (*Gagnant-Perdant*) a pris la direction d'une possibilité de la note CHINE=3 et RDC=3 (*Gagnant-Gagnant*).

Etant donné la compétition entre les Pays capitalistes et la Chine, et les enjeux dans le ballotage de l'ordre mondial, le changement opéré par la République démocratique du Congo a des conséquences géopolitiques et géostratégiques que j'essayerai d'analyser à la fin de ce chapitre. Ainsi donc, ce chapitre est divisé en quatre parties : la coopération entre le régime Tshisekedi et l'Administration Trump, le régime Tshisekedi et l'Administration Biden, le régime Tshisekedi et la Chine, enfin, les conséquences géopolitiques et géostratégiques du changement opéré par le régime Tshisekedi.

6.1. La coopération entre le régime Tshisekedi et l'administration Trump : un cas de paiement de dupe et une tentative de faire défaut

La coopération entre le régime Tshisekedi et l'administration Trump n'a pas, en fait, beaucoup duré. En effet, le président Tshisekedi a pris le pouvoir en Janvier 2019 et le président Trump a quitté les affaires 23 mois plus tard, soit en novembre 2020. Cette période a été marquée par un rapprochement entre Kinshasa et Washington. La raison principale était que le président Tshisekedi était en quête de légitimité pour son pouvoir car après les élections de 2018, on pouvait se demander où se trouvait réellement le pouvoir : à Limete (Tshisekedi) ou à Kingagati (Kabila) ?

En effet, les élections du 30 décembre 2018 au Congo ont divisé le peuple congolais au lieu de le rassembler autour d'un idéal commun : celui de créer un Congo plus beau qu'avant comme nous le chantons dans notre hymne national. Les ennemis du Congo ont saisi l'opportunité pour enfoncer le Congo dans des querelles tribalistes en créant des faux conflits entre le Bandundu et le Kasaï. Le piège était très dangereux. Heureusement que les Congolais ont vite compris que le problème était ailleurs et non entre les Congolais. Il n'y a aucun Congolais qui peut devenir président au Congo parce qu'il a été voté seulement par les Congolais de sa tribu, fut-elle une grande tribu. Le pouvoir Kabiliste qui a organisé les élections au Congo a su bien se servir. Sachant que son bilan était négatif, le pouvoir Kabiliste a conçu des mécanismes qui lui ont permis de garder le pouvoir tout en faisant semblant de l'avoir perdu. Les Congolais qui supportent les deux partis au pouvoir UDPS et UNC avaient jubilé à la proclamation des résultats des élections présidentielles. Après quelques mois, ces Congolais ont commencé à se poser la question s'ils ont réellement le pouvoir ou le pouvoir était en fait confisqué par les Kabilistes qui prétendaient l'avoir cédé. Un regard rapide sur les Institutions Congolaises et leurs animateurs permet de répondre rapidement à cette question.

Que dit la constitution au sujet des attributions de pouvoir ?

L'Article 69 de la Constitution confère au Président de la République le pouvoir suivant : « Le Président de la République est le Chef de l'Etat. Il représente la nation et il est le symbole de l'unité nationale. Il veille au respect de la Constitution. Il assure, par son arbitrage, le fonctionnement régulier des pouvoirs publics et des Institutions ainsi que la continuité de l'Etat. Il est le garant de l'indépendance nationale, de l'intégrité du territoire, de la souveraineté nationale et du respect des traités et accords internationaux. » Le Président de la République est certes le garant du bon fonctionnement des Institutions, mais il doit travailler avec un Gouvernement et l'Article 78 dit que : « Le Président de la République nomme le Premier ministre au sein de la majorité parlementaire après consultation de celle-ci. Il met fin à ses fonctions sur présentation par celui-ci de la démission du gouvernement. Si une telle majorité n'existe pas, le Président de la République confie une mission d'information à une personnalité en vue d'identifier une coalition. La mission d'information est de trente jours renouvelable une seule fois. Le Président de la République nomme les autres membres du gouvernement et met fin à leurs fonctions sur proposition du Premier ministre. »

Le président Félix A. Tshisekedi était installé depuis le 24 Janvier 2019. Jusque fin Mars, c'est-à-dire deux mois après, il n'avait pas encore nommé un Premier ministre et par conséquent un nouveau gouvernement avec lequel il devait réaliser son programme d'action. Le problème résultait de l'interprétation de l'Article 78 présenté ci-haut. Les Kabilistes clamaient tout haut qu'ils détenaient la majorité parlementaire à travers leur coalition électorale FCC qui avait sorti plus de 300 parlementaires. Les membres du CACH estimaient qu'il fallait nommer un informateur qui devait identifier la majorité parlementaire. Certains observateurs estimaient qu'il n'appartenait pas au FCC de s'auto proclamer majoritaire. Etant donné que le FCC n'était pas un parti politique, il fallait que le Président nomme un informateur qui puisse identifier la majorité parlementaire constituée par cette coalition électorale. Le problème que craignaient les Kabilistes était celui de perdre des parlementaires qui pourraient se rallier au CACH dans cette procédure, car les parlementaires étaient libres de rejoindre le FCC ou CACH dans la constitution d'une majorité parlementaire. Après des tergiversations, un communiqué a été signé par le FCC et CACH pour former une coalition et diriger le pays. Je vais y revenir.

Les attributions du Gouvernement sont reprises à l'Article 91 : « Le Gouvernement définit, en concertation avec le Président de la République, la politique de la Nation et en assume la responsabilité. Le Gouvernement conduit la politique de la Nation. La défense, la sécurité et les affaires étrangères sont des domaines de collaboration entre le Président de la république et le Gouvernement. Le Gouvernement dispose de l'administration publique, des Forces armées, de la Police nationale et des services de sécurité. Le Gouvernement est responsable devant l'Assemblée nationale dans les conditions prévues aux articles 90, 100, 146 et 147. Une ordonnance délibérée en Conseil des ministres fixe l'organisation, le fonctionnement du Gouvernement et les modalités de collaboration entre le Président de la République et le Gouvernement ainsi qu'entre les membres du Gouvernement. » Cet article montre que le Gouvernement est capital dans l'action du Président de la République. Une disharmonie entre ces deux Institutions doit conduire nécessairement à l'échec de la politique du pays.

Quant au Parlement, il détient le pouvoir suivant selon l'Article 100 : « Le pouvoir législatif est exercé par un Parlement composé de deux Chambres : l'Assemblée nationale et le Sénat. Sans préjudice des autres dispositions de la présente Constitution, le Parlement vote les lois. Il contrôle le Gouvernement, les Entreprises publiques ainsi que les établissements et les services publics. Chacune des Chambres jouit de l'autonomie administrative et financière et dispose d'une dotation propre. » En plus de ce pouvoir de contrôle, il faut mentionner le pouvoir de poursuites dont dispose le Congrès. L'Article 166 dit que : « La décision de poursuites ainsi que la mise en accusation du Président de la République et du Premier ministre sont votées à la majorité des deux tiers des membres du Parlement composant le Congrès suivant la procédure prévue par le Règlement intérieur. La décision de poursuites ainsi que la mise en accusation des membres du gouvernement sont votées à la majorité absolue des membres composant l'Assemblée nationale suivant la procédure prévue par le Règlement intérieur. Les membres du gouvernement mis en accusation, présentent leur démission. » Et l'Article 167 ajoute qu' « En cas de condamnation, le Président de la République et le Premier ministre sont déchus de leurs charges. La déchéance est prononcée par la cour constitutionnelle………»

Les enjeux de la coalition FCC et CACH pour la population

L'une des grandes raisons pour lesquelles la population congolaise avait demandé de tous ses vœux l'organisation des élections en 2018 était son désir de sanctionner le régime Kabila qui avait échoué dans toutes les promesses faites au peuple congolais. Il n'était pas étonnant de voir le fiasco qu'avait subi le candidat du FCC Emmanuel Shadary à l'élection présidentielle. La population avait aussi appelé de tous ses vœux la présentation d'un candidat commun par l'opposition en vue d'être sûre de la disparition des Kabilistes du pouvoir. Malheureusement, l'opposition n'a pas pu présenter un seul candidat à l'élection présidentielle. Pour des raisons qui leur étaient propres, l'UDPS et l'UNC se sont détachées pour aller créer une coalition appelée CACH. Au lieu de choisir entre deux candidats, la population était devant trois candidats, deux de l'opposition et un candidat du pouvoir. Cette situation naturellement devait profiter au pouvoir. Mais la détermination de la population était tellement forte que le candidat du pouvoir n'a pas pu profiter de cette division de l'opposition.

Comme en 2006 et 2011, les résultats des élections au Congo ont été controversés. En 2006, Jean-Pierre Bemba avait clamé sa victoire contre Joseph Kabila qui avait été proclamé vainqueur. En 2011, feu Etienne Tshisekedi avait aussi clamé sa victoire contre Joseph Kabila, qui avait de nouveau été proclamé vainqueur. Et en 2018, Martin Fayulu a aussi clamé sa victoire contre Félix Tshisekedi, qui a été proclamé vainqueur. La différence avec les deux précédentes élections est que cette fois, c'est l'opposition qui avait gagné la présidence du pays.

Mais, comme je l'ai montré plus haut, les Kabilistes n'étant pas sûrs de garder la présidence du pays avaient développé tous les mécanismes qui leur ont permis de garder le parlement, les provinces, et le gouvernement. Le FCC avait la majorité au parlement et dans les Assemblées provinciales. Cette position devait leur permettre de gagner le Sénat et la majorité des provinces. Les manifestations connues à Kinshasa et au Kasaï avaient montré comment la population derrière CACH s'inquiétait de la situation réelle vers laquelle tendait le pays, c'est-à-dire, des Kabilistes qui prétendaient avoir céder le pouvoir à l'opposition alors qu'en réalité c'était eux qui resteraient aux affaires.

Il y avait effectivement des problèmes qui se posaient dans la coalition entre le FCC et CACH. Le premier problème c'était le programme du gouvernement. Le FCC et CACH étaient allés aux élections avec des programmes différents. S'ils formaient un gouvernement de coalition quel serait le programme à exécuter, celui du FCC ou celui de CACH ? Car jusqu'à la prise du pouvoir, ils ne s'étaient jamais mis ensemble pour discuter de leur programme commun d'actions. Le CACH venait de commencer un programme de 100 jours du président Félix Tshisekedi sans un gouvernement de coalition. C'était clair que ce programme concernait le CACH et non le FCC. Que nous réservait la suite au cas où un gouvernement serait formé ?

Le deuxième problème c'était l'optimisme béat de penser qu'il était facile de mettre ensemble un parti à tendance dictatoriale et un autre à tendance démocratique. De penser qu'il était facile de mettre ensemble des gestionnaires prédateurs avec des gestionnaires qui se voulaient orthodoxes. Le pouvoir Kabiliste avait développé plusieurs mécanismes en vue de s'enrichir au détriment de la population. Si CACH voudrait mettre fin à ces mécanismes, sont-ils sûrs de gagner le combat ? Lors de son voyage aux Etats-Unis, le Président Félix Tshisekedi avait déclaré qu'il voudrait « déboulonner » l'ancien régime. Du coup, le FCC avait réagi négativement au propos du président Tshisekedi. Ce dernier a dû apporter un bémol à sa déclaration. Il dira qu'il parlait des valeurs qu'il voudrait réinstaurer dans le pays. Qu'il n'accepterait pas la corruption, l'injustice, le manque d'Etat de Droit etc. Mais seulement voilà, le FCC ayant la majorité au parlement voulait obtenir un Premier ministre et ainsi contrôler le gouvernement. Comment le Président pouvait-il réussir ses actions s'il ne contrôlait pas le gouvernement ? Il existait des domaines de collaboration entre le Président et le gouvernement, comment déboulonner dans ces domaines si le gouvernement FCC refuse de collaborer ?

Le troisième problème c'était le passé négatif du FCC que le CACH voulait effacer alors que beaucoup de Congolais pensaient que le FCC avait des comptes à rendre à la population congolaise. Le pouvoir Kabiliste était impliqué dans le génocide à huis clos connu à l'Est du pays depuis 1996 à l'arrivée de l'AFDL. Des observateurs parlaient en ce temps-là de 10 à 12 millions de morts au Congo. Le président Félix Tshisekedi est allé à la cérémonie de commémoration du génocide rwandais. Tous les Congolais n'avaient pas apprécié cette politique. Comment un Président peut s'apitoyer devant les morts d'un pays voisin et passer l'éponge sur ses propres citoyens massacrés ? Après la deuxième guerre mondiale, il n'y a eu aucun conflit qui a fait autant de morts comme celui à l'Est de la RD Congo. L'holocauste a fait 6 millions de morts, l'holocauste à huis clos au Congo a fait plus de 6 millions de morts ! La sagesse africaine dit que les morts ne sont pas morts. Les Congolais ne pourraient pas laisser mourir leurs morts à cause d'un deal entre deux partis politiques !

Le quatrième problème c'était le conflit d'affaires entre les puissances du monde. Les progrès technologiques que connaît le monde aujourd'hui ont mis en exergue les minerais stratégiques que le Congo possède. La puissance qui aura accès facile à ces minerais stratégiques, contrôlera notre planète dans les décennies à venir. Dans la ligne de mire on avait le coltan, le cobalt, et le niobium. Le pouvoir Kabiliste avait ouvert grandement les portes à la Chine dans l'exploitation de ces minerais. Mais après 18 ans de pouvoir Kabiliste, les Congolais se demandaient ce que le pays avait gagné dans cette coopération. Avec l'arrivée du président Félix Tshisekedi au pouvoir, les Américains voulaient récupérer ce marché stratégique. Beaucoup de rencontres avaient eu lieu entre la présidence congolaise et les Etats-Unis. La dernière en date c'était certainement l'arrivée du Sous-secrétaire d'Etat Américain aux Affaires Africaines à Kinshasa. Et la suite ne s'était pas fait attendre, on a annoncé le voyage du président Félix Tshisekedi à la Maison Blanche pour le 3 Avril 2019. Maître Beylard David, Avocat d'affaires avait publié sur le net les informations ci-dessous : « Au menu des discussions figurent les questions relatives au 'partenariat stratégique' que les USA veulent construire avec le président Félix Tshisekedi, Chef de l'Etat 'intuitu personae' et qui bénéficiera à la République démocratique du Congo. Après le voyage du président Félix Tshisekedi aux Etats-Unis, beaucoup d'observateurs se demandent ce que le Congo a réellement obtenu de ce voyage. »

Comme c'était un voyage de travail, il n'y avait pas eu de communiqué officiel sanctionnant la fin de la visite et les accords signés. Tout ce que l'on a appris, c'était l'arrivée prochaine du FMI au Congo. L'histoire de cette Institution de Bretton Woods au monde et particulièrement au Congo a montré qu'elle ne travaille pas pour le social des citoyens des pays où elle est invitée. La question que l'on se posait était de savoir comment le président Félix Tshisekedi allait faire avancer une réelle politique sociale au Congo avec le concours du FMI, qui est antisocial ?

Bref, à la fin des élections à tous les niveaux, il était confirmé que le FCC avait gagné les assemblées provinciales, les gouvernorats, le Parlement, le Sénat, et bientôt le Gouvernement. Cette situation présentait un déséquilibre criant entre les deux partenaires, à savoir, le CACH et le FCC. Nous avions assisté à des scènes de mécontentement par les partisans de CACH qui trouvaient que la coalition qu'ils sont supposés composer n'était pas sincère. Une chose au moins était claire, avec la distribution de pouvoir que connaissait le Congo, le pouvoir était à Kingagati (Kabila) et non à Limete (Tshisekedi). Il n'était pas exagéré de dire que les chances de succès de cette coalition étaient très minimes, l'une des raisons était que le président Félix Tshisekedi voulait déboulonner l'ancien régime, et les Kabilistes ne changeraient pas les habitudes vieilles de vingt ans par un coup de baguette magique. Le pays se dirigeait vers l'inconnu. Une sortie possible serait l'appel à un dialogue national par le Président Félix Tshisekedi. Un tel dialogue lui permettrait de créer un Gouvernement d'union nationale où le FCC perdrait la majorité, et les Institutions issues des mauvaises élections pourraient être remises en cause. Il était bien entendu que le Président de la République garderait son poste pour la stabilité du pays. Un tel Gouvernement d'Union nationale amènerait la cohésion nationale dont le pays avait besoin pour sa reconstruction à tous les niveaux.

Ce sont ces incertitudes qui avaient travaillé en faveur d'une étroite coopération entre le président Félix Tshisekedi et Washington, car le premier devait asseoir son pouvoir. Et du côté des Américains, deux raisons avaient poussé Trump vers Tshisekedi, selon Christophe Rigaud : « Deux raisons ont poussé Kinshasa et Washington à se rapprocher. La première est la défiance constante qu'a manifestée Joseph Kabila, tout au long de son dernier mandat. Les Etats-Unis ont régulièrement critiqué le régime Kabila pour sa répression aveugle et pour la gestion de la crise pré-électorale entre 2015 et 2018. Joseph Kabila n'a pas apprécié les sanctions américaines sur de nombreux caciques de son régime, politiques et militaires. Sous pression, la diplomatie congolaise s'est alors volontairement isolée de la scène internationale…….Etats-Unis et Europe en tête. Washington a donc vu en Félix Tshisekedi, une occasion unique de renouer avec Kinshasa et un président plus *malléable* en raison de son *manque de légitimité*.[287]

La seconde raison de la soudaine lune de miel américano-congolaise est économique. La seule obsession de Donald Trump lorsqu'il arrive à la maison blanche est de contrer la superpuissance chinoise sur les marchés. Si l'Afrique n'existe pas vraiment pour Donald Trump, la RDC constitue néanmoins l'endroit idéal pour damer le pion à la Chine qui contrôle la majeure partie des minerais produits par le Congo. Washington avait d'autant plus de raisons de se tourner vers Félix Tshisekedi que Joseph Kabila qui avait, par le passé, fait pari de la Chine en passant de nombreux contrats miniers avec l'Empire du Milieu. »[288] La lune de miel s'est vite concrétisée avec la visite du président Félix Tshisekedi à Washington.

Après cette visite à Washington, l'Ambassade des Etats-Unis à Kinshasa avait publié un communiqué qui se résumait en un « *partenariat privilégié pour la paix et la prospérité* » comme la nouvelle politique de l'administration Trump envers la République démocratique du Congo. Je reprends in extenso le communiqué de l'Ambassade des Etats-Unis : « l'Ambassade des Etats-Unis, Kinshasa-Déclaration conjointe de la présidence de la RDC et de l'ambassade des Etats-Unis du 12 avril 2019. Les Etats-Unis et la RDC : Un partenariat privilégié pour la paix et la prospérité. Au cours de sa visite à Washington du 3 au 6 avril 2019, le président Félix Tshisekedi a rencontré de hautes personnalités de l'administration Trump, dont le secrétaire d'Etat Michael Pompeo, le secrétaire à l'Energie Rick Perry, le secrétaire à la Santé et aux services sociaux Alex Azar et le conseiller à la Sécurité nationale John Bolton à la Maison Blanche. Il a également tenu des réunions de haut niveau au Pentagone, au département du Trésor et avec le représentant américain au commerce. Le secrétaire adjoint aux Affaires africaines, Tibor Nagy, a invité le président à discuter avec de hauts responsables du département d'Etat autour de divers sujets, notamment la lutte contre le terrorisme, les droits de l'homme, les réfugiés, la traite de personnes, les organisations internationales, la lutte contre la corruption, le développement et la croissance économique.

La RDC a annoncé qu'elle se joindrait à la coalition internationale contre l'Etat Islamique, engagée dans la lutte contre la traite de personnes, et a convenu d'un

---

287 C'est moi qui ai souligné « malléable » et « manque de légitimité », car je n'épouse pas ce point de vue.

288 Christophe RIGAUD, « RDC : quelles conséquences après l'élection de Joe Biden ? », *Afrikarabia. L'info en RD Congo et en Afrique centrale*, 8 novembre 2020, afrikarabia.com

dialogue sur les droits de l'homme qui se tiendra à Kinshasa. Lors de la réunion avec le secrétaire Azar, le directeur des Centres pour le contrôle et la prévention des maladies (CDC) Robert Redfield, et des experts sanitaires de l'USAID et de l'Institut national de la santé (NIH), les Etats-Unis se sont engagés à continuer de soutenir la RDC et les efforts internationaux visant à contenir et à éradiquer l'épidémie d'Ebola actuelle. Nous continuerons également de travailler avec les autorités sanitaires de la RDC pour lutter contre d'autres maladies infectieuses et améliorer les services de santé. Cela implique de travailler avec le gouvernement de la RDC et le ministère de la Santé pour le contrôle et la prévention des maladies, qui servirait de centre d'excellence et de formation pour la région. Pour soutenir les efforts du président Tshisekedi dans la lutte contre la corruption, le renforcement de l'état de droit, le respect des droits de l'homme, la lutte contre l'impunité, le renforcement de la sécurité et de la stabilité et pour attirer davantage d'investissements américains et étrangers, nous mettons sur pied un « partenariat privilégié pour la paix et la prospérité ».

Dans le cadre de ce partenariat, les Etats-Unis collaboreront avec la RDC pour faire avancer un programme commun fondé sur des valeurs et des intérêts communs. En vue de renforcer les liens entre les deux pays, les Etats-Unis vont :

- Sponsoriser, par le biais de notre programme d'échange IVLP (International Visitors Leadership Program), le voyage de 10 fonctionnaires du gouvernement congolais aux Etats-Unis.
- Renforcer les relations avec la RDC en matière de défense à travers la visite d'un officier supérieur du commandement militaire des Etats-Unis en Afrique.
- Financer la revitalisation de l'INACO (Institut National des archives du Congo) à l'aide du Fonds de l'ambassadeur pour la préservation de la culture.
- Se concentrer sur le rétablissement de l'éligibilité de la RDC conformément à l' African 'Growth and Opportunity Act (AGOA).
- Encourager les investissements américains en RDC, notamment dans les secteurs de l'agriculture, de l'énergie, des minerais et des télécommunications, y compris les grands projets d'infrastructures identifiés par le gouvernement de la RDC.
- Ouvrir un « Coin américain » (American Shelf) à Lubumbashi à la mi-avril lors de la visite de l'Ambassadeur. Comme pour le Coin américain récemment inauguré à Goma, nous rechercherons d'autres possibilités d'approfondir les liens culturels et commerciaux des Etats-Unis dans toute la RDC. Les Etats-Unis sont déterminés à appuyer le programme de changement du Président Tshisekedi visant à réaliser le potentiel

considérable de la RDC. Nous sommes encouragés par les actions entreprises par le président Tshisekedi. »[289]

Cette visite a naturellement suscité beaucoup d'espoir du côté du peuple congolais qui espérait un changement dans ses conditions existentielles. Il faut souligner, en passant, que tous les points retenus dans cette déclaration n'intéressaient pas tellement les Congolais. Le point primordial pour eux c'était : « Encourager les investissements américains en RDC, notamment dans les secteurs de l'agriculture, de l'énergie, des minerais et des télécommunications, y compris les grands projets d'infrastructures identifiés par le gouvernement de la RDC ».

Le bilan de cette période a été positif pour les Etats-Unis et négatif du côté congolais. Il est connu que depuis la guerre menée par l'AFDL, le Congo a été pillé par ses voisins. Et il a aussi été révélé par les panels de l'ONU que ce sont des sociétés Multinationales occidentales qui sont impliquées dans le pillage à l'Est du Congo. Comme le confirme Thomas Turner, « la seconde guerre du Congo était une guerre de 'partition et de pillage' comme Nzongola l'explique succinctement. Il y avait d'autres dimensions, évidemment, mais la partition du territoire et le pillage des ressources étaient au centre. Il y a eu un effort soutenu pour promouvoir l'idée que les guerres du Congo peuvent être comprises comme des guerres civiles. Ceux qui le font sont en train de minimiser un aspect crucial. Pendant les deux guerres, des grandes quantités des richesses du Congo ont traversé ses frontières, vers le Rwanda, l'Ouganda, l'Angola, le Zimbabwe et autres pays. Beaucoup de ces transferts comprenaient les richesses minérales légendaires du Congo, y compris le coltan, le cobalt, l'or et le diamant. » [290]. Ces propos ont été aussi confirmés par une télévision française avec plus de précision sur un accord secret qui a accompagné Joseph Kabila au pouvoir.

En effet, réagissant à l'accusation du président Macron à l'endroit de son homologue Félix Tshisekedi lors d'une conférence de presse à Kinshasa, selon que le Congo a été incapable de résoudre son problème d'insécurité à l'Est du pays pendant trois décennies, Open Box TV fr du 3 avril, 2023, a révélé ce qui suit : Il y aurait un deal entre l'Amérique et les voisins du Congo, l'Ouganda et le Rwanda après que ces derniers aient facilité l'arrivée de Joseph Kabila au pouvoir en RDC. Le deal consisterait à laisser l'exploitation des richesses à l'Est du Congo, entre autres le coltan, aux soins de l'Ouganda et du Rwanda en contrepartie du travail qu'ils avaient réalisé pour l'arrivée de Joseph Kabila au pouvoir en RDC. Les groupes armés seraient créés en vue de faciliter l'exploitation de ces richesses.

A la lumière du pillage des ressources du Congo à l'Est par ces deux pays qui travaillent avec les Multinationales occidentales, sous l'omerta de la communauté

---

[289]https://m.facebook.com/ambassadeusakinshasa/photos./a 95460637089/10157241062532090

[290] Thomas TURNER, *The Congo wars : conflict, myth and reality*, New york : Zed Books, 2008 ; p. 24.

internationale, il y a beaucoup de raisons de croire à la révélation de l'Open Box Tv.

Pendant tout le mandat du président Trump, l'insécurité n'avait pas cessé à l'Est du Congo. Comme révélé plus haut cette insécurité était maintenue en vue de continuer le pillage des ressources congolaises au profit des pays capitalistes. Tout naturellement, l'Administration Trump, comme ses prédécesseurs, n'avait aucun intérêt à mettre fin à cette insécurité qui leur profitait. Au contraire, l'instabilité que les pays capitalistes entretenaient à l'Est du Congo leur servait d'alibi pour justifier l'absence de leurs investissements au Congo. L'Administration Trump a utilisé deux diplomates pour la mise en œuvre de son Partenariat Privé pour la Paix et la Prospérité, à savoir : Dr. Peter Pham, l'envoyé spécial du Président Trump dans la région des Grands Lacs et Mike Hammer, l'ambassadeur des Etats-Unis en RDC. La nomination de Dr. Peter Pham pour s'occuper de ce partenariat rendait beaucoup de Congolais sceptiques quant aux résultats attendus. En effet, à analyser ses opinions sur le Congo, il était très difficile de le classer parmi les amis de la RDC. Je voudrais présenter ici l'analyse de Me Omar Kavota qui montre la cabale dont le Congo a été victime à travers ce « Partenariat Privé pour la Paix et la Prospérité » du gouvernement américain. Dans une tribune, Me Omar Kavota écrit ce qui suit :

« Peter Pham, Envoyé spécial des USA pour la région des Grands Lacs, vient de séjourner à Kinshasa où il a conduit la délégation de la multinationale américaine General Electric. Basée en Afrique du Sud, cette firme est venue signer des accords d'une valeur d'au moins USD 1 milliard à investir dans les secteurs de l'éducation, la santé, l'énergie, etc. Pour autant que ces investissements viennent en appui au programme du Gouvernement dans ces différents secteurs, la venue à Kinshasa de Peter Pham a été aussi bien inattendue que son objet même qui est en dehors de son mandat dans la région des Grands Lacs. En effet, lors de son séjour à Londres en janvier dernier, le Président congolais, Félix Antoine Tshisekedi avait annoncé plutôt la venue du Secrétaire d'Etat américain, Mike Pompeo, dans le cadre des contacts noués à Washington où le chef de l'Etat a eu à séjourner à trois reprises l'année dernière, dont deux officiels et un officieux.

A Kinshasa, Peter Pham a laissé entendre que Kinshasa n'était pas prévu dans le programme de la mini tournée africaine de Pompeo, chose qui a quelque peu étonné certains observateurs. Un étonnement qui sera souligné par l'activité menée à Kinshasa qui ne rentre pas dans le cadre de son mandat dans la région des Grands Lacs. En effet, Peter Pham a conduit une mission d'affaires privée alors que sa mission est de coordonner la politique américaine sur les questions transfrontalières, de sécurité, de politique (promotion de la démocratie) et d'économie dans cette région avec un intérêt particulier sur le renforcement de la société civile et la mise en place d'institutions démocratiques.

Ce mandat tire sa justification dans la situation d'instabilité qui caractérise la région de Grands Lacs depuis au moins deux décennies. On avait espéré qu'après avoir été longtemps cité dans un rôle néfaste pour cette instabilité, la désignation de Peter Pham allait permettre de réaliser des avancées, notamment par des pressions pour que toutes les parties de la région s'engagent résolument dans l'accomplissement, chacun, ses engagements contenus, notamment dans l'accord-cadre d'Addis –Abeba pour la paix, la sécurité et le développement de la région des Grands Lacs. Si, à ce jour, il n'en est pas de même pour Kampala et Kigali qui continuent à héberger des criminels recherchés par la justice congolaise et à être cités dans l'activisme de déstabilisation de certaines zones à l'Est de la RDC.

On avait, par ailleurs, espéré que l'appoint américain allait être déterminant pour lutter contre le terrorisme islamiste qui sévit dans cette même partie de la RDC avec son cortège des tueries. Nul n'ignore que le groupe djihadiste ADF/MTM à la base d'au moins 3500 civils massacrés en Ville et Territoire de BENI (un peu plus que le nombre des victimes des attentats terroristes du World Trade Center aux USA). Il est un secret de polichinelle que les ADF/MTM alliés à l'Islamic State/Etat Islamique recrutent leurs combattants dans les Etats de la région où est Envoyé Peter Pham (Ouganda, Burundi, Rwanda, Kenya, Tanzanie, RDC,….) pour asseoir le califat à BENI au Nord Kivu. Force est de constater que cela préoccupe moins Peter Pham pendant que les USA se battent contre I.S. en Syrie et à travers le monde.

Plutôt que d'alerter Washington sur la menace terroriste dans la région où il est envoyé, Peter Pham jaillit, et sans justification aucune, derrière des investisseurs privés. Si ce n'est pas la moquerie, c'est de la diversion ! Les quelques activités à caractère politique, notamment sa rencontre avec des opposants congolais, n'auront servi que de couverture de cet objet essentiel qu'auront été les affaires. L'on peut comprendre, dès lors, qu'au fond, le besoin de stabilité et de développement de la RDC n'entretient pas l'intérêt de Washington à la mesure de son discours.

Le contraire aurait bien étonné au regard du profil même de Peter Pham et ses opinions sur la République démocratique du Congo. A ses yeux, en effet, ce pays n'est que fictif et artificiel ; un pays en proie à des poussées séparatistes dans ses frontières héritées de la colonisation. Pire encore, dans une de ses tribunes sur la RDC qu'il avait publiée en 2012 dans New-York Times (To save Congo, let it fall apart), Peter Pham considérait que la RDC est un pays trop vaste qu'il faut partitionner. Pour lui, en effet, la balkanisation de la RDC permettrait à la communauté internationale d'affecter ses ressources au développement et à l'aide humanitaire et non au maintien de la sécurité.

Qu'est-ce qui aurait donc changé dans les positions de Peter Pham sur la RDC pour qu'aujourd'hui l'on croit qu'il mènerait à bien une mission de pacification de ce pays et la région des Grands lacs pour, justement, créer les conditions d'assistance humanitaire et de développement ? L'on sait, en effet, que l'une des causes d'instabilité dans la région est la pauvreté de la population et que les programmes de co-développement, notamment à travers la redynamisation de la CPEGL, aideraient à y mettre fin. On aurait au moins espéré qu'au-delà du discours, les USA apportent une assistance à la RDC pour la mise en place des instruments nécessaires à la promotion de la bonne gouvernance, notamment par la lutte contre la corruption. A la place, Peter Pham a coaché un investissement privé dont il tirerait certainement des intérêts personnels dans un pays, la RDC, dont il a déploré la situation de corruption lors de ce dernier séjour.

Pendant ce temps, la menace de balkanisation du pays de Lumumba, longtemps dénoncée par le Président d'alors, Joseph Kabila, à l'époque même Peter Pham en faisait l'apologie, cette balkanisation n'a jamais été aussi précise aujourd'hui. Les FARDC la combattent farouchement avec le soutien de la population et des médias. En même temps, Washington, à travers Peter Pham, jouent une autre partition en croyant pouvoir tirer profit d'une certaine mise au pas de ses dirigeants pour se repositionner dans l'économie congolaise. Il revient alors aux Congolais de savoir situer leurs vrais intérêts dans les relations internationales sans se laisser aller à l'angélisme des ouvertures diplomatiques dont le pays ne tire pas toujours des dividendes, bien au contraire. Les Kabila, les Tshisekedi et bien d'autres leaders passeront, mais la RDC, elle demeurera et devra le demeurer dans les frontières de ses pères fondateurs qui en ont versé de leur sang. En toute chose donc, nos dirigeants doivent songer à préserver la souveraineté nationale et l'intégrité territoriale pour espérer continuer à diriger dignement ce pays, sans diktats de qui que ce soit.

Comme le disait si bien l'ancien président J. Kabila en son temps, 'ce pays a certainement besoin des conseils pour aller de l'avant, mais surtout pas d'injonctions'. Et ce pays a besoin de savoir réellement qui sont ses amis et qui ne le sont pas. Peter Pham, en tout cas, loin d'en être un.... »[291]

Cette analyse est très significative dans l'évaluation de la coopération entre l'administration Trump et la RDC. En utilisant Peter Pham qui n'est pas à classer parmi les amis du Congo, l'administration Trump visait-elle un changement au Congo ou tout simplement une continuation de la politique laissée par ses prédécesseurs ? Dans l'une de mes analyses, j'avais soulevé la question suivante : la crise congolaise a duré presque trois décennies, et pendant ces années, cinq administrations se sont succédées en Amérique : l'administration Clinton, l'administration Bush (jr), l'administration Obama, l'administration Trump, et l'administration Biden. L'Amérique s'est-elle sincèrement impliquée dans la résolution de cette crise ou non ? La politique étrangère des Etats-Unis envers cette crise est-elle restée la même ou a-t-elle connu des changements ?

L'analyse de Me Omar Kavota et beaucoup d'autres réalités que j'évoquerai plus loin confirment ce que Charles Kegley soutient en politique étrangère américaine : En dépit de ces mesures isolationnistes, une lecture de la politique

---

[291] Me OMAR KAVOTA, Avocat, Vice-président du Conseil d'administration du CEPADHO (Centre d'Etudes pour la promotion de la Paix, la Démocratie et les Droits de l'homme, « Chantre de la balkanisation de la RDC, Peter Pham parraine des investissements privés à Kinshasa, tribune du samedi 15 février 2020, 7 sur 7.cd.index.php

étrangère américaine depuis la fin de la deuxième guerre mondiale montre que la politique étrangère américaine est caractérisée par des objectifs qui sont restés relativement constants en comparaison avec les moyens et instruments variables utilisés en vue d'atteindre ces objectifs.[292] S'agissant de la crise congolaise générée par l'administration Clinton, malgré quelques espoirs que les Congolais ont placés sur l'administration Trump, la politique est restée la même depuis que le président Clinton en avait fixé les objectifs. Le soutien américain pour le retour de la paix à l'Est du Congo est toujours resté un slogan creux.

Jusqu'à la fin du mandat du président Trump, les Congolais n'ont rien obtenu de concret de la coopération américaine. Même cette société privée américaine General Electric qu'il a prétendu amener au Congo n'est jamais venue.

Il est très difficile de trouver ce que le Congo a réellement bénéficié de la coopération avec les Etats-Unis pendant l'administration Trump. On pourrait peut-être signaler le rétablissement du statut commercial préférentiel entre le Congo et les Etats-Unis. En effet, après quasiment dix ans d'exclusion, la République démocratique du Congo a de nouveau bénéficié des préférences commerciales offertes par l'AGOA. Toutefois, on peut se demander ce que le Congo pouvait concrètement tirer de cette facilité à partir du moment où le pays ne produit presque pas et que les normes exigées par l'AGOA sont très difficiles à remplir par le commerce congolais. Cette brève analyse mène à la conclusion qu'effectivement on est en présence du schéma ci-dessous : CAP=5 RDC=0

Tableau 6.1 La coopération entre le Gouvernement Tshisekedi et les Pays capitalistes (2019-2021)

		RDC (Gouvernement Tshisekedi)	
CAP		Coopérer	Faire défaut
	Coopérer		
	Faire défaut	CAP=5 RDC=0 Tentation de faire défaut et Paiement de dupe	

Il est important d'analyser dans les lignes suivantes la coopération entre le régime Tshisekedi et l'administration Biden (2021-2023) : un cas de flottement pour le défaut mutuel.

6.2. La coopération entre le régime Tshisekedi et l'administration Biden (2021-2023) : un cas de flottement pour le défaut mutuel

L'arrivée du président Joe Biden au pouvoir à la Maison Blanche avait créé un peu de doute parmi les observateurs congolais quant à la poursuite d'un sentiment quelque peu sympathique de l'administration Trump. Le premier test que les

[292] Charles KEGLEY & Eugène WITTKOPF, *American Foreign Policy. Pattern and Process*, New York: St. Martin's Press, Inc., 1991.

Congolais voulaient voir était le maintien ou le départ de l'ambassadeur Mike Hammer dont la diplomatie montrait beaucoup de rapprochement avec le président Tshisekedi au grand dam des Kabilistes. Il est à noter, en passant, que l'opinion congolaise considère à tort ou à raison les dirigeants démocrates américains comme étant moins sympathiques envers le peuple congolais. C'est cette perception qui nourrissait les pensées que l'administration Biden viendrait renforcer la politique néolibérale de l'administration Clinton qui était à la base de l'instabilité continue à l'Est du Congo et que l'Amérique s'écarterait de la sympathie montrée par l'administration Trump.

Ce que les Congolais avaient oublié est que les objectifs de la politique étrangère américaine tels que définis par l'administration Clinton restaient toujours les mêmes, et que par conséquent, la nouvelle administration américaine ne trouverait pas de raisons de remplacer l'ambassadeur Mike Hammer qui les avaient bien défendus pendant l'administration précédente. Ainsi donc, l'ambassadeur Mike Hammer resta en poste avec ses discours mielleux qui endormaient les Congolais.

L'analyse de Christophe Rigaud confirme mon affirmation : « l'arrivée de Joe Biden va-t-elle changer la donne ? Certains cadres du FCC ont rapidement fait courir le bruit qu'une défaite de Donald Trump affaiblirait Félix Tshisekedi, provoquant l'inquiétude au sein du clan présidentiel. En fait, une source diplomatique à Kinshasa nous confie qu'elle imagine mal l'administration Biden tourner le dos à Tshisekedi pour se rapprocher du camp Kabila, accusé de tous les maux du Congo. Démocrate pro-démocratie, Joe Biden était déjà vice-président des Etats-Unis lorsque Washington ne se gênait pas pour critiquer le régime Kabila. Biden ne s'est pas rendu à Kinshasa lors de sa tournée africaine pendant le premier mandat Obama. L'ambassadeur américain à Kinshasa, Mike Hammer, a fait une longue carrière dans l'administration américaine et devrait pouvoir défendre sans difficulté la ligne politique américaine en RDC devant Joe Biden, avec lequel il a d'ailleurs collaboré.

Adepte du multilatéralisme, Biden devrait également se raccommoder avec l'Union européenne, considérée comme « ennemie » par Trump. Un atout supplémentaire pour Félix Tshisekedi qui pourra désormais compter sur deux alliés qui se parlent de nouveau. Même si la doctrine américaine en Afrique ne devrait pas être bouleversée, l'ère Biden qui s'amorce ne devrait pas mettre en difficulté Félix Tshisekedi. Bien au contraire. La lutte contre la corruption, l'impunité et les groupes armés avancée par le président congolais devrait séduire la toute nouvelle administration américaine. Et le meilleur soutien de Félix Tshisekedi, Mike Hammer, devrait encore rester une année supplémentaire à Kinshasa. C'est ce qu'il vient opportunément sur Twitter ce week-end…..quelques heures après l'annonce de la victoire de Joe Biden. »[293]

L'analyse de la coopération entre l'administration Biden et le régime Tshisekedi montrera qu'au début c'était la suite des bonnes relations connues du temps de

[293] Christophe RIGAUD, *Op.Cit.*

l'administration Trump, mais que vers la fin du premier mandat du président Tshisekedi, la coopération entre les deux pays commençait à vaciller en se laissant influencée par les enjeux du changement dans l'ordre mondial. Chaque partie voulait profiter le plus des opportunités offertes par le changement de l'ordre mondial. C'est la première fois que j'utilise le concept « Flottement pour défaut mutuel.» Ceci s'explique par le fait que malgré que les deux partenaires sont en défaut de coopération, aucun ne considère sa position comme définitive en laissant des possibilités de coopération entre les deux. De telle sorte qu'il est tôt de les classer dans les quatre cages que nous connaissons. Mais avec le temps, on y arrivera. Je vais essayer de démontrer ces flottements dans les relations entre Washington et Kinshasa à travers les déceptions connues de deux côtés. Contrairement à ce qui s'était passé entre les administrations américaines et le régime J. Kabila, les désaccords entre Washington et Kinshasa pendant l'administration Biden n'ont pas été montrés ouvertement. C'est en fait une sorte de guerre froide entre les deux pays, car les principales raisons sont cachées dans les conflits entre les grandes puissances face aux enjeux du nouvel ordre mondial.

Comme je l'ai mentionné plus haut dans ce travail, selon l'analyse proposée par James Kurt qui identifie quatre groupes des dirigeants américains selon leurs perceptions du rôle que l'Amérique devrait jouer dans le monde globalisé, je classerais le président Biden dans la tradition Jeffersonnienne, c'est-à-dire, le groupe des libéraux traditionnels. De nos jours, deux administrations peuvent être classées dans cette tradition, à savoir l'administration Carter et l'administration Obama. L'auteur note, comme souligné plus haut, que les libéraux traditionnels sont surtout préoccupés par l'économie domestique américaine. La politique étrangère pour eux devrait protéger et promouvoir l'économie domestique. Les interventions extérieures qui affecteraient l'économie domestique ne sont pas les bienvenues. Une illustration pour ce cas serait la guerre de l'Afghanistan. Après avoir constaté que cette guerre commençait à trop durer et à peser lourdement sur l'économie américaine, l'administration Biden a décidé d'y mettre fin sans même prendre beaucoup de précautions. Par contre, les interventions extérieures nécessaires pour le soutien de l'économie domestique américaine ont toutes les chances d'être supportées. A ce titre l'on peut considérer la politique agressive poursuivie par l'administration Trump contre la Chine dans le domaine des échanges. D'aucuns pensaient que l'administration Biden allait changer cette politique, loin de là, la nouvelle administration a poursuivi la même politique, car il s'agit du soutien à l'économie domestique américaine. De la même manière, l'administration Biden comptait beaucoup sur le président Félix Tshisekedi sur la revisitation de l'accord de coopération signé par le président Joseph Kabila entre le Congo et le Groupe des Entreprises Chinoises en 2008 sur l'exploitation des minerais stratégiques congolais. Il est évident que les enjeux économiques autour de ces minerais sont énormes. Dès lors, le point névralgique dans la coopération entre la RDC et les Etats-Unis réside dans la rivalité entre les Etats-Unis et la Chine pour la transition énergétique.

Dans son article : « Lithium et cobalt en RDC : les dessous de la rivalité entre les Etats-Unis et la Chine », Marie Toulemonde note que « Dans cette course aux ressources nécessaires à la transition énergétique, les Américains ont déjà poussé le président congolais Félix Tshisekedi à réviser les accords signés avec la Chine, puis ils ont signé, fin décembre, un protocole d'accord avec les Congolais afin de développer conjointement__ avec la Zambie__ une chaîne d'approvisionnement pour les batteries de véhicules électriques, dont la demande devrait augmenter de plus de 400 % d'ici à 2030 ».[294]

Selon l'auteur, le marché en métaux de la transition numérique et énergétique devrait consommer de plus en plus de métaux et sans la RDC, il serait difficile de produire les smartphones et les voitures électriques dont le monde aura besoin dans l'avenir.

Son étude donne une estimation de croissance en métaux nécessaires à l'horizon 2025 :

- Dans le domaine de communication 5G, la demande totale du cobalt devra doubler pour couvrir les besoins mondiaux ;
- La production des smartphones consomme plus de métaux qu'avant. Partie de 29 métaux, la consommation a atteint 55 métaux actuellement ;
- La production des voitures électriques consomme six fois plus de métaux que celle d'une voiture à pétrole ;
- Dans le domaine de l'énergie renouvelable, les pays dépendants de l'énergie éolienne connaîtront plus de difficultés car une éolienne offshore aura besoin neuf fois plus de métaux par rapport à une installation gazière.

Comme mentionné plus haut, l'auteur note que le grand enjeu avenir est que d'ici 2030, la demande de batteries électriques augmentera plus de 400%. Et quand on considère les principaux composants d'une voiture électrique, à savoir : le condensateur, la batterie lithium ion, et les structures en cuivre, les métaux essentiels à leur fabrication se trouvent encore une fois en RDC. La production de ces métaux devra être multipliée entre 1,5 à 9,3 d'ici 2030 :

- La production du Coltan (tantale) utile dans la fabrication des condensateurs devra être multipliée par 1,8. La RDC contrôle 40% de la production mondiale en 2020, 60% des réserves mondiales et environ 60% sont de mines artisanales ;
- La production du Cobalt utile dans la fabrication des batteries électriques devra être multipliée par 1,5. La RDC contrôle 70% de la production

[294] Marie TOULEMONDE, « Lithium et cobalt en RDC : les dessous de la rivalité entre les Etats-Unis et la Chine », *Jeune Afrique*, 7 juillet 2023, https://www.jeuneafrique.com. Un résumé de l'article tel que publié par Jeune Afrique est présenté dans les annexes.

mondiale en 2020, 66% des réserves mondiales, et entre 10% et 20% sont des mines artisanales ;

- La production de l'Etain utile dans la fabrication des batteries électriques devra être multipliée par 1,6. La RDC contrôle 3,7% de la production mondiale en 2020, 6% des réserves mondiales et environ 40% sont des mines artisanales ;
- La production de lithium utile dans la fabrication des batteries électriques devra être multipliée par 5,3. La mine de Manono en RDC est le plus grand gisement de lithium de roche dure au monde, 44,6 millions de tonnes de réserves, le début de production est prévu pour 2023 ;
- La production de Manganèse utile dans la fabrication des batteries électriques devra être multipliée par 9,3. La mine de Kisenge en RDC possède 4,8 millions de tonnes de réserves. Fermée depuis 1993, la RDC compte la rouvrir en 2021 ;
- La production du Cuivre utile dans la fabrication des structures de la voiture électrique devra être multipliée par 5,5. La RDC contrôle 7% de la production mondiale en 2020. Elle est en 5ème position dans la production mondiale. La mine de Kamoa-Kakula est la 2 -ème plus grande mine de cuivre du monde avec 38 millions de tonnes de réserves.[295]

La coopération entre l'administration Biden et la rdc : flottement à la lumière de l'ordre mondial en ballotage

On se souviendra qu'au début de son mandat, le président Tshisekedi avait prôné une politique de bon voisinage avec tous les voisins de la RDC. A ce titre, le président Félix Tshisekedi a visité le Rwanda et a proposé une coopération régionale en vue de promouvoir l'intégration économique avec le Rwanda et d'autres pays de la région. Cette initiative était saluée par les Etats-Unis, et le président F.A. Tshisekedi était félicité par Washington, notamment à travers les propos tenus par le sous-secrétaire d'Etat américain Tibor Nagy lors d'une des visites du président Tshisekedi aux Etats-Unis. Mais il s'est fait que cette politique de main tendue du président Tshisekedi envers le Rwanda n'a pas reçu une réponse favorable de la part du président Kagame, qui est considéré comme un allié des Etats-Unis depuis l'avènement du génocide rwandais de 1994.

En effet, depuis l'entrée de l'AFDL (Alliance des Forces Démocratiques pour la libération du Congo) au Zaïre qui a conduit au départ de Mobutu du pouvoir et à la mort de son successeur Laurent Désiré Kabila, l'Est de la RDC n'a jamais été stable. Une instabilité qui a favorisé le pillage des ressources naturelles du Congo et a conduit à la perte de plus de 12 millions de vies humaines au Congo. La politique de bon voisinage proposée par le président F.A. Tshisekedi avait pour

[295] Ces données sont tirées de Marie Toulemonde, *Op. Cit.* Cet article est repris dans l'appendice A à la fin de ce travail.

but de mettre fin à cette situation d'insécurité qui avait perduré presque pendant trois décennies. Le président Kagame a refusé la coopération lui proposée par le président Tshisekedi et a relancé les attaques des terroristes M23 qui étaient en réserve au Rwanda et en Ouganda.

Dès lors, les relations entre les Etats-Unis et la RDC dépendaient très sérieusement de l'attitude que les Etats-Unis adopteraient face à cette agression du Rwanda contre la RDC par les M23 interposés.

Après l'entrée des M23 dans le territoire congolais à partir du poste frontalier de Bunagana, les relations entre la RDC et le Rwanda se sont détériorées très sérieusement, de telle sorte que le voyage du secrétaire d'Etat américain Antony Blinken dans la région était devenu un point focal pour la suite des relations entre les Etats-Unis et la RDC. Avant que le secrétaire d'Etat Blinken descende à Kinshasa le Département d'Etat américain avait fait le point des relations entre les USA et la RDC en 16 points ci-après :

« Le secrétaire d'Etat Antony Blinken se rendra à Kinshasa, en République démocratique du Congo, où il rencontrera des dirigeants du gouvernement et des représentants de la société civile pour discuter du partenariat étendu sur des questions telles que la sécurité régionale, le respect des droits de l'humains, la préservation de l'environnement, le changement climatique, ainsi que les échanges commerciaux et les investissements bilatéraux.

- Les relations entre les Etats-Unis et la République démocratique du Congo (RDC) sont profondes et anciennes. Les Etats-Unis ont immédiatement établi des relations diplomatiques avec la RDC en 1960, après son indépendance de la Belgique.
- En avril 2019, à la suite de la visite du président Tshisekedi à Washington, les Etats-Unis et la RDC ont lancé le « Partenariat privilégié pour la paix et la prospérité », un engagement conjoint reflétant la relation plus étroite entre les Etats-Unis et la RDC et une promesse publique de travailler ensemble dans des domaines d'intérêt mutuel, dont le renforcement des institutions démocratiques, l'amélioration du respect des droits humains, la fin de l'impunité, la promotion de la paix dans l'est de la RDC, ainsi que la capacité d'attirer le commerce et les investissements des Etats-Unis. En février 2021, étant donné le focus commun des Etats-Unis et de la RDC pour le changement climatique, un cinquième « P », pour « préservation de l'environnement », a été ajouté.
- Avec le président Tshisekedi, les Etats-Unis disposent d'un partenaire solide pour faire avancer nos priorités mondiales communes, notamment la lutte contre la crise climatique, la lutte contre les trafics illicites, la réponse à de multiples crises sécuritaires et humanitaires, la promotion du respect de la démocratie et des droits humains, la sécurisation des chaines d'approvisionnement en minéraux essentiels nécessaires à la

transition mondiale vers des formes d'énergie plus propres et l'atténuation de la criminalité transnationale organisée.

- Nous saluons les engagements renouvelés du gouvernement congolais à réaliser les réformes promises depuis longtemps et à éradiquer la corruption omniprésente, qui est un facteur d'instabilité sous-jacent.
- Les Etats-Unis et la RDC ont tenu le tout premier dialogue bilatéral sur les droits humains en juin 2021 pour discuter des défis liés à la liberté d'expression, de la traite des personnes et des allégations d'abus des forces de sécurité. En reconnaissance des mesures positives prises par le pays pour améliorer les pratiques démocratiques et la bonne gouvernance, la RDC a rejoint le Sommet pour la démocratie en décembre 2021. Nous soutenons les actions menées par le gouvernement congolais pour consolider ces acquis afin de promouvoir le respect des droits humains et de l'état de droit.
- Nous sommes reconnaissants au gouvernement congolais d'avoir coparrainé une résolution sur la gestion des minéraux et des métaux lors de l'Assemblée des Nations unies pour l'environnement de février 2022 et nous nous réjouissons de travailler avec la RDC à sa mise en œuvre.
- Les Etats-Unis soutiennent la décision du gouvernement de la RDC de revoir les contrats miniers et d'accroître la responsabilité dans le secteur. Nous encourageons la RDC à poursuivre sa collaboration et son travail sur la transparence fiscale, les droits du travail et le respect des normes environnementales, sociales et de gouvernance dans le secteur minier Les Etats-Unis fournissent une aide de plus de 30 millions de dollars pour aider la RDC à promouvoir des pratiques minières responsables et durables.
- Nous saluons l'engagement du président Tshisekedi à protéger la foret du bassin du Congo et à faire en sorte que la RDC soit un « pays solution » à la crise climatique. Nous saluons le leadership de la RDC pour organiser la pré-COP27 à Kinshasa. Nous apprécions notre coopération pour protéger notre maison commune.
- Nous sommes sensibles au leadership régional du président Tshisekedi. En tant que président de l'Union africaine dernière, et par son leadership dans d'autres organisations régionales, il fait preuve d'un leadership visionnaire pour le continent.
- Les Etats-Unis et la RDC entretiennent depuis longtemps une relation solide et de confiance dans le domaine de la santé mondiale, notamment en ce qui concerne la lutte contre les épidémies de la maladie à virus Ebola (MVE), qui a constitué une base solide pour la réponse à la pandémie de COVD-19. Avec le soutien du gouvernement des Etats-Unis par le biais de l'USAID et des CDC au cours des quatre dernières années, déclarant la dernière épidémie terminée en juillet dernier. Ces

contributions des Etats-Unis à la réponse à la MVE étaient un prolongement naturel de notre soutien de longue date aux systèmes de santé congolais.

- Les Etats-Unis ont fourni plus de 1,7 milliard de dollars d'aide sanitaire à la RDC au cours des 20 dernières années. La RDC est également un pays partenaire des Etats-Unis dans le cadre du soutien intensif à la sécurité sanitaire mondiale, qui constitue une plateforme de coopération notamment en matière de zoonoses, de développement de la main-d'œuvre et de systèmes de laboratoire. Les Etats-Unis soutiennent la mission de stabilisation de l'Organisation des Nations unies en RDC (MONUSCO), qui joue un rôle essentiel dans la protection des civils, la fourniture d'une aide humanitaire et le soutien au gouvernement de la RDC dans ses initiatives de stabilisation et de consolidation de la paix.
- Les Etats-Unis fournissent 23,75 millions de dollars pour soutenir les élections en RDC, notamment pour renforcer la transparence et l'administration électorale, améliorer l'éducation civique et l'éducation des électeurs, donner à la population (notamment aux femmes et aux jeunes) les moyens de participer de manière significative aux élections, et aider les communautés marginalisées à comprendre les processus politiques et à y accéder. En juillet, l'USAID et le département d'Etat ont annoncé l'octroi de deux millions de dollars et d'un million de dollars respectivement pour financer l'observation internationale et nationale des élections. Cet engagement démontre notre volonté de voir des élections libres et équitables en 2023 avec des processus électoraux transparents et inclusifs. En aout, l'USAID a fourni 10 millions de dollars supplémentaires pour promouvoir la participation politique pacifique et la transparence des élections de 2023. Ce nouveau financement permettra d'étendre la programmation actuelle à des zone plus difficiles à atteindre où le risque d'aliéner ou de priver la population de son droit de vote et de provoquer ou d'exacerber un conflit volent est le plus élevé pendant le cycle électoral de 2023.
- La RDC est l'un des huit nouveaux pays cibles de Feed the Future qui l'aidera à développer ses propres systèmes alimentaires et agricoles.
- En collaboration avec le Congrès, les Etats-Unis prévoient d'investir 37 millions de dollars dans l'aide au développement en RDC, afin d'élargir l'accès aux engrais et d'en promouvoir une utilisation plus efficace compte tenu de l'augmentation des coûts, d'élargir l'accès aux filets de sécurité sociale et de renforcer les programmes de nutrition, notamment pour les enfants de moins de cinq ans.
- Le département d'Etat a engagé 6 millions de dollars supplémentaires pour aider la RDC à améliorer son système de justice pénale, à lutter

contre la corruption et à combattre le trafic de ressources minérales et d'espèces sauvages.

- Les 13 et 14 juillet à Kinshasa, l'*American Bar Association Rule of Law Initiative*, un partenaire du département d'Etat, a organisé un symposium auquel a participé le ministre de l'intérieur et qui a mis en lumière le succès d'un programme financé par les Etats-Unis en partenariat étroit avec les parties prenantes congolaises pour soutenir les systèmes d'alerte précoce vitaux pour les communautés vulnérables dans cinq provinces de l'Est, une initiative d'autant plus essentielle que la MONUSCO continue de se retirer. » [296]

Ce résumé de la coopération entre les Etats-Unis et la RDC par le Département d'Etat américain permet d'évaluer les relations entre l'administration Biden et la RDC après le voyage stratégique effectué par le secrétaire d'Etat Antony Blinken en RDC et au Rwanda en 2022. Cette visite était un élément important dans la suite des relations entre la RDC et les Etats-Unis. Il était évident que du côté congolais les attentes étaient très élevées dans la prise de position des Etats-Unis face à l'agression rwandaise, car cette guerre n'avait que trop duré. Les espoirs du peuple congolais étaient renforcés par la lettre du Sénateur Robert Menendez, Président de la Commission des Affaires Etrangères au Sénat des Etats-Unis adressée au secrétaire d'Etat américain Tony Blinken sollicitant une révision de la politique des Etats-Unis envers le Rwanda. Vu l'importance de cette lettre, je la reprends en entièreté ci-dessous :

« A l'honorable Antony J. Blinken

Secrétaire d'Etat Département d'Etat des Etats-Unis

2201, rue CN.O.

Washington, DC 20520

Cher Secrétaire Blinken, je vous écris avec inquiétude sur le mépris continuel du Gouvernement du Rwanda sur les droits de l'Homme et la démocratie et la nécessité d'une politique américaine plus efficace contre celui-ci.

Les efforts du Président Kagame pour faire taire les journalistes, les activistes des droits humains et les voix de l'opposition à l'intérieur du Rwanda sont bien connus. Après avoir changé la constitution Rwandaise en 2015 pour éliminer les limites du mandat présidentiel afin de rester en fonction à perpétuité, Kagame a été réélu en 2017 avec un invraisemblable score de 99% des voix.

Selon Human Rights Watch (HRW), « la victoire écrasante de Kagame n'était pas une surprise dans un contexte où les Rwandais qui ont osé élever

---

[296] Ambassade des Etats-Unis en République démocratique du Congo, Département d'Etat des Etats-Unis, Bureau du porte-parole, « La relation entre les Etats-Unis et la République démocratique du Congo », 9 août 2022, *cd.usembassy.gov*

leurs voix pour défier le statu quo ont été arrêtés, ont fait l'objet d'une disparition force ou ont été tués, les médias indépendants ont été muselés et l'intimidation a réduit au silence les groups travaillant sur les droits civiques ou la liberté d'expression ». HRW a également noté que depuis 2019 seulement, pas moins de 32 journalistes, des commentateurs sur Internet et des militants de l'opposition au Rwanda ont été tués, ont disparu, ou emprisonnés.

Le gouvernement du Rwanda est également accusé, avec preuves, de cibler des dissidents vivant à l'extérieur du Rwanda. Des critiques virulents de Kagame ont été assassinés en Afrique du Sud, au Mozambique, en Ouganda et au Kenya. En juillet, un autre dissident rwandais a été abattu par des assaillants inconnus au Mozambique. Le gouvernement sud-africain ainsi que les forces de l'ordre au Royaume-Uni et en Belgique ont dénoncé que Kagame ciblait les Rwandais les Rwandais dissidents dans leurs pays. L'Afrique du Sud et la Suède ont expulsé des diplomates rwandais pour activités d'espionnage contre les dissidents rwandais vivant en exil.

Plusieurs nouveaux rapports inquiétants mettent encore plus en évidence l'étendue des efforts de Kagame pour cibler les critiques non seulement en Europe et en Afrique lais aussi aux Etats-Unis. En mars, l'organisation canadienne Citizen Lab a identifié le Rwanda comme l'un des pays au monde, responsables des actes de répression transnationale.

« Contre la diaspora rwandaise », écrit Citizen Lab, « les assassinats, harcèlements physiques et rapatriements forcés de ressortissants par le régime rwandais hors de ses frontières ont été combinés par des menaces numériques, telles que l'utilisation de logiciels espions et harcèlement en ligne. En juin, Freedom House a également identifié le Rwanda comme l'un des pays les plus prolifiques acteurs transnationaux de la répression dans le monde, aux côtés de la Russie, de la Chine, de l'Iran, de l'Egypte et de l'Arabie Saoudite, et a noté qu'en 2022, le FBI a publié un bulletin soulignant comment le Rwanda avec l'Iran et l'Arabie Saoudite, se livraient à une « répression transnationale aux Etats-Unis ».

Paul Rusesabagina, un résident permanent légal des Etats-Unis, faisait partie des personnes ciblées par le Rwanda tout en vivant aux Etats-Unis. Comme vous le savez, il a été piégé sur un vol affrété alors qu'il était à l'étranger et envoyé au Rwanda à son insu dans le cadre d'une opération rwandaise que Kagame avait décrit plus tard au New York Times, comme « sans défaut ».

J'ai été ravi d'entendre le département d'Etat confirmer en mai que M. Rusesabagina est désormais classé par l'administration américaine comme détenu à tort. Cependant, en même temps que le Département d'Etat à Washington a confirmé cette désignation liée au statut de M. Rusesabagina, l'ambassade des Etats-Unis au Rwanda a tweeté une photo du commandant de la Force américaine pour l'Afrique et du Chargé d'Affaire américain à

Kigali avec Kagame et de hauts responsables militaires rwandais. Cette contradiction est profondément problématique et emblématique d'une politique à l'égard du Rwanda de plus en plus en décalage avec les intérêts et les valeurs américaines.

Les Etats-Unis ont alloué plus de 147 millions de dollars d'aide étrangère au Rwanda en 2021, et a proposé 145 millions de dollars pour l'exercice 2023, faisant des Etats-Unis le plus grand donateur bilatéral du Rwanda. En plus, l'armée rwandaise reçoit une aide et une formation américaine en matière de renforcement des capacités.

Au cours des derniers mois, l'Administration américaine a pris des mesures contre d'autres gouvernements responsables du ciblage des dissidents à l'étranger. En mars, le département d'Etat a imposé des restrictions de visa aux autorités chinoises « pour leur implication dans des actes de répression contre des membres de minorités ethniques et religieuses, et les pratiquants religieux et spirituels à l'intérieur et l'extérieur des frontières de la Chine, y compris à l'intérieur des Etats-Unis ».

Et en février, le département d'Etat a imposé des restrictions de visa aux ressortissants Biélorusses en vertu du « Khashoggi Ban », qui a été promulguée en 2021 pour prévenir et répondre aux actes de la répression transnationale par tout gouvernement ciblant des journalistes, des militants ou des dissidents pour des abus. Non seulement la Rwanda bafoue les lois américaines en ciblant les dissidents à l'intérieur des Etats-Unis, le Rwanda semble être le seul gouvernement étranger au monde qui est considéré par les Etats-Unis comme un partenaire et un allié, en dépit du fait qu'il détient injustement un résident américain. J'exige une explication sur ce que fait le Département d'Etat pour répondre aux actions du Rwanda ciblant les dissidents et les personnes résidant aux Etats-Unis et ailleurs.

Le Rwanda est également une fois de plus engagé dans des actions de déstabilisation régionale en Afrique centrale. Une semaine après la séance photo avec des hauts responsables américains, l'armée rwandaise a été accusée de manière crédible de soutenir les rebelles du M23 en Républiquc démocratique du Congo (RDC) et de déployer ses soldats au-delà de ses frontières en RDC. Comme vous vous en souvenez, à la fin des années 199O, le Rwanda et l'Ouganda avaient envahi la RDC, déclenchant une guerre régionale qui, selon le International Rescue Committee avait causé pas moins de 5,4 millions de morts de 1998 à 2007 en raison du conflit, provoquant une crise humanitaire.

En 2012, le Rwanda avait de nouveau cherché à violer la RDC en soutenant les rebelles du M23 qui avaient capturé la ville de Goma, dans l'est de la RDC, en tuant des centaines de civils et en déplaçant plus de 100.000 personnes. Dix ans plus tard, en 2022, le Rwanda a de nouveau envoyé des troupes à travers la frontière de la RDC et a réactivé le M23 en tant que milice par procuration, désormais responsable du meurtre des civils congolais, des troupes congolaises et des casques bleus de l'ONU.

A la lumière de ces questions troublantes, je vous exhorte à entreprendre un examen complet de notre politique envers le Rwanda. Non seulement un tel examen devrait inclure en regard réfléchi sur les niveaux et les types de l'assistance que nous fournissons, il devrait également identifier les actions que nous devrions prendre pour assurer la sécurité des citoyens américains et des résidents permanents légaux.

Je salue le décret du 19 juillet 2022 sur le renforcement des efforts en cours pour rapatrier aux Etats-Unis, les otages américains et les nationaux américains détenus injustement. Etant donné que M. Rusesabagina est un résident permanent légal, je vous demande de clarifier si son cas relève de cette nouvelle O.E., et si le Département d'Etat ajoutera le nouvel indicateur « D » pour avertir les citoyens américains du risque de détention injustifiée par un gouvernement étranger à l'actuel.

Avertissement aux voyageurs concernant le Rwanda

Compte tenu de la tendance du Rwanda à cibler les résidents américains, le Département d'Etat pourrait élever le niveau d'avertissement aux voyageurs pour le Rwanda, qui est actuellement au « niveau 1 : prendre des précautions normales », pour le « Niveau 3 : Reconsidérer s'il est nécessaire de voyager ». Cela mettrait l'avis du Département d'Etat concernant le Rwanda, à égalité avec les avertissements émis sur les autres gouvernements responsables de la détention à tort de résidents américains et citoyens.

En réponse au ciblage par le Rwanda des résidents américains aux Etats-Unis et à ses efforts pour déstabiliser davantage la RDC voisine, l'Administration américaine pourrait également envisager de renvoyer au Rwanda tout responsable militaire ou gouvernemental rwandais se trouvant actuellement aux Etats-Unis pour participer au Programme International d'Education et de Formation Militaires (IMET), et suspendre toute autre assistance militaire au Rwanda.

Jusqu'à ce qu'un tel examen soit entrepris et communiqué à mon cabinet, j'ai l'intention d'examiner attentivement toute aide sollicitée au Congrès en faveur du Rwanda, et de faire suspendre toute assistance d'ordre sécuritaire, en commençant par plusieurs millions de dollars en soutien aux casques bleus rwandais, car je crains que tout soutien américain à l'armée rwandaise alors qu'elle est déployée en RDC en soutien aux rebelles responsables d'attaques contre des civils congolais, des troupes congolaises et des soldats de la paix de l'ONU, puisse envoyer un signal troublant que les Etats-Unis approuvent tacitement de telles actions. Les Etats-Unis ne peuvent pas soutenir les contributions rwandaises au maintien de la paix dans certaines parties de l'Afrique tout en fermant les yeux devant la réalité selon laquelle le Rwanda fomente la rébellion et la violence dans d'autres parties du continent.

J'ai hâte de travailler avec vous pour veiller à ce que la politique américaine reflète les valeurs des Etats-Unis et de l'administration Biden.

Sincèrement,

Sénat des Etats-Unis, 20 juillet 2922

Robert Menendez

Président de la Commission des affaires Etrangères au Sénat des Etats-Unis ».[297]

Le résumé de la coopération entre la RDC et les Etats-Unis par le Département d'Etat, la lettre du sénateur Robert Menendez au secrétaire d'Etat américain Antony Blinken et les résultats du voyage de ce dernier en RDC et au Rwanda au mois d'août 2022, me permettent de déterminer dans quelle cage se situe réellement la coopération entre l'administration Biden et le gouvernement Tshisekedi. L'analyse doit considérer des indicateurs de fond et éviter de se faire égarer par des discours diplomatiques qui souvent déroutent les observateurs.

L'un des grands indicateurs de défaut à la coopération entre les Etats-Unis et la RDC, c'est évidemment la guerre qui perdure à l'Est du Congo depuis 1996 (plus ou moins pendant trois décennies). L'origine et les causes réelles de cette guerre ont beaucoup été discutées par des chercheurs étrangers et Congolais, y compris moi-même.[298] Beaucoup de détails viennent d'être confirmés par Charles ONANA.[299]

D'une manière générale, les chercheurs s'accordent à conclure que les causes réelles de la guerre à l'Est du Congo résident en une opération clandestine de la politique étrangère américaine qui avait pour objectifs :

- Faire partir Mobutu du pouvoir en vue d'appliquer les objectifs que les Etats-Unis s'étaient assignés dans le cadre de leur nouvelle politique néolibérale, notamment, l'accès aux matières premières stratégiques du Congo ;
- Pour y arriver, ils ont opté comme moyen la *somalisation* du Congo, que l'on doit comprendre comme la balkanisation du Congo ;
- Soutenir les voisins du Congo (Ouganda & Rwanda), leurs collaborateurs dans l'opération clandestine, qui voulaient obtenir les 300 kms d'expansion leur promis à l'intérieur du Congo, et l'implantation des populations rwandaises au Congo.

---

297 https://exclusifrdc.com/amp/agression-de-la-rdc-le-senat-americain-charge-kagame-dans-une-lettre-au-secretaire-detat-blinken/

298 J'en ai discuté dans mon ouvrage : *La coopération entre le Congo et les pays capitalistes. Un dilemme pour les présidents Congolais*, Paris : l'Harmattan, 2010.

299 Charles ONANA, *Holocauste au Congo. L'Omerta de la communauté internationale. La France complice ?*, Paris : l'Artilleur, 2023.

Cette politique n'a pas changé depuis que l'administration Clinton l'avait initiée jusqu'à l'administration Biden au moment où je suis en train d'écrire ces lignes. On se demande parfois si Mobutu était au courant de cette décision américaine ou non, car dès l'entrée du président Clinton à la Maison Blanche, Mobutu lui adresse une lettre sollicitant une aide pour trouver une solution aux problèmes qui affectaient les frontières du Zaïre à l'Est suite à l'arrivée des réfugiés rwandais.[300] La réponse est que probablement Mobutu était au courant, car son Ministre des Affaires Etrangères, Maître Kamanda wa Kamanda en avait parlé lors de la tenue de la Conférence Nationale Souveraine à Kinshasa. Il ne voulait pas tout simplement y croire à cause des services immenses qu'il avait rendus à l'Amérique pendant son pouvoir. Du coup il avait commis une erreur très grave, car en politique étrangère américaine ce qui compte ce sont les objectifs à atteindre et non les pions utilisés. Il devait se référer au cas de Duvalier en Haïti et du Shah d'Iran. Ce que l'Amérique fait souvent, c'est tout simplement de trouver une sortie honorable à leurs amis, si ces derniers comprennent. Je peux dire, en passant, que Kagamé doit savoir qu'il subira aussi le même sort.

L'une des preuves que nous sommes devant une opération clandestine américaine est donnée par Charles Onana en ces termes : « Trois mois auparavant, Paul Kagamé est reçu dans un cadre privé à Washington, invité par le Council on Foreign Relations, un think tank très influent qui rassemble le gratin des hommes d'affaires et des dirigeants politiques américains les plus écoutés à la Maison Blanche. A cette occasion, le nouvel allié des Etats-Unis rencontre plusieurs membres de l'administration Clinton, notamment Anthony Lake, conseiller national à la sécurité, George Moose, sous-secrétaire d'Etat chargé des Affaires Africaines, et William Perry, secrétaire d'Etat à la défense. Au menu des discussions : le soutien indéfectible du gouvernement américain au Rwanda, l'appui du département de la Défense à la formation des militaires rwandais formulé par Kagamé lui-même et l'aide des Etats-Unis au gouvernement rwandais pour résoudre officiellement la question des réfugiés du Zaïre. En réalité, c'est pour préparer l'achèvement du coup de force contre le président Mobutu. Nous sommes à la phase finale de l'invasion militaire du Congo-Zaïre.»[301]

Ce qui est plus intéressant dans les révélations de Charles Onana, c'est la présence d'un agent de la CIA dans le plan : « Tous les clignotants annonçant la fin du régime zaïrois semblent donc allumés mais à Kinshasa, on ne veut pas le croire. Dans la guerre secrète que mènent les Etats-Unis contre le maréchal Mobutu et qui a commencé en Ouganda avant de se poursuivre au Rwanda puis au Zaïre, un acteur de l'ombre entre en scène. Son nom est Roger Winter. Il est l'un des plus grands soutiens de Paul Kagamé dans la mise en œuvre du plan d'invasion du Zaïre par les Etats-Unis. ……L'écrivain français Pierre Péan, qui s'était beaucoup

---

[300] *Idem*, p. 131.
[301] *Idem* p. 132.

intéressé à ce personnage, nous avait confié que Winter travaillait pour la CIA même s'il donnait l'impression d'être un simple militant chargé des questions de réfugiés. Juan Carrero, candidat espagnol au prix Nobel de la paix, nous avait également confié que Roger Winter dissimulait sa qualité d'agent de la CIA en s'affichant à la tête d'une ONG américaine spécialisée sur les questions des réfugiés. Wayne Madsen, un spécialiste du renseignement américain qui travaillait auparavant pour la NSA, nous a également confié que Roger Winter travaillait bien pour la CIA et pour un réseau de trafiquants d'armes très actifs dans la région des Grands Lacs dans les années 199O. »[302]

On met souvent en doute les intentions expansionnistes de l'Ouganda et du Rwanda dans la région et la balkanisation du Congo. Charles Onana nous donne plus de précision à ce sujet : « ......le général Christian Quesnot, chef d'état-major particulier de François Mitterrand, très incisif sur l'attitude de Washington, révèle le plan secret de Paul Kagamé et du président ougandais Yoweri Museveni sur le Zaïre : « Les Etats-Unis, qui sont à Kigali et à Entebbe, voudraient couvrir tout l'ensemble humanitaire, ils y voient le bénéfice pour leur image en Afrique. Les Britanniques sont arrivés, dans les zones américaines. Ils vont refaire les voies de communication entre Kigali et l'Ouganda, ce n'est pas innocent.....Il y a un accord entre Museveni, très soutenu par les Etats-Unis, et Kagame......pour en faire une grande zone d'influence tutsi. Dans ce pacte, il est prévu le démantèlement du Zaïre. Il n'y a plus de raison de s'arrêter. Le nord du lac Kivu, au Zaïre, est da cette zone tutsi. Le problème du Zaïre ne peut être traité sans cette zone. » La menace de démantèlement qui pèse sur la RDC depuis lors est claire. Tout le monde a fait semblant d'ignorer cette realité.

Le général Quesnot avait déjà fait ce type de déclaration quelques mois auparavant, en avril 1994 précisément. Informé de l'appui militaire que le président ougandais fournissait aux rebelles tutsis dirigés par Paul Kagamé il fait cette autre déclaration : « Derrière tout cela, il y a aussi Museveni, le président ougandais, qui veut créer un Tutsiland avec la complicité objective des Anglo-Saxons, qui estiment que Museveni doit devenir le leader régional et assurer la stabilité dans la zone des Grands lacs. Ils se trompent car une ethnie majoritaire à 90% n'acceptera pas la domination d'une ethnie minoritaire tutsi (10%). »[303]

Quant à l'accès aux matières stratégiques congolaises, il existe aussi beaucoup d'auteurs qui en parlent. On peut noter le recent article de Judi Rever intitulé : « Rwanda is the 'Wild West' and should be removed from the mineral supply chain .» Il est évident que le Rwanda va rejeter en bloc ce qui est révélé dans cet article. C'est de bonne guerre. Cela n'enlève en rien la véracité des faits qui y sont révélés étant donné que beaucoup d'autres auteurs dénoncent les mêmes méfaits. Pour plus de détails, je vais annexer l'article de Judi Rever à la fin de ce travail. L'auteur démontre comment le Rwanda est au centre d'une mafia qui pille les

---

302 *Idem*, pp. 132-134.

303 *Idem*, pp.203-204

minerais stratégiques de la RDC pour les vendre à travers le monde, y compris aux Etats-Unis. Vers les années 2018, le Rwanda était devenu le plus grand producteur et exportateur du tantale. Et les Etats-Unis s'approvisionnaient à partir du Rwanda à la hauteur de 39%. Le tantale est devenu l'un de minerais les plus stratégiques pour le complexe industriel américain. Si bien qu'à l'heure actuelle, l'Amérique ne peut pas mener une guerre à l'étranger sans avoir accès au tantale. En 2018, le Rwanda a engrangé 800 millions de dollars dans l'exportation du tantale. L'auteur note que tout cela provient du pillage du Congo, car le Rwanda n'en produit pas. [304]

Ces détails permettent donc de ne pas s'étonner de constater la position du secrétaire d'Etat américain lors de son voyage qui a créé tant d'espoir auprès des Congolais face à la guerre à l'Est du pays, qualifiée à juste titre « d'Holocauste au Congo » par Charles Onana. Avant Blinken égale après Blinken : le voyage du secrétaire d'Etat américain à Kinshasa s'est soldé par une grande déception de la part des Congolais. En effet, le mardi 9 et mercredi 10 août, 2022, le secrétaire d'Etat Anthony Blinken a effectué une visite officielle à Kinshasa où les Congolais espéraient voir une prise de position ferme de la part des USA en condamnant le Rwanda et en demandant le retrait sans conditions des M23, considérés par le Congo comme des terroristes appuyés par le Rwanda. Rien de tout cela n'a eu lieu, Mr. Blinken est resté vague dans ses propos devant les Congolais. Et les choses se sont précisées quand Mr. Blinken est arrivé à Kigali où il a renvoyé dos à dos les M23 et les FDLR, sans demander le retrait des M23 du territoire congolais. Ce faisant, Mr. Blinken est venu confirmer que la Maison Blanche ne s'alignait pas sur la lettre du sénateur Robert Menendez. En d'autres termes, Washington continuait avec sa politique du « laisser-faire » qui accompagnait le démantèlement du Congo et le pillage de ses ressources par ses voisins le Rwanda et l'Ouganda.

Comme je l'ai dit plus haut, la détérioration des relations entre l'administration Biden et Kinshasa ne se faisait pas ouvertement, mais plutôt comme une guerre froide. L'attitude du secrétaire d'Etat américain Anthony Blinken face à la guerre entre le Congo et le Rwanda été mal accueillie par Kinshasa qui l'a considérée comme un défaut à la coopération de la part de Washington. La réponse a été bien calculée, le Président F.A. Tshisekedi accepte d'aller en visite officielle en Chine. C'est à ce niveau que l'on pouvait dire que la coopération entre l'administration Biden et Kinshasa était tombée dans la cage de punition pour défaut mutuel avec les conséquences que cela pouvait entrainer. Mais on n'en est pas arrivé là. Les deux partenaires apparemment ont cherché à éviter la catastrophe en cherchant chacun à tirer profit des opportunités qu'offrent les nouveaux enjeux mondiaux, car en fin de compte, tout est géopolitique et géostratégie ! C'est ce que je vais essayer d'expliquer dans les dernières sections de ce chapitre.

---

[304] Judi REVER, "Rwanda is the 'Wild West' and should be removed from the mineral supply chain," *canadiandimension.com*, September 25, 2023

La question soulevée est celle de savoir si la coopération entre le régime Tshisekedi et la Chine : est gagnant-gagnant ?

6.3. Le régime Tshisekedi et la Chine : vers une coopération gagnant-gagnant ?

Chaque génération, du moins au 20ème et au 21ème siècle, a une sorte d'idéologie symbolique qui lui donne une « carte » du monde, comme l'a dit Ian Linden de l'Ecole des études Orientales et Etudes Africaines ; auteur d'un ouvrage sur la mondialisation intitulé : *Une Nouvelle Carte du Monde.*[305] L'auteur note que pendant 50 ans jusque 1990, la guerre froide nous a donné la carte du monde et a influencé presque tout. Le terme qui nous donne la carte du monde après 1990, c'est le concept de la mondialisation, à travers lequel les gens se réfèrent à beaucoup de choses. Le problème au-delà de toutes ces cartes du monde, c'est ce qui a réellement changé. En ce qui concerne l'Afrique, peu importe la carte du monde, c'est son problème de développement qui continue à préoccuper le continent. En 1955, sous le leadership du Chinois Zhou Enlai, l'Egyptien Nasser, le Yougoslave Tito et de l'Indien Nehru, vingt-quatre pays d'Asie et de l'Afrique s'étaient réunis à Bandung pour « annoncer avec panache le droit des peuples à l'indépendance et leur refus de prendre partie entre Est et Ouest. Bandung, l'entrée du tiers-monde sur la scène internationale, Bandung, qui pose les bases du mouvement des non-alignés et l'espoir d'un développement Sud-Sud. »[306] Le mouvement des non-alignés promu par Tito, Nehru et Nasser n'était pas du goût des pays capitalistes, les Etats-Unis en tête.

En ces débuts du 21ème siècle, la nouvelle carte du monde apparemment est restée ancienne, car la même problématique Est-Ouest que nous avons connue du temps des pays non-alignés revient au gallot sous forme de la compétition entre les pays de G7 et ceux des BRICS, l'Afrique toujours en train de chercher à se positionner. Certains pays africains s'en tirent avec pas trop de dégâts, d'autres sont en grande difficulté. Parmi ceux qui sont en difficulté, on peut compter la République démocratique du Congo. On se rappellera que la coopération entre le Zaïre de Mobutu et la Chine n'a effectivement commencé qu'après la visite du Président Américain Richard Nixon en Chine. C'était cette visite qui avait ouvert les portes à la visite officielle que Mobutu avait rendue à Mao Zedong en janvier 1973. Il s'en était suivi un début intéressant de coopération entre le Zaïre et la Chine. Malgré cette ouverture, on doit reconnaître que Mobutu n'était pas allé aussi loin qu'il aurait souhaité. On se rappellera de beaucoup de réformes, considérées comme « socialistes » par les Américains, qui avaient été étouffées au grand dam de Mobutu.

Avec le régime Laurent Désiré Kabila, la coopération entre les deux pays avait pris un nouvel élan. Après son voyage en Chine, le Président L.D. Kabila avait déclaré que le Congo devait prendre la Chine comme son modèle de

---

[305] Ian LINDEN, *A New Map of the World*, Darton : Longman & Todd Ltd, 2003.

[306] Serge MICHEL et Michel BEURET, *La Chinafrique : Pékin à la conquête du continent noir*, Paris : Bernard Grasset, 2008, p. 34.

développement. Je ne sais pas si le Président L.D. Kabila avait bien mesuré les conséquences que pourrait avoir une telle déclaration en rapport avec sa coopération avec les pays capitalistes. Toujours est-il que M'Zée avait effectivement signé beaucoup d'accords de développement avec la Chine, mais qui n'ont pas pu aboutir suite à sa mort précipitée.[307] Son successeur, Joseph Kabila, n'avait pas développé la coopération avec la Chine pendant le premier mandat de son pouvoir. C'est seulement au début de son deuxième mandat qu'il s'était tourné vers la Chine. Ce changement de politique qui a ouvert les portes des mines congolaises à la Chine a été, sans aucun doute, la cause principale de son départ en 2018. J'en ai déjà parlé avec plus de détails précédemment dans ce travail. Ce dilemme est resté le même pour le Président F.A. Tshisekedi. Les bonnes relations entre Washington et Kinshasa à l'arrivée du Président Tshisekedi au pouvoir étaient basées sur l'espoir que Washington plaçait sur Kinshasa pour revisiter les accords signés entre Joseph Kabila et la Chine, notamment la Convention de Collaboration entre les deux pays signé en 2008.

Revisitation des accords entre la rdc et la chine : quel bilan ?

Le président F.A. Tshisekedi avait clairement affiché sa volonté de revisiter les contrats miniers chinois lors de son passage à Kolwezi au Lualaba. Il avait demandé que la coopération entre le Congo et la Chine adopte la formule « *Gagnant-gagnant* ». Une commission ad hoc était mise en place par le président Tshisekedi en vue de renégocier les contrats avec les Chinois. Mais force est de constater que la commission n'avait pas fait de réels progrès. C'est dans sa détermination de vouloir bouger les négociations que le président F.A. Tshisekedi décidera d'aller rencontrer le président Chinois Xi Jinping. Ce voyage se situe dans le dilemme d'équilibre que la RDC doit jouer entre les pays du G7 et ceux des BRICS. L'exercice n'est pas du tout facile et l'article de Christophe Rigaud du 28 mai 2023 le décrit en ces termes :

« RDC : le casse-tête chinois des contrats miniers. Le voyage du président Félix Tshisekedi à Pékin a permis de renforcer les relations économiques et diplomatiques entre les deux pays. Mais pour la renégociation et le possible rééquilibrage du « contrat du siècle » de 2007, largement défavorable au Congo, il faudra encore patienter.

Pendant 4 jours, la République démocratique du Congo a eu les yeux rivés sur l'empire du Milieu. La première visite d'un président congolais en Chine depuis 1972 a suscité un regain d'intérêt pour la superpuissance asiatique, premier partenaire économique du Congo, activités minières obligent. La visite d'Etat de Félix Tshisekedi était très attendue sur un dossier majeur : celui du contrat minier signé en 2007 par Kinshasa et un groupement d'entreprises chinoises. Un contrat jugé déséquilibré pour la partie congolaise, que le président Tshisekedi a annoncé

[307] Je ne dis pas que c'est cela la cause de la mort de M'Zée. Les causes de sa mort sont plus complexes et je ne m'y attarderai pas ici. Le moins que l'on puisse dire est que sa tendance à coopérer avec la Chine ne plaisait pas aux Occidentaux.

vouloir renégocier avec Pékin. Le fameux « contrat du siècle », négocié sous Joseph Kabila, avait donné naissance à la Sicomines, une entreprise détenue à 68% par les partenaires chinois pour se fournier en cuivre et cobalt en échange de la construction d'infrastructures au Congo (routes, hôpitaux, voies de chemin de fer….).

Reprendre la main sur la Sicomines

Seulement 15 ans plus tard, les comptes n'y sont toujours pas. Sur les 3 milliards de dollars d'infrastructures que devaient construire la Chine, seuls 822 millions de dollars ont été déboursées, alors que Pékin a encaissé plus de 11 milliards de dollars grâce aux minerais extraits du sol congolais. Depuis son arrivée à la présidence, Félix Tshisekedi a annoncé à plusieurs reprises vouloir rééquilibrer le contrat avec la Chine. Kinshasa a laissé entendre, avant le départ du chef de l'Etat pour Pékin, vouloir inverser le pourcentage des parts détenues par l'Etat congolais dans la Sicomines, via son entreprise Gécamines. Au lieu des 32% actuels, Kinshasa souhaite vouloir détenir 70% de la Sicomines. La RDC demande également de doubler l'investissement dans les infrastructures de 3 à 6 milliards de dollars, et réclame une « indemnisation forfaitaire » de 2 milliards de dollars en guise de « dédommagement ».

Pas de renégociation à Pékin

Renégocier, revisiter ou rééquilibrer le « contrat du siècle » étaient les objectifs affichés par Kinshasa avant la visite de Félix Tshisekedi à Pékin. L'attente était grande côté congolais…peut-être un peu trop. A l'arrivée, le communiqué final publié à l'issue de la visite laisse les Congolais un peu à leur faim. Aucune mention, ni même allusion, n'est faite au sujet du fameux contrat « minerais contre infrastructures » de 2007. Plusieurs mémorandums ont été signés entre la RDC et la Chine, mais aucun ne spécifie clairement un rééquilibrage du contrat minier. Le texte final reste très général. Il stipule que « la Chine encouragera davantage des entreprises à investir et à s'implanter en RDC, et à participer à la construction d'infrastructures conformément aux programmes édictés et présentés par la partie congolaise, pour contribuer à la diversification économique et à l'industrialisation du pays ».

Un accord fin 2023 ?

De source gouvernementale congolaise, on indique que l'accord minier de 2007 n'a pas été évoqué lors de la rencontre entre Félix Tshisekedi et son homologue Xi Jinping, mais le document final parle tout de même d'un « relèvement de la relation bilatérale », entre les deux pays, ce qui a grandement satisfait la délégation congolaise. Pour Kinshasa, la rencontre entre les deux chefs d'Etat ouvre la voie à la mise en place d'un cadre de discussion pour la commission mixte (Etat congolais-entreprises chinoises) pour renégocier le « contrat du siècle », afin que la RDC puisse « retrouver ses droits ». La délégation congolaise a laissé entendre qu'un accord pourrait être trouvé d'ici la fin 2023. Un calendrier qui tomberait à point nommé pour Félix Tshisekedi qui est candidat à sa réélection en décembre prochain.

C'est plutôt après la réélection du président Félix Tshisekedi que la Chine a montré ses bonnes intentions dans la poursuite de la coopération entre les deux pays. Dans un mémorandum d'entente signé entre la République démocratique du Congo et le groupement d'entreprises Chinoises (GEC) dévoilé le 26 janvier 2024, l'inspection générale des finances (IGF) a publié les résultats auxquels les deux parties sont parvenues dans le cadre de la revisitation de l'accord signé en 2008. Voici le résumé publié par l'IGF :

Tableau 6.2 Rééquilibrage du contrat chinois infrastructures

AVANT	APRES
3 milliards USD pour les infrastructures avec Un délai de déblocage non fixé.	7 milliards USD rien que pour les routes nationales avec des décaissements obligatoires annuels de 324 millions USD/ an, soit + 1.250% par rapport aux décaissements annuels d'avant.
En 15 ans, la RDC a bénéficié des infrastructures d'une valeur de 822 millions USD, à raison de 26 millions USD/ an.	Rien que pour 2024, la RDC va bénéficier de 624 millions USD en deux tranches (janvier et mai 2024). Cela représente (en une année) 76% de la valeur totale des infrastructures financées en 15 ans.

Tableau 6.3 Rééquilibrage du contrat chinois Sicohydro-barrage de Busanga

AVANT	APRES
• Co-propriété : - à 75% de la partie chinoise ; - à 15% d'une société congolaise dont le propriétaire n'a jamais été identifié ; - à 7% de la SNEL ; - et à 3% de la Gécamines. • Ce barrage a couté 570 millions USD financés totalement par SICOMINES. • Directeur Général et Directeur Général adjoint étaient chinois.	• Relèvement des parts de copropriété de l'Etat dans le barrage : - RDC : 40% de parts (à répartir entre SNEL, Gécamines et Portefeuille). - Partie chinoise : 60% de parts. • Le chiffre d'affaire annuel de Busanga est de +100 millions USD. • Les 40% de la RDC constituent une minorité de blocage dans la prise de décisions (possibilité de faire basculer la majorité dans certaines décisions) • Attributions à la RDC du poste de DGA et de 5 Administrateurs sur les 11 que compte le Conseil d'Administration.

Tableau 6.4 Rééquilibrage du contrat chinois Réajustement d'intérêts dans Sicomines

AVANT	APRES
• Les bénéfices étaient partagés à concurrence de 68% pour les Chinois et 32% pour la Gécamines. • Rien n'était prévu en termes de royalties. Donc, zéro Franc Congolais ou Dollar américain n'a été versé à la RDC.	• La répartition de 68% pour les Chinois et de 32% pour la Gécamines est maintenue avec deux modifications : - Avant répartition de bénéfices, 35% sont prélevés pour financer les routes ; - Sur le reste (soit 65%), la partie chinoise prend 68% et la Gécamines 32%. • En plus, la SICOMINES verse au Gouvernement Congolais de 1,2% du chiffre d'affaires évalués à 2 milliards USD. Cela représente 24 millions USD/ an à verser au compte du Trésor Public.

Tableau 6.5 rééquilibrage du contrat chinois Commercialisation

AVANT	APRES
Exclusivité de la vente de la production minière était accordée à la partie chinoise qui fixait les prix selon son client.	Répartition de la vente de la production minière à concurrence de 68% pour la partie chinoise et de 32% pour la RDC. Obligation pour la Gécamines de s'assurer que la vente de la totalité de production minière (100%) se fasse au plus offrant et à juste prix.

Tableau 6.6 rééquilibrage du contrat chinois. Postes de direction dans Sicomines

AVANT	APRES
Concentration des pouvoirs au poste de Directeur Général dédié aux Chinois. Poste de Directeur Général Adjoint dédié à la RDC (sans pouvoir de signature ni d'intérim). Postes de Directeur Financier et Directeur Technique réservés aux Chinois.	Introduction du principe de cogestion avec la signature conjointe du DG et DGA. • Directeur Commercial occupé par RDC. • Directeur Financier Adjoint dédié à la RDC. • Directeur Technique Adjoint dédié à la RDC. Renforcement du contrôle sur la gestion de SICOMINES en faveur de la RDC.

Source : Projection IGF, Sicomines.pdf, Fichiers de Phoenix.

Pékin peut lâcher du lest

Christophe Rigaud note que : « Les autres mémorandums signés entre Pékin et Kinshasa sur une meilleure coopération entre les deux télévisions d'Etat, ou le soutien de la Chine aux pourparlers de paix pour l'Est du Congo cachent mal une certaine déception de la visite de Félix Tshisekedi à Pékin. Peut-être que Kinshasa avait trop martelé ses intentions de vouloir renverser la table, renégocier le contrat et inverser le rapport de force. Le problème, c'est que Kinshasa ne pèse pas bien lourd face à son partenaire chinois. Félix Tshisekedi, comme son prédécesseur Joseph Kabila, marche sur des œufs avec Pékin. L'Etat congolais et son budget lilliputien d'une petite dizaine de milliards de dollars a besoin de la Chine, son premier partenaire commercial avec ses 21,7 milliards de dollars, importations et exportations confondues. Difficile de dicter ses conditions lorsque le rapport de force est aussi déséquilibré. A ce petit jeu, Félix Tshisekedi sait qu'il ne pourra pas imposer un deal dans lequel Pékin ne soit pas gagnant. Mais les Chinois ont compris qu'ils pouvaient aussi lâcher un peu de lest et donner des gages de bonne volonté à un président qui brigue un second mandat et qui a besoin d'afficher quelques réussites en matière d'économie. A Pékin, Félix Tshisekedi a joué la carte de la stabilité et de la continuité. Un argument qui fait toujours mouche à Pékin. »[308]

Après analyse, au moment où je couche ces lignes, on doit se rendre à l'évidence que la coopération *Gagnant-gagnant* entre Pékin et Kinshasa doit encore être concrétisée sur terrain. Les accords concrets qui devaient suivre l'accord « Global et Stratégique » signé à Pékin entre les deux pays n'ont pas encore vu le jour. La revisitation des accords déjà signés a pataugé, certes, mais les accords de rééquilibrage signés en janvier 2024 montrent la bonne volonté qu'affiche Pékin de promouvoir une coopération *Gagnant-gagnant* avec Kinshasa. Quant aux

[308] Christophe RIGAUD, « RDC : le casse-tête chinois des contrats miniers », *Afrikarabia*, 28 mai 2023, afrikarabia.com/wordpress/

modalités pratiques, elles peuvent toujours prendre du temps. Ce que l'on doit retenir, c'est qu'il y a une compétition au Congo entre Washington et Pékin, et aucun camp ne voudra tomber « perdant » pendant que l'autre camp sort « gagnant » sur terrain. En conclusion, il est encore trop tôt, bien qu'il y ait espoir, de qualifier la coopération entre la Chine et le Congo de « *Gagnant-gagnant* », soit :

Tableau 6.7 Coopération entre la Chine et la rdc (2019-2023) : récompense pour la coopération mutuelle ?

	RDC : Régime F. A. Tshisekedi (2019-2023)		
CHINE		Coopérer	Faire défaut
	Coopérer	CHINE=3 RDC=3 Récompense pour la Coopération mutuelle ?	
	Faire défaut		

Cette situation de suspens me conduit à analyser les enjeux géopolitiques et géostratégiques de cette coopération entre d'un côté la RDC et de l'autre, les pays capitalistes et la Chine.

6.4. La coopération entre la RDC, les USA et la Chine : les enjeux géopolitiques et géostratégiques

Parlant de la géopolitique, Pascal Boniface a mentionné plusieurs définitions dont j'ai retenu celle de Pierre Marie Gallois qui dit que c'est « l'étude des relations qui existent entre la conduite d'une politique de puissance portée sur le plan international et le cadre géographique dans lequel elle s'exerce. »[309] Quant à lui-même Pascal Boniface, il avance la définition suivante : « la géopolitique, en tant qu'étude des relations internationales, rend compte du phénomène de la mondialisation tout en analysant ses mécanismes. »[310]

Quant à la géostratégie, elle est souvent liée à la géopolitique : « ….A ce stade plus critique et moins ambitieux, la géopolitique (désignée également alors sous le terme de « géostratégie ») se présente comme l'analyse rigoureuse et systématique des contraintes géographiques (physiques, économiques et humaines) qui pèsent sur l'élaboration des stratégies politico-militaires élaborées

309 Pascal BONIFACE, *La Géopolitique. 50 fiches pour comprendre l'actualité*, www. Editions-eyrolles.com, p.14
310 *Idem*, p.2.

par les Etats.»[311] En somme la géostratégie se penche sur la dimension militaire de l'étude. Colin S. Gray explique la stratégie en ces termes : « La stratégie est le pont qui relie la puissance militaire à l'objectif politique ; elle n'est ni la puissance militaire comme telle ni un objectif politique. Par stratégie je veux dire l'usage qui est fait de la force et de la menace de la force pour des fins politiques......La stratégie est l'utilisation des menaces tacites ou explicites aussi bien que les batailles réelles et les campagnes, pour faire avancer des objectifs politiques. » [312]

La coopération entre la République démocratique du Congo d'un côté et les Etats-Unis et la Chine de l'autre sous le régime Tshisekedi se déroule en plein dans le contexte décrit dans les définitions retenues ci-haut. Dans la conduite de leurs politiques de puissance portées sur le plan international, les puissances de notre planète ont toujours eu à traiter avec le Congo à cause de sa position stratégique au cœur de l'Afrique, mais surtout à cause de la présence des minerais stratégiques dans son sous-sol. Nous savons que l'ordre mondial peut bouger. Et ces derniers temps, l'on parle beaucoup d'un Nouvel Ordre Mondial en perspectives. Mon analyse des enjeux géopolitiques et géostratégiques dans les relations entre le Congo, les USA et la Chine sera bien appréhendée en focalisant sur le « Nouvel Ordre Mondial et l'impératif énergétique, » car c'est la transition énergétique que nous connaissons à l'heure actuelle qui jouera le rôle primordial dans la matérialisation d'une éventuelle nouvelle puissance hégémonique ou non. C'est ainsi que dans cette section, ma discussion est intitulée :

Le nouvel ordre mondial et l'impératif énergétique : les minerais stratégiques du Congo comme catalyseur

Le 24 Février 2022, le monde a été surpris par un événement tragique de grande ampleur sur le plan de la sécurité internationale, l'offensive de l'armée russe contre l'Ukraine à 4 heures du matin. A cause de l'implication directe d'une puissance nucléaire qu'est la Russie, les analystes se posent beaucoup de questions sur l'avenir de l'ordre mondial ; un ordre qui est resté plus ou moins stable depuis l'avènement des Etats-Unis d'Amérique comme puissance hégémonique à la fin de la deuxième guerre mondiale.

La problématique de l'établissement d'un ordre mondial n'est pas un fait nouveau en relations internationales. Une étape importante dans cette recherche fut la signature des Traités de Westphalie à la fin de la guerre de trente ans en 1648. Ces Traités ont mis fin à la rivalité entre les Catholiques, les Protestants, les Monarques et les Républicains en adhérant aux quatre principes fondamentaux ci-après :

---

[311] Guy *HERMET*, Bernard BADIE, Pierre BIRNBAUM, Philippe BRAUD, *Dictionnaire de la science politique et des institutions politiques.* 7ème édition revue et augmentée. www.armand-colin.com, p. 208

[312] Colin S. GRAY, *Modern Strategy*, New York: Oxford University Press, 1999, p. 17.

1. La souveraineté absolue de l'Etat-nation, et le droit fondamental à l'autodétermination politique.
2. L'égalité juridique entre les Etats-nations. Le plus petit Etat est, de ce fait, égal au plus grand, quel que soit sa faiblesse ou sa force, sa richesse ou sa pauvreté.
3. Le respect des traités, et l'émergence d'un droit international contraignant.
4. La non-ingérence dans les affaires intérieures des autres Etats.

Mais, comme le signale Imad Fawzi Shueibi, cette avancée n'était pas significative pour les peuples sous-développés ou colonisés et n'était pas d'une grande valeur dans la résolution du problème de l'ordre mondial : « C'est à partir de ce moment que les Etats commencèrent à tenir des sommets pour résoudre des problèmes en dehors des guerres, en privilégiant l'arbitrage et la diplomatie. C'est dans cette perspective que la Société des Nations (SDN) fut fondée à l'issue de la Première Guerre mondiale. Mais elle n'était que la concrétisation des rapports de force du moment, au service des puissances victorieuses de cette guerre. Ses valeurs morales étaient donc relatives. Ainsi, malgré son objectif affiché de régler les différends entre nations par l'arbitrage plutôt que par la guerre, elle se déclarait compétente pour la supervision des peuples sous-développés ou colonisés – politiquement, économiquement, et administrativement – jusqu'à leur autodétermination. C'est ce qui a conduit naturellement à la légitimation des mandats. En tenant une telle position, la Société des nations a incarné la réalité coloniale. ....Malgré le fait que l'idée de la SDN, conçue par Léon Bourgeois, ait été promue par le président des Etats-Unis Woodrow Wilson, Washington n'y a jamais adhéré. Mis en cause, le Japon et l'Allemagne s'en sont retirés. De sorte que l'institution s'est retrouvée sans valeur. »[313] L'ONU qui a succédé à la SDN à la fin de la Deuxième Guerre mondiale en 1945 a gardé les mêmes faiblesses et les conséquences sont perçues dans le système mondial dans lequel nous vivons aujourd'hui.

En me référant à l'analyse d'Imad Fawzi Shueibi mentionnée ci-haut, je vais diviser ma discussion sur le « Nouvel Ordre Mondial et l'impératif énergétique » en cinq points :

1. Monde bipolaire (après la 2ème Guerre mondiale)
2. Monde unipolaire (USA-Hyperpuissance)
3. Monde non polaire
4. Monde bipolaire en flottement
5. Impératif énergétique (RDC comme catalyseur)

Guerre et changement en politique mondiale

[313] Imad Fawzi SHEIBI, « Le projet de Nouvel Ordre Mondial trébuche sur les réalités géopolitiques, » www.voltairenet.org article 175133 , 14 août 2012.

Pour commencer, il faudra peut-être faire une petite mise au point sur la différence entre l'ordre international et l'ordre mondial. D'une manière simple, pendant que l'ordre international se concentre sur l'aspect du système interétatique, l'ordre mondial, étend la discussion et considère l'ordre en termes de son impact sur les vies et aspirations individuelles des vies humaines. Je préfère utiliser le terme mondial qui est plus global. Beaucoup d'internationalistes ont discuté du changement qui s'est opéré au monde avant la deuxième guerre mondiale qui a conduit au système bipolaire.

Je retiens seulement deux pour éclairer notre discussion : Robert Gilpin et George Modelski. La conceptualisation du changement politique international repose sur un certain nombre de suppositions concernant le comportement des Etats. Le point de départ est un système international en état d'équilibre. Un système international est en état d'équilibre si les Etats les plus puissants dans le système sont satisfaits des arrangements territoriaux, politiques, et économiques.[314] Il est normal que des petits changements politiques, économiques, et technologiques s'opèrent dans chaque système international au profit d'un acteur ou un autre. Mais ces bénéfices ou pertes sont mineurs et le système peut y faire face avec des petits ajustements.

Toutefois, le facteur le plus déstabilisateur est la tendance dans un système international de changer la puissance des Etats membres à une vitesse différente suite à des changements politiques, économiques, et technologiques. Cette situation finit par causer une redistribution fondamentale de pouvoir dans le système.[315] Le système aura atteint ainsi « une situation dans laquelle les changements économiques, politiques, et technologiques ont considérablement augmenté les bénéfices potentiels ou diminué les coûts potentiels d'un ou de plusieurs Etats de chercher à changer le système international. »[316] C'est cette disjonction entre les composantes du système et ses implications pour des gains et des pertes relatives parmi les Etats dans le système qui cause le changement politique international.[317] Et l'histoire des relations internationales montre que ces crises ont été résolues par la violence, en d'autres termes, par la guerre hégémonique. Ce qui signifie une guerre qui détermine quel Etat (ou Etats) sera dominant et gouvernera le système international.

Selon George Modelski, depuis 1500 le système international est passé à travers plusieurs cycles de leadership. Dans ces cycles, un leader mondial garantie la base de l'ordre mondial jusqu'à ce qu'il soit challengé et remplacé, d'habitude dans un processus comprenant une guerre globale, comme mentionné plus haut. Les leaders du monde ont tendance à régner pendant plus ou moins 100 ans. Vers la

---

[314] Robert GILPIN, « War and Change in World Politics », in Paul Viotti and Mark Kauppi, *International Relations Theory*, New York and London : MacMillan Publishing Company, 1987, p. 123.
[315] *Ibid.*
[316] *Ibid.*
[317] *Idem*, p. 124.

fin de leur cycle, ils sont challengés, souvent par un Etat avec une grande puissance militaire. Et d'une manière typique, le challenger est battu, mais le leader du monde est remplacé de toute manière par une nation avec une base économique supérieure.[318] Ainsi donc depuis 1500, le monde a connu les leaders successifs ci-après : le Portugal, la Hollande, la Grande-Bretagne (X2), et les Etats-Unis d'Amérique. A part la Grande Bretagne qui s'est remplacée par elle-même, la théorie de Modelski a tenu bon pendant quatre siècles comme le montre le tableau ci-dessous :

Tableau 6.8. Cycle de leadership mondial

Le Leader Mondial	Le Challenger	Le Successeur
Portugal, 1494-1579	Espagne	Hollande
Hollande, 1580-1689	France	Grande-Bretagne
Grande-Br., 1689-1792	France	Grande-Bretagne
Grande-Br., 1792-1914	Allemagne	Etats-Unis
Etats-Unis, 1914- ?	Union Soviétique	????

Source : James Lee Ray, *Global Politics*, Boston , Toronto : Houghton Mifflin Company, 1955, p. 246

La grande guerre que l'on attendait entre les Etats-Unis d'Amérique et l'Ex Union Soviétique n'a pas eu lieu. Les chercheurs ont expliqué pourquoi elle n'a pas eu lieu. Loin de penser que l'Ordre Mondial ne va pas bouger puisque la grande guerre n'a pas eu lieu, il faut plutôt se poser la question suivante : Est-ce que le monde a atteint une situation de déséquilibre qui appelle une redistribution du pouvoir ou non ? L'analyse du leadership mondial depuis la fin de la Deuxième Guerre Mondiale par les Etats-Unis peut donner une idée vers quelle direction l'Ordre Mondial est en train de cheminer actuellement.

1. Un monde bipolaire

Peu après la fin de la Deuxième Guerre Mondiale, le monde est passé vers un système bipolaire où les Etats-Unis et l'Union Soviétique étaient les deux puissances en compétition. Les origines de la Guerre Froide qui s'est installée entre les Etats-Unis et l'Union Soviétique ne sont pas acceptées par tous les

[318] James Lee RAY, *Global Politics*, Boston, Toronto: Houghton Mifflin Company, 1955, p. 245.

chercheurs. Le résumé de ces différentes hypothèses est présenté par Charles Kegley et Eugene Wittkopf,[319] en voici une brève discussion :

La première hypothèse avancée par ces auteurs est que les deux pays sont des ennemis naturels selon la prophétie de Tocqueville en se basant sur les grandes ressources naturelles des deux puissances et la grande dimension de leurs territoires.

La deuxième hypothèse retenue par les deux auteurs est l'antagonisme entre leurs idéologies, le capitalisme contre le Marxisme. Dans cette hypothèse on note que la Guerre Froide était tout simplement 'une extension de l'animosité mutuelle entre les deux puissances depuis la révolution Russe'.

La troisième hypothèse mentionnée par les deux auteurs évoque l'expérience troublée qu'ont connue les deux puissances pendant la Deuxième Guerre Mondiale. Les deux pays avaient créé une Grande Alliance pour contrer le plan expansionniste d'Hitler. Mais on se demande si ces deux puissances étaient sincères face à la suspicion de penser que l'autre pouvait aussi avoir ce genre d'idée. Quand on a un ennemi commun l'alliance marche, dès que l'ennemi disparaît, chacun s'occupe de ses ambitions. Les deux auteurs font remarquer que le président Roosevelt était optimiste et coopératif avec l'Union Soviétique après la victoire face à Hitler. Mais les relations se sont détériorées après sa mort quand le président Truman a pris le pouvoir.

La dernière hypothèse, que les auteurs trouvent plus convaincante, est celle liée aux facteurs psychologiques des puissances. Ils évoquent spécialement la perception erronée des intentions de l'une et de l'autre superpuissance. Bref, la méfiance entre les deux superpuissances a conduit à l'hostilité. [320]

Parlant des origines de la Guerre Froide entre les deux superpuissances, il est important de mentionner une étape importante, à savoir le « long télégramme » de George F. Kennan, qui fut un diplomate américain à Moscou. Après la tenue d'un discours de Staline en 1946 soulignant 'l'inévitabilité de conflit avec les puissances capitalistes', George Kennan avait envoyé un télégramme signé « X » à Washington avec des conclusions alarmantes : « En résumé, nous avons ici une force politique engagée fanatiquement à la croyance que avec les Etats-Unis il ne peut pas avoir un modus vivendi permanent, qu'il est désirable et nécessaire que l'harmonie interne de notre société soit perturbée, notre manière traditionnelle de vie soit détruite, l'autorité internationale de notre Etat soit cassée, si la puissance Soviétique veut être en sécurité. »[321] C'est ce télégramme qui a déclenché la Doctrine Truman à la base du « *containment* », l'endiguement ou la lutte contre l'expansion du communisme à travers le monde.

---

[319] Charles W. KEGLEY, Jr. & Eugene R. WITTKOPF, *American Foreign Policy. Pattern and Process*, New York: St. Martin's Press, 1991.

[320] Ces différentes hypothèses sur l'origine de la Guerre Froide sont discutées en détail par Charles KEGLEY et Eugene WITTKOPT, *Op. Cit.*, PP. 45-49.

[321] *Idem*, p.50.

C'est pendant la Guerre froide que l'Ordre Mondial issu de la Deuxième Guerre Mondiale a montré ses défaillances. Il n'y a pas eu une Guerre chaude entre les deux superpuissances, mais « le conflit entre les deux grandes puissances s'est imposé aux petites qui en ont supporté toutes les conséquences sur les plans locaux ainsi que régionaux. ….En définitive, les institutions internationales ont toujours illustré l'équilibre des puissances, loin de toute idée de justice au sens philosophique ou moral. Le Conseil de sécurité est un directoire mondial. Il réserve la capacité d'imposer des résolutions aux seuls Alliés, vainqueurs de la Seconde Guerre mondiale, et non à ceux qui recherchent la paix. Après la dissolution de l'Union Soviétique, il était crucial de changer le système international. »[322]

La course aux armements entre les deux Superpuissances était la cause principale de la chute de l'Union Soviétique. La chute du mur de Berlin en 1989 et la dislocation de l'Union Soviétique était une grande victoire pour les Etats-Unis au point que certains penseurs ont parlé de la Fin de l'Histoire.[323] La chute de l'Union Soviétique a engendré effectivement des changements à travers le monde. En Afrique, par exemple, on a connu une série des Conférences Nationales qui ont fait bouger les régimes autocratiques, comme le Zaïre, le Congo, le Bénin, le Gabon, le Togo etc. L'Ordre Mondial avait effectivement connu un changement important, les Etats-Unis sont désormais seuls à la tête du système international.

2. Un monde unipolaire

La disparition de l'Union Soviétique comme le challenger des Etats-Unis a créé un problème aux Américains qui utilisaient l'idéologie communiste comme bouc émissaire pour expliquer beaucoup de leurs manquements. Le système était débarrassé du « Diable », alors il n'y avait plus d'excuses de voir ce système marcher.

Après un temps d'hésitation, Washington a sorti ses secrets qui ont plongé le monde dans une situation que nous déplorons aujourd'hui. Comme le note Imad Fawzi Shueibi : « Washington a hésité sur la conduite à tenir après la disparition de l'URSS. Progressivement les Etats-Unis se sont affirmés comme superpuissance unique, comme « hyper-puissance » selon l'expression d'Hubert Védrine. Dès lors, ils ont considéré que le système onusien hérité de la Seconde Guerre mondiale était dépassé. Ils ne se sont pas contentés de se désintéresser de l'ONU, ils ont alors cessé de remplir leurs obligations financières, ils n'ont pas

322 Imad Fawzi SHUEIBI, *Op. Cit.*

323 Je fais allusion ici à l'essai du politologue américain Francis FUKUYAMA publié en 1992 intitulé « *The End of History and the Last Man.* » Il défendait la victoire idéologique de la démocratie et du libéralisme sur les autres idéologies politiques. « La fin de l'histoire ne signifie pas, selon lui, l'absence de conflits, mais plutôt la suprématie absolue et définitive de l'idéal de la démocratie libérale, lequel ne constituerait pas seulement l'horizon indépassable de notre temps mais se réaliserait effectivement ».fr.m.wikipedia.org

ratifié le Protocole de Kyoto, ils ont refusé d'adhérer à la Cour Pénale Internationale, et ont humilié l'Unesco à plusieurs reprises. » [324]

Ce qui a été plus dramatique est le fait que les Etats-Unis ont remis en cause les principes fondamentaux des Traités de paix de Westphalie qui avaient créé les Etats-Nations, acteurs principaux de l'Ordre Mondial que nous avons connu depuis la fin de la Guerre de Trente ans. Imad Fawzi Shueibi note encore une fois que « C'est à ce moment que les disciples de Leo Strauss ont triomphé aux Etats-Unis avec l'aide des journalistes néoconservateurs. Selon eux, la société est divisée en trois castes : les sages, les seigneurs et le peuple. Les sages détiennent seuls la vérité et n'en révèlent qu'une partie aux politiciens (les seigneurs), tandis que le peuple doit se soumettre à leurs décisions. Ils n'ont cessé de promouvoir leurs idées et d'appeler à l'abrogation des principes des Traités de Westphalie, à savoir le respect de la souveraineté des Etats et la non-ingérence dans leurs affaires intérieures. Pour imposer l'hégémonie occidentale, ils ont évoqué un « droit d'ingérence humanitaire », et une « responsabilité de protéger », incombant aux sages, exécutée par les seigneurs, et imposée aux peuples. Révisant le vocabulaire de la Seconde Guerre mondiale, ils ont aussi appelé à remplacer la « Résistance » par des négociations. »[325]

L'application de cette politique a eu des conséquences énormes sur le plan économique et sécuritaire à travers le monde. Sur le plan économique on peut mentionner l'application de la 'Doctrine du Choc' et sur le plan sécuritaire on parle du 'Chaos Constructeur'.

Doctrine du choc

La 'Doctrine du Choc' est expliquée en détail par Naomi Klein[326] dans un ouvrage publié en Anglais qui éclaire les analyses géopolitiques de ce que nous vivons aujourd'hui. A l'origine de cette doctrine se trouve le financement de la CIA des expériences sur le contrôle de cerveau. C'est ainsi que la CIA est entrée en contact avec Ewen Cameron, un citoyen américain d'origine écossaise qui fut le Président de l'Association Psychiatrique du Monde. L'auteure note que « vers les débuts des années 1950, Cameron avait rejeté l'approche standard de Freud d'utiliser 'la thérapie de parler' pour essayer de découvrir les 'causes profondes' des maladies mentales de ses patients. Son ambition était non pas de corriger ou réparer ses patients mais de les recréer en utilisant une méthode qu'il avait inventée appelée 'la conduite psychique'. Selon les articles qu'il avait publiés à partir de ce temps, il croyait que la seule manière d'enseigner des nouveaux comportements sains était d'entrer dans leurs cerveaux et 'casser toutes les anciens modèles pathologiques'. La première étape était 'la destruction des modèles', qui avait un but étonnant : de retourner le cerveau à l'état où il était, comme Aristote

[324] Imad Fawzi SHUEIBI, *Op. Cit.*

[325] *Ibid.*

[326] Naomi KLEIN, *The Shock Doctrine. The Rise of Disaster Capitalism*, New York: Metropolitan Books, 2007. Les citations françaises que j'utilise dans le texte sont effectuées par moi-même à partir du texte original qui est en Anglais.

prétendait, 'un tableau d'écriture sur lequel rien n'a encore été écrit', un tabula rasa. Cameron croyait qu'il pouvait atteindre ce stade en attaquant le cerveau avec tout ce qui est connu pour interférer avec le fonctionnement normal __ tout au même moment. C'était la guerre du 'choc et la peur' sur le cerveau. Vers les années 1940, l'électrochoc était devenu de plus en plus populaire parmi les psychiatres en Europe et en Amérique. »[327]

Cameron a utilisé jusqu'à 360 électrochocs sur une personne. Et pour obtenir des meilleurs résultats. Cameron a renforcé le lavage de cerveau en ajoutant des hallucinogènes come les barbituriques, les thorazines etc. Une fois la personne a atteint un état végétatif, Cameron jouait des messages enregistrés en vue de reformater la personnalité de l'individu. Le mot « torture » n'a jamais été utilisé et la CIA a justifié le financement de ces recherches par le prétexte de protéger les soldats américains faits prisonniers.[328]

Ces révélations deviennent intéressantes en géopolitique quand la technique de Cameron a inspiré le Professeur Milton Friedman du Département d'Economie à l'Université de Chicago. L'auteure note que : « la mission de Friedman, comme celle de Cameron, reposait sur un rêve de retourner à un état de santé naturelle, quand tout était en équilibre, avant que les interférences humaines ne créent des modèles déformants. Là où Cameron rêvait de retourner le cerveau humain à l'état vierge, Friedman rêvait de détruire les modèles de sociétés , de les retourner à l'état du pur capitalisme, en nettoyant tous les handicaps _ les régulations gouvernementales, les barrières de commerce et les intérêts enracinés. De la même manière que Cameron, Friedman croyait que quand l'économie est sérieusement déformée, la seule manière d'atteindre l'état prélapsaire était d'infliger délibérément des chocs douloureux : seulement 'un médicament amère' pouvait nettoyer ces déformations et des mauvais modèles. Cameron utilisait l'électricité pour infliger ses chocs ; l'instrument de choix pour Friedman était la politique _ l'approche du traitement de choc qu'il donnait urgemment aux braves politiciens dont les pays étaient en désarroi. »[329]

Cette doctrine a connu les débuts d'application en Amérique Latine. Le Chili était le premier pays concerné. Le régime du Président Salvador Allende était renversé brutalement par le Général Augusto Pinochet et les disciples de Friedman sont entrés en action. Avec l'assassinat du Président Salvador Allende, et « plus de 3.200 personnes disparues ou exécutées, au moins 80.000 emprisonnées, et 200.000 qui ont fui le pays pour des raisons politiques »[330], la guerre civile chilienne était un véritable carnage. Pour les Chicago Boys c'était la phase finale du nettoyage avant de passer au traitement de choc. Un conseiller économique de Pinochet le reconnait en ces termes : « Pour nous, c'était une révolution, disait Cristian Larroulet, l'un des conseillers économiques de Pinochet. C'était une juste

[327] *Idem*, pp.30-31.
[328] Ces informations sont détaillées par Naomi KLEIN. Voir PP. 32-38.
[329] *Idem.*, p. 50.
[330] *Idem*, p. 77.

description. Le 11 Septembre 1973, était de loin plus que la fin violente de la paisible révolution socialiste d'Allende ; c'était le début de ce que l4Economist décrira plutard comme 'une contrerévolution' _ la première victoire concrète de la campagne de l'Ecole de Chicago de reconquérir les bénéfices qui avaient été gagnés sous le développementalisme et le Keynésianisme. Contrairement à la révolution partielle d'Allende, tempérée et compromise par des poussées et de reculs de la démocratie, cette révolte, imposée à travers une force brutale, était libre d'avancer tout droit. Dans les années à venir, les mêmes politiques conçues dans '*The Brick*' seront imposées sur une douzaine d'autres pays sous couvert d'une large chaine de crises. Mais le Chili était le début de la contrerévolution _ un début de la terreur. »[331]

Ce mouvement de contrerévolution s'était répandu en Amérique Latine. Le Brésil était déjà sous contrôle d'une junte pro américaine et beaucoup de disciples de Friedman opéraient déjà là-bas. Deux autres pays ont suivi : l'Uruguay et l'Argentine. En Bolivie, c'était l'hyperinflation qui été utilisée comme choc. « C'était étonnamment clair que en Bolivie, l'hyperinflation avait joué le même rôle que la guerre de Pinochet en Chili et la guerre de Falkland pour Margaret Thatcher. »[332] Dans cet ordre d'idées, la crise de la dette a aussi joué le rôle de la guerre de Pinochet en Chili. Au début le courant ne passait pas tellement entre Milton Friedman et le FMI et la Banque Mondiale. Il les considérait comme des « exemples classiques des grands gouvernements qui interfèrent avec les signaux délicats du marché libre.»[333] Mais les deux parties ont fini par se rencontrer et le résultat que nous connaissons jusqu'aujourd'hui c'est le célèbre « Consensus de Washington ». L'auteure affirme cela en ces termes : « La colonisation de la Banque Mondiale et le FMI par l'Ecole de Chicago était largement un processus dont on ne parlait pas, mais c'est devenu officiel en 1989 quand John Williamson a dévoilé ce qu'il appelait le 'Consensus de Washington.' C'était une liste des politiques économiques dont il disait que les deux institutions considéraient maintenant come le simple minimum pour la santé économique _ ' les principes centraux de la sagesse acceptés par tous les économistes sérieux'. Ces politiques, faisant la mascarade comme techniques et non controversées, comprenaient les déclarations idéologiques ouvertes comme toutes les entreprises d'Etat devraient être privatisées et les barrières empêchant l'entrée des sociétés étrangères devraient être abolies. Quand cette liste était complète, elle n'a constitué rien d'autre que le triumvirat néolibéral de Friedman de privatisation, dérégulation / libre commerce et les coupures drastiques des dépenses gouvernementales. »[334] Beaucoup de pays au monde ont subi ces conseils de libération économique, de

---

[331] *Idem* p. 78. 'The Brick' réfère au document conçu par les Chicago Boys et remis aux Officiers Généraux qui remplissaient les taches gouvernementales après le coup. Le document proposait naturellement : la privatisation, dérégulation et coupure du social.

[332] *Idem*, p. 156.

[333] *Idem*, p. 161.

[334] *Idem*, p. 163.

privatisation du secteur public, de braderie des ressources naturels du 'Consensus de Washington'.

Le chaos constructeur

Le corolaire de la Doctrine du Choc en matière de sécurité c'est le chaos constructeur. Imad Fawzi Shueibi l'explique en ces termes : « C'est une décennie de retard par rapport à la disparition de l'URSS que les Etats-Unis ont lancé leur remodelage des relations internationales. Concernant le Proche-Orient, le philosophe néoconservateur Bernard Lewis et son disciple Fouad Ajami ont énoncé les principaux objectifs : mettre fin au nationalisme arabe en frappant les régimes tyranniques qui ont cimenté la mosaïque tribale, confessionnelle, et religieuse. La destruction et le dépeçage des Etats de cette région conduiront au « chaos constructeur », une situation incontrôlable dans laquelle disparaitrait toute cohésion sociale et où l'homme est renvoyé à l'état de nature. Ces sociétés retourneront alors à un stade pré-national, voire préhistorique, d'où surgiront des micro-Etats ethniquement homogènes et, par force des choses, dépendants des Etats-Unis. L'un des leaders straussiens, Richard Perle, assurait que les guerres en Irak et au Liban seraient suivies d'autres en Syrie, en Arabie Saoudite, et finiraient en apothéose en Egypte. »[335]

C'est à travers cette théorie qu'il faut comprendre la série des guerres connues au Proche-Orient : Irak, Liban, Syrie. C'est grâce à la Russie et la Chine qui se sont levées que le monde a connu une sorte d'accalmie momentanée. Mais il y a toujours des parties du monde qui continuent à souffrir de ces politiques, comme la République démocratique du Congo.

La RDC : victime de l'abrogation des principes des traités de Westphalie par les Amé ricains

A l'instar des pays de l'Amérique Latine, à savoir, le Chili, l'Uruguay et l'Argentine, la République démocratique du Congo fut aussi l'objet de la doctrine du choc à travers la guerre de l'AFDL pour chasser le président Mobutu du pouvoir, car il devenait encombrant dans la politique néolibérale américaine. Le président Laurent Désiré Kabila, qui n'avait pas compris les objectifs de la politique américaine, a été violemment écarté pour placer Joseph Kabila qui, lui, faisait partie de l'agenda américain. En effet, le premier mandat du président Joseph Kabila avait connu des relations cordiales avec Washington. On se souviendra du soutien que l'Occident avait accordé à Joseph Kabila en envoyant des troupes de l'UEFOR en vue de protéger Joseph Kabila face à son adversaire Jean-Pierre Bemba. Et ensuite, l'Occident a expédié Jean-Pierre Bemba à la CPI pour permettre à Joseph Kabila de faire avancer calmement la politique qu'ils voulaient instaurer en République démocratique du Congo. L'approche du traitement de choc de Friedman a été donc appliquée après avoir créé le désarroi au Congo avec la guerre de l'AFDL.

---

[335] Imad Fawzi SHUEIBI, *Op. Cit.*, p. 8.

Le traitement de choc s'est réalisé à travers des différentes étapes. Pendant les deux guerres, les compagnies multinationales sont introduites au Congo à travers des signatures des accords léonins avec l'AFDL qui avait besoin des moyens pour financer la guerre. Après le Dialogue Inter Congolais qui a mis fin à la guerre, la Commission LUTUNDULA avait fait son rapport en vue de normaliser la situation économique du pays. Ce rapport n'a jamais été examiné par le parlement parce que le Congo était déjà en plein dans le traitement du choc de Friedman. La privatisation de la GECAMINES était l'un des objectifs primordiaux des compagnies multinationales. Laurent Désiré Kabila avait résisté, mais après sa mort, les *Chicago Boys* avaient opéré avec aisance et la GECAMINES s'était liquéfiée dans des Joint-Ventures. Et puis les *Chicago Boys* se sont occupés des autres entreprises de l'Etat en les taxant de non performantes et tout a été privatisé par le processus de la création des Sociétés Commerciales.

Le résultat de ce traitement fut que le Congo était perdant. Ainsi Thomas Turner note que « Global Witness dit que malgré que le Katanga soit l'un des espaces les plus riches en cuivre et cobalt dans le monde, il reste très pauvre et la population ne bénéficie de très peu si pas nul en termes d'infrastructures et services publics. Les profits servent à gonfler les poches d'une petite élite mais puissante, les politiciens et les hommes d'affaires qui exploitent la population locale et détournent les richesses naturelles à des fins privées. »[336] Sans exagéré, l'application de ce traitement du choc a conduit à la paupérisation et l'expropriation de l'Etat congolais, comme l'a du reste, confirmé le président du Patronat congolais et président de la GECAMINES, Albert Yuma.

En effet, dans un entretien avec le journaliste Alain FOCA, le 19 avril 2021, Albert Yuma dit ce qui suit comme réponse à la question « pourquoi malgré ses richesses le Congolais vit avec moins d'un dollar par jour ? » : « Je pense que c'est la conséquence de mauvais choix ou orientation qui ont été dictées fins des années 1990 début 2000, quant à la suite des environnements politico-sociaux que vous connaissez, l'Etat Congolais a été contraint sous les conseils de ses partenaires multilatéraux et même bilatéraux, de céder la majorité de ses actifs miniers à des partenaires étrangers. C'est l'erreur fatale qu'on a faite, qu'on ne devrait jamais faire dans nos pays africains. » Et à la question « qui sont ces partenaires bilatéraux et multilatéraux ? », Albert Yuma répond : « C'est le FMI, c'est la Banque Mondiale….ils vous disent, vous l'Etat congolais vous n'avez plus de moyens financiers pour maintenir et développer vos actifs miniers. Nous vous conseillons gentiment de céder ça à des partenaires techniques et financiers internationaux qui sont spécialisés qui ont les moyens et qui vont développer ça à votre place. » [337] Ainsi donc, la GECAMINES qui assurait 70% du budget du

---

[336] Thomas TURNER, *Congo Wars. Conflict Myth Reality*, New p. 46.
[336] Voir l'entretien entre Alain FOCA et Albert Yuma, 19 avril 2021
York: Zed book, 2008, p. 46.
[337] Voir l'entretien entre Alain FOCA et Albert Yuma, 19 avril 2021

Zaïre pendant le régime Mobutu tomba à une contribution d'à peine 17%. Le traitement de choc des *Chicago Boys* fut réellement amer!

Le Congo fut aussi victime du chaos constructeur. Il y a évidemment un cocktail d'intérêts derrière la guerre qui tue les Congolais pendant près de trente ans sous l'Omerta de la communauté internationale. L'holocauste congolais est estimé actuellement à 18 millions de pertes en vies humaines, sous l'indifférence totale de la communauté internationale. Au-delà des intérêts économiques américains dans cette guerre, il y a aussi des considérations stratégiques. La guerre de Trente Ans à l'Est du Congo vise aussi le morcellement du Congo pour créer des micro-ETATS dépendants des Etats-Unis dans un Ordre Mondial Unipolaire Néolibéral. Steven Metz, un professeur à l'état-major de l'armée américaine a confirmé cette stratégie en 1996 en écrivant ce qui suit : « Certains observateurs estiment que le Zaïre n'existe plus longtemps en tant que nation _ le Kivu a dirigé l'essentiel de son économie vers l'Est de l'Afrique ; le Kasaï Oriental refuse d'accepter la monnaie nationale ; le Shaba a été décrit comme une extension virtuelle de l'Afrique du Sud. La possibilité existe qu'une telle désintégration de fait, se transforme en sécession formelle. Les Etats-Unis n'auraient pratiquement pas d'autre choix que d'accepter tous les Etats nouveaux qui émergeraient du Zaïre, ils pourraient offrir du soutien diplomatique pour réduire au minimum la violence qui accompagnerait cette désintégration nationale et ils devraient ouvrir des canaux de communication avec les nouveaux Etats. » [338]

Une autre preuve que le Congo est tombé victime de l'abrogation des principes issus des Traités de Westphalie par l'Amérique sort du Sénat américain. Ceci explique la politique du « laisser-faire » américain qui nourrit l'insécurité à l'Est du Congo pendant trente ans. Pour les américains, « il n'y a plus d'Etat au Congo, il y a un vide du pouvoir. C'est normal que le Rwanda et l'Ouganda y interviennent militairement. Quand l'Etat n'existe plus, les principes de l'indépendance et de la souveraineté ne s'appliquent plus. Kabila doit discuter avec toutes les oppositions pour remettre l'Etat sur pieds ou pour décider de la division du pays. »[339]

Au moment où j'écris ces lignes, la guerre à l'Est du Congo continue à faire des victimes. Le Secrétaire d'Etat Américain Anthony Blinken vient de rencontrer le président Lourenço de l'Angola pour lui demander de persuader le président F.A.Tshisekedi du Congo à dialoguer avec les terroristes du M23 soutenus par le Rwanda. Ceci montre que depuis trente ans, l'Amérique n'a pas changé sa politique face au Congo. C'est la même politique qui était affirmée devant le Sénat américain en juin 1999 par madame Marina Ottaway, co-directrice du Projet « Démocratie et Etat de Droit » : « Aussi longtemps que le vide du pouvoir continue au Congo, d'autres pays vont continuer à intervenir directement pour

---

338 Ludo MARTENS, *KABILA et la révolution congolaise. Panafricanisme ou néocolonialisme ?,* Anvers /Belgique : Editions EPO, 2002, pp. 631-632.
339 *Idem*, p. 630.

soutenir des insurrections armées et sauvegarder leurs propres intérêts. (….) La clé, c'est la restauration d'un Etat au Congo. Cela n'arrivera pas avant que Kabila ne négocie avec les rebelles, les partis politiques et la Société Civile pour réaliser un accord qui doit déterminer comment on pourra éventuellement remettre le Congo sur pieds ou comment, si nécessaire, il peut être divisé. (….) Les Etats-Unis et d'autres acteurs non-Africains sont placés devant un choix important lorsqu'ils doivent traiter des conflits en Afrique Centrale, notamment s'il faut intervenir massivement ou ne pas intervenir du tout. (…)Beaucoup d'Etats qui ont émergé de la période coloniale ont cessé d'exister en fait, et les règles de l'OUA ne peuvent être appliquées à des Etats qui n'existent plus. Toute solution imposée par des non-Africains exigera une présence étrangère massive pour être appliquée. Les interventions peuvent être très louables, mais des interventions pour une partition du territoire africain et pour la création de nouvelles entités politiques et institutions, placeraient les Etats-Unis et d'autres puissances étrangères dans un rôle colonial. Ce qui n'est pas une décision à prendre à la légère. L'alternative, que je crois être plus appropriée pour le moment, est de laisser les pays africains trouver leurs propres solutions. Inévitablement, cela comprendra une continuation des combats internes et entre Etats et probablement la division de certains pays avant d'arriver à une nouvelle stabilité. Ce n'est pas une perspective réjouissante, mais il n'y a pas d'alternatives réalistes. »[340]

Les résultats attendus par les Etats-Unis n'ont pas été atteints et l'Amérique ainsi que le Congo se trouvent devant des choix cruciaux à faire au début du deuxième mandat du président F.A. Tshisekedi et la fin du premier mandat du président Joe Biden.

3. Un monde non-polaire

Comme le note Imad Fawzi Shueibi, pendant longtemps donc les Etats-Unis ont travaillé sur un bouleversement conceptuel, notamment en plaçant au-dessus de la souveraineté des Etats l'ingérence humanitaire, ou la responsabilité de protéger les populations; en prônant la négociation au détriment de la résistance ; en introduisant la notion du terrorisme pour détruire les résistants ; en faisant réapparaître la pratique des « assassinats ciblés » comme « meurtres en légitime défense ». Vers 2006, dit-il, la Russie et la Chine font timidement leur retour sur la scène international et « dans la période qui va de 2006 à aujourd'hui, le système unipolaire a cédé la place à un monde non-polaire. La puissance est dispersée. La Chine, l'UE, l'Inde, la Russie, et les Etats-Unis, représentent à eux seuls plus de la moitié des habitants du monde, ils détiennent 75% du PIB mondial et effectuent 80% des dépenses militaires. Cet état de fait justifie jusqu'à un certain point u fonctionnement multipolaire du fait de la compétition persistante entre ces pôles. »[341]

---

[340] *Idem*, p . 630.

[341] Imad Fawzi SHUEIBI, *Op. Cit.*, p. 9.

Beaucoup d'analystes sont d'avis que malgré sa puissance, les Etats-Unis n'ont pas pu imposer leur Nouvel Ordre Mondial Néolibéral. Il y a plusieurs acteurs étatiques et non étatiques qui influencent la politique mondiale actuellement et l'Amérique n'a pas pu asseoir son Ordre Mondial. Le coup fatal a probablement été la guerre d'Ukraine. Le monde est plus que divisé face à cette guerre que les Américains mènent par procuration. L'Afrique, par exemple, s'écarte de plus en plus du système états-unien dans les votes contre la Russie au Conseil de Sécurité. Les pays de l'Afrique de l'Ouest (le Mali, le Burkina Faso et le Niger) ont manifesté clairement rejet du monde néolibéral en coupant leurs relations avec la France. Les autres pays, comme la République démocratique du Congo, le font d'une manière plus subtile en faisant promouvoir une politique de neutralité entre les puissances en compétition. A la lumière des alliances qui se font, même si le président Poutine appelle publiquement à la création d'un Monde Multipolaire, il y a lieu de penser au retour vers un monde bipolaire, avec des pôles à l'intérieur de chaque camp ; d'où l'expression d'un monde « polycentrique ». Ce qui signifie que le camp américain connaîtrait les pôles composés des pays puissants de G7 et dans l'autre camp, les pays puissants des BRICS.

4. Un monde bipolaire en flottement

Le monde non polaire s'est avéré chaotique au point que les observateurs se demandaient où nous allions aboutir. Les conflits se multipliaient à travers le monde sans que la communauté internationale puisse y trouver des solutions appropriées. L'influence des grandes puissances s'est affaiblit tant sur le plan sécuritaire qu'économique. L'élimination du Colonel Mouammar Qadhdhâfi en 2011 est venue activer le désordre en Afrique, ce qui a engendré l'expansion du terrorisme international dans la région du Sahel. Les Africains ont souffert de ce désordre, mais aussi le monde, à travers le renforcement d'un sentiment anti impérialiste en Afrique. Ce sentiment s'est traduit par des coups d'état en Afrique de l'Ouest et le départ applaudi de la France du Mali, du Burkina Faso et du Niger. L'Afrique connaît d'autres conflits déstabilisateurs, tel qu'au Mozambique, en Ethiopie, au Soudan. Le conflit le plus symptomatique dans ce monde non polaire en Afrique est sans doute l'holocauste au Congo qui dure pendant trente ans sous l'omerta de la communauté internationale.

Tous les pays déstabilisés sont en train de se demander d'où viendra leur salut. C'est ainsi que quand la Russie et la Chine ont commencé à user de leurs droits de véto au Conseil de sécurité pour marquer timidement leur retour sur la scène internationale, les pays d'Asie, d'Afrique et de l'Amérique Latine ont repris de l'espoir. C'est dans ce contexte international que la Russie a saisi l'opportunité d'attaquer l'Ukraine en vue d'accélérer les changements souhaités par beaucoup de pays du monde. Dès lors le spectre d'un monde bipolaire est en train de flotter sans que ce Nouvel Ordre Mondial puisse arriver à se stabiliser. C'est ce qui est décrit par Imad Fawzi Shueibi en ce termes : « Deux orientations concurrentes se sont fait jour. La première est états-unienne. Elle vise à construire un Nouvel Ordre Mondial correspondant à la stratégie de Washington. Elle suppose l'abolition de la souveraineté des Etats, instaurée depuis les Traités de Westphalie, et son remplacement par l'ingérence humanitaire à la fois comme légitimation rhétorique et comme cheval de Troie de l'*American Way of Life*.

La seconde, soutenue par l'Organisation de coopération de Shanghai et les BRICS, est sino-russe. Elle réclame le maintien des principes du Traité de Westphalie, sans pour autant envisager un retour en arrière. Il s'agit de déterminer une nouvelle règle du jeu. Quelque chose basé autour de deux noyaux autour desquels pivotent un certain nombre de pôles. »[342]

Le vote aux Nations Unies sur la condamnation de la Russie face à la guerre contre l'Ukraine a montré comment le monde était divisé. Les pays africains ont affirmé leur indépendance face à l'Occident qui tenait à ce que toute l'Afrique condamne la Russie. La prise de position de certains Etats africains face à des conflits qui les déstabilisent montre que l'Ordre Mondial forgé par les Etats-Unis est en train de connaître des sérieux problèmes en Afrique. La République Centre Africaine a fait recours à la Russie pour sa sécurité, suivie par d'autres pays en Afrique de l'Ouest, à savoir le Mali, le Burkina Faso, et le Niger. Certains pays Africaines ont sollicité leur adhésion officielle aux pays des BRICS, deux ont été retenus (l'Egypte et l'Ethiopie). Il est très probable d'autres pays Africains suivront.

Le grand déclic du Nouvel Ordre Mondial a sans doute été donné par la guerre d'Ukraine. L'analyse approfondie de cette guerre montre que le monde n'en sortira pas sans des bouleversements profonds.

Les causes de la guerre d'Ukraine

Je voudrais me référer à l'analyse faite par le Général Alexandre Lalanne Berdouticq [343], un ancien Saint-Cyrien qui a servi dans l'armée française et qui a beaucoup écrit sur la géopolitique. Je ne vais pas m'attarder sur les causes lointaines, il y a lieu tout simplement de retenir que la Russie et l'Ukraine sont intimement liées par l'histoire. Ce sont les causes proches et récentes qui retiennent mon attention. L'un des grands problèmes en coopération militaire internationale, c'est la tricherie. Beaucoup de pays sont très prudents avant de s'engager dans la coopération militaire, car si l'on est victime d'une tricherie, les conséquences sont souvent néfastes. C'est le cas entre la Russie et l'OTAN. Il faut retenir deux causes principales qui sont à l'origine de cette guerre, comme souligné par le Général Alexandre Lalanne-Berdouticq : les arrangements non respectés après la chute du mur de Berlin et la campagne du Kosovo ainsi que l'organisation des « révolutions de couleur » par les services spéciaux américains et britanniques dans le « glacis vital » russe. En effet, après la chute de l'URSS en 1989, la peur des alliés de l'OTAN qui avaient gagné la guerre froide, était, signale le Général Alexandre, « ce que deviendraient les centaines de missiles sol-sol russes stationnés au Kazakhstan et en Ukraine ; des centaines de missiles mer-

[342] Imad Fawzi SHUEIBI, *Op. Cit.*, p. 11.

[343] Général Alexandre Lalanne-Berdouticq, Document écrit le 25 février 2022 au lendemain de l'invasion russe de l'Ukraine, TAGS Général Lalanne-Berdouticq Russie Ukraine.

sol des Flottes du Nord et du Pacifique ; des trois mille têtes nucléaires, dont des centaines mégatonniques c'est-à-dire , la puissance de la bombe d'Hiroshima : 20.000 tonnes d'équivalent TNT. » La bonne nouvelle était que bien que ces armes aient été en dehors du nouvel Etat de Russie, c'était à partir de Moscou que le système était contrôlé et pouvait être déclenché. Par conséquent, il fallait que l'OTAN négocie avec Moscou. Le Général Alexandre note « qu'il fut donc convenu avec Gorbatchev, mais sans qu'un traité en bonne et due forme soit signé, que s'il acceptait de rapatrier ses têtes nucléaires et de démanteler sur place les missiles stationnés à l'extérieur, les Alliés n'étendraient pas ensuite l'OTAN jusqu'aux frontières de la Russie ou de son « Etranger proche », autrement dit de son « glacis vital » tel que conçu par Moscou. Ce glacis vital comprend : les pays baltes, la Biélorussie, l'Ukraine et la Transcaucasie dont entre autres la Géorgie. Il fut de plus convenu que les Occidentaux gratifieraient la Russie d'une sorte de Plan Marshall pour l'aider à se reconstruire. » Hélas, les Occidentaux constatant que la Russie était complètement affaiblie, ils n'ont pas respecté leur parole. En quelques années, tous ces pays ont rejoint l'OTAN, sauf l'Ukraine et la Géorgie. Et le soi-disant Plan Marshall resta un cauchemar pour la Russie.

Je voudrais signaler ici que le cas de l'Ukraine nous rappelle celui de Cuba en 1962. On se rappellera qu'en 1962, le monde a fleuré la troisième guerre mondiale parce que les Russes avaient installé des missiles à Cuba pointés vers les Etats-Unis d'Amérique. Le Président John Kennedy s'était levé contre la décision russe et était prêt à attaquer le Cuba, car la Russie avait planté une menace à la porte des Etats-Unis. La Russie a dû retirer ses missiles pour éviter la troisième guerre mondiale et un téléphone rouge fut mis en place entre Moscou et Washington. Voilà que 60 ans après, les Américains à leur tour se pointent à la porte de la Russie en Ukraine. L'histoire se répète.

La deuxième cause après la tricherie, c'était la campagne du Kosovo et l'organisation des « révolutions de couleur. » On se rappellera comment l'Occident a balkanisé l'Ex Yougoslavie. Comme note le Général Alexandre, « L'OTAN a bombardé la Serbie et le Kosovo, sans mandat de l'ONU, sans que la Serbie ait attaqué l'un des membres de l'Alliance et au motif fallacieux d'un génocide inexistant. Cela s'est déroulé pendant 78 jours, avec parfois 800 sorties quotidiennes, avant une invasion terrestre forte de 46 000 hommes. Le dirigeant serbe Milosevic fut ensuite arrêté puis traduit devant une cour de justice internationale qui le condamne à la prison à vie. Il mourut en prison. En plus de cela, les services spéciaux américains et britanniques ont travaillé dans certains pays du « glacis vital » en vue de placer des dirigeants favorables à l'Occident. C'est ce qu'on appelle « les révolutions de couleur ». Cela s'est passé non seulement en Ukraine, mais aussi ailleurs dans le « glacis vital ».

Le décor était planté pour que Poutine agisse. Les humiliations que l'Occident a infligées à la Russie étaient très mal perçues par Poutine qui n'avait jamais accepté la déconfiture de l'Ex Union Soviétique en 1990 comme superpuissance. Après avoir reconstruit la Russie économiquement et surtout militairement, Poutine a procédé méthodiquement pour son retour comme puissance dans l'échiquier international. En Août, 2008, il appuie les Ossètes du sud et les Abkhzes en Géorgie qui voulaient se rattacher à la Russie. L'OTAN n'a pas réagi militairement. En 2014, Poutine récupère la Crimée, l'OTAN ne réagit pas militairement. Il apporte son soutien à deux provinces du Donbass en Ukraine, pas de réaction militaire, seulement des accords de cessez-le-feu qui furent signés à Minsk en 2014 puis en 2020. Kiev n'a d'ailleurs pas respecté l'autonomie qui devrait être accordée à ces provinces. Ayant compris que l'OTAN n'était pas prête à faire tuer ses soldats dans son « glacis vital », Poutine sort ses muscles en Syrie en Septembre 2015 puis il envahit l'Ukraine en Février 2022. Je ne suis pas intéressé à la suite de cette invasion, mais plutôt aux conséquences sur l'ordre mondial. J'aborde donc les changements possibles dans l'ordre mondial.

Allons-nous vers un nouvel ordre mondial ? Comment ?

Je vais commencer par répéter les propos tenus par le Président Emmanuel Macron : « Nous sommes sans doute en train de vivre la fin de l'hégémonie occidentale sur le monde...... » Je réponds directement à la question que j'ai soulevée plus haut : Robert Gilpin a dit qu' « un système international est en état d'équilibre si les Etats les plus puissants dans le système sont satisfaits des arrangements territoriaux, politiques, et économiques », or la guerre d'Ukraine montre que l'un des Etats puissants, en occurrence, la Russie, n'est plus satisfait de ces arrangements. Le Président Poutine l'a déjà déclaré dans ses discours officiels. Par conséquent, nous pouvons affirmer que l'ordre mondial bouge, et Emmanuel Macron a raison de dire que c'est sans doute la fin de l'hégémonie occidentale. Quant à savoir quelle forme ce nouvel ordre prendra, je dois avouer que les scientifiques sont encore en train de cogiter. Il aurait été plus facile à prédire si la Russie était entrée en guerre ouverte contre les Etats-Unis, mais le Président Biden a écarté cette éventualité dès le début en déclarant que l'Amérique n'entrera pas en guerre contre la Russie. Donc le schéma classique de George Modelski doit être écarté. Ce schéma classique aurait propulsé la Chine comme la prochaine puissance hégémonique, au cas où le monde ne disparaissait pas avec une guerre nucléaire qui serait plus que dévastatrice.

Toutefois il y a certains indices politiques et économiques qui peuvent retenir notre attention. A la lumière des destructions méchantes causées par la Russie en Ukraine et la rhétorique à laquelle le monde assiste entre le Président Biden et Poutine, nous pouvons affirmer que les relations entre l'OTAN et la Russie ne connaîtront pas un retour à la normal de sitôt. Poutine met en question les valeurs prônées par l'Occident et les accuse de menteurs et d'hypocrites, et Biden déclare que Poutine ne devrait pas rester président en Russie. N'est-ce pas le retour de la guerre froide ?

Je voudrais m'attarder plus sur les indices économiques. Pendant que le monde est focalisé sur le *hard power* c'est-à-dire la puissance dure faite des capacités militaires, nous risquons d'être surpris par le *soft power* c'est-à-dire la puissance douce faite de l'influence politique et la force économique. Comme le signalent

Mamoudou Gazibo et Poromme Chantal de l'Université de Montréal[344] , la Chine, face à la superpuissance américaine a préféré adopter la stratégie de *Réalisme Offensif.* Ils le définissent comme « une variante de la théorie Réaliste qui met l'accent sur le caractère expansionniste des Etats dans un système international anarchique.» Ainsi donc, disent-ils : « les piliers essentiels de la stratégie d'affirmation de puissance de la Chine sont : Primo : Une conscience historique qui l'incline à renouer avec une grandeur perdue ; Secundo : *Internal Balancing,* l'équilibrage interne, qui renvoie aux dimensions économiques et militaires ; Tertio : *External Balancing,* l'équilibrage externe qui concerne les dimensions politiques et diplomatiques de cette montée en puissance. Avec 1,3 milliard d'habitants, 4 fois la population des Etats-Unis, une croissance économique qui se maintient autour de 9,4 % depuis trois décennies, la Chine rivalise aujourd'hui avec les Etats-Unis dans les affaires du monde, non pas par la guerre, mais par le soft power. C'est dans ce contexte qu'il faut comprendre l'initiative chinoise appelée « *la ceinture et la route* » ou « *la nouvelle route de la soie* ». Pendant que la Russie opère sur le hard power, la Chine s'occupe du soft power. Ce qui peut surprendre le monde donc, c'est la jonction entre le Rouble russe et le Yuan chinois : le *Roubleyuan.* En effet, on se rappelle des efforts fournis par le Président Biden pour que la Chine condamne l'invasion russe. Il ne l'a pas obtenu. Et le monde a été surpris par le grand nombre des pays, africains y compris, qui ont refusé de condamner la Russie. Ce sont là des indices qui montrent que le soft power russe et chinois porte des fruits.

L'une des caractéristiques de la globalisation, c'est que l'économie mondiale est dominée par des Multinationales qui utilisent le Dollar Américain comme monnaie des transactions internationales. Le système économique mondial est contrôlé par les règles émises par les Institutions de Bretton Woods créées après la deuxième guerre mondiale. Après les sanctions infligées par l'Occident contre la Russie, cette dernière cherche à se détacher de ce système qu'elle trouve injuste. C'est ainsi que certains observateurs signalent que la Russie et la Chine veulent remettre en place la Communauté Economique Eurasiatique qui a existé entre 2000 et 2015. Ce système conçu par Sergey Glazyev (un Economiste russe) veut créer des Institutions qui remplaceraient celles de Bretton Woods (Banque Mondiale, FMI, et OMC). Pour un premier temps, 7 pays en seraient membres : Russie, Chine, Biélorussie, Kazakhstan, Tadjikistan, Arménie, et Kirghizistan. Une monnaie de transaction serait reconnue par tous. Il est vrai que la Russie n'a pas encore lié le Rouble à l'étalon-or. L'étalon-or correspond à un système monétaire dans lequel « l'unité monétaire est définie en référence à un poids fixe d'or », et où chaque monnaie nationale (comme le dollar, l'euro, ou le rouble) « est librement convertible en or ». L'intérêt de l'étalon-or réside dans le fait que la quantité d'or physiquement disponible dans un pays sert de limite à l'émission de la monnaie, protégeant contre l'inflation. Toutefois, les économistes trouvent que

[344] Mamoudou GAZIBO et ROROMME Chantal, *Un Nouvel Ordre Mondial Made in China ?*, Montréal : Presse de l'Université de Montréal, 2011.

ce système n'est pas flexible, car la Banque centrale ne peut pas jouer sur la quantité de monnaie en circulation. Toutefois, aux 19e et 20e siècles, de nombreux pays, dont la Grande-Bretagne, l'Allemagne et la France, ont utilisé ce système pour soutenir leurs monnaies. L'un des exemples les plus connus est l'accord de Bretton Woods de 1944, qui avait fixé la monnaie américaine à 35 dollars par once d'or.

En relations internationales, il faut toujours faire attention aux précédents. Ce qui est arrivé, peut toujours arriver encore. Les économistes pourront argumenter contre ce scénario, mais en politique l'éventualité d'une alliance monétaire russo-chinoise qui créerait une monnaie basée sur l'étalon-or : le roubleyuan n'est pas à écarter totalement. Cette nouvelle monnaie ferait un tabac mondial car cela signifierait qu'on ne pourrait plus augmenter la masse monétaire sans la garantir par des richesses naturelles équivalentes à l'or. Curieusement, selon les spécialistes, « il est important de savoir que la ruine effective du dollar était consommée depuis longtemps. Le point de départ de cette ruine a été la fin de la convertibilité du dollar avec une once d'or ; suite aux accords signés par le Président Nixon le 15 août 1970. Depuis lors, le dollar n'a été garanti par rien de concret équivalent à de l'or, à part le hard power américain. On a ainsi créé des grandes quantités de billets en dollars si grandes que si on devait diviser le stock d'or américain, cela ferait même pas un milligramme d'or par dollar en lieu et place des 31 grammes (une once). Si la Russie et la Chine réussissaient le mariage entre le Rouble et le Yuan, le dollar ne vaudra pas plus que la lire italienne ou le dinar algérien et financièrement, disent les spécialistes, les asiatiques deviendraient les maîtres du monde du point de vue financier, car le *roubleyuan* deviendrait la monnaie de réserve du monde. Le seul moyen pour que les Américains empêchent le déclassement du dollar dans ce cas serait de provoquer une apocalypse de guerre mondiale. [345] »

J'admets que la fin de l'ordre libéral actuel n'est pas une fatalité, car il est vrai que la Russie et la Chine ne sont pas encore arrivées à une telle décision drastique. Mais au vu des déséquilibres que connaît le système international actuellement, un tel scénario n'est pas à exclure. Les pays traditionnellement neutres comme la Finlande et la Suède ont changé de politique pour intégrer l'OTAN, en déclarant qu'il n'y a plus de place pour la neutralité dans le système mondial actuel. Il sera probable que beaucoup de pays du monde se joindraient à la Russie et la Chine, étant donné que beaucoup de pays n'ont pas voulu condamner la Russie lors du vote aux Nations Unies. La Russie est perçue actuellement comme un pays résistant aux politiques impérialistes de l'Occident et ceux qui sont victimes de ces politiques ont tendance à apprécier sa résistance comme un contrepoids à l'Occident.

[345] Ces discussions se retrouvent dans beaucoup d'écrits sur l'avenir économique du monde, entre autres, l'économiste russe Sergey Glazyev.

Voici ce que le grand économiste russe, Sergey Glazyev, qui est à l'origine de ce projet a dit : « un renversement complet du système financier et monétaire global dominé par l'Occident est en train de se réaliser. Et les puissances émergentes mondiales sont en train de l'appuyer. » Et dans une interview qu'il a accordée à une revue économique, *The Cradle,* il déclaré ce qui suit : « La fondation du partenariat stratégique entre la Russie et la Chine est basée sur un sens commun, des intérêts communs, et l'expérience de la coopération qui a duré des années. L'élite dirigeante américaine a initié une guerre globale hybride en vue de défendre sa position hégémonique dans le monde, visant la Chine comme la concurrente économique clé et la Russie comme la force de contrepoids clé. ……Nos deux pays ont une fondation historique pour un partenariat stratégique et nous sommes destinés à coopérer étroitement pour nos intérêts communs. J'espère que le partenariat stratégique entre la Russie et la Chine, qui est boosté par la jonction d'Une Ceinture Une Route avec l'Union Economique Eurasienne, deviendra la fondation du projet du Grand Partenariat Eurasien et le noyau du Nouvel Ordre Economique Mondial. [346]»

Nous serions donc en présence d'un Nouvel Ordre Mondial Bipolaire où, beaucoup de pays auraient à choisir entre le Dollar Américain et la Monnaie commune des BRICS. Les pays des BRICS ont déjà réussi à créer Une Nouvelle Banque de Développement. Ils ont aussi réussi à élargir officiellement leur cercle en y acceptant des nouveaux membres. La demande d'adhésion ne fait qu'augmenter. Ils n'ont pas encore réussi à adopter une monnaie commune à cause des réticences de certains membres, entre autres, le Brésil. Mais, ils sont parvenus à promouvoir l'utilisation de leurs monnaies locales dans leurs transactions commerciales, écartant ainsi le Dollar Américain. Au vu de la politique récalcitrante des Etats-Unis sur l'échiquier mondial en multipliant des foyers de tension en vue d'imposer leur Ordre Mondial, il y a lieu de penser que notre planète tend vers un Nouvel Ordre.

Quant à la République démocratique du Congo, victime de la survie du capitalisme mondial depuis des décennies, le choix pour son futur me semble évident. C'est le contrôle de l'Intelligence Artificielle et de la Transition Energétique qui sera déterminant pour le Nouvel Ordre Mondial. Etant donné que le Congo possède les matières premières stratégiques liées à ces deux instruments de puissance à venir, le pays doit savoir bien jouer en vue de ne plus rater une autre opportunité d'émerger comme ce fut le cas avec le caoutchouc, le pétrole et le coltan.

5. L'impératif énergétique

Les Etats-Unis ont toujours contrôlé les sources et les voies de transport du pétrole dans le commerce mondial. La présence des Etats-Unis au Moyen Orient a comme objectif le contrôle des sources d'énergie, car sans énergie le progrès

[346] « Russia's Sergey Glazyezv introduces the new global financial system, » *The Cradle*, April 14, 2022.

industriel et technologique devient un leurre. La bataille de l'énergie entre l'Amérique face à la Chine et la Russie existe depuis longtemps autour du pétrole et du gaz. Mais, depuis que le changement climatique devient un problème planétaire, cette bataille s'est étendue vers le contrôle des énergies renouvelables. La bataille de l'énergie était l'affaire de l'administration Bush. Imad Fawzi Shueibi note que « Pour Cheney, la demande d'énergie progresse plus vite que l'offre ce qui conduit à terme à une situation de pénurie. Le maintien de la domination US passe donc prioritairement par le contrôle des réserves restantes de pétrole et de gaz. En outre, de manière plus générale, si les relations internationales actuelles sont structurées par la géopolitique du pétrole, c'est l'approvisionnement d'un Etat qui détermine son ascension ou sa chute. D'où son plan en quatre points :

- Encourager, quel que soit le coût, toute production locale par des vassaux de manière à réduire la dépendance des Etats-Unis vis-à-vis de tout fournisseur non ami, de manière à augmenter la liberté d'action de Washington.
- Contrôler les exportations de pétrole depuis les Etats arabes du Golfe, non pas pour se les accaparer, mais pour les utiliser comme moyen de pression à la fois sur les clients et sur les autres fournisseurs.
- Contrôler les voies maritimes en Asie, c'est-à-dire l'approvisionnement de la Chine et du Japon non seulement en pétrole, mais aussi en matières premières.
- Encourager la diversification des sources d'énergie utilisées en Europe afin de réduire la dépendance des Européens vis-à-vis du gaz russe et de l'influence politique que Moscou en tire. »[347]

La mise en application de ces objectifs géopolitiques a affecté certains pays tel que la Russie et la République démocratique du Congo. « Washington a toujours considéré la Russie comme un compétiteur géopolitique. Il a profité de chaque occasion pour réduire sa puissance et son influence. Il craignait en particulier la dépendance croissante de l'Europe occidentale au gaz naturel russe, ce qui pourrait nuire à sa capacité d'opposition aux mouvements russes en Europe orientale et dans le Caucase. »[348]

Quant à la République démocratique du Congo, au moment où l'Amérique boostait ses approvisionnements en pétrole, les immenses ressources pétrolières et gazières du Congo étaient bloquées, car elles devaient constituer des réserves pour les Etats-Unis. Pendant que les voisins du Congo profitaient du boom pétrolier, à savoir l'Angola, le Congo Brazzaville, le Rwanda par l'exploitation du gaz du Lac Kivu, et l'Ouganda par l'exploitation du pétrole du Lac Albert, la République démocratique du Congo sous Joseph Kabila était complètement

---

[347] Imad Fawzi SHUEIBI, *Op., Cit.*, p. 12.
[348] *Idem*, p. 13.

absente dans toutes ces richesses. Une fois arrivé au pouvoir, le Président Félix A. Tshisekedi a lancé des appels d'offres en vue d'exploiter ces ressources énergétiques. La réaction de l'Amérique a été plus que catégorique, le Congo ne peut pas exploiter ses ressources pétrolières parce que cela va affecter la lutte contre le réchauffement climatique. L'exploitation du pétrole par d'autres pays africains comme l'Ouganda, selon les Américains, n'affecte pas le réchauffement climatique, seulement le pétrole congolais. Le Gouvernement congolais a garanti le respect des normes pour protéger l'environnement. Malgré cela, les Occidentaux sont catégoriques et bloquent l'exploitation du pétrole congolais. Un examen approfondi de ce blocage révèle que c'est le refus d'une coopération *Gagnant-Gagnant* avec le Congo qui est à la base de ce refus. Si le Congo leur accordait des profits exorbitants, comme ils sont habitués, les Occidentaux accepteraient probablement que ces ressources soient exploitées. Comme le Congo ne veut pas céder, les Occidentaux préfèrent une coopération *Perdant-Perdant.*

La situation devient plus compliquée comme il s'agit maintenant de la Transition Energétique. Le Congo qui a perdu toutes les opportunités de décollage (caoutchouc, pétrole, coltan) puisqu'il se trouvait sous la domination du système unipolaire américain, a levé la tête sous le régime Tshisekedi pour clamer son indépendance économique. Le Congo a ouvert ses portes à tout pays qui accepte la coopération *Gagnant-Gagnant*. Pour concrétiser cette politique, le Président F.A. Tshisekedi s'est rendu en Chine et a signé un accord « *Global et Stratégique* » avec le Président Xi Jinping. Au début de son deuxième mandat en 2024, beaucoup d'observateurs Congolais se posent la question de savoir quelle politique le Président Tshisekedi devrait adopter face aux Etats-Unis ? Je voudrais clôturer ce chapitre avec une conclusion qui me semble logique.

Le Congo n'a pas de choix

Comme je l'ai dit plus haut, l'économie mondiale était boostée au 19ème siècle par l'exploitation du caoutchouc congolais. C'était le Congo le martyre de ce succès car nous avions perdu 10 millions de vies humaines sous l'exploitation criminelle léopoldienne. Dans les années 1970, le monde a connu un boom pour les pays producteurs du pétrole. Le Congo a été empêché d'exploiter ses immenses ressources pétrolières et gazeuses jusqu'à la fin du régime de Joseph Kabila en 2018. Et quand le régime Tshisekedi a voulu lancer l'exploitation de ces ressources pétrolières, les Occidentaux avec en tête les Américains, se sont opposés à cette exploitation en évoquant le prétexte de la protection de l'environnement. Si le gouvernement congolais ne trouve pas une sortie de ce sabotage, le Congo perdra définitivement des milliards de dollars car ces ressources pétrolières risquent de devenir obsolètes à cause de la transition énergétique. Après le pétrole, le monde a connu le boom du coltan. Encore une fois, à travers une guerre qui a occasionné l'holocauste congolais de plus de 18 millions de pertes en vies humaines, le Congo a raté encore son décollage économique. L'Amérique et les pays occidentaux se sont servi du Rwanda de Paul

Kagamé pour faire main basse sur le coltan congolais et continuent avec leur prédation jusqu'au moment où j'écris ces lignes. Au lieu de signer des accords avec Kinshasa qui détient les minerais, l'Amérique et l'Europe préfèrent aller installer leurs entreprises à Kigali et faire la propagande de Kagamé comme le meilleur gestionnaire du continent. Alors que la réalité est toute autre chose.

Le constat malheureux à faire est que les richesses du Congo sont des richesses qui tuent au lieu de faire prospérer le pays. Les dirigeants Congolais doivent se rendre à l'évidence que les minerais congolais ne sont pas des produits renouvelables. Non seulement qu'ils s'épuiseront un jour, mais aussi, qu'ils peuvent devenir obsolètes suite à des progrès scientifiques et technologiques sur lesquels les Occidentaux travaillent nuit et jour. Par conséquent, il est plus qu'urgent de mettre en place des politiques et des stratégies appropriées en vue de développer le Congo maintenant, pas demain.

Les relations entre le Président Tshisekedi et les Etats-Unis étaient un mythe. Le Président Tshisekedi avait placé son espoir sur le « Partenariat Privilégié pour la Paix et la Prospérité » vendu tambour battant par l'ambassadeur Mike Hammer et les Américains s'attendaient à un Tshisekedi qui leur faciliterait la tâche en leur accordant ce qu'ils voudraient, même si les intérêts du Congo étaient foulés au pied. Dans la réalité, les deux camps ont été déçus. C'est ainsi que je qualifie les relations entre la fin du premier mandat du président Tshisekedi et les Etats-Unis de *Perdant-Perdant.* L'observateur averti comprendra que les Etats-Unis ont travaillé pour l'élimination politique du président Tshisekedi lors des élections de Décembre 2023. Le discours mielleux des Etats-Unis fait tout simplement partie de la pratique diplomatique. L'Amérique n'a pas pu obtenir l'élimination politique du président Tshisekedi lors des élections à cause de l'intelligence et la sagesse du pouvoir et les faiblesses de l'opposition. Mais l'Amérique n'a pas lâché. C'est ainsi que le début du deuxième mandat du président F.A. Tshisekedi commence avec l'intensification de la guerre à l'Est du Congo, l'arme que l'Amérique n'a jamais voulu abandonner pour contrôler les minerais du Congo. Les mythes commencent à tomber; le secrétaire d'Etat américain Antony Blinken n'hésite plus à faire des tours en Afrique pour dissuader les pays africains à soutenir le Congo contre le Rwanda. Les pays de l'EAC, à l'exception du Burundi et de la Tanzanie, cachent mal leur soutien aux Etats-Unis et au Rwanda. Les pays de la SADC ont aussi été sollicités par Antony Blinken, particulièrement l'Angola et l'Afrique du Sud. Le résultat est qu'il n'y a que trois pays de la SADC qui ont accepté d'envoyer leurs troupes combattre le M23 aux côtés des FARDC : l'Afrique du Sud, la Tanzanie, et le Malawi. Le message le plus clair des Etats-Unis est l'envoi du président Polonais à Kigali pour venir clamer tout haut qu'en cas d'attaque, la Pologne fournirait des armes nécessaires au Rwanda pour se défendre. En réalité, ce n'est pas la Pologne qui agit. Les Polonais n'ont aucun intérêt à venir se mêler des affaires du Rwanda, c'est plutôt un message de l'OTAN.

Ceci nous amène à la problématique de l'Ordre Mondial en ballottage. Ce qui se passe à l'est du Congo n'est pas un fait anodin. Une guerre qui dure pendant trente ans et qui fait 18 millions de morts ne peut pas être un fait anodin en relations internationales. J'ai déjà montré que le Congo se trouve en plein dans la tourmente de l'avènement d'un Nouvel Ordre Mondial. Pendant trente ans l'Amérique est en train d'imposer son Ordre Mondial Unipolaire Néolibéral qui rejette les principes issus des Traités de Westphalie, à savoir, la souveraineté des Etats et la non-ingérence. La Doctrine du Choc et le Chaos Constructeur sont en application au Congo. Les pays du Moyen Orient, par exemple la Syrie, ont échappé à cette chirurgie grâce à l'intervention de la Russie. La République démocratique du Congo n'a pas de choix, en face de l'OTAN, il n'y a que les BRICS qui peuvent sauver le Congo dans cette configuration stratégique qui a changé. En effet, en 2023, les alignements que le Congo a connus en 2018 ont changé. L'Eglise Catholique qui était contre les intérêts des affaires américaines au Congo, a changé, en s'appuyant sur la Communauté Internationale pour changer le régime Tshisekedi, qui luttait pour les intérêts congolais, en dépit des faiblesses que régime affichait. L'Opposition que la Communauté internationale supportait, ne tenait pas un discours sans ambiguïté face au danger de la balkanisation du Congo par la guerre menée par le Rwanda à travers le M23. Alors que l'on est en présence d'un intérêt national primordial où n'importe qui voudrait diriger le Congo ne peut transiger. Sans entrer dans beaucoup de détails, la nouvelle configuration stratégique du Congo se présente de manière ci-dessous :

Fig. 6.1 Configuration des conflits d'affaires au Congo en 2023

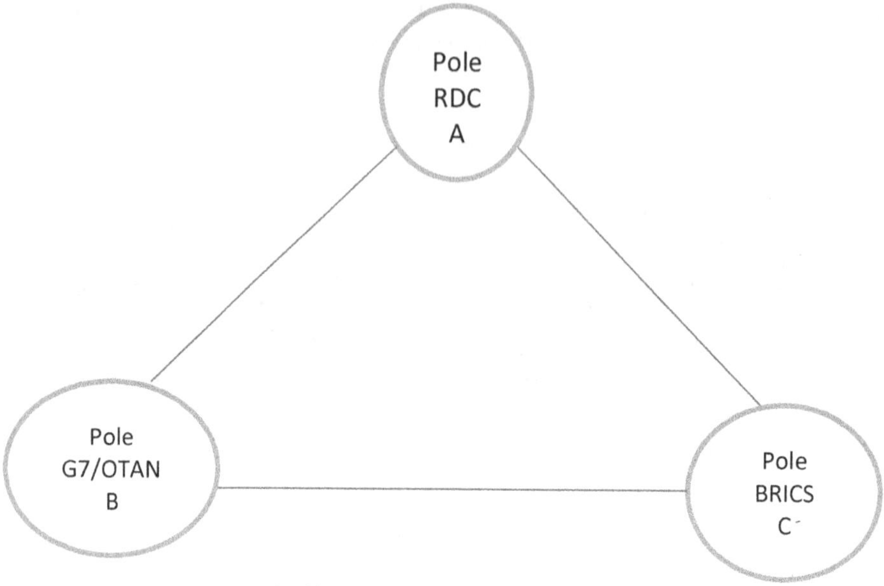

Un déclic pour le nouvel ordre mondial ?

Après trente ans de guerre créée et soutenue par les Etats-Unis et ses alliés à l'Est du Congo, les autorités Congolaises ont toujours prôné une neutralité dans leurs relations avec les puissances du monde. En février 2024, au début du deuxième mandat du Président Tshisekedi, la population congolaise s'est soulevée contre les ambassades des Etats-Unis et les pays de l'Union Européenne leur demandant de quitter le Congo à cause du soutien flagrant qu'ils accordent au Rwanda qui tue les Congolais et pille les richesses congolaises depuis trois décennies. Certains Congolais ont réclamé au gouvernement congolais de signer des accords militaires avec la Russie et la Chine en vue de mettre fin à cette guerre injuste. La réaction du gouvernement congolais a été exprimée par Peter Kazadi, alors Ministre de l'Intérieur et de la Sécurité, et des Affaires Coutumières en ces termes : « Je tiens à vous dire que notre pays entretient de bonnes relations avec tous les pays que vous avez mentionnés. Je ne sais pas quel autre type de relation vous envisagez. Nous ne sommes pas tenus de conclure des accords militaires avec tous les pays du monde. Pour l'instant, nous avons des accords à différents niveaux et nous avons des partenaires dans le domaine de la sécurité qui collaborent avec nous. Nous ne voyons donc pas de raison, pour l'instant, de chercher à conclure des accords militaires avec tous ces pays. Nous sommes un pays souverain libre de décider de notre sort, mais il est évident que, pour le moment, nous n'envisageons pas de tels accords.»[349]

La réaction du Ministre Congolais de l'Intérieur est tout à fait normale, car il s'agit des matières hautement stratégiques. Il est clair pour un observateur averti

[349] Peter Kazadi, interview, actualité.cd, 14 février 2024

qu'après avoir été accueilli en grande pompe à Pékin par le Président Xi Jinping, signe de l'importance économique et stratégique du Congo, les sentiments des dirigeants américains envers le Président Tshisekedi n'étaient plus ceux d'une lune de miel. Pour les Américains, le message était clair, la signature d'un « Accord Global et Stratégique » entre la Chine et le Congo, était une conclusion par le Congo que le « Partenariat Privé pour la Paix et la Prospérité » signé avec les Américains était un fiasco. Les dirigeants Congolais peuvent clamer leur souveraineté, ce qui est leur droit, mais pour les Américains c'était un affront face à leur adversaire, la Chine.

On doit signaler que depuis la Conférence de Berlin en 1885, le Congo n'a jamais signé un accord global et stratégique d'une telle ampleur avec un pays non-participant de la Conférence. L'intensification de la guerre de trente ans à l'Est du Congo est un indicateur que la lutte pour le Nouvel Ordre Mondial se déroule sur le sol congolais. On se demande si dans un tel contexte, la politique de neutralité est encore de mise ? Les pays Nordiques (Finlande, Norvège) qui l'ont pratiquée l'ont abandonnée pour rejoindre l'OTAN. Il est à craindre que le Congo flotte et devienne une proie facile à faire disparaître du concert des nations si ses dirigeants continuaient à pratiquer une telle politique.

Par contre le Congo pourrait constituer un déclic pour le Nouvel Ordre Mondial s'il s'engageait à entrer dans la sphère des pays des BRICS et leur assurer l'accès aux matières premières stratégiques nécessaires pour l'Intelligence Artificielle et la Transition Energétique, tout en obstruant intelligemment les portes aux Puissances Occidentales, notamment les Etats-Unis. Ceci suppose évidemment, qu'en retour, les BRICS s'engagent à concrétiser le développement et modernisation du Congo. Le Congo sortirait ainsi de la prison du sous-développement dans laquelle les Puissances Occidentales l'ont enfermé depuis belle lurette.

Et si je pouvais me permettre une aventure pour clôturer cette révolution, je suggérais au Congo de convaincre les BRICS à aller jusqu'au bout de leur logique. Comme ils ont entamé la création des nouvelles institutions qui corrigent l'Ordre Mondial Unipolaire, notamment la Nouvelle Banque de Développement, une Nouvelle Monnaie Commune pour concurrencer le Dollar Américain etc. …., ils devaient aussi penser à créer UNE NOUVELLE ORGANISATION DES NATIONS UNIES (NONU) en vue de rassembler les nations du monde qui ne trouvent pas leur compte dans l'Actuelle Organisation des Nations Unies. Une telle Organisation pourrait constituer une alternative pour les pays qui voudraient protéger les principes des Traités de Westphalie qui sont bafoués par les Etats-Unis et leurs alliés. Après tout, cela ferait partie de la démocratie qu'ils nous ont enseignée ; l'ONU avec son Conseil de Sécurité se comporte comme une institution dictatoriale n'offrant aucune alternative aux pays faibles. Si le Congo agissait ainsi, l'équilibre géopolitique basculerait vers un Nouvel Ordre Mondial Multipolaire, dominé par deux camps (le Grand Nord et le Grand Sud) où l'Ordre

Mondial Unipolaire Néolibéral imposé par les Etats-Unis et leurs Alliés ne serait plus seul à bord. Et le monde connaîtra la fin de *Pax Americana*.

Conclusion

Pour conclure, je dirai qu'à la fin de son premier mandat et au début de son deuxième mandat les relations entre les pays capitalistes et le régime Tshisekedi devraient être qualifiées de *Perdant-Perdant* :

Tableau 6.9 La coopération entre les pays capitalistes et le régime Félix A. Tshisekedi (2023…)

	RDC (Régime Tshisekedi (2023…)		
		Coopérer	Faire défaut
	Coopérer		
CAP	Faire défaut		CAP=1 RDC=1 Punition pour le défaut mutuel

Mon dernier chapitre est une réflexion sur les conditions de possibilités pour sortir la RDC du sous-développement et en faire un pays émergent.

Chapitre 7

Essai sur les conditions nécessaires et suffisantes pour un Congo émergent

Le dernier chapitre de ma réflexion est une réponse à la question que beaucoup de lecteurs m'ont posée, à savoir, « vous avez bien analysé le dilemme dans lequel se trouvent les présidents Congolais dans leur coopération avec les pays capitalistes, mais quelle solution préconisez-vous ? » Ceux qui m'ont lu attentivement dans cette réflexion-ci, trouveront déjà la réponse vers la fin du chapitre VI. J'ai tout au long de ce travail montré les mythes qu'on raconte sur la coopération internationale pour le développement et les réalités qui existent sur terrain au Congo. Ce qui se passe sur terrain est de loin plus complexe que ce que les politiciens proclament tout haut à travers le monde. Le cas de la République démocratique du Congo est particulièrement paradoxal au vu de toutes les richesses dont regorgent ce pays et la misère à laquelle la population fait face.

Mon analyse de la coopération internationale entre les pays capitalistes et le Congo a montré que depuis le Congo Belge jusqu'au premier mandat du président F.A. Tshisekedi, en passant par le gouvernement Lumumba, le régime Mobutu, le régime Laurent D. Kabila, le régime Joseph Kabila, on a connu un cycle de « *Gagnant-Perdant* » et « *Perdant-Perdant* », où le Congo a toujours été « Perdant. » Pour sortir de ce dilemme, j'ai suggéré au chapitre VI que, bien que le début de la coopération entre le Congo et la Chine fût aussi un cas de « Gagnant-Perdant », la Chine serait plus disposée à rectifier le tir pour aller vers une coopération « Gagnant-Gagnant » que les pays capitalistes. D'où ma proposition de voir le Congo s'aligner du côté des BRICS, avec espoir que ces derniers faciliteront une coopération « Gagnant-Gagnant » avec le Congo. Cet espoir est soutenu par les nouveaux enjeux qui ont surgi dans la création d'un Nouvel Ordre Mondial, particulièrement le rôle déterminant que jouerait l'Intelligence Artificielle et la Transition Energétique.

Toutefois, pour ne pas donner l'impression que la résolution éventuelle de ce dilemme était une condition nécessaire et suffisante pour l'émergence du Congo, j'ai voulu inclure d'autres conditions nécessaires en vue de compléter le débat, car le développement est un processus multifacette qui comprend des acteurs internationaux, des acteurs nationaux, et des acteurs individuels.

En guise de conclusion donc, ce dernier chapitre s'attelle à expliquer la Pyramide du Décollage pour le Congo que je pense être la solution finale pour le Congo. La particularité de cette pyramide est qu'elle est le produit des théories et pratiques de développement en tenant compte des réalités vécues au Congo. Je suis conscient que le concept de développement est très controversé. Mais je pense que cette Pyramide englobe les autres dimensions en dehors de la croissance économique, telle que la dimension politique, sociale, culturelle, écologique etc. La discussion débutera avec une brève explication des théories de développement, suivie par les stratégies de développement, et enfin j'aborderai la Pyramide du Décollage pour le Congo.

7.1. Les théories de développement

Parler du concept « développement » n'est pas aisé ; il y a beaucoup d'auteurs qui ne s'accordent pas sur le contenu exact de ce concept. Surtout en ce moment où le monde est en voie de connaître un désastre avec le réchauffement climatique causé par ces mêmes pays que nous appelons « développés », on se demande si l'on n'était pas plutôt sur le chemin du sous-développement de notre planète à travers le travail effectué par ces pays dits « développés » ? Ne serait-il pas mieux d'aller savourer l'air frais sous les arbres de la forêt vierge de la République démocratique du Congo que de respirer l'air pollué de Manhattan à New York ?

Qu'à cela ne tienne, étant donné que le concept de développement est lié à l'économie moderne, raisonnons au sein de cette économie. Je partage le point de vue de John Baylis et les autres qui disent que « quand nous considérons le problème de développement, il est important de se rendre compte que toutes les conceptions de développement reflètent nécessairement un ensemble particulier des valeurs sociales et politiques. En effet, il est vrai de dire que le développement peut être conçu seulement au sein d'un cadre idéologique ».[350] Le Congo est devenu indépendant en 1960 pendant la guerre froide et les problèmes idéologiques étaient très prononcés au niveau international. Il était très difficile pour les pays africains, le Congo en particulier, de s'éloigner de l'idéologie capitaliste qui était implantée dans ces pays pendant la colonisation. Les dirigeants Africains qui avaient osé s'en écarter avaient fait les frais, tel que Sékou Touré de la Guinée. Le modèle de développement des pays africains devait logiquement suivre cette idéologie capitaliste.

Quant à la définition du concept « développement », John Baylis et les autres, font remarquer que « depuis la deuxième guerre mondial la compréhension dominante, supportée par la majorité des gouvernements et les agences multinationales a perçu le développement comme synonyme de croissance économique dans le contexte d'une économie internationale de marché libre. La croissance économique est identifiée comme une nécessité pour combattre la pauvreté, identifiée comme l'incapacité des gens à satisfaire leurs besoins matériels de base à travers les transactions monétaires ».[351] C'est aussi le point de

---

[350] John BAYLIS et AL., *The Globalization of World Politics. An Introduction to International Relations*, Oxford: Oxford University Press, 2008, p.473.
[351] *Ibid.*

vue Dani Rodrik quand il discute les moyens efficaces dans la lutte contre la pauvreté. L'auteur soutient que la croissance économique est le moyen le plus efficace pour réduire la pauvreté. Il note qu'en regardant la carte du monde aujourd'hui, on constate qu'il existe une plus grande incidence de pauvreté là où il y a eu peu de croissance depuis le début de la croissance économique moderne au milieu du 18ème siècle. Il ajoute que la croissance économique rapide comme en Chine a tiré 400 millions de Chinois de la pauvreté. Il admet que la croissance économique n'est pas une panacée, car il existe des cas où la croissance n'a pas amélioré les indicateurs sociaux et sanitaires. Mais, fait-il remarquer, qu'historiquement il n'existe pas un instrument plus efficace que la croissance économique qui ait pu améliorer les conditions de vie des membres d'une société, y compris les moins nantis.[352]

Depuis les années 1950, et surtout les années 1980, la littérature sur la théorie et la pratique de développement a connu un grand essor. Ce que l'on constate en général est que les idées sur le développement ont souvent été controversées. En général, la littérature couvre la théorie et la pratique de développement. En d'autres termes « comment le développement devrait ou pourrait arriver, et les efforts du monde réel pour mettre en pratique les différents aspects du développement ».[353] Selon Potter, les théories de développement peuvent être regroupées en superposant deux axes ; le premier axe considère la différence entre les théories normatives de développement et les théories positives. En d'autres termes, on considère ce qui devrait se faire et ce qui a été réellement fait. L'autre axe considère la différence entre les théories holistiques et les théories partielles dont la plupart se concentrent sur la dimension économique. Ce regroupement nous offre quatre approches, notamment, l'approche classique-traditionnelle ; l'approche historique-empirique ; l'approche de dépendance de l'économie politique radicale ; approche de bas vers le haut et approches alternatives.[354]

---

352 Dani RODRIK, *One Economics. Many Recipes. Globalization, Institutions, and Economic Growth*, Princeton, NJ: Princeton University Press, 2007, p.2.
353 Vandana DESAI & Robert POTTER, eds., *The Companion to Development Studies*, London: Hodder Arnold, 2002, p.61.
354 *Idem*, p. 63.

Tableau 7.1 Théories de développement

Approche Classique Traditionnelle	Approches Historiques	Approches de Dépendance	Approches Alternatives
1. Théorie de Modernisation 2. Les politiques néo-libérales 3. Etapes de Croissance 4. Dualisme 5. Développement de haut vers le bas 6. Diffusion hiérarchique 7. Nouveau Droit	1. Modèle Mercantile 2. Centre Périphérie 3. Evolution de Transport 4. Plant polis 5. Causation Cumulative	1. La Théorie de dépendance 2. La Théorie du système-monde 3. Articulation des modes de production 4. Le néo Marxisme	1. Autosuffisance 2. Développement durable, écodéveloppement 3. Besoins de base 4. Néo-populisme 5. Développement de bas vers le haut 6. 'un autre développement'

Source: Vandana Desai & Robert Potter, *The Companion to Development Studies,* London: Hodder Arnold, 2002, P.62.

Le Congo a naturellement suivi l'approche classique-traditionnelle. Cette approche embrasse la théorie de la Modernisation et les impératifs néolibéraux. D'une manière simple, la théorie de modernisation soutient que si les pays en voie de développement veulent se développer, ils doivent suivre la voie qui était suivie par les pays riches de l'Amérique et de l'Europe. Et ces pays aujourd'hui recommandent les pratiques néolibérales aux pays pauvres. Cette approche recommande que les marchés soient aussi libres que possibles. Elle affirme que la planification et le contrôle des prix ne marche pas et ne marchera pas. Chris Brown et Kirsten Ainley nous renseignent que « cette position néolibérale était dominante dans les principales organisations économiques internationales dans la première moitié des années 1990 et devint dans ce contexte connue comme ' le Consensus de Washington ', qui constitue l'épine dorsale intellectuelle des programmes recommandés par le FMI et la Banque Mondiale pour les pays en voie de développement demandant l'assistance de ces organes, programmes qui exigeaient la priorité d'une basse inflation, la fin de contrôle des prix, la diminution des dépense de l'Etat et une grande ouverture à l'économie mondiale. Faisant ainsi partie de ce paquet est la notion de 'bonne gouvernance' qui signifie essentiellement l'adoption des modes de gouvernement Occidentales pour rendre ces pays en voie de développement attractifs aux investissements étrangers. »[355]

Quand le Congo devint indépendant en 1960, les autorités avaient opté pour cette voie de développement. Ainsi donc, en vue d'industrialiser le Congo, le Premier Ministre Lumumba avait entrepris un voyage vers les Etats-Unis et le Canada, malgré les accusations des pays capitalistes le qualifiant de communiste. A cause de la guerre civile, Lumumba n'a pas pu réaliser son programme d'industrialisation du Congo. Quand Mobutu vint au pouvoir en 1865, les portes du Congo étaient grandement ouvertes aux pays capitalistes. J'ai longuement discuté de cette coopération ailleurs. Ici je me limiterai seulement à présenter les moments forts de cette voie capitaliste choisie par le président Mobutu. Mobutu était déjà au service des pays capitalistes avant même de devenir président. Nous savons que c'est grâce à la CIA que Mobutu a pris le pouvoir au Congo.[356] Une fois aux affaires, il était naturel que Mobutu ne s'écarte pas de la voie de développement orthodoxe prônée par les pays capitalistes, les Etats-Unis en tête. Ainsi donc, Mobutu développera une grande coopération avec les pays capitalistes dans tous les domaines pour la modernisation du Zaïre. On peut mentionner, en passant, les grands travaux que le régime Mobutu a réalisés avec les pays capitalistes : le Barrage d'Inga, la ligne de haute tension Inga-Shaba, la Sidérurgie de Maluku, le Centre de Commerce International du Zaïre (CCIZ), la Voix du Zaïre, le Pont Maréchal Mobutu au Kongo Central, etc. Bref, le régime Mobutu a privilégié la voie du libéralisme économique pour son développement. Rien d'étonnant si les relations entre le Zaïre de Mobutu et les pays socialistes étaient timides. Mobutu n'avait pas développé des relations économiques avec l'ex-Union-Soviétique. D'ailleurs jusqu'à sa mort, il n'avait pas visité Moscou. Il s'est permis de visiter la Chine en 1973 seulement après que le Président Américain Richard Nixon ait ouvert la voie en 1972. Même alors, les échanges entre le Zaïre et la Chine sont restés insignifiants. On se rappellera qu'à son retour de la Chine, Mobutu avait annoncé des grandes réformes dans le pays, notamment la connexion d'une chaine des industries zaïroises en vue de fabriquer des véhicules zaïrois, des innovations dans le secteur de l'enseignement primaire et secondaire en s'inspirant de ce qu'il avait vu lors de son voyage. Mobutu n'avait appliqué ces changements, malgré ses bonnes intentions, car Washington voyait que Mobutu pouvait leur échapper idéologiquement. Le Zaïre sous Mobutu est donc resté un élève fidèle de l'approche classique-traditionnelle de développement soutenue par l'idéologie capitaliste.

A la fin du régime Mobutu qui coïncidait avec la fin de la guerre froide et le triomphe du libéralisme, Washington avait décidé de radicaliser l'idéologie néolibérale au Zaïre. Le président Laurent Désiré Kabila s'était laissé prendre

---

[355] Chris BROWN & Kirsten AINLEY, *Understanding International relations*, New York: Palgrave, 2005, p. 169.

[356] Pour plus de details, on peut lire: Sean KELLY, *America's Tyrant: The CIA and Mobutu of Zaire*, Washington, D.C.: The American University Press, 1993.

dans un piège, sans savoir le véritable agenda caché des Américains. C'est ainsi que son pouvoir ne fut qu'une courte parenthèse, et le régime venu après lui, à savoir celui de Joseph Kabila, avait renforcé l'engagement du Congo dans les principes néolibéraux, faisant du Congo un très bon élève du 'Consensus de Washington'. Après le régime Joseph Kabila, les choses bougent. J'en ai déjà évoqué au chapitre VI et je vais encore y revenir à la fin de ce chapitre afin de suggérer la voie à adopter par le Congo s'il veut prétendre à son émergence.

Il est important de rappeler les stratégies de développement au point suivant.

7.2. Les stratégies de développement

La discussion sur les stratégies de développement est naturellement très complexe à la lumière de la complexité des théories de développement. Chaque théorie ne manque pas de proposer ses stratégies. Le point commun de toutes ces analyses c'est de répondre à la question : quel changement l'on voudrait obtenir et comment le réaliser ? La réalité est que nous vivons dans un système international qui est favorable pour certains et défavorable pour d'autres. La conséquence est que certains voudront maintenir le système en place pendant que d'autres voudront le changer. La discussion sur les stratégies de développement porte exactement sur le changement dans un système international qui résiste au changement. Le système capitaliste qui a été beaucoup étudié par Emmanuel Wallerstein n'offre que des possibilités très limitées de changement. Il explique pourquoi en ces termes : « Une explication fondamentale est que la structure du système-monde capitaliste limite d'une manière critique les possibilités de transformation du système de récompense en son sein, étant donné que la disparité de récompense est la force de motivation fondamentale de l'opération du système tel qu'il est conçu. Pour être plus correct, il n'est pas possible théoriquement pour tous les Etats de se 'développer' simultanément. Le soi-disant 'écart croissant' n'est pas une anomalie mais un mécanisme de base continu de l'opération de l'économie-monde. Evidemment, certains pays peuvent se 'développer'. Mais les quelques-uns qui se lèvent le sont au détriment des autres qui déclinent. »[357]

Si les Congolais sont frustrés en cette deuxième décennie du 21ème siècle, c'est parce que le changement qu'ils ont toujours souhaité opérer dans leur pays est resté un leurre. Le Congo est au contraire plongé dans une guerre de trente ans dont l'issue n'est pas encore connue, étant donné que le système international en place profite justement de la continuité de cette situation. Le président Tshisekedi, lui, se veut optimiste. Il trouve qu'il a les capacités de mettre fin à cette guerre et jeter les bases d'un Congo émergent. Parler d'émergence, c'est évoquer les stratégies utilisées par certains pays en vue de quitter le cercle des pays en voie de développement, bien qu'ils ne soient pas encore considérés comme pays 'développés'. Les chercheurs se sont attelés à découvrir les stratégies utilisées par ces pays en vue d'atteindre le niveau qu'ils ont atteint. Les pays en voie de

---

[357] Immanuel WALLERSTEIN, *The Capitalist World-Economy*, New York: Cambridge University Press, 1991, p. 73. La citation est une traduction, le texte original est en Anglais.

développement ne demanderaient pas mieux que de connaître leur secret. Je constate, sans surprise, qu'il n'y a pas de réponse unanime de la part de ces pays. D'abord le concept de pays émergent lui-même n'est pas encore bien défini. Je n'en veux pour preuve que les différentes classifications des pays émergents.

En effet, l'acronyme BRIC a été inventé pour désigner les quatre principaux pays émergents (Brésil, Russie, Inde, Chine). Mais, on a aussi un autre acronyme : BRICM où l'on ajoute le Mexique, et un autre encore où l'on ajoute l'Afrique du Sud : BRICS, et enfin BRICI où apparait l'Indonésie. La situation devient encore plus confuse quand on établit la liste de tous les pays émergents, car il y en a qui ne sont pas reconnus par tous (Egypte, Pakistan, Philippines), et d'autres qui sont considérés comme des pays développés (Hong Kong, Israël, Singapour). Une liste plus exhaustive comprend les pays ci-après : Mexique, Brésil, Argentine, Venezuela, Colombie, Chili, Pérou, Chine, Corée du Sud, Inde, Taiwan, Indonésie, Thaïlande, Hong Kong, Malaisie, Pakistan, Philippines, Singapour, Russie, Turquie, Pologne, République Tchèque, Hongrie, Afrique du Sud, Egypte, Israël, Arabie Saoudite.[358]

Alain Piveteau et Éric Rougier apportent un peu plus de clarté à ce concept en ces termes : « Si l'émergence est seulement un moment du développement, articulant une sortie de trappe de pauvreté et une séquence de croissance élevée suffisamment longue pour converger vers le club des pays industrialisés, les NPI (Nouveaux Pays Industrialisés) asiatiques après les années soixante ou le Chili pendant les années soixante-dix sont déjà passés par là ou furent en voie de le faire sans que l'on parle alors d'émergence. Mais la 'visibilité' croissante de la Chine, de l'Inde ou du Brésil dans les échanges, le produit mondial, les flux financiers mondiaux ou les instances internationales de régulation semblent aujourd'hui constituer un trait distinctif par rapport aux NPI. Un autre point distinctif…est la grande autonomie de la trajectoire de développement de certains de ces pays émergents par rapport au dogme ou à la pensée économique dominante. »[359]

D'une manière générale, les pays émergents sont « des pays dont le PIB par habitant est inférieur à celui des pays développés, mais qui connaissent une croissance économique rapide, et dont le niveau de vie ainsi que les structures économiques convergent vers ceux des pays développés.[360] Cette définition est proche de celle utilisée par le Professeur Chicot Eboue qui dit que « les pays émergents sont donc des économies à revenu intermédiaire, en processus de sortie du sous-développement, et à fort potentiel de croissance, s'appuyant sur le marché mondial, pour engager des transformations structurelles et institutionnelles significatives, en empruntant une trajectoire industrielle, définitivement axée sur

---

[358] Cette liste est fournie par le Site wwwEcoInfosMonde.Com/2008/01/

[359] Alain PIVETEAU et Eric ROUGIER, « Emergence, l'économie du développement interpellée », In *Revue de la régulation*, 7/1er semestre 2010, Maison des Sciences de l'homme, Paris Nord.

[360] Wikipédia.

le développement économique et le progrès humain »[361] Une définition plus simple est donnée par J. Sgard qui considère les économies émergentes comme « celles qui ont su affirmer et autonomiser leur capacités à mener des politiques publiques efficaces (à la différence des pays durablement assujettis au corset du Consensus de Washington) dans le cadre d'une économie concurrentielle (contrairement aux pays rentiers). »[362]

On peut faire une jonction avec la littérature classique car nous voyons une relation entre les pays émergents et les pays de la semi-périphérie telle qu'utilisée par Emmanuel Wallerstein. En effet, dans l'économie-monde, la structure économique du monde est analysée en termes des pays du centre (les pays développés) et les pays de la périphérie (les pays en voie de développement). Dans cette analyse, il existe entre le centre et la périphérie des pays qu'on identifie comme des pays semi-périphériques. « Dans un système d'échange inégal, le pays semi-périphérique se situe au milieu en termes de sortie de produits qu'il exporte et en termes de niveaux de salaires et de marge de profit qu'il connait. En plus, il échange et cherche à échanger dans les deux directions, dans un mode avec la périphérie et dans l'opposé avec le centre. » [363] Les pays émergents correspondraient donc aux pays semi-périphériques dans la littérature classique.

Malgré ces difficultés de définitions, les chercheurs signalent un certain nombre de traits communs pour les pays émergents :

* On admet que ce sont des Etats dont l'économie est en transition et dont le PIB par habitant est inférieur à celui des pays développés. Ils sont généralement classés en quatre catégories :

A. Les pays ateliers (Mexique, Mangreb, Turquie et les pays d'Asie du sud-est) ;

B. Les pays pétroliers du Moyen Orient et d'Asie Centrale dont les richesses proviennent de l'exploitation des hydrocarbures ;

C. La Russie et les anciens Etats Communistes d'Europe de l'Est (contestés par certains économistes et géographes) ;

D. Une sous-catégorie qui comprend des situations différentes : Brésil, Venezuela, Chili, Afrique du sud, Pakistan, Chine, et Inde.

* Le deuxième trait est que ce sont des pays qui connaissent une croissance économique impressionnante. Bien que le taux de croissance ne soit pas uniforme, une forte croissance les caractérise tous. Leur taux de croissance se situait à 7,3% en 2010, il a baisé un peu en 2011 à 6,3%, mais il est resté plus élevé que celui des pays développés qui était de 2,6% en 2010 et 2,1% en 2011.

---

[361] Chicot EBOUE, « Emergence et développement économique : les leçons internationales pour le Congo », Programme de renforcement des capacités du gouvernement _ séminaire du Ministère du Plan, 25-28 juin, Kinshasa, 2014.

[362] Alain PIVETEAU & Éric ROUGIER, *Op. Cit.*

[363] Immanuel Wallerstein, *Op.Cit.*, p. 71.

* Le troisième trait : Les raisons derrière cette forte croissance sont décrites de la manière ci-après :

a. en plus de la production agricole, leur croissance est basée sur une industrie en plein essor ;

b. leurs marchés intérieurs sont ouverts aux investissements étrangers ;

c. ce sont des pays qui investissent de plus en plus à l'étranger. On note que les pays émergents ont investi 117 millions de dollars dans les entreprises à l'étranger, soit 17% du total mondial en 2005, contre 10% en 1982.

* Le quatrième trait est que cette forte croissance a des effets sur les hommes. Une hausse de l'emploi et offre du travail à des millions d'hommes est occasionnée par le développement industriel. La conséquence directe est l'augmentation de niveau de vie et la sécurité existentielle. Et la population se met à consommer plus. L'Index de Développement Humain (IDH) a aussi tendance à s'augmenter.

* Le cinquième trait est que c'est l'Etat qui joue un rôle clé dans l'émergence. C'est l'Etat qui intervient pour ouvrir les économies nationales aux capitaux étrangers et pour encourager l'industrialisation. C'est l'Etat qui assure la formation des habitants en augmentant les dépenses d'éducation. [364]

Bien qu'on n'ait pas montré d'une manière spécifique les stratégies utilisées par les pays émergents, les traits discutés ci-haut peuvent éclairer les pays en voie de développement sur ce qu'il faut faire et ce qu'il faut éviter. Le tout dernier trait, par exemple, montre que les pays émergents ne sont pas des élèves dociles du 'Consensus de Washington'. En effet, le rôle clé d'émergence est joué par l'Etat et non par le laisser faire accordé aux entreprises privées comme conseillé par le 'Consensus de Washington'.

Je voudrais clôturer cette discussion en discutant brièvement les trois stratégies de développement mentionnées par Immanuel Wallerstein, car je me rends compte que la République démocratique du Congo aurait pu utiliser l'une d'elles pour son développement. Ce manquement fait partie du paradoxe congolais de vivre très pauvre dans un pays immensément riche.

Parlant des stratégies de développement, Immanuel Wallerstein dit que « d'une manière générale il existe trois stratégies : la stratégie de saisir l'opportunité, la stratégie de promotion par invitation, et la stratégie d'autosuffisance. »[365] « Par saisir l'opportunité, nous signifions simplement le fait qu'à des moments de contraction du marché-mondial, où typiquement le niveau du prix des exportations primaires à partir des pays périphériques descend plus rapidement que le niveau de prix des exportations industrielles technologiquement avancées à partir des pays du centre, les gouvernements des Etats périphériques font face à des problèmes de balance de paiement, une croissance dans le chômage, et une réduction du revenu d'Etat. Une solution c'est 'la substitution des importations',

[364] Ces traits sont à retrouvés dans www.Maxicours.com.

[365] Immanuel WALLERSTEIN, *Op. Cit.*, p. 76.

qui tend à pallier à ces difficultés. »[366] En somme, ce que cette stratégie recommande c'est de saisir une opportunité offerte par le marché-mondial pour que l'Etat fasse des profits inattendus. La République démocratique du Congo a raté ces opportunités dans le passé. En effet, le boom du caoutchouc au 19ème siècle n'a pas profité aux Congolais tout simplement parce que c'était pendant la colonisation et les pays occidentaux se sont enrichis, y compris la Belgique le pays colonisateur. La deuxième opportunité a été offerte par le boom pétrolier. Cette fois-ci, le Congo était déjà « indépendant », mais le Congo n'a jamais figuré parmi les pays producteurs de pétrole par la seule volonté de l'Amérique. Bien que l'Amérique se soit lancée dans la bataille de l'énergie d'une manière ouverte contre la Chine et la Russie que depuis le plan de Dick Cheney, les Etats-Unis étaient conscients du contrôle énergétique depuis bien longtemps. Dans cette politique, les Etats-Unis n'ont pas encouragé le président Mobutu à exploiter les potentialités pétrolières du Zaïre. La logique derrière une telle politique était de garder ces potentialités comme des réserves au bénéfice des Etats-Unis. Cette politique négative envers le Zaïre, aujourd'hui RDC, n'a pas cessé. Pendant que l'Amérique a favorisé le boom pétrolier en Angola, et que la France a fait autant au Congo Brazzaville et tout récemment en Ouganda en exploitant le pétrole à la frontière avec le Congo, ces pays occidentaux s'opposent à ce que le gouvernement du président Félix Antoine Tshisekedi exploite les réserves pétrolières congolaises sous prétexte de la protection de l'environnement.

Le manque à gagner que cause une telle politique ne préoccupe en rien les pays occidentaux, même si le Congo offre des garanties quant à la protection de l'environnement. Il est clair que si le gouvernement congolais ne lutte pas pour éviter cette perte sèche, avec la transition énergétique, le pétrole congolais restera éternellement sous terre là où Dieu l'a placé. La troisième opportunité ratée est celle du boom du coltan (colombo + tantale). L'économie mondiale a encore une fois profité des richesses du Congo sans que les Congolais eux-mêmes puissent en bénéficier. En effet, le coltan est à la base de la révolution technologique que le monde connait dans le domaine de la communication. C'est grâce à ce minerai que le monde connait des grands progrès dans la fabrication des téléphones portables, GPS, satellites, armes téléguidées, télévisions plasma, console pour jeux vidéo, ordinateurs portables, MP3, MP4, fusées spatiales, missiles, jeux électroniques, appareils photographiques. Ce boom a encore une fois échappé au Congo au profit des Multinationales telle que Nokia, Samsung, Motorola, Sony Ericsson, LG (Life'good), BlackBerry, Apple, Dell, Hp, Nintendo, Acer, Toshiba, Lenvo, Sandisk, Philips, Microsoft, IBM, Intel, Canon, Panasonic.[367] Le coltan est pillé au Congo par le Rwanda et l'Ouganda qui servent de commissionnaires pour le marché mondial. La grande conséquence sur le territoire congolais c'est l'holocauste congolais sous l'omerta de la communauté internationale. Une

[366] *Idem*, pp. 76-77.

[367] Informations tirées du Comité de la Fédération de Solidarité avec l'Afrique Noire. http://www.umoya.org

guerre de trente ans qui a emporté plus de 18 millions de vies au Congo sous l'indifférence totale de ceux qui prétendent veiller sur les droits de l'homme.

Si le Congo n'avait pas raté le boom pétrolier et le boom du coltan, il serait déjà parmi les pays émergents en Afrique. Et j'ai l'impression que le Congo n'est pas encore arrivé au bout de ses peines, car à l'allure où avancent les choses, le Congo risque de rater encore une autre opportunité : la transition énergétique. Le fait que la guerre du coltan ne termine pas à l'Est du Congo et que l'Union Européenne, toute honte bue, signe un accord au grand jour avec leur commissionnaire, le Rwanda, pour l'acquisition des matières premières que possède le Congo, montre à suffisance que l'Occident a décidé d'écarter le Congo du processus de la transition énergétique.

La deuxième stratégie de développement est décrite par Wallerstein en ces termes : « Le chemin de promotion par invitation semble avoir deux différences avec le chemin de 'saisir l'opportunité'. Exécuté dans une collaboration plus intime (économique et politique) avec les capitalistes extérieurs, il est plus un phénomène des moments d'expansion que des moments de contraction. En effet, un tel 'développement' collaborateur est facilement sacrifié par les pays du centre lorsqu'ils expérimentent des difficultés économiques eux-mêmes. Deuxièmement… »[368] Ma discussion sur les ratés connus par le Congo pour son émergence montre à suffisance que le Congo n'a pas bénéficié de la promotion par invitation de la part de ses partenaires occidentaux. On peut objecter que le président Mobutu avait bénéficié d'une telle facilité. Je dirais que c'est faux, les Occidentaux auraient mieux fait de faciliter au Zaïre de Mobutu de devenir un pays producteur de pétrole et profiter des pétrodollars. Ils ont préféré embarquer Mobutu dans une mauvaise aventure, comme il le regrette lui-même. Tolérez que je répète encore ce qu'il a dit : « Nous admettons nos erreurs quand cela arrive. L'une d'elles était la sidérurgie de Maluku, une autre était le building du Centre de Commerce International du Zaïre (CCIZ) à Kinshasa. Mais ces erreurs ne sont pas entièrement de notre faute. La responsabilité est largement partagée par les Compagnies Multinationales responsables de la conception et la construction. Trop souvent leur seul but était de nous vendre un produit fini et aujourd'hui toute l'Afrique souffre de la même agression commerciale des Compagnies Multinationales. Une agression qui se cache derrière le savoir-faire technologique. Je dois dire ceci et je le répète : ils ont profité de notre manque d'expérience pour nous vendre des installations qui ne conviennent pas. Et alors, quand les choses ne vont pas bien, ils blâment notre gestion et oublient comment les dettes qu'ils ont forcées sur nous pèsent sur nos épaules. »[369]

Certains pays émergents, au-delà de leurs spécificités, ont bénéficié de cette stratégie de promotion par invitation. On peut citer les quatre Dragons asiatiques

---

[368] Immannuel WALLERSTEIN, *Op. Cit.*, p. 81.

[369] Georges MPWATE Ndaume, *La Coopération entre le Congo et les Pays Capitalistes. Un dilemme pour les présidents congolais*, Paris : L'Harmattan, 2010, pp. 216-217.

(Singapour, Taiwan, Corée du Sud et Hong Kong). C'est cela qui a inspiré le Rwanda de Paul Kagamé qui a déclaré qu'il fera du Rwanda le « Singapour de l'Afrique ». Ce que Paul Kagamé avait oublié est que les facilités des capitalistes extérieurs n'étaient pas une condition nécessaire et suffisante pour l'émergence. Le moins que l'on puisse faire remarquer à Paul Kagamé est que le Singapour s'est développé en gérant ses propres ressources et non des matières premières volées chez le voisin.

La troisième stratégie évoquée par Wallerstein est l'autosuffisance, en citant l'exemple de l'*ujamaa* en Tanzanie. Cette stratégie n'est pas jugée très efficace par l'auteur qui note que « Le modèle d'autosuffisance Tanzanien aurait semblé plus convainquant si la Zambie avait réussi après l'avoir adopté. »[370] Ce que je pourrais dire est qu'une telle stratégie est difficile à appliquer dans un monde mondialisé où la coopération internationale s'impose de plus en plus entre les acteurs étatiques et non étatiques.

En conclusion, les stratégies utilisées par les pays émergents ne sont pas systématiques pour que le Congo puisse les prendre clairement en modèle à suivre. Chaque pays a cherché ce qui lui convient le mieux en vue de sortir du sous-développement pour la simple raison que chaque pays possède ses atouts qu'il peut utiliser que les autres ne possèdent pas nécessairement. Ce que les Congolais doivent savoir est que le développement est une lutte continue. Il n'y a aucun pays au monde qui dit avoir atteint le sommet de développement et qu'il croise les bras pour contempler les autres qui sont en course pour l'atteindre. Dans ce contexte de lutte, il est naïf et dangereux de trop se fier aux recettes offertes par les autres. On peut de temps en temps faire confiance aux recettes étrangères, mais il faut toujours vérifier si elles soutiennent vos intérêts. C'est ainsi que je suis d'accord avec le conseil de Wallerstein d' « utiliser les subtilités de l'intelligence prudente. » Cette stratégie vous permet de pousser les changements qui sont immédiatement bénéfiques à votre pays et là où vous ne pouvez pas agir seul, coordonnez avec les autres en vue d'engranger des changements qui vous seront bénéfiques.[371] C'est à base de cette stratégie que je propose la *Pyramide du décollage pour le Congo* ci-dessous. L'intelligence prudente prend avantage de tout, à savoir, saisir l'opportunité, promotion par invitation etc
Quelles sont les conditions nécessaires et suffisantes pour le décollage du Congo ?

[370] Immanuel WALLERSTEIN, *Op. Cit.*, p. 82.
[371] *Idem*, p. 92.

7.3. La pyramide du décollage pour le Congo : conditions nécessaires et suffisantes

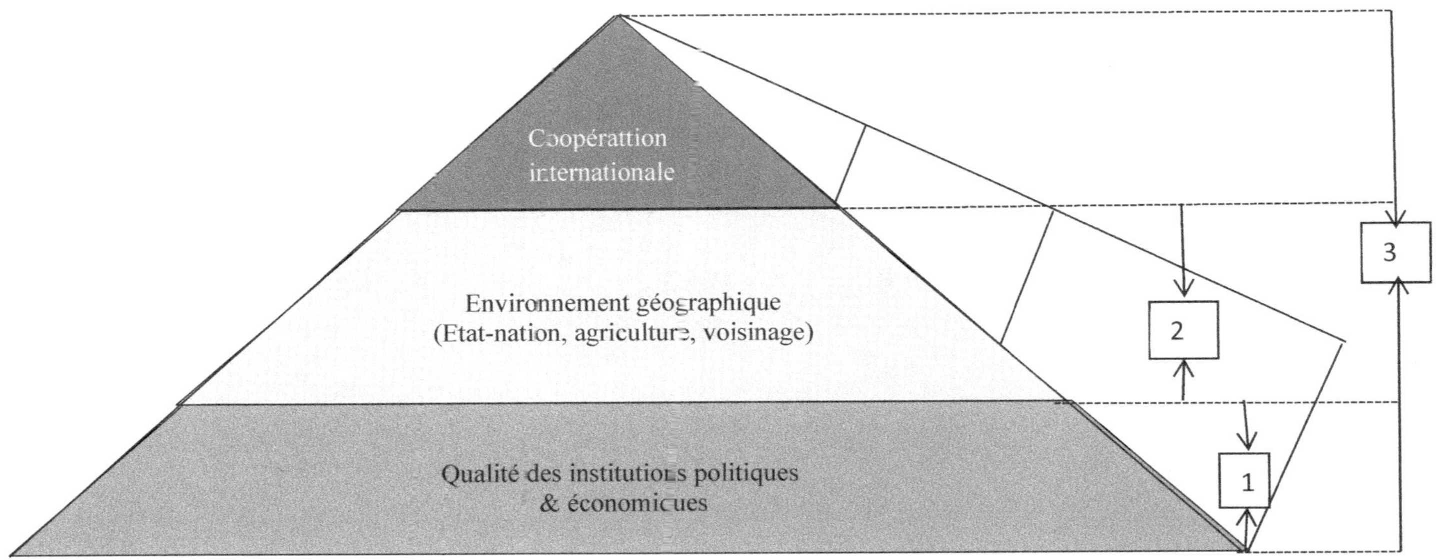

La pyramide du décollage pour le Congo offre la voie de sortie pour le Congo. C'est une proposition holistique concernant la pratique de l'intelligence prudente par les Congolais en vue d'ouvrir les portes vers l'émergence du pays. La pyramide comprend trois composantes principales que je vais essayer de présenter : la qualité des institutions et les politiques économiques, l'environnement géographique, la coopération internationale comme conditions nécessaires,

7.3.1. La qualité des institutions et les politiques économiques comme condition nécessaire

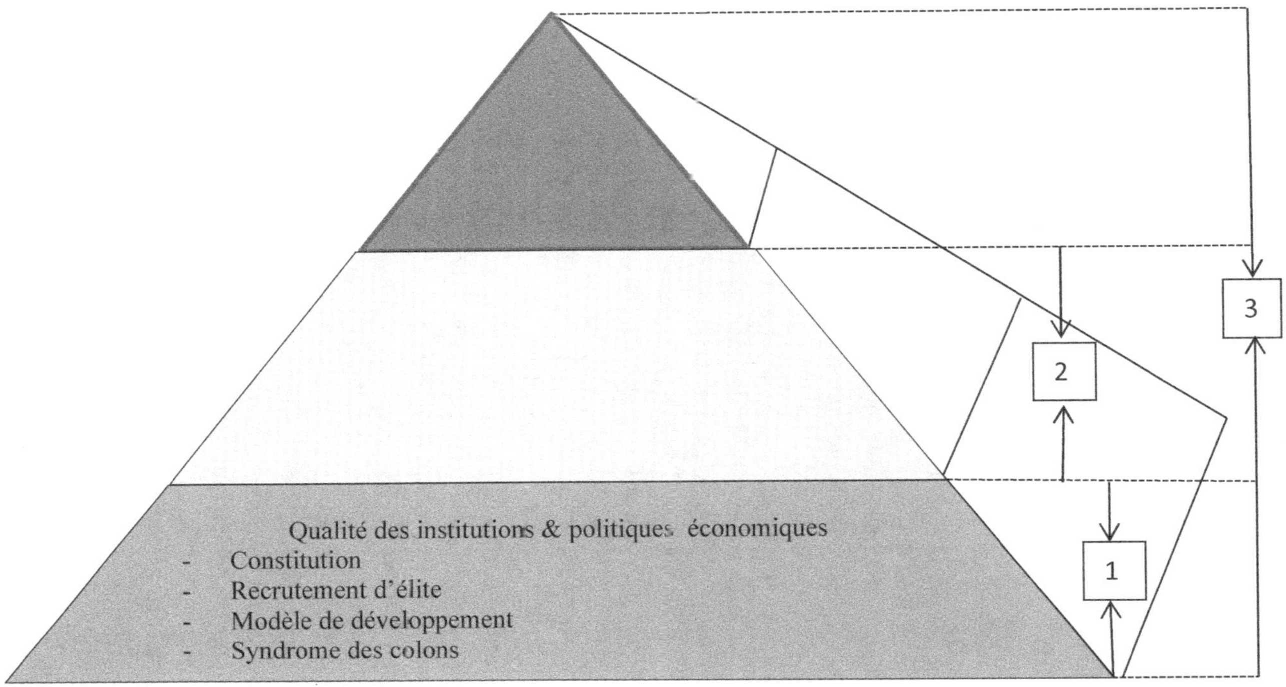

Les Congolais sont conscients que le pays connaît un problème de gouvernance. Les institutions du pays ne jouent pas le rôle qu'elles sont supposées jouer pour permettre le développement du pays. Il existe un réel problème d'absence de « bonne gouvernance » au Congo depuis longtemps. C'est ici que je place le débat sur le manque de leadership dont certains Congolais parlent. J'admets qu'il faut des bons leaders en vue de réussir dans la bonne gouvernance. Là où je m'inscris en faut, c'est de penser que le leadership ne concerne que le Président de la république, qui du reste a prouvé son leadership efficace en remettant le pays sur les rails, et surtout de penser que le bon leadership constitue une condition nécessaire et suffisante pour faire décoller le Congo. Non. Vous pouvez exceller dans le bon leadership, mais des facteurs externes peuvent complètement bloquer votre décollage. Dans mon analyse, ce n'est qu'une condition nécessaire et non nécessaire et suffisante. Je dois dire, en passant, que c'est cela la base du grand désaccord entre les supporters de la théorie de la modernisation et ceux de la théorie de la dépendance en matière de coopération internationale.

L'absence de bonne gouvernance dans le passé congolais a eu comme conséquences que le pays nage dans toutes sortes de pratiques qui éloignent le développement du pays, telle que la corruption, l'enrichissement illicite, la dilapidation des ressources publiques, la baisse de production, etc. Et au-dessus de tout cela, on trouve l'impunité et l'absence d'une justice efficace et indépendante qui puisse garantir les droits des uns et des autres et imposer l'ordre dans la société. La responsabilité de créer des institutions bien qualifiées pour le développement incombe aux Congolais eux-mêmes. Il faut que les partenaires extérieurs qui viennent au Congo se retrouvent en face des institutions fortes qui excluent toute tricherie et complaisance dans la coopération. Etant donné son importance, je reprends ici l'analyse de Mancur Olson jr., mentionnée au premier chapitre, concernant le rôle capital de la qualité des institutions et les politiques économiques pour le développement.

Dans son article sur les causes derrière l'écart qui existe entre les pays riches et les pays pauvres, Mancur Olson Jr. a rejeté beaucoup de causes indiquées par beaucoup d'analystes, notamment, l'accès à la connaissance productive, l'accès aux marchés des capitaux, les problèmes de population, le manque de ressources, la qualité du capital humain, la culture, etc. Selon lui, le problème fondamental réside dans la qualité des institutions et les politiques économiques. Abordant le problème de l'accès aux connaissances technologiques, par exemple, Olson note que le stock mondial de connaissances est disponible à un coût réduit ou sans coût du tout à tous les pays du monde. Il s'appuie sur une étude faite sur le cas de la Corée du Sud entre 1973 et 1979 qui montre que pendant cette période, les droits et autres paiements pour les technologies utilisées étaient minuscules, souvent moins qu'un millième du PIB. Il dit que même en considérant les profits des investissements directs étrangers comme un paiement de connaissance et les ajouter aux droits, le total est toujours moins que 1,5 pour cent de l'augmentation dans le PIB Coréen pendant cette période. Ainsi donc, les propriétaires étrangers des connaissances productrices ont obtenu moins qu'un cinquantième des gains de la croissance économique rapide de la Corée.[372]

L'auteur rejette les autres causes en ces termes :

> « ...J'ai ensuite examiné le degré auquel la productivité marginale des changements de main-d'œuvre avec des grandes migrations et l'évidence sur les densités de population, et je démontre que la diminution de gains sur la terre et autres ressources naturelles ne peut pas beaucoup expliquer les grandes différences en revenus. Après cela, j'ai emprunté quelques calculs de Robert Lucas sur les implications des grandes différences à travers les pays en intensité de capital—et les relier aux faits sur la direction et l'ampleur des flux des capitaux—pour montrer qu'il est impossible que les pays du monde sont quelque part près des frontières des fonctions de production néoclassiques. J'ai ensuite examiné quelques expériences naturelles, curieusement négligées, avec les migrants des pays pauvres vers les pays riches pour estimer l'importance des différences dans la dotation du capital humain entre les pays pauvres et riches, et j'ai démontré que ça compte seulement pour une petite partie des différences dans le produit marginal de main-d'œuvre. »[373]

Après avoir écarté toutes ces causes, l'auteur conclut que les grandes différences dans les revenus par tête à travers les pays du monde ne peuvent pas être expliquées par l'accès au stock mondial de connaissance productive ou aux marchés des capitaux. Elles ne peuvent pas être expliquées par les différences dans le rapport de la population avec la terre ou les ressources naturelles, ni par les différences dans la qualité du capital humain par rapport au marché, ni par la culture personnelle. Il termine en soutenant que la seule explication plausible qui reste pour expliquer ces grandes différences en revenus ce sont les différences dans la qualité de leurs institutions et les politiques économiques. Il fait remarquer que les pays pauvres en moyenne ont des plus pauvres politiques économiques et institutions que les pays riches, ainsi donc, malgré leur opportunité de pouvoir bénéficier d'une croissance rapide pour se rattraper, ils ne parviennent pas à croitre plus vite en moyenne que les pays riches.

Je suggère donc ci-dessous quelques pistes pour doter le Congo des institutions qualifiées pour le développement. C'est le travail de base qui doit se faire par les Congolais et que je considère comme une condition nécessaire pour l'émergence du Congo. C'est ce qui constitue le premier niveau de la Pyramide du développement pour le Congo.

Je propose dès lors, pour son émergence, le Congo doit se doter d'une constitution « made in Congo », le recrutement de l'élite, le modèle de développement, le

---

[372] Mancur OLSON, « Big Bills Left on the Sidewalk : Why Some Nations Are Rich, and Others Poor », in Mitchell A. SELIGSON & John T. PASSÉ'SMITH, eds., *Op.Cit.*, p.387.

[373] *Idem*, pp. 385-386.

syndrome des colons : cycles d'accumulation et de transformation des capitaux au Congo

A. Le Congo doit se doter d'une constitution 'made in Congo'

Depuis son indépendance le Congo ne s'est jamais doté d'une Constitution qui soit une propriété intellectuelle des Congolais eux-mêmes. Chaque Constitution a été influencée par les intérêts étrangers. Une tentative louable a été amorcée par la Conférence Nationale Souveraine (CNS), mais elle a été complètement empêchée et embrouillée par les étrangers qui se sont emparé des institutions du Congo. La Constitution actuelle du Congo, conçue par des étrangers pour sortir le Congo du chaos qu'ils ont créé eux-mêmes, ne peut en aucun cas garantir le développement du Congo. Toute tentative de changement de Constitution par les Congolais rencontre des menaces de tout genre, y compris la balkanisation du pays. Le Congo doit s'affirmer comme un Etat souverain, dans le cas contraire, il faudra oublier l'émergence.

L'un des problèmes du Congo c'est ce qu'on appelle maintenant la *NYONSOLOGIE*. C'est –à-dire une société où tout le monde connaît tout, une société qui ne reconnaît pas la spécialisation. Bref, une société qui ne valorise pas la connaissance. La conséquence dans une telle société c'est la confusion totale. Et ceci est une des conséquences d'une démocratie mal comprise.

Nous avons dans notre société des gens formés pour interpréter notre Constitution, et nous devons reconnaître leur spécialité. Je ne suis pas contre les journalistes, mais je trouve qu'ils doivent parfois se référer aux spécialistes des différents domaines avant de nous embarquer dans des discussions interminables qui ne font qu'augmenter la confusion.

Ceci dit, je vous préviens que je ne suis pas un Constitutionnaliste encore moins un *nyonsologue*. En effet, la Constitution étant un outil pour faire avancer la politique, le politologue s'y retrouve. C'est à ce titre que je vais faire une brève lecture politique de notre Constitution.

Les fondamentaux politiques de la constitution[374]

Parler de la Constitution c'est parler de la politique. Harold Lasswell a dit que la politique concerne « *qui obtient quoi, quand et comment* ». La majorité des politologues acceptent que la politique présente deux caractéristiques principales :

1. « Elle comprend la prise des décisions communes pour un groupe ou un groupe de gens ; et
2. Quelques individus dans le groupe exercent le pouvoir sur les autres membres en vue de prendre ces décisions (influence ou coercition). »

Robert et Doreen Jackson notent que ce qui rend l'exercice plus compliqué, c'est le fait que les ressources dont bénéficie la société sont limitées, et les possessions

[374] Cette brève discussion sur les fondamentaux politiques de la Constitution est tirée de Robert JACKSON & Doreen JACKSON, *A Comparative Introduction to Political Science*, Upper Saddle River, NJ : Prentice Hall, 1997, p.7 et PP.196-197.

de valeur telles que la richesse, le confort, le statut etc. sont rares et inégalement distribuées. D'où les désaccords et le conflit qui surgissent entre les individus et des groupes comme ils cherchent à satisfaire leurs désirs. Ainsi Henry Adams conclut en disant que « *la politique, comme une pratique, peu importe la profession, a toujours été l'organisation systématique de la haine* ».

C'est ainsi, disent-ils, qu'il est nécessaire d'établir des règles et des principes qui doivent guider les délibérations entre les dirigeants et les dirigés en vue d'établir un Etat stable et ordonné. Ces principes décrivent comment le pouvoir doit être distribué parmi les citoyens, décrivent les organisations de l'Etat, et confèrent aux leaders la légitimité requise pour agir avec autorité. Ces règles prennent des formes variées selon le niveau de développement politique de chaque Etat. Dans les sociétés primitives elles se développent à travers la coutume et l'usage. Dans les systèmes politiques modernes ces hauts principes sont souvent contenus dans une constitution. Donc une constitution fournit un ensemble élevé des principes et lois dans un pays, créant les structures utilisées dans la résolution de conflit et imposant des obligations aux citoyens et aux dirigeants.

Ces auteurs signalent que « l'idée d'une constitution existe depuis l'ancienne Grèce et Rome. La plupart des constitutions modernes, cependant, tirent leur origine intellectuelle du 18ème et 19ème siècle quand les autocraties étaient renversées et remplacées par des institutions représentatives. Aujourd'hui, les leaders dans les systèmes politiques démocratiques aussi bien que autoritaires partagent l'idée que pour être considéré comme légitimes, ils doivent avoir une constitution.

Les types de constitutions peuvent différer. La plupart des constitutions sont du type écrit. C'est-à-dire que la plupart des pays ont un document spécifique écrit qui est appelé comme leur constitution. Cependant, certains pays, comme la Grande Bretagne, Israël, et la Nouvelle Zélande, n'ont pas codifié leurs lois constitutionnelles dans un seul document.

Dans les systèmes autocratiques traditionnels, les constitutions écrites étaient rares. Même aujourd'hui dans beaucoup de régimes autoritaires il n'existe pas de document écrit pour restreindre l'autorité du Chef de l'Etat comme en Iraq avec Saddam Hussein ou en Syrie avec Hafiz al-Assad.

La Grande Bretagne constitue un exemple intéressant d'un pays démocratique qui a évolué à partir d'un système monarchique vers la démocratie sans une révolution et sans un seul document appelé constitution pour régler les relations entre les dirigeants et les dirigés. C'est à cause de cela que l'on dit que la Grande Bretagne n'a pas de constitution écrite. Il existe, cependant, des documents et des statuts qui expliquent les lois constitutionnelles Britanniques. »

Un dernier point à signaler, c'est que dans beaucoup de pays une distinction est faite entre les lois constitutionnelles et les conventions. « Une convention est une coutume ou pratique qui, pendant qu'elle n'est pas nécessairement une nécessité légale, est néanmoins basée sur des bonnes raisons et des pratiques de long usage.

Toutes ces coutumes ne sont pas écrites dans les documents constitutionnels. En fait, pour des raisons pratiques, toutes les règles pour conduire les affaires d'un Etat ne peuvent pas être écrites dans une constitution, peu importe comment le document est détaillé. Ces conventions ne sont pas des lois, mais le gouvernement perdrait le support du peuple s'il ne les respectait pas. » Cela fait partie de ce qu'on appelle la culture politique d'un peuple.

Aux Etats-Unis la constitution dit que pour être Président, il faut que l'on soit né sur le sol américain. Mais, dans la culture politique américaine, d'une manière générale, pour être Président vous devez avoir le sang des ancêtres Irlandais. Même Obama avait du sang irlandais par sa mère blanche. On se rappellera qu'un valable candidat démocrate du nom de Mike DUKAKIS avait perdu l'élection présidentielle aux USA surtout parce qu'il était d'origine grecque. Evidemment ça pourra changer avec le temps. Au Congo on se débat avec la loi Tshiani qui demande que l'on soit congolais de père et de mère pour être Président de la République. La communauté internationale en a fait son affaire pour protéger leurs pantins qu'ils voulaient promouvoir au Congo. Ils ont oublié que le problème pouvait être réglé seulement par convention, par la culture politique. La réélection du Président Félix Antoine Tshisekedi en 2023 avec 73,4% était certainement due à cette nouvelle culture politique (de père et de mère) que les Congolais avaient intériorisée. L'avenir des élections dira plus sur la validité de mon analyse. Les Congolais sont conscients, par exemple, que les Chinois entrent en masse à l'Est du pays et marient beaucoup de femmes congolaises. Et ces Congolaises font beaucoup d'enfants, culture chinoise oblige. Non seulement les Chinois, mais aussi les Casques Bleus de l'ONU qui ont vécu au Congo pendant plus de 20 ans. Le Congo est peuplé désormais des enfants abandonnés de pères Pakistanais, Uruguayens, Paraguayens, Ukrainiens, Bengladesh etc., faisant du Congo un véritable « pays mondial ». Avec la Constitution issue de Sun City, il n'est donc pas exclu de voir le Congo être dirigé un jour par un Président avec un parent Sud-Américain ou Asiatique ou encore d'un pays voisin. Voilà le genre de problèmes qui peuvent être réglés par la culture politique congolaise, par convention; au cas où les Congolais étaient incapables de se doter d'une Constitution 'made in Congo'.

Quelques articles qui font débat dans la constitution

Avant de débattre de la Constitution, il est important de la situer dans le contexte dans lequel elle était née. La dernière Constitution que nous avons connue était celle du Zaïre de Mobutu. La guerre de l'AFDL l'a dissoute et M'Zee Laurent D. Kabila ne nous a pas laissé de Constitution. Celle de 18 février 2006 est le fruit des guerres dit de *libération* que le pays a connues depuis 1996 avec l'arrivée de l'AFDL. La fin de la guerre a été obtenue officiellement par la signature de l'Accord de Lusaka en 1999. Cet Accord a conduit à la tenue du dialogue inter congolais qui a produit l'Accord Global et Inclusif du 17 décembre 2002. Et c'est de cet Accord qu'est sortie la Constitution de 18 février 2006. Toutes les forces belligérantes qui ont participé au dialogue ont atteint leurs revendications dans cette Constitution. Au de-là du gouvernement congolais, le MLC et le RCD qui paraissaient officiellement à Sun City, les vrais protagonistes de la guerre étaient les forces néolibérales occidentales, le Rwanda, l'Ouganda, le Burundi, et les Tutsi revendiquant la nationalité congolaise face au peuple congolais.

Donc, en somme, c'est une Constitution où le peuple congolais négociait la fin de la guerre et non un peuple libre qui inscrivait librement sa voie dans l'histoire du monde. D'où des contradictions qui poussent certaines personnes à solliciter la révision ou carrément la rédaction d'une nouvelle Constitution. Voici quelques articles qui étaient imposés par les belligérants.

L'article 10 sur la nationalité satisfaisait les revendications d'un groupe ethnique qui ne voulait pas de la loi de naturalisation laissée par Mobutu. « Est Congolais d'origine, toute personne appartenant aux groupes ethniques dont les personnes et le territoire constituaient ce qui est devenu le Congo à l'indépendance. » Ce groupe ethnique trouve qu'on doit les compter parmi les groupes ethniques mentionnés dans la loi, mais malheureusement, ils sont incapables de nous montrer leur territoire d'origine. D'où la polémique de Minembwe et la montagne de Mulenge dont ils se réclament originaires ; des fabrications de toutes pièces. La vérité est que les tribus congolaises s'identifient par leurs langues et non par des montagnes, comme *Banyamulenge* ou *Banyavirunga*. Le Congo doit tout simplement respecter les normes internationales en matière de réfugiés, et tout sera clair.

L'Article 51 est aussi une revendication d'un groupe ethnique. « L'Etat a le devoir d'assurer et de promouvoir la coexistence pacifique et harmonieuse de tous les groupes ethniques du pays. Il assure également la protection et la promotion des groupes vulnérables et de toutes les minorités. Il veille à leur épanouissement. » Ce groupe ethnique a toujours pensé qu'ils étaient minoritaires. Il n'y a qu'un recensement qui peut déterminer les groupes minoritaires au Congo. C'est à ce titre qu'ils veulent s'octroyer beaucoup d'avantages au Congo au détriment des autres groupes ethniques. Quant à la coexistence pacifique, les 450 tribus congolaises ont vécu plus ou moins pacifiquement depuis l'indépendance, c'est depuis la « *libération* » de 1996 que le Congo a connu plus de 18 millions de morts à l'Est du pays. Le problème n'est pas l'Etat congolais, il est ailleurs.

L'Article 217 était conçu en vue de satisfaire les revendications de l'Ouganda, le Rwanda, et le Burundi qui réclamaient, selon l'Accord de Lemera, 300 km pour chaque pays à l'intérieur du Congo. « La République Démocratique du Congo peut conclure des traités ou des accords d'association ou de communauté comportant un abandon partiel de souveraineté en vue de promouvoir l'unité africaine ». Et l'Accord de Lemera dit ceci à l'Article 4 : « Prêchant le panafricanisme, l'Alliance s'engage de céder 300 Kms aux frontières congolaises à l'intérieur du pays pour sécuriser ses voisins ougandais, rwandais et burundais contre l'insurrection rebelle ». Concrètement, l'Ituri devait être attaché à l'Ouganda, le Nord-Kivu au Rwanda, et le Sud-Kivu au Burundi. Heureusement qu'à l'Article 214 il est dit que : « Nulle cession, nul échange, nulle adjonction de territoire n'est valable sans l'accord du peuple congolais consulté par voie de référendum. » Ceci n'a pas empêché la balkanisation économique de l'Est du Congo. L'Ituri a été annexé économiquement à l'Ouganda et le Nord Kivu au Rwanda. C'est sur base de ces erreurs que le Rwanda continue à nous narguer à l'Est du pays, en ignorant superbement l'Article 214. En somme, le Congo ne peut pas empêcher ses voisins de rêver. Toutefois, au moment où le Congo est sous le collimateur des coupeurs des frontières internationales, ce genre d'article doit tout simplement être évité.

L'Article 34 répond aux revendications des néo libéraux occidentaux : « La propriété privée est sacrée. L'Etat garantit le droit à la propriété individuelle ou collective, acquis conformément à la loi ou à la coutume. Il encourage et veille à la sécurité des investissements privés, nationaux et étrangers. Etc. Les Occidentaux ont obtenu ce qu'ils voulaient. : Un Congo complètement exproprié où chacun pouvait venir créer son petit Etat Indépendant à exploiter. Ce qui est plus génial, c'est d'avoir recouru au pouvoir coutumier. Car les étrangers peuvent utiliser des billets de banques raffolés par les Chefs coutumiers Congolais pour devenir des propriétaires terriens au Congo pour une période indéterminée. N'est-ce pas ça la disparition du Congo ? Pour peu que je connaisse les Etats-Unis, les étrangers ne sont pas des propriétaires terriens dans la campagne américaine.

L'Article 35 aussi : « L'Etat garantit le droit à l'initiative privée tant aux nationaux qu'aux étrangers.» Les étrangers bénéficient presque des mêmes droits économiques que les étrangers. Ce qui est plus malheureux pour le Congo, c'est la suppression de la loi BAKAJIKA qui disait que le sol et le sous-sol congolais appartiennent à l'Etat. La suppression de cette loi cadre a été obtenue avec l'Accord de Lemera qui dit à l'Article 2 : « Le sol et le sous-sol congolais appartiennent à l'Alliance. » C'est cette faiblesse qui fait qu'aujourd'hui nous constatons que 70% des minerais congolais ont été bradés par les Kabilistes ainsi que 67% de nos forêts. Il ne reste plus qu'à brader la population !

L'Article 220 a souvent été évoqué par les politiciens congolais pour se référer à ce qui est verrouillé dans notre constitution. L'Article dit ceci : « La forme républicaine de l'Etat, le principe du suffrage universel, la forme représentative du Gouvernement, le nombre et la durée des mandats du Président de la République, l'indépendance du pouvoir judiciaire, le pluralisme politique et syndical, ne peuvent faire l'objet d'aucune révision constitutionnelle. » Ce sont des éléments très importants pour un Etat qui se veut démocratique. Je me limite seulement à deux commentaires. Le premier, c'est que Dieu n'a pas créé la démocratie. C'est une pensée humaine et en tant que telle, elle contient certainement des défauts. Verrouiller toute une nation dans une pensée inventée par des hommes serait tout simplement un manque de lucidité et de pragmatisme politique, car la politique est dynamique. D'autant plus que la relation entre la démocratie et le développement n'a pas encore été prouvée d'une manière systématique. Même alors, ça ne serait pas la seule voie, car il y a des « dictatures » qui se sont développées.

L'autre commentaire c'est sur le *pluralisme politique* sans limite. Dans les pays où les politiciens ont le sens de la mesure, ça ne pose pas de problème. Ici au Congo, à cause de cette liberté, nous sommes à 1000 partis politiques. On se rappellera que le Président Mobutu avait souhaité limiter le nombre des partis politiques à TROIS. Les politiciens ont refusé. Dans quelques années nous seront à plus de 1000 partis politiques. Il est temps que les Congolais se rappellent que ce n'est pas l'abondance des partis politiques qui développe un pays. Il aurait été intéressant, si les Congolais avaient créé 1000 petites et moyennes entreprises pour les jeunes qui chôment au lieu d'aller les embrigader dans des marches et manifestations et leur distribuer quelques billets de banque en vue d'assouvir leurs désirs d'entrer dans le pouvoir. Il est grand temps que dans ce pays l'on valorise les fonctions techniques qui sont à la base du développement d'un pays au lieu seulement des fonctions politiques.

Une autre remarque concerne le fait que cette Constitution n'a pas visé le *renouvellement de la classe politique* dans le pays. Quand je parle de renouvellement de la classe politique, plusieurs personnes voient directement le remplacement des vieux par les jeunes. C'est vrai que la jeunesse constitue une main d'œuvre indispensable pour le futur du pays. Mais l'équation jeunesse égale réussite en politique n'est pas scientifique. Un sage a dit que le renouvellement de la classe politique ne consiste pas à remplacer des vieux par des jeunes, mais à renverser l'échelle des valeurs afin de remplacer l'immoralité par la moralité, la malhonnêteté par l'intégrité, et la traitrise par le patriotisme. Les hommes et femmes intègres et compétents on les trouve à tous les âges. Il y a lieu d'éviter le conflit des générations et de tomber dans le danger de stéréotypage. C'est plutôt un problème des valeurs, d'éducation et d'individus. Les jeunes qui ne répondent pas au renversement de l'échelle des valeurs seraient d'ailleurs plus dangereux, car ils auraient toute leur longue vie pour asseoir leurs antivaleurs.

Je suis d'accord avec le Dr François Tshipamba du « Leadership National Congolais de Progrès, » qui dit que dans notre Constitution il y a : « l'absence d'exigence quant à la qualification pour être Président de la République et Haut Fonctionnaire de l'Etat. L'actuelle Constitution est muette quant à la qualification même minimale que devraient justifier les candidats à la Présidence de la république, au poste de Premier Ministre et des Ministres ainsi qu'aux fonctions de députés et sénateurs. .....L'actuelle Constitution ne consacre pas la nécessité pour les principaux dirigeants de justifier qu'ils ont des valeurs éthiques et morales pour prétendre assurer leurs charges respectables. » Il nous a rappelé qu'à la Conférence Nationale Souveraine les 2850 Délégués avaient fixé les critères généraux ci-après pour nos dirigeants :

- Être de nationalité congolaise ;
- Être nationaliste ;
- Être de bonne santé physique et mentale ;
- Être de notoriété publique et crédible, intègre et de bonne moralité ;

- Être compétent ;
- N'être pas impliqué dans des assassinats ou des crimes politiques et économiques.

La Constitution actuelle est muette sur ces critères, le résultat est que le pays est en train de recycler des criminels politiques et économiques qui ne changeront rien dans le pays. Et le fait de trop privilégier les fonctions politiques au détriment des fonctions techniques, c'est tout le monde qui veut s'y retrouver. Dans les pays que l'on qualifie de développés, les médecins, les ingénieurs dans tous les domaines, les magistrats, les professeurs, les entrepreneurs etc. , n'ont pas envie d'aller créer des partis politiques pour bien vivre. Aujourd'hui, les revendications fusent de partout, les quotas des femmes, les quotas des peuples autochtones, les quotas des jeunes, les quotas des personnes avec handicap etc. Toutes ces revendications sont évidemment légitimes, je n'en disconviens pas. Et bientôt, puisque avec la démocratie on obtient tout, ça sera les quotas des gays, des lesbiennes, des transgenres et la boucle sera bouclée.

Un dernier commentaire sur la qualité des institutions : le Parlement congolais s'est tiré une balle au pied en s'octroyant trop de faveurs dans un pays où la pauvreté est encore le partage de la majorité. Aux élections de 2023, pour 500 positions disponibles au Parlement, la Commission électorale a enregistré environs 24.000 candidatures ; faisant ainsi du Parlementaire le travail le plus demandé dans le pays. Le pays devait gérer 23.500 candidats malheureux. Le résultat ce sont des conflits et des contentieux interminables paralysant la mise en place des nouvelles institutions. Les animateurs des institutions doivent être de bonne qualité à tous les niveaux. Il faut le recrutement de l'élite.

B. La recrutement de l'élite

Parallèlement au problème de la qualité des Institutions, il y a la qualité d'Homme au Congo. L'émergence du Congo équivaut en fait à une révolution congolaise. Et parlant de révolution, Harold Lasswell a dit que « Une révolution est le changement rapide et vaste dans la composition et le vocabulaire de la classe dirigeante ; les révolutions mondiales sont celles qui inaugurent des nouveaux principes de recrutement de l'élite et des idéologies régnantes dans la vie politique de l'humanité. »[375] Il faut signaler dès le départ que l'analyse d'Harold Lasswell s'était réalisée sur le niveau mondial. Je me suis basé sur son analyse pour la ramener au niveau national, et j'ai trouvé que son analyse était très utile pour comprendre ce que l'on connait comme problème au niveau national, particulièrement en République démocratique du Congo. En me référant à ce qu'Harold Lasswell a dit en matière d'analyse politique, je note trois éléments importants :

1. Les changements (révolutions) sont conduits par l'élite ;

---

[375] Harold LASSWELL, *World Politics and Personal Insecurity*, New York : The Free Press, 1965.

2. Pour qu'il ait une révolution, on doit avoir un changement dans la composition de l'élite ;
3. On doit aussi avoir un changement dans le vocabulaire de l'élite.

En d'autres termes, la révolution doit inaugurer des nouveaux principes dans le recrutement des élites et dans les nouvelles idéologies dans la vie politique d'un pays. Etant donné que le changement requiert une lutte, une négociation etc., ces actes doivent être supportés par des symboles, tel que la nation, l'Etat, etc. Et Harold Lasswell continue en disant que : « la rapidité avec laquelle les symboles d'identification, de demande, et des attentes sont adoptés dépend en partie du niveau d'insécurité. Parmi un peuple aigri et agité, les symboles les symboles et les pratiques de l'ordre établi sont en péril, et le moment est propice pour la diffusion rapide des mythes opposés au nom desquels le pouvoir peut être saisi par l'élite en opposition. »[376] Ces conditions sont remplies au moment où j'écris ces lignes. Le régime Tshisekedi peut mener une véritable révolution qui conduira à l'émergence du Congo. Je vais y revenir avec plus de détails.

En se référant à cette analyse de Lasswell, on peut évaluer rapidement les succès et les échecs des révolutions congolaises. On se rendra compte tout de suite que le pays a connu des problèmes très sérieux dans le recrutement de l'élite.

Dans la lutte pour l'indépendance, les Congolais ont connu un problème dans le recrutement de l'élite. En effet, en 1960, le pays ne comptait que quelques universitaires, conséquence d'une politique éducationnelle coloniale qui ne voulait pas justement créer des élites. Le Congo a été sauvé par les qualités naturelles de certains de ses fils, tel que Patrice Emery Lumumba. Comme signalé par Lawrence Stone, on ne sait pas ce qui fait qu'une personne devienne un révolutionnaire. On doit chercher dans sa personnalité : le sens d'indignation moral, prédisposition à prendre le risque, désir du pouvoir etc., et dans son background : son enfance, éducation, religion etc.[377] Grace donc à ses qualités naturelles, Patrice Lumumba a pu conduire avec succès le renversement du régime colonial au Congo. Mais à cause du problème de recrutement de l'élite autour de lui, il n'a pas pu mettre en pratique son projet de société. Il a été justement trahi par l'élite autour de lui.

Mobutu vint avec sa révolution. En lisant le Manifeste de la N'sele, on se rend compte que c'était une véritable révolution dans le contenu. Mais cette révolution n'a pas créé un « Congo plus beau qu'avant ». Mobutu lui-même avait stigmatisé le problème de recrutement de l'élite. Il a détaillé dans l'un de ses discours les « maux zaïrois » et ces maux concernaient l'élite qui travaillait avec lui. Son échec a conduit à un changement violent du pouvoir.

En effet, la révolution menée par l'AFDL, avec Laurent Désiré Kabila, a été violente. Le symbole utilisé par Laurent Désiré Kabila était la « libération ». Les

---

376 *Idem.*

377 Lawrence STONE, cité par James DOUGHERTY & Robert PFALTZGRAFF, *Contending Theories of International Relations*, New York: Harper &Row, Publishers, 1990.

Zaïrois qui étaient devenus très critiques de la dictature de Mobutu ont très vite embrassé le nouveau symbole présenté par l'AFDL, et le régime Mobutu a été renversé très rapidement. Malheureusement encore une fois, Laurent Désiré Kabila a connu lui aussi un problème dans le recrutement de l'élite. Sans entrer dans les détails, il dira lui-même que l'AFDL était un « conglomérat d'aventuriers. » On ne peut pas réussir une révolution avec des aventuriers. L'assassinat de Laurent Désiré Kabila et la fin subite de sa révolution n'était qu'une suite normale d'un mauvais recrutement de l'élite. Le résultat fut que le Congo a connu un régime d'occupation qui l'a conduit vers sa disparition avec une guerre de trente ans à l'Est du pays. L'holocauste congolais continue jusqu'aujourd'hui sous l'omerta de la communauté internationale.

Les conditions pour une révolution et l'émergence du Congo telles que mentionnées par Harold Lasswell sont réunies à l'heure actuelle. Effet, de même que l'AFDL avait rencontré des conditions favorables pour faire passer leur symbole de « libération » devant une population congolaise frappée par un niveau élevé d'insécurité due à la dictature, de même aujourd'hui le régime Tshisekedi bénéficie d'un niveau élevé d'insécurité frappant la population que le régime peut utiliser et mener une véritable révolution qui conduira à l'émergence du pays. Le Président Tshisekedi a su utilisé un symbole qui l'a conduit au succès de sa réélection : « faites attention aux candidats des étrangers.» « *Ezali likambo ya mabele* » (C'est le problème de la terre). Il devrait capitaliser sur ce symbole en vue de parachever sa révolution tacite. La guerre de trente ans à l'Est du pays avec l'holocauste et le pillage des ressources minières congolaises, commanditée par les Occidentaux en utilisant Paul Kagamé comme leur homme à tout faire est une opportunité pour déclencher une véritable révolution au Congo, car les Congolais vivent un niveau très élevé d'insécurité.

En conclusion, le Président Tshisekedi a l'opportunité de mener une véritable révolution au Congo qui le conduirait vers son émergence. L'une des conditions nécessaires situées à la base de la pyramide du développement pour le Congo, c'est la qualité des institutions. J'ai montré qu'au Congo, la qualité d'hommes fait partie de cette condition que je qualifie de nécessaire. Le recrutement de l'élite au pouvoir doit se faire à la base des principes nouveaux pour réaliser une révolution. Je ne vais pas m'étendre sur ces principes, car ils sont connus. Le Congolais en général sait que le pays a besoin des dirigeants intègres, patriotes, et bâtisseurs qui peuvent faire promouvoir l'épargne et le dur labeur. Des hommes et des femmes compétentes répondant à ces critères on peut les trouver partout, pas seulement au sein des partis politiques au pouvoir. Beaucoup de technocrates utiles au pays évitent de s'affilier aux partis politiques. C'est au pouvoir de savoir comment détecter les potentialités humaines du pays et les utiliser efficacement. Le symbole qui peut accompagner cette révolution est ce que le Président Tshisekedi lui-même a déclaré : « Likambo ya Mabele ». Je ne voudrais pas entrer dans les détails, ce qu'il faut retenir est qu'il n'y aura pas de révolution ou émergence sans l'utilisation efficace de l'élite congolaise. Quel modèle de développement envisager ?

C. Modèle de développement

Le bas de la Pyramide est aussi constitué des politiques économiques appliquées par le pays. Pour le Congo il est impératif de réfléchir sur le modèle de développement que l'on voudrait promouvoir dans le pays. Il est connu que depuis son indépendance, le Congo nage dans le libéralisme économique. Il est aussi vrai que beaucoup de pays émergents le sont devenus en utilisant le libéralisme économique, mais il est aussi vrai que ces pays ne l'ont pas appliqué béatement. Ils ont développé des stratégies qui leur ont permis d'échapper à ce qui empêchait leur émergence. Depuis longtemps, le Congo a mis en pratique ce que l'Occident lui demandait de faire. Le régime Mobutu de 32 a suivi les directives de l'Occident, comme montré plus haut. Mobutu fut suivi par le régime Joseph Kabila de 18 ans qui a appliqué la « Doctrine du Choc » issue de l'Ecole de Chicago que j'ai évoquée plus haut, soit le 'Consensus de Washington'. C'est seulement à partir de l'avènement du régime Tshisekedi que le Congo montre clairement des signes de l'éloignement timide du 'Consensus de Washington', notamment, la promotion d'une coopération *Gagnant-gagnant* à la place de *Gagnant- perdant*. Le grand défi face au Congo, c'est de pouvoir aller jusqu'au bout de cette politique qui est combattue avec toute l'énergie par les pays capitalistes. Et dans ce défi, l'arme la plus efficace à utiliser, c'est de bien articuler son modèle de développement et en faire la pierre angulaire de toute la politique développementale du pays.

Dans cette section, je voudrais lancer la réflexion en présentant les grandes lignes d'une conférence du Professeur James A. Robinson.[378] Le conférencier avait comme objectif de suggérer un modèle de développement pour le Congo. Il a, dans sa démarche, commencé par décrire l'héritage colonial africain. Il note qu'à l'indépendance les Etats Africains devaient forger un contrat social dans des circonstances très difficiles. Les puissances coloniales avaient créé des frontières arbitraires, le système international de la guerre froide rendait la construction du contrat social plus dure ; chaque pays devait choisir son camp. Dans le domaine économique l'héritage institutionnel était aussi complexe. Les pays africains faisaient face à l'héritage de l'exploitation coloniale et le despotisme. Ils étaient enfermés dans le modèle colonial d'exploitation des matières premières. Cet héritage a eu comme conséquences la dictature, la centralisation du pouvoir qui ont conduit à l'instabilité politique et des conflits avec comme résultat un déclin économique durable.

378 James A. Robinson est un professeur d'économie à l'Université d'Harvard. La conférence, à laquelle j'ai participé en qualité d'un des traducteurs, a eu lieu à l'Université de Kinshasa en Juillet, 2010. A la fin de l conférence, j'ai échangé avec le Professeur Robinson, qui m'a, d'ailleurs remis le manuscrit de son exposé.

Nulle part, dit-il, cet héritage n'a été aussi vrai qu'au Congo. L'Etat a rassemblé des traditions politiques différentes comme le Royaume Kongo, les Kuba, les Munda, et les Luba. Les puissances Occidentales ont comploté pour écarter et assassiner Patrice Lumumba et faciliter la montée de Mobutu déclenchant un cycle de centralisation politique, le présidentialisme après 1967, l'autoritarisme, l'hyper clientélisme, l'instabilité politique et le déclin économique. Il note que la tendance vers le déclin des pays africains s'est arrêtée, mais ils se retrouvent plus pauvres qu'il y a cinquante ans. Il dit que nous savons comment créer la croissance économique, mais ce qui est difficile c'est la mise en place d'un modèle politique qui puisse rendre effectives ces choses-là. Deux éléments ont été retenus par le conférencier en vue de créer la croissance : d'abord l'environnement institutionnel doit créer des stimulants pour que les gens puissent épargner, investir, innover. Ensuite, l'Etat doit fournir des éléments complémentaires, à savoir, la loi et l'ordre, les services, l'éducation, les biens publics.

En faisant un examen historique sur comment les nations ont atteint la stabilité politique et la croissance économique, le conférencier a retenu trois modèles de croissance, à savoir, le modèle démocratique libéral, la dictature développementale, et l'oligarchie, qu'il décrit comme suit :

Le modèle n° I : la Démocratie libérale

Il dit que l'architecte de ce modèle fut James Madison, l'auteur principal de la Constitution américaine. James Madison a vu que la prospérité économique était fondée sur les droits de propriété sécurisés et le marché libre et l'échange contractuel. Il a vu que un gouvernement efficace devait superviser ceci et qu'il y avait deux dangers. D'abord qu'un gouvernement trop fort serait un prédateur de la société, et puis un gouvernement qui est trop sous pressions populaires marcherait contre les droits de propriété par la redistribution. Sa solution était la démocratie, mais une démocratie où les deux dangers étaient contrôlés par la conception institutionnelle, tel qu'un parlement bicaméral et une justice indépendante. L'autre moyen de contrôle était le collège électoral pour les élections présidentielles et les élections indirectes pour le sénat. Ce modèle ne peut marcher que s'il est conforme aux intérêts du peuple et aux réalités du pouvoir dans un pays. Dans le cas contraire, des problèmes peuvent surgir. D'abord l'on peut aboutir à des conflits ouverts suite à des ambitions trop affichées des uns et des autres ; ensuite les règles Constitutionnelles doivent être renforcées, respectées, car elles peuvent tout simplement être ignorées.

Le modèle n° II : la Dictature développementale

Le conférencier a fait remarquer que certains succès économiques du dernier siècle n'ont pas utilisé le modèle démocratique libéral, notamment : la Chine, le Japon (avant 1945), la Corée du sud et le Taiwan. Ces pays, dit-il, ont expérimenté une croissance rapide en créant des institutions économiques qui ont créé des stimulants pour que le secteur privé investisse et innove (souvent avec un appui fort de l'Etat), telles que les réformes chinoises après 1978. Il ajoute, enfin, qu'ils l'ont fait sans la démocratie ni le contrôle institutionnel. Le conférencier exprime son point de vue sur ce modèle en disant qu'il a connu du succès à cause de plusieurs caractéristiques essentielles de leurs sociétés, telle qu'une homogénéité ethnique et culturelle, et des traditions bureaucratiques fortes. Ce modèle, dit-il, est difficile à maintenir parce qu'il menace le pouvoir de l'élite qui le réalise. Il pense que le modèle Chinois n'est pas durable.

Le modèle n° III : L'Oligarchie

James Robinson a finalement signalé que la première nation industrielle, l'Angleterre, n'a suivi ni le modèle I ni le modèle II. Dans l'Angleterre du 18 -ème siècle il n'y avait pas de Constitution ni le style de contrôle américain. Ce n'était pas une démocratie, mais les élites Britanniques rassemblées après les années 1660 au sein des partis Whig (libéral) et Tory (conservateur), avaient intérêt (ils possédaient des entreprises, des activités commerciales) à promouvoir la croissance économique. C'est ainsi qu'ils ont renforcé la loi et l'ordre et ils ont sécurisé les droits de propriété. Ils ont aussi développé les institutions étatiques, la bureaucratie, et le système d'impôts. Ils ont enfin créé les conditions pour la construction privée des infrastructures (canaux, routes, chemins de fer).

A la fin de son exposé, le conférencier s'est posé la question de savoir quel modèle convient à l'Afrique, en particulier au Congo. Il constate que les institutions internationales aiment le modèle I, et que ce modèle a été la lumière derrière des efforts tel que le 'Consensus de Washington'. Mais, reconnait-il, ce modèle est difficile à mettre en œuvre. Chaque dictateur, dit-il, prétend aspirer au modèle II, mais il semble relativement improbable que ça puisse marcher en Afrique. L'histoire africaine et le colonialisme européen ont créé des sociétés et des institutions qui étaient très différentes de celles où le modèle II s'est basé en Asie de l'Est. En conclusion, après avoir constaté que le modèle I avait échoué au Congo, l'auteur suggère qu'il est plus probable que l'économie politique d'une croissance économique en Afrique (et au Congo) ressemblera au modèle III. Il reconnait, toutefois, que même des sérieuses tentatives de ce modèle ne marchent pas toujours.

Quel modèle de développement pour le Congo ?

Le Congo a toujours suivi le modèle I de développement depuis son indépendance ; les résultats sont ce que le pays connaît à l'heure actuelle, une confusion totale (politique, économique, sociale). Il y a certaines connaissances considérées comme acquises, mais que nous devons parfois remettre en question. Dani Rodrick qui est un économiste libéral, nous en dit quelque chose. Après une analyse systématique des politiques pratiquées en Asie de l'est et du Sud, spécialement, en Corée du Sud, Taiwan, en Chine, et en Inde face aux recommandations du 'Consensus de Washington', Dani Rodrick constate que ces pays n'ont pas suivi à 100% les politiques de Washington. Il constate que : « Les politiques de croissance de la Corée du Sud et de Taiwan exhibent des différences significatives avec le consensus général. Aucun pays n'a entrepris une dérégulation significative ou la libération de son système financier ou commercial jusque les années 1980. Loin de privatiser, ils se sont tous les deux lourdement appuyés sur les entreprises publiques. La Corée du Sud n'a même pas accepté des investissements étrangers directs. Et tous les deux pays ont déployé un ensemble extensif des politiques industrielles qui ont pris la forme de crédit direct, de protection de commerce, de subside d'exportation, de prime d'impôt, et d'autres interventions non uniformes. » [379]

Il fait remarquer que si on calculait le score de ces deux pays par rapport à l'application des recommandations du Consensus de Washington, la Corée du Sud obtiendrait 5/10 et Taiwan 6/10/ je n'ai pas calculé systématiquement ce que le Congo peut obtenir. Mais à la lumière de toutes les fleurs jetées sur le Congo pour atteindre le point d'achèvement le 30 juin, 2010, il y a lieu de dire que le Congo peut facilement obtenir un score approchant 9/10. Les relations avec les Institutions de Bretton Woods s'étaient détériorées à la fin du second mandat du Président Joseph Kabila, mais elles ont repris avec force par le régime Tshisekedi. En effet, la dette du Congo envers ces Institutions tourne maintenant autour de 10 milliards de dollars américains.

Quand Dani Rodrick analyse le cas de la Chine et de l'Inde, il arrive au même constat signalé pour la Corée du Sud et le Taiwan : « … (On) peut se laisser égarer par le boom de la Chine depuis la fin des années 1970 et par celui moins phénoménal de l'Inde, mais toujours une croissance significative depuis le début des années 1980. Pendant que ces deux pays ont transformé leurs attitudes envers les marchés et l'entreprise privée pendant cette période, leurs politiques ressemblent très peu avec ce qui est décrit dans le tableau 1.1 (Consensus de Washington). L'Inde a dérégulé son régime de politique lentement et a entrepris très peu de privatisation. Son régime commercial est resté avec des lourdes restrictions jusque tard dans les années 1990. La Chine n'a même pas adopté le régime de droits de propriété privée, et elle a simplement ajouté le régime de marché à l'échafaudage d'une économie planifiée. »[380]

L'auteur poursuit son analyse en soulignant que l'on serait embarrassé de constater comment les pays qui ont été des élèves fidèles des recommandations du Consensus de Washington ont très peu bénéficié de croissance économique : « …la région qui a fait les tentatives les plus engagées à se remodeler à l'image du tableau 1.1. (Consensus de Washington), notamment l'Amérique latine, a récolté très eu de bénéfice de croissance de tout cela. Les pays tel que le Mexique, l'Argentine, le Brésil, la Colombie, la Bolivie, et le Pérou ont appliqué plus de libéralisation, de dérégularisation, de privatisation au cours de moins d'années que les pays de l'Asie de l'Est n'ont appliqué en quatre décennies. »[381] Malgré

[379] Dani RODRICK, *One Economics. Many Recipes. Globalization, Institutions and Economic Growth*, Princeton, NJ: Princeton University Press, 2007, P. 18.
[380] *Idem*, pp. 18-19.
[381] *Idem*, p. 20.

cette fidélité, ces pays de l'Amérique Latine n'ont connu qu'une croissance économique très négligeable. Le Congo qui cherche les secrets utilisés par les pays émergents doit dès lors retenir que se débattre pour être un élève fidèle du Consensus de Washington ne travaille pas en faveur de la réalisation d'une forte croissance économique, l'une des conditions essentielles pour prétendre devenir un pays émergent.

James Robinson avait suggéré le modèle III de développement pour le Congo. J'émets beaucoup de réserves sur ce modèle pour le Congo. Les élites Congolaises ne sont pas à comparer avec les élites Britanniques qui ont construit l'économie de l'Angleterre. Ce modèle pouvait être envisagé pour le Congo si les différents chefs coutumiers des 450 tribus composant la nation Congolaise étaient des riches propriétaires comme en Angleterre. Ce n'est pas le cas au Congo, ce sont plutôt des pauvres qui demandent d'être reconnus par l'Etat pour leur survie. Pendant 32 ans le régime Mobutu avait constitué une classe d'élites bien nanties. Il était écrit que si Mobutu avait 1 dollar américain, les 300 familles autour de lui avaient 200 dollars. Si on pouvait compter sur ces élites, en 32 ans ces gens allaient déjà installer des entreprises au pays et le Zaïre n'allait pas tomber dans le néant tel qu'on l'a connu. A la chute de Mobutu, ces 300 familles se sont dispersées à travers le monde dans les pays étrangers où ils avaient investi leur argent. Certaines personnes, après avoir épuisé ce qu'elles avaient placé à l'étranger sont rentrées au pays faire les yeux doux au pouvoir kabiliste en vue de revenir aux affaires.

La même situation s'est reproduite avec le pouvoir kabiliste. Les nantis du régime, dont la plupart sont d'origine étrangère, ont naturellement placé leurs avoirs à l'étranger. Certains pays africains en ont bénéficié, telle que la Tanzanie, le Rwanda, l'Afrique du Sud, le Zimbabwe, et la Namibie. La preuve est qu'on les sanctionne facilement par la Communauté internationale en bloquant leurs avoirs en Amérique et en Europe. Il aurait été difficile de les sanctionner si leurs avoirs étaient placés au pays. Les élites Congolaises n'investissent pas dans leur pays. Comme la plupart ont des doubles nationalités, c'est dans ces autres pays-là que ces élites investissent, ces personnes se comportent comme si elles étaient en mission au Congo. Il y en a d'ailleurs dont les familles vivent d'une manière permanente à l'étranger. Pour toutes ces raisons, le modèle III ne peut pas être répliqué au Congo.

Le modèle II n'était pas recommandé par James Robinson. Par contre l'analyse d'un autre économiste tend vers ce modèle-là. En effet, le professeur Chicot Eboue dans ses séminaires au Ministère du Plan en République démocratique du Congo, a suggéré ce qui suit pour le Congo et le Cameroun : « ......

- C'est de la nature de la direction politique et institutionnelle que découlent la qualité de la croissance et le niveau du développement.
- C'est cette hypothèse qui doit résulter du Benchmarking : choix de modèles-référents (Corée du Sud, Chine, Inde, Brésil, Chili, Indonésie,

Malaisie, Thaïlande, éventuellement Botswana, Ile Maurice, voie le Maroc) adoptés dans les documents de la vision officielle en vue de l'émergence.

- Dans ces pays, c'est le régime de gouvernance fondé sur le dirigisme économique et social, qui est à l'origine du régime de croissance économique, dont découlent aussi bien la nature du système des relations contractuelles, des libertés publiques (plus tard dans le temps) ou les relations entre 'stakeholders'. » [382]

La leçon que nous pouvons tirer de toutes ces analyses est que c'est aux Congolais de créer leur modèle de développement. Les élites congolaises s'entredéchirent pour accéder ou garder le pouvoir, mais tout simplement à la recherche des revenus de rente exclusivement pour l'intérêt personnel, avec beaucoup de discours mielleux. Je pense que l'analyse présentée dans cette section doit pousser les Congolais à réfléchir dans ce sens-ci : avec l'échec du modèle I au Congo (malgré ses qualités), devant les problèmes que peuvent poser le modèle II (malgré ses qualités), et l'exclusion du modèle III, la voie du Congo doit se trouver dans un mélange partiel du modèle I et du modèle II. En effet, les Congolais peuvent adopter les qualités utiles dans les modèles I et II et tracer leur propre chemin dans la mondialisation actuelle en fonction des réalités propres au Congo. D'une manière concrète, on doit faire une différence entre le libéralisme politique et le libéralisme économique. Le libéralisme politique soutient l'égalité et les libertés individuelles. Il est évident que les Congolais pensent que ce sont des valeurs à promouvoir. Le modèle congolais devrait promouvoir ces valeurs démocratiques tout en veillant sur des dérapages. Le fait d'avoir, par exemple, plus de 1000 partis politiques montre que quelque part il y a quelque chose qui n'a pas marché. D'autre part, la démocratie ne doit pas détruire les valeurs autochtones qui méritent d'être protégées. Les libertés individuelles qui vont jusqu'à soutenir l'homosexualité et d'autres excès n'ont pas de place dans le modèle congolais.

Quant au libéralisme économique qui soutient le marché libre et les interventions minimales de l'Etat, le Congo devrait opter pour le dirigisme économique tel que décrit par le professeur Chicot Eboue. Le 'Consensus de Washington' a déjà montré ses limites au Congo et ses recommandations devraient être réduites au stricte minimum. L'option prise par le Congo de promouvoir une coopération *Gagnant-gagnant* en transformant ses matières premières dans le pays doit être encouragée et soutenue. Les entreprises d'Etat doivent être ressuscitées ou crées en appliquant une stricte gestion. Tout employé d'Etat, par exemple, qui se verserait dans la corruption ou des détournements devrait perdre ses droits de travailler pour le secteur public pour le reste de sa vie. L'Etat devrait être présent

---

[382] Chicot EBOUE, « Emergence et Développement Economique : Les leçons internationales pour le Congo », Programme de renforcement des Capacités du Gouvernement, Kinshasa, juin, 2014.

dans les sociétés privées en vue de veiller sur ses intérêts et le « laisser-faire » doit être banni. Comme je l'ai déjà mentionné plus haut, l'un des traits des Etats émergents est : « c'est l'Etat qui joue un rôle clé dans l'émergence. C'est l'Etat qui intervient pour ouvrir les économies nationales aux capitaux étrangers et pour encourager l'industrialisation. C'est l'Etat qui assure la formation des habitants en augmentant les dépenses d'éducation. » En bref, la protection des intérêts de l'Etat congolais ne doivent pas être confiée aux sociétés privées, c'est trop naïf.

La discussion sur la qualité des institutions et les politiques économiques ne peut pas passer sous silence le syndrome des colons au Congo : les cycles d'accumulation et de transformation des capitaux au Congo.

D. Le syndrome des colons : cycles d'accumulation et de transformation des capitaux au Congo

Le pouvoir congolais est poursuivi par ce que j'appelle le 'syndrome des colons' qui constitue un handicap majeur pour le développement du Congo depuis un passé lointain. Ce mal que j'appelle le syndrome des colons a été signalé par Jacques Depelchin qui note que des cycles d'accumulation et de transformation des capitaux avaient commencé en 1822 avec William I d'Orange-Nassau, le roi des Pays-Bas, en passant par le temps de Léopold II et son Etat Indépendant du Congo, par la Belgique et son régime colonial, et finalement par Mobutu et son Zaïre. La caractéristique principale des cycles au Congo était que les hommes/ou les institutions étaient en train d'essayer de « combiner l'exercice du pouvoir politique avec la concentration du pouvoir économique.»[383] En termes simples, les différents régimes qui ont dirigé le Congo après avoir acquis le pouvoir politique s'attelaient à concentrer aussi le pouvoir économique. Et cette concentration du pouvoir économique avait comme conséquence la paupérisation de la population. Ce syndrome des colons peut être retracé facilement depuis la colonisation jusqu'au temps du régime Joseph Kabila.

Pendant le régime Léopoldien, l'ivoire et le caoutchouc naturel constituaient les ressources les plus importantes que l'Etat pouvait exploiter en ce temps-là. Ainsi donc le Roi Léopold II signa un décret déclarant que toute « terre vacante » appartenait à l'Etat. Il était interdit aux autochtones de chasser les éléphants ou de collecter du caoutchouc pour eux-mêmes. [384]

Le Roi signa un autre décret le 30 octobre 1892 divisant les « terres vacantes » en trois zones.[385] La première zone constituait le célèbre Domaine Privé où l'Etat seul pouvait ramasser l'ivoire et le caoutchouc la deuxième zone était mise à la disposition des compagnies commerciales. Et la troisième zone constituait une

---

383 Jacques DEPELCHIN, *From the Congo Free State to Zaire: How Belgium Privatized the Economy. A history of Belgium Stock Companies in Congo-Zaire from 1885 to 1974*, London: Codesria, 1992, p. 189.
384 George MARTELLI, *Leopold to Lumumba*, London: Chapman & Hall Ltd, 1962, p. 139.
385 John DE COURCY MAC DONNELL, *King Leopold II. His Rule in Belgium and the Congo*, New York: Negro Universities Press, 1969, PP. 264-265.

réserve pour la « sécurité publique ». Le caoutchouc dans cette zone n'était pas collectionné, mais plus tard une grande partie de cette zone était attachée au Domaine Privé. C'est à travers ce mécanisme de privatisation que le roi Léopold II a accumulé des capitaux au détriment du peuple congolais.

Sans entrer dans les détails, on peut retenir que l'Etat Indépendant du Congo avait des compagnies concessionnaires et des sociétés fiduciaires. Les sociétés fiduciaires étaient au nombre de huit. Ces sociétés étaient dominées par l'Etat et avaient réalisé des progrès importants dans les affaires. Quand on considère d'autres sources de revenu en plus du caoutchouc et l'ivoire, les principaux produits du Domaine Privé, le total des exportations et des importations de l'Etat Indépendant du Congo montre aussi la croissance du commerce du pays. Les valeurs totales d'exportations sont passées de 1.980.441, 45 Francs en 1887 à 54.597.835,21 Francs en 1903.[386] Bref, le régime Léopoldien a concentré non seulement le pouvoir politique, mais aussi le pouvoir économique de l'Etat Indépendant du Congo. La même politique a aussi été appliquée par le Congo Belge.

Comme du temps de Léopold II, le régime colonial a aussi cherché à concentrer le pouvoir économique, en plus du pouvoir politique. Le régime colonial devait tenir compte des critiques faites au pouvoir léopoldien, mais en même temps accumuler des capitaux pour la Belgique et l'administration du Congo. La logique pour le gouvernement belge était que « si les abus pouvaient être évités, continuer à se confier aux compagnies concessionnaires serait compréhensif. » [387] Ceci fut l'aspect le plus important de l'héritage de Léopold II au Congo Belge. Le développement économique du Congo était encore une fois confié aux compagnies concessionnaires et privées.

Bien que ces compagnies aient été dominées par la Belgique, la participation étrangère n'était pas négligeable. Depuis la deuxième guerre mondiale, les Etats-Unis ont renforcé leur contrôle sur les minerais stratégiques, l'uranium, le cuivre, le cobalt et les diamants industriels. De négociations ont permis au groupe Rockefeller de jouir d'une participation dans la Compagnie du Congo pour le Commerce et l'Industrie.[388] Cette internationalisation du capital consolida la position du Congo dans la division internationale du travail. Ce mécanisme d'accumulation, transformation, internationalisation des capitaux continuera avec le régime Mobutu, puis Joseph Kabila. Depuis le temps du Roi Léopold II, il a servi à accorder le pouvoir économique aux régimes congolais, en plus du pouvoir politique.

---

[386] Henry WELLINGTON WACK, *The Story of the Congo Free State*, New York: The Knickerbocker Press, 1905, p. 281.

[387] Roger ANSTEY, *King Leopold's Legacy*, London, New York: Oxford University Press, 1911, p. 43.

[388] Michel MERLIER, *Le Congo de la Colonisation Belge à l'Indépendance*, Paris V : François Maspero, 1962, pp. 25-26.

Le régime Mobutu l'a fait à travers la zaïrianisation. Le 30 novembre 1973, dans un discours devant le Conseil Législatif, c'est-à-dire le Parlement zaïrois, le président Mobutu a déclaré ce qui suit : « Le Zaïre est le pays qui, jusqu'aujourd'hui, a été le plus profondément exploité dans le monde….C'est pourquoi, en fonction du serment constitutionnel que j'ai pris devant vous dans cette salle, de garantir l'indépendance totale de la République du Zaïre, je vous annonce les grandes décisions que j'ai prises pour mettre fin à cette exploitation. C'est pourquoi, les fermes, les ranchs, les plantations, les concessions, le commerce, et les agences immobilières seront cédés aux fils de ce pays. Cette récupération de nos propriétés aura lieu dans le respect des droits de propriété des autres. »[389]

Le 26 décembre 1973, les grandes institutions politiques du pays, le Bureau Politique, le Conseil des Ministres, et les Députés, se rencontrèrent en vue de déterminer qui seraient des bénéficiaires potentiels des propriétés zaïrianisées. Les autorités politiques se sont servies et en fin de compte, Mobutu était lui-même devenu le plus grand bénéficiaire de ces mesures. Les conséquences de ces mesures, comme on le sait, étaient désastreuses pour l'économie du pays. Finalement, les sociétés étrangères avaient été massivement rétrocédées à leurs propriétaires expatriées.

Comme les régimes passés, le régime Joseph Kabila a aussi appliqué la politique de concentration du pouvoir économique, en plus du pouvoir politique. Le processus d'accumulation et transformation des capitaux pendant le régime Kabila s'est réalisé à travers des différentes étapes. Pendant les deux guerres, les compagnies multinationales se sont introduites au Congo à travers des signatures des accords léonins avec l'AFDL. La privatisation de la GECAMINES était l'un des objectifs primordiaux des compagnies multinationales. Laurent Désiré Kabila avait résisté, mais après sa mort, pendant la transition, la GECAMINES s'était liquéfiée dans des joint-ventures, où les nouvelles autorités se sont servies. Après s'être servi, le régime s'est occupé des entreprises d'Etat, qu'on a qualifiées de non performantes. Le régime a créé des Sociétés Commerciales pour privatiser l'économie du Congo et ses autorités se sont encore retrouvées dans les affaires. Les richesses du Congo ont été distribuées aux privés étrangers et les membres du pouvoir, dont le Président Joseph Kabila lui-même. Le syndrome des colons reste un grand handicap pour le développement du Congo et il doit être banni.

Je n'ai pas assez de données en vue de juger le régime Tshisekedi à cet effet. Tout ce que je constate, c'est que le régime en place n'a pas créé un mécanisme, comme l'ont fait les régimes précédents, en vue de faire marcher ce syndrome. Au contraire, il s'attèle à corriger les erreurs du passé, ce qui est encourageant. La révisitation de certains contrats léonins est une preuve de vouloir mieux faire. Il existe évidemment des détournements reprochés à certains dirigeants. Il est

---

389 Crawford YOUNG &Thomas TURNER, *The Rise and Decline of Zairian State*, Madison: The University of Wisconsin Press; 1985, p. 326.

important de mettre fin à ces forfaits individuels à travers une justice compétente et sévère.

Il existe encore beaucoup de travail à faire au niveau du premier niveau de la Pyramide que je considère comme une condition nécessaire pour le développement du Congo. Je ne peux pas tout discuter, j'ai tout simplement abordé quelques points. On peut les étendre à l'armée, la police, les services de sécurité etc. L'autre condition nécessaire est illustrée par le deuxième niveau de la Pyramide du développement pour le Congo, à savoir, l'environnement géographique.

732. L'environnement géographique comme condition nécessaire

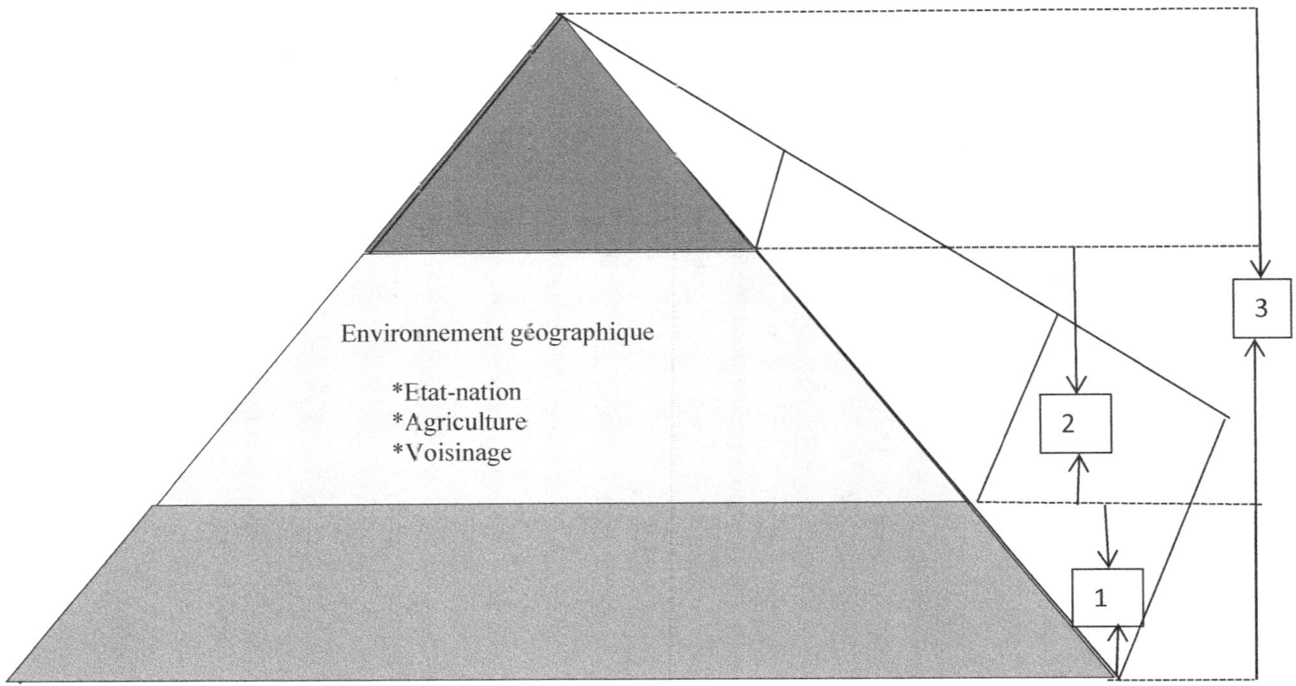

L'autre condition nécessaire pour développement du Congo est détaillée au deuxième niveau de la Pyramide. En effet, les Congolais vivent depuis 1994 dans un environnement géographique qui ne favorise pas le développement du pays sur certains aspects. Depuis que les perturbateurs de l'ordre mondial ont fabriqué le nouveau concept des « Pays des Grands Lacs Africains, » au lieu de l'Afrique Centrale qui a toujours existée, le Congo est entré dans un tourbillon qui lui a coûté des millions de vies humaines ignorées superbement par la Communauté internationale. Cet environnement géographique devient un calvaire pour le Congo et handicape sérieusement tous les efforts vers le développement. Au contraire, l'environnement géographique plonge le Congo dans le sous-développement.

Encore une fois, étant donné l'importance de l'analyse faite à ce sujet, je reprends in extenso, ce que j'ai mentionné au premier chapitre. « Les arguments de Mancur Olson ont été challengés par Charles Kenny qui lui voit plutôt l'environnement géographique. Charles Kenny note que le point de vue que les choix des politiques économiques faits par les leaders politiques constituent la raison principale de la croissance économique ne suffit pas. Il suggère que les politiques qu'un pays suit ne sont pas toujours celles que les leaders veulent appliquer, mais celles qui sont possibles. Il ajoute que l'environnement géographique peut être un élément crucial pour la croissance économique.

En somme, on peut dire que Charles Kenny a ajouté trois autres facteurs qui peuvent influencer la croissance économique. Il mentionne d'abord de l'existence de l'Etat-nation. Les Etats, dit-il, doivent être capables d'imposer des contrôles sur leurs interactions avec les citoyens comme le font les pays riches. L'Etat doit parfois corriger les échecs d'une économie intrinsèquement et inévitablement imparfaite et pour cela il faut un gouvernement efficace, un Etat fort.

« Les contraintes sur l'action de l'Etat sont elles-mêmes une meilleure prédiction de croissance plutôt que les actions que l'Etat pose. Ces contraintes prennent deux formes. D'abord, les Etats peuvent être affaiblis par des divisions internes. Ceci les empêche d'agir pour changer les relations économiques. Un Etat capable de contrôler les relations économiques est, j'affirmerais, un préalable pour la croissance. La seconde contrainte est l'environnement extérieur. Avec des pluies limitées et des voisins frappés par la pauvreté, même un Etat efficace trouvera la croissance intérieure difficile à promouvoir. »[390]

Le deuxième facteur que l'auteur a mentionné comme une grande contrainte à la croissance en général ce sont les limitations à la croissance agricole. L'auteur note que « La croissance industrielle de la Grande Bretagne était rendue possible par une augmentation du produit agricole qui a permis au pays d'échapper au piège Malthusien. » Il ajoute un élément important que dans l'étude de Morris et Adelman's sur le développement au 19ème siècle dans 23 pays, la conclusion était

---

[390] Charles KENNY, « Why Aren't Countries Rich? Weak States and Bad Neighborhoods' », in Mitchell A. SELIGSON & John T. PASSÉ-SMITH, Eds., *Op. Cit.*, p.423.

que pour que l'industrialisation se réalise, il fallait une bonne performance agricole comme préalable.

Le troisième facteur soulevé par Charles Kenny est l'environnement géographique.

« La richesse du voisin peut être importante pour faciliter les bénéfices du rattrapage. Attirer les investissements, exploiter les opportunités de commerce, gagner à partir de la main-d'œuvre migratoire et apprendre sur les progrès technologiques sera de loin plus facile pour un pays pauvre partageant une frontière avec un voisin riche plutôt que pour un pays entouré par d'autres pays pauvres. »[391]

L'auteur termine en faisant remarquer que le rôle de l'Etat-nation comme une condition nécessaire pour la croissance pourrait être réduite dans la mondialisation. On tend vers des réformes régionales. La technologie peut aussi résoudre le problème de manque des pluies. En général, conclut l'auteur, ne considérer que les politiques de l'Etat pour expliquer la croissance n'est pas suffisant. »

A la lumière de ce qui a été dit plus haut, je voudrais expliciter trois conditions nécessaires issues du deuxième niveau de la Pyramide : la constitution d'un état-nation, la promotion de l'agriculture et du bon voisinage,

A. La construction d'un état-nation

L'environnement géographique doit favoriser la création d'un Etat-Nation qui soit capable de corriger les erreurs économiques dans le pays. Pour que l'Etat congolais puisse corriger les erreurs du passé tant sur le plan politique qu'économique, il faut qu'il soit fort pour faire respecter la loi. La première question que l'on doit se poser est celle de savoir si le Congo constitue un Etat-Nation ?

La réponse à cette question demande de parler d'abord de l'Etat et de la Nation séparément. Robert & Doreen Jackson définissent un Etat comme étant « une unité politique au sein d'un territoire donné. C'est habituellement défini comme une forme d'organisation politique consistant en des institutions gouvernementales qui sont capables de maintenir l'ordre et d'imposer les règles et les lois (par coercition si nécessaire) sur une population donnée et au sein d'un territoire donné. Les trois composants clé d'un Etat sont un territoire défini, une population permanente, et une forme de gouvernement. Les Etats possèdent aussi des symboles tels que les drapeaux et les hymnes qui les distinguent des autres. »[392] Etant donné que la plupart des Etats sont membres de l'Organisation des Nations Unies, certains auteurs ajoutent la reconnaissance internationale comme le quatrième composant d'un Etat. Considérant cette définition, il ne fait aucun doute que le Congo est un Etat.

---

[391] Charles KENNY, *Op.Cit.*, p. 421.

[392] Robert & Doreen JACKSON, *Op. Cit* ; pp. 34-35.

Les mêmes auteurs définissent une Nation comme étant « une entité culturelle. C'est une collectivité politiquement consciente et mobilisée qui possède, ou peut aspirer, à un gouvernement propre à elle ou un Etat indépendant. Une nation n'est pas nécessairement la même comme la citoyenneté d'un Etat, ni limitée à ceux qui possède une langue commune, un ancêtre, ou un héritage culturel bien que ces composants soient habituellement pris en compte. C'est essentiellement subjectif, un sens d'appartenance sociale et loyauté ultime. »[393] Quand on considère cette définition, on doit dire que le Congo est composé de plusieurs nations. En général, on reconnaît que le Congo est composé de 450 tribus. Mais on ne sait pas combien de nations sont contenues dans ces tribus. On peut parler des Bakongo, des Anamongo, des Kuba, des Luba etc. Mais, comme je le montrerai tantôt, ces différentes tribus ont vécu en général en paix avant que les Rwandais ne viennent perturber la paix au Congo.

Quand on considère le concept d'Etat-Nation, la situation devient plus compliquée. Robert &Doreen Jackson notent que « Un autre concept largement utilisé en science politique est l'Etat-nation. Ce mot est maintenant considéré comme hautement problématique dans la discipline. Il implique que chaque Etat consiste en une nation. Et pourtant il existe très peu d'Etats de ce genre. Le Japon, par exemple, a essentiellement un Etat et une Nation parce que 99% de la population Japonaise sont de l'ethnie japonaise, parlent le Japonais, et appartiennent à la culture japonaise…Mais la plupart des Etats du monde sont composés des peuples, des cultures, et des langues différents. »[394] En Afrique, la Somalie aurait pu constituer un exemple, mais ils se sont divisés en deux Etats.

Le Congo est un exemple de comment plusieurs nations peuvent vivre ensemble et constituer un Etat-nation au sens non strict. Le Président Mobutu avait réussi à amener les différentes tribus congolaises à constituer une unité nationale. Le Zaïrois se sentait chez lui partout au Zaïre. Ce sont les Rwandais qui sont venus avec l'AFDL en vue de détruire cette unité pour qu'ils puissent se tailler un territoire dans le Zaïre de Mobutu. Mais pendant trente ans, ils n'ont pas pu saucissonner le Congo. Les prédateurs des richesses congolaises sont en train de les utiliser comme des cobayes, pendant qu'ils s'enrichissent.

Ces prédateurs ont utilisé les Rwandais pour perturber la paix et la convivialité qui existaient au Congo. Comme plusieurs Etats du monde, le Congo est composés de plusieurs groupes ethniques. Si la force et le particularisme des sous cultures augmentent dans un Etat, les chances d'aller vers un Etat-nation diminuent. Car plus une sous culture devient forte et plus distincte, plus ses membres s'identifient et intensifient l'interaction entre eux. Comme conséquence, ils s'identifient moins avec les non membres et diminuent l'interaction avec ces derniers. Dans des cas extrêmes, les membres d'une sous culture vivent isolés des non membres. Ils forment, en somme, une nation séparée dans un Etat. Les

[393] *Idem*. p. 35.
[394] *Idem*, pp. 35-36.

mariages, et les amitiés, le commerce, les cérémonies, les activités religieuses etc., se passent plus ou moins exclusivement entre les membres de la sous culture. Les membres d'une sous culture s'opposent farouchement contre des arrangements qui n'assurent pas la préservation de l'héritage de leur sous culture. Les autres sous cultures dans l'Etat réagiront de la même manière et il en résultera des violents conflits persistants qui diminuent les chances de progrès vers un Etat-nation. C'est ce que le Congo vit depuis trente ans avec la culture tutsi qui veut s'imposer comme une sous culture au Congo, alors qu'ils ne figurent pas parmi les 450 tribus du Congo et n'ont naturellement pas de territoire au Congo. La résistance congolaise à travers les vaillants Congolais tels que les Wazalendo a surpris les artisans de la balkanisation de l'Etat congolais avec leurs collabos.

Le professeur Ndaywel montre clairement les limites de la stratégie de la décomposition de l'Etat congolais en ces termes : « Certains vont jusqu'à prédire l'implosion prochaine du Congo et préconisent d'accompagner ce processus jusqu'à son terme présumé. S'engager dans une telle option, c'est faire preuve de cécité historique et oublier que sur cet espace national, l'économie internationale a toujours eu tendance d'isoler la zone dite « utile » du reste du pays, afin de la soumettre à l'exploitation intensive et sauvage. La démarche n'est pas nouvelle. Dans les années 60, elle avait même abouti à la sécession des zones « utile » de l'époque, le sud-Katanga et le sud-Kasaï. Mais cette politique a ses limites. D'abord, parce que la localisation du « Congo utile » est mouvante et évolue dans l'espace suivant les produits en vedette sur les marchés mondiaux. Elle peut, à l'avenir, se placer dans le triangle des provinces de Sankuru, Tshopo et Tshuapa, au centre du massif forestier ou ailleurs, et amener les capitaines de l'économie internationale à se concentrer sur ces terres-là. Ensuite, l'unité du Congo, reposant à la fois sur la géographie et l'histoire, possède des assises solides. Il s'agit d'un Etat bâti sur les trois quarts du bassin du Congo vers lequel évoluent ses multiples affluents. Et, pendant ses 135 ans d'existence, de l'Etat Léopoldien à nos jours, ce Congo, zaïre, puis Congo à nouveau, n'a été géré que comme un Etat unitaire. Si donc, comme tout autre pays, il n'est pas à l'abri des forces centrifuges, il n'est pas facile non plus de le déstructurer. »[395]

En conclusion, le Congo connaît beaucoup de difficultés d'origine externe dans les efforts que les dirigeants fournissent en vue de créer une sorte d'Etat-nation. Mais, le Congo a déjà des bases solides pour conserver son unité nationale. Et, tout porte à croire que les découpeurs des frontières internationales ont échoué au Congo. Les Congolais feront preuve d'une forte détermination, comme les Vietnamiens, pour sauver l'intégrité de leur territoire. Et le Congo sera un autre Vietnam pour les Américains en Afrique. Il faut promouvoir l'agriculture.

[395] Isidore NDAYWEL è Nziem, Colloque sur « L'Afrique des Grands Lacs soixante ans de tragiques instabilités » Paris,

B. La promotion de l'agriculture

Le vaste territoire de la République démocratique du Congo est couvert des terres arables. Depuis le pouvoir de Mobutu, la promotion de l'agriculture a toujours demeuré un slogan creux, alors que sous d'autres cieux, l'agriculture a constitué une condition nécessaire (si pas suffisante) pour leur décollage économique. L'agriculture a joué un rôle très important, si pas capital, dans de développement des Etats-Unis. Car c'est le surplus engendré de la production agricole des plantations cultivées par les esclaves noirs qui a été vendu en Europe et a contribué au développement de l'Amérique. Et ceci constitue l'une des pommes de discorde entre les *African Americans* et les *Caucasian Americans,* les premiers estimant que l'Amérique leur doit à cause du travail de leurs ancêtres qui a été à la base du développement de l'Amérique. La réforme agraire menée par Mao Tsé-toung, en dépit des critiques dû à sa violence, a certainement été déterminante pour le décollage économique de la Chine. Aujourd'hui, la Chine est la première puissance agricole au monde suivie de l'Union Européenne et l'Amérique. Charles Kenny note que la performance agricole a été le stimulus de l'industrialisation en Grande Bretagne : « Un autre facteur qui pourrait être une grande contrainte sur la croissance en général est une limite à la croissance agricole. C'est clair que la vite croissance industrielle de la Bretagne était rendue possible par une augmentation du produit agricole qui a permis au pays d'échapper au piège Malthusien. L'étude de Morris et Adelman du développement de dix-neuvième siècle dans 23 pays a conclu que la performance agricole couronnée de succès était nécessaire (si pas suffisante) pour que l'industrialisation arrive. »[396]

Il cite aussi l'exemple de la révolution verte en Inde qui a été à la base de son développement : « Plus récemment, la révolution verte a évidemment été vitale au développement de ce pays. Les succès de l'Inde étaient rendus possibles par une haute variété de concessions de cultures qui demandent une certaine qualité du sol et la consistance dans la disponibilité de l'eau qu'on ne trouve pas en Afrique, cependant. » [397]

La République démocratique du Congo ne connaît pas les contraintes qui handicapent beaucoup de pays africains, comme le manque de sol ou la pénurie d'eau. Située à cheval sur l'équateur avec des vastes espaces traversés par des affluents du fleuve Congo, la RDC est un pays de prédilection pour une agriculture florissante. Le programme du « Service National » qui été conçu par le Président Laurent Désiré Kabila, mais détruit par le régime de Joseph Kabila constitue une bonne stratégie en vue de booster l'agriculture au Congo. Le régime Tshisekedi a eu la bonne vision de reconstituer ce programme et les résultats positifs se font déjà voir. Si la RDC peut maximiser ce programme en vue d'atteindre toutes les provinces du pays, non seulement le chômage des jeunes

---

[396] Charles KENNY, *Op. Cit.*, p.420.

[397] *Ibid.*

sera résorbé, mais aussi le développement du Congo aura pris de l'envol. Car, comme mentionné plus haut, la performance agricole couronnée de succès est une condition nécessaire pour l'industrialisation d'un pays. Le bon voisinage est indispensable pour le développement de la RDC.

C. Le bon voisinage

L'importance d'un bon voisinage géographique pour le développement d'un pays est soulignée en ces termes par Charles Kenny : « La richesse du voisinage elle-même pourrait être importante en facilitant les bénéfices du rattrapage. Attirer les investissements, explorer les opportunités du commerce, gagner à partir de la main-d'œuvre migratoire et apprendre sur les avancées technologiques sera de loin plus facile pour un pays pauvre qui partage une frontière avec un voisin riche que celui qui est entouré par d'autres pays pauvres. »[398]

La République démocratique du Congo est non seulement entourée par des pays pauvres, mais, ce qui est plus alarmant, des pays voisins hostiles à son développement. En effet, avec une guerre qui a duré pendant trente ans, qui a comme résultat un holocauste estimé à plus de 18 millions de morts sous l'omerta totale de la Communauté internationale, la RDC vit dans un voisinage hostile, qui ne peut pas favoriser son développement. Ce sont des facteurs externes qui affectent le décollage du Congo, indépendamment du leadership dont parlent certains Congolais. Il faut noter en passant que les dirigeants Congolais qui ont montré un leadership en faveur de la défense des intérêts congolais dans la géopolitique dans l'histoire du Congo, ont été éliminés physiquement, notamment : Patrice Emery Lumumba et Laurent Désiré Kabila. Une brève analyse des relations entre la RDC et ses neuf pays voisins en les classant de vertes, oranges, ou rouges, montre que les relations sont dominées par le niveau orange et rouge, et non par le vert. Le vert montre l'absence d'hostilité, pendant que le rouge signifie l'hostilité extrême, en passant par l'orange qui symbolise une hostilité moyenne.

[398] Charles KENNY, *Op. Cit.*, P. 421.

Fig. 7.1. Niveau des relations entre la RDC et ses 9 voisins 2022-202

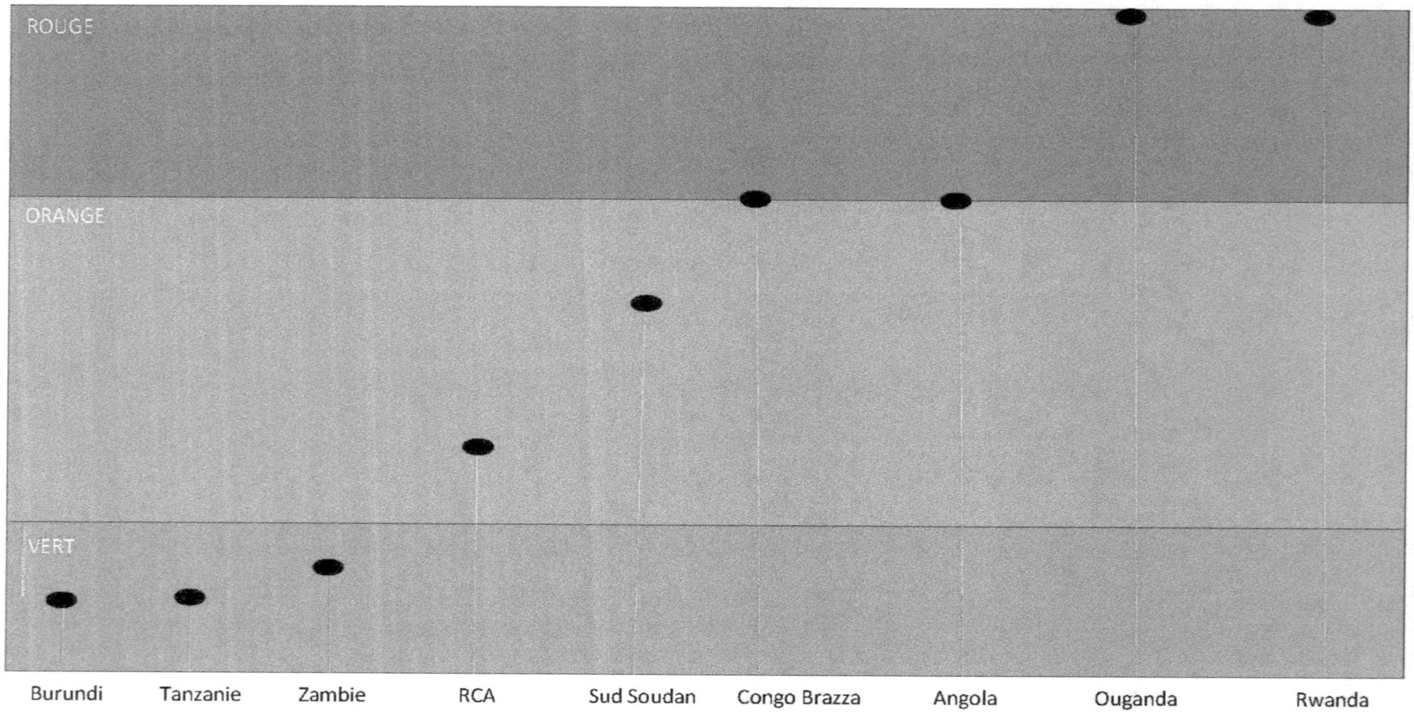

Parler de la situation géopolitique dont la RDC doit bénéficier pour son développement face à ses neuf voisins veut dire analyser les relations qui existent entre la conduite d'une politique de développement menée sur le plan régional et le cadre géographique dans lequel elle s'exerce. Ceci m'amène à analyser le degré de menace posée à la survie de l'Etat congolais par ses voisins et comment certains voisins constituent un réel obstacle à la politique de développement menée par la RDC. Pour ce faire, les neuf voisins peuvent être classés sur trois niveaux : le niveau vert, le niveau orange, et le niveau rouge.

1. Niveau vert

Le niveau vert est composé des Etats qui ne posent pas ou presque pas de problème à la survie de l'Etat congolais, ni à sa politique de développement régionale. Trois pays peuvent être classés sur ce niveau : le Burundi, la Tanzanie, et la Zambie. En effet, bien que le Burundi faisait partie des pays qui avaient conduit la guerre de l'AFDL qui est à la base du grand problème de la survie de l'Etat congolais aujourd'hui, ce pays s'est éloigné de ses alliés du passé, à savoir le Rwanda et l'Ouganda. Le comportement des troupes de Burundi au sein de la Force régionale de l'EAC montre que ce pays ne constitue plus un danger pour la survie de l'Etat congolais.

En plus, sur le plan de la coopération régionale le Burundi et la Tanzanie ont montré leur disponibilité à promouvoir l'intégration régionale à travers le projet du chemin de fer qui va relier le port de Dar es Salam à Kindu en RDC, en passant par le Burundi. Ces dispositions de coopération régionale de la part de ces deux pays contribuent à la politique de développement régionale de la RDC. Enfin, on doit signaler que la Tanzanie s'était opposée à l'implantation des Tutsis en Tanzanie et avait chassé ces réfugiés que Paul Kagamé avait orientés vers le Nord Kivu pendant le régime de Joseph Kabila. Ce qui est probablement l'une des sources des ADF qui sèment la terreur à l'Est du Congo. Après que la Force régionale de l'EAC ait quitté le Congo, le Président Evariste Ndayishimiye du Burundi a signé un accord militaire avec le Gouvernement de Kinshasa.

La Zambie quant à elle, en dépit de certains malentendus dans nos frontières, est revenue à la raison. La preuve d'une bonne coopération avec la Zambie, c'est le mémo d'entente que les Etats-Unis, la RDC, et la Zambie ont signé à Washington pour la chaîne de fabrication des batteries électriques. Et jusque-là, la Zambie n'a pas cédé un espace de son territoire au Rwanda qui puisse mettre en danger le territoire congolais.

Il y a aussi le niveau orange que j'évoque au point suivant.

2. Niveau orange

Le niveau orange est composé des voisins qui constituent un danger pour la survie de l'Etat congolais, bien qu'ils n'aient pas montré cela ouvertement. Avec le temps, leur politique peut mettre directement en danger la survie de l'Etat congolais. Quatre pays voisins sont à placer sur ce niveau : la République Centre Africaine, le Soudan du Sud, le Congo-Brazza, et l'Angola.

- La RCA met en danger la survie de l'Etat congolais en facilitant l'implantation de l'empire Hima Tutsi qui est destiné à annihiler l'Etat congolais. Charles Onana explique le danger en ces termes :

« La RCA, qui a des frontières communes avec le Congo-Brazzaville, le Cameroun et le Tchad, périmètre minier et pétrolier de premier plan, est la troisième cible intéressante, avec les deux Congo, pour faire progresser insidieusement la réalisation du projet d'empire dont rêvent certains Tutsis en Afrique centrale. Un collectif d'associations centrafricaines n'a de son côté pas hésité à dénoncer récemment l'ingérence de Paul Kagamé dans les affaires intérieures de leur pays sans que cela ne trouble les dirigeants de l'Union européenne. Pourtant, la présence des troupes rwandaises en RCA suscite de plus en plus d'inquiétudes comme le montre la note du 23 septembre 2022 de l'ambassadeur de la République Démocratique du Congo à Bangui, M. Kambale Bahekwa Esdras. Sous le titre : ' La RDC serait-elle encerclée par le Rwanda à partir de la RCA ?', le diplomate congolais explique qu'à la suite de l'accord de défense signé entre la RCA et le Rwanda, 'des militaires rwandais déployés en Centrafrique sont affectés non seulement à Bangui, la capitale, mais aussi dans les villes frontalières avec la République Démocratique du Congo'. Il précise que : 'des militaires rwandais rentés au pays reviennent en RCA en qualité d'investisseurs dans l'agriculture, le commerce en général et autres secteurs productifs'. (En réalité, ils sont des réservistes.) L'ambassadeur conclut sa note en soulignant que 'les militaires rwandais peuvent facilement opérer en République Démocratique du Congo à partir de la République Centrafricaine'. »[399]

- Le Soudan du Sud a certainement trop de problèmes internes à résoudre pour s'occuper de la RDC. Mais quand ils interviennent dans les réunions de l'EAC, ils ont tendance à appuyer les points de vue du Rwanda contre la RDC. En plus de cela, ce pays crée l'insécurité au Nord de la RDC avec ses populations nomades, les Mbororo. Ce qui est plus inquiétant, c'est le soutien que ce pays apporterait à la création d'un Tutsiland dans l'est du Congo. En effet, parlant de ce projet, Charles Onana dit que « Les élites de l'Afrique centrale sont donc en droit de se pencher rigoureusement sur cette question avant qu'il ne soit trop tard. Certains soutiennent que l'amputation du Soudan est une des étapes de ce projet car les Soudanais du Sud étaient soutenus par l'Ouganda, Washington et Londres. Kagamé était un officier de renseignements en Ouganda lorsque les Sud-Soudanais menaient encore la lutte armée pour une autonomie du Sud-Soudan. Les conditions dans lesquelles est survenue la partition du Soudan méritent réflexion. Il faut souligner que le président du Soudan du Sud, Salvakiir, est particulièrement proche de Kagamé depuis a période où ce dernier était encore à la tête des services

[399] Charles ONANA, *Op. Cit.*, pp. 213-214.

de renseignements ougandais. Sa participation à la signature des accords de paix sur la RDC et l'acceptation de l'offre du déploiement d'un contingent de 750 militaires Soudanais du Sud pour soi-disant combattre les rebelles du M-23 en RDC fut une erreur grave d'appréciation des autorités de Kinshasa. »[400]

- Le Congo-Brazzaville est aussi tombé dans les bras de Paul Kagamé comme la RCA. Charles Onana signale « qu'après avoir perdu Lissouba qui était conquis par une femme tutsi appelée Madeleine Murekeyisoni, Paul Kagamé finit par renouer avec Sassou Ngueso 'au point de lui faire croire qu'ils partagent les mêmes analyses des problèmes de la RDC et de la RCA.' 'Le prédateur de Kigali tisse tranquillement sa toile à Brazzaville et le président Sassou devient un de ses admirateurs'. Le cheval de Troie de Paul Kagamé aujourd'hui à Brazzaville s'appelle Françoise Joly, une franco-rwandaise qui fonctionne comme conseillère spéciale du président Sassou. Tout récemment, James Kabarebe, le conseiller militaire de Kagamé vient d'effectuer une tournée à Bangui et à Brazzaville.

On comprend dès lors pourquoi Sassou a concédé 12.000 hectares aux Rwandais en face de Maluku mettant en danger la sécurité de la ville de Kinshasa. Car, comme le signale Mathias Dzon, ancien ministre des Finances du Congo-Brazza: « Nous craignons que les 12.000 hectares de terres congolaises cédées au Rwanda ne servent de base militaire à des supplétifs de l'armée rwandaise et aux indésirables chassés d'Angleterre. »[401] En avril 2022, la République du Congo a signé un accord concédant 12.000 hectares de terres exploitables au Rwanda. Ce qui dérange c'est que ces terres sont situées à la frontière entre le Congo-Brazzaville et Kinshasa (Maluku). Personne n'est dupe pour croire que ce sont des agriculteurs rwandais qui quitteraient le Rwanda pour venir exploiter des terres au Congo-Brazzaville. Et pourquoi le président Sassou Ngueso ne voyait pas de terres ailleurs sauf à la frontière avec Kinshasa ?

En plus de ceci, il faut ajouter que sur le plan économique, le président Dénis Sassou Ngueso n'a pas apprécié la position prise par Kinshasa de privilégier ses intérêts. En effet, le projet de jeter un pont route-rail sur le fleuve Congo entre Brazzaville et Kinshasa été retardé par l'exigence du président Tshisekedi qui l'a conditionné par la construction d'un port en eau profonde à Banana en RDC. Ce projet allait bénéficier totalement au Congo-Brazzaville, car tous les bateaux de mer à destination de la république démocratique du Congo allaient s'arrêter au port de Pointe Noire qui profiterait de tous les services au détriment de la RDC. La défense des intérêts de la RDC en construisant un port en eau profonde pour les bateaux lui destinés a beaucoup frustré le Congo-Brazzaville.

---

[400] *Idem*, pp., 231-232

[401] *Idem*, pp. 2008-2011.

- L'Angola constitue aussi un danger futur possible contre la survie de l'Etat congolais. En effet, le président Lourenço, comme son homologue Sassou, est devenu aussi un admirateur de Kagamé. Après avoir signé un accord stratégique avec Kigali, qui a directement changé son ambassadeur en Angola en nommant le Général Major Charles Karamba un ancien chef d'état-major de l'armée de l'air rwandaise, l'Angola a aussi cédé 142 km2 au Rwanda pour l'exploitation des diamants. Ce qui dérange c'est que, l'espace accordé au Rwanda se situe à la frontière avec la RDC. Le président Lourenço Enfin, je rappelle qu'une source avait signalé que la « Convention de Kigali » qui rassemble les organisations de lobbyistes mondiaux derrière les M23 avait décidé de confier la tâche de médiation entre le Président Tshisekedi et Kagamé au Président Joao Lourenço a signé un accord de cession de 142 km2 avec le société rwandaise Milbridge d'Alexis Bayigamba pour l'exploitation des diamants à Lucapa dans la province de Luanda Nord. On sait qu'Alexis Bayigamba est très proche du président Paul Kagamé. On se demande, encore une fois, pourquoi le président Joao Lourenço n'avait pas trouvé des diamants ailleurs en Angola sauf à la frontière entre la République démocratique du Congo et l'Angola. Les « travailleurs » de cette société peuvent traverser facilement pour entrer au Kasaï en RDC.

  Au début du premier mandat du président Tshisekedi, les relations entre Kinshasa et Luanda étaient très bonnes. Si bien qu'à un moment Luanda a fait une démonstration militaire en envoyant deux de ses avions de chasse pour atterrir à Kinshasa, en soutien au gouvernement Tshisekedi qui menait des réformes rejetées par l'ancien régime de Joseph Kabila. En effet, il y avait une forte tension à Kinshasa lors que le président Tshisekedi avait reformulé la majorité parlementaire en sa faveur. En ce moment-là, l'Angola était prête à aider le Congo à rétablir la paix à l'Est du pays face au M-23. Mais, depuis que le président Joao Lourenço a été désigné par l'Union Africaine comme le médiateur entre le Congo et le Rwanda, Kinshasa a du mal à reconnaître le Lourenço qui a toujours été à ses côtés. Certains observateurs font état des pressions qu'auraient subies les présidents de la SADC de la part des Etats-Unis pour ne pas supporter la cause défendue par le Gouvernement de Kinshasa. Il y a un nveau rouge à prévenir.

3. Niveau rouge

Le Rwanda et l'Ouganda composent le niveau rouge contre la survie de l'Etat congolais et sa politique de puissance régionale. Depuis le départ du Président Mobutu, ces deux pays se sont positionnés comme les maîtres de la région des Grands Lacs. Avec la bénédiction des Etats-Unis et la Communauté internationale, on leur a donné comme tâche la *somalisation* du Congo pour son pillage et son occupation par les populations tutsis. Beaucoup de preuves existent déjà à ce sujet. Si la RDC ne prend pas le dessus sur ce deux pays, elle disparaîtra. Les M23 ne sont pas seulement l'affaire du Rwanda. Beaucoup de Congolais se sont faits dupés par la politique d'autruche de Museveni. Il n'y a pas de différence entre Kagame et Museveni.

En effet, un professeur congolais qui a fait des recherches sur le génocide rwandais aux Etats Unis a découvert que « Yoweri MUSEVENI » est un nom adopté en vue d'accomplir une mission en Ouganda. Son vrai nom serait Yoseri TUBUHABURUWA, il serait né à Butare, une ville située au sud du Rwanda. Il serait en fait un citoyen Rwandais qui a émigré en Ouganda comme un réfugié. [402]

Le document rapporte qu'il y avait un referendum vers 1959 au Rwanda qui a amené la tribu Hutu au pouvoir à Kigali. Les Tutsis radicaux qui ne voulaient pas être dirigés par les Hutus avaient décidé de quitter le Rwanda. Ils sont allés dans les pays voisins : Congo, Burundi et Ouganda. Tubuhaburuwa était parmi les Tutsis Rwandais qui sont allés en Ouganda. Ce groupe de Tutsis avaient décidé de diriger l'Ouganda d'abord, ensuite reconquérir le pouvoir au Rwanda, et finalement prendre le Congo. Pour réaliser ce plan, ils décidèrent d'adopter les noms des autochtones en Ouganda et plus tard au Congo. Ainsi donc Yoseri Tubuhaburuwa est devenu Yoweri Museveni Kaguta, un nom de la tribu Nkore en Ouganda.

En fait, la même politique a marché au Congo où beaucoup de Rwandais ont adopté des noms congolais. Le Président Ougandais Milton OBOTE avait commis l'erreur d'approcher le groupe tutsi : Museveni est devenu Ministre de la Défense en Ouganda. Plus tard, nous savons que les services de sécurité Ougandais ont été confiés à Kagamé. Donc ça a marché, ils ont réussi à prendre le pouvoir en Ouganda. Les Hutus ont été chassés du pouvoir au Rwanda et alors vint le tour du Congo.

Joseph Kabila a déjà fait « un très bon travail » à travers le mixage et le brassage pour infiltrer les institutions congolaises. Le travail continue à l'Est du Congo à travers les M23, qui appartiennent au même groupe. Essayer de séparer les groupes des M23 ou l'AFC, c'est tout simplement se faire prendre dans le piège des stratèges rwandais et ougandais ; Museveni et Kagamé sont un seul homme avec un même agenda au Congo. Les stratégies peuvent se différencier un peu, mais les objectifs restent les mêmes.

En conclusion, la situation géopolitique que la RDC doit maîtriser face à ses neuf voisins passe donc par la victoire sur le Rwanda et l'Ouganda par l'usage de la realpolitik face aux M23 et alliés internes et externes, et l'imposition de son

[402] La source de ces informations est un rapport écrit par un Américain d'origine ougandaise du nom de R. KINTU (son prénom n'est pas bien articulé dans le document). Le rapport était sollicité par le tribunal rwandais d'Arusha en Tanzanie. Voici le titre du rapport : « La vérité derrière la tragédie rwandaise » 29 mars, 2005.

leadership dans la région. Pour ce faire, le Congo doit promouvoir une politique de puissance régionale. L'un de ces instruments de puissance, c'est la création d'une armée forte et dissuasive, tout en sachant que l'arme dissuasive par excellence, c'est l'arme nucléaire.

On doit faire une différence entre la realpolitik face aux M23 et face au Rwanda et l'Ouganda. Face aux M23 l'objectif est la récupération par l'usage de la force des territoires occupés. Face au Rwanda et l'Ouganda, l'objectif, c'est l'installation des régimes favorables à la paix dans la Région des Grands Lacs. Des régimes qui sont sympathiques envers la RDC. Pour y arriver, le Président Mobutu s'impliquait dans le processus de désignation des Présidents au Rwanda ; et même en Ouganda. Museveni était supporté par le Président Mobutu pour arriver au pouvoir, malheureusement, il l'a payé par la monnaie de singe au profit des Américains.

La coopération internationale est une condition nécessaire pour l'émergence du Congo.

7.3.2. Coopération internationale comme condition nécessaire

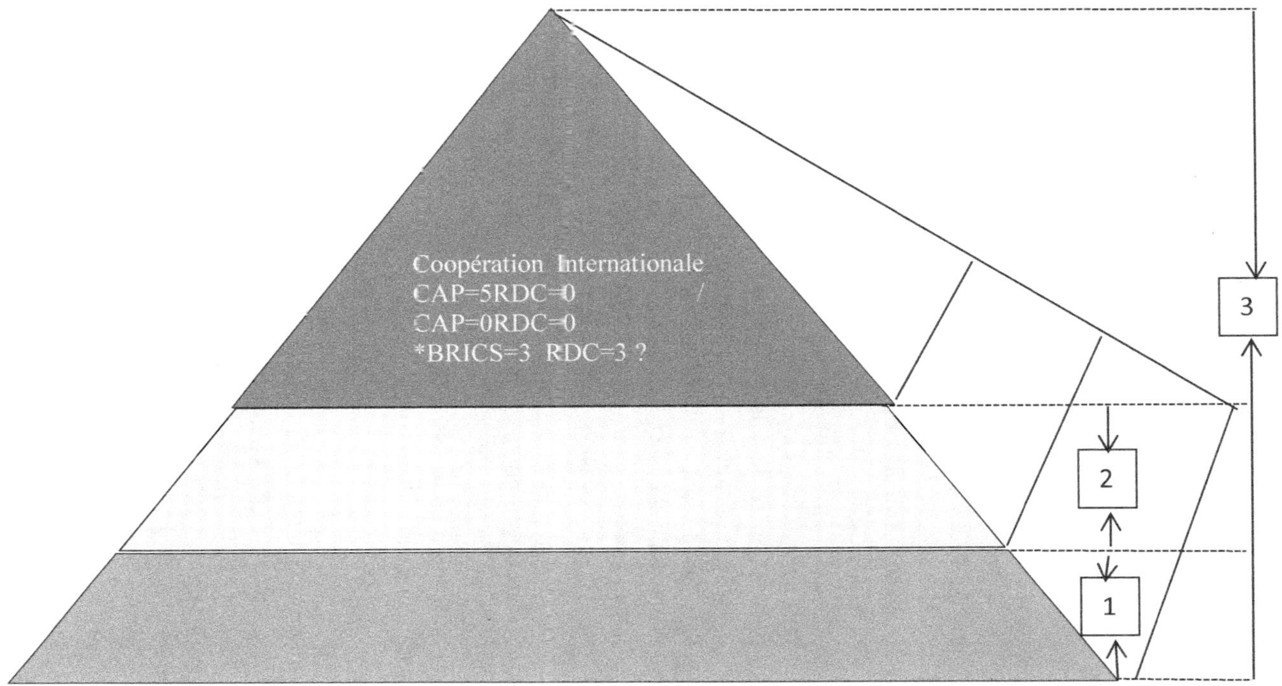

La dernière condition nécessaire pour le développement du Congo telle que montrée dans la Pyramide, c'est une coopération internationale *Gagnant-gagnant.* Puisque je tends vers la conclusion générale de cet ouvrage, je vais reprendre schématiquement le parcours historique de la coopération internationale entre le Congo et les pays capitalistes depuis la colonisation jusqu'à ce jour et en tirer les conséquences qui s'imposent. En bref, c'est un cycle des cages *Gagnant-perdant* et *Perdant-perdant*. En aucun moment cette coopération n'a atteint la cage *Gagnant-gagnant* et le Congo a toujours été *Perdant*.

Si je peux faire un saut au début de ce travail, je rappelle que si je suis revenu en besogne après avoir publié « *La coopération entre le Congo et les pays capitalistes. Un dilemme pour les présidents congolais,* » en 2010, c'est parce que je suis convaincu que tant que ce dilemme ne sera pas résolu, le Congo ne pourra pas prétendre à son décollage économique. Après avoir analysé la période allant de 1908 à 2008, soit 100 ans de coopération, ma réflexion, cette fois, s'est prolongée de 2008 jusque 2023 en vue de décider sur le changement ou la continuité du cycle de coopération connue entre le Congo et les pays capitalistes. Les conclusions auxquelles j'ai abouti montrent qu'il y a continuité, aucun changement ne s'est opéré dans le cycle que connaissent le Congo et les Pays Capitalistes : on est toujours en train de tourner en rond entre *Gagnant-perdant et Perdant-perdant,* où le Congo a toujours été perdant. C'est cette situation qui explique ma proposition d'essayer autre chose. La conjoncture mondiale qui est en ballottage à la recherche d'un Nouvel Ordre Mondial est une opportunité pour le Congo.

Je parle de la coopération entre le Congo et les pays capitalistes (1908-2023) : un mythe en matière de développement, la coopération entre les BRICS et le Congo : fin du dilemme pour les présidents congolais

A. La coopération entre le Congo et les pays capitalistes (1908-2023) : un mythe en matière de développement

Pendant plus d'un siècle (115 ans), la coopération entre le Congo et les Pays capitalistes n'a pas conduit au développement du Congo. Les dirigeants Congolais ont été victimes de beaucoup de mythes soutenus par les pays capitalistes qui, en réalité, étaient préoccupés à protéger un système qui travaillait en faveur de leurs intérêts. Les analyses que j'ai menées pour qualifier cette période, en utilisant des indicateurs politiques, économiques, et sécuritaires, ont montré que les réalistes, plus spécifiquement les néoréalistes, ont bien saisi les réalités de la coopération internationale, du moins en ce qui concerne le Congo et les Pays capitalistes. Ces réalités sont explicitées brièvement par Karen A. Mingst : « Comme avec le réalisme classique, l'équilibre du pouvoir est un principe essentiel du néoréalisme. Mais contrairement aux réalistes, les néoréalistes croient que l'équilibre du pouvoir parmi les Etats est largement déterminé par la structure du système. Dans un tel système, les possibilités de la coopération internationale sont logiquement minces. Quand ils sont en face d'une possibilité de coopérer pour un gain mutuel, les Etats qui se sentent en insécurité doivent demander comment le bénéfice sera divisé. Ils sont obligés de demander « Qui va gagner plus ? » et non pas « Allons-nous gagner tous deux ? ». Si un bénéfice attendu doit être divisé, disons, dans le rapport de deux contre un, un Etat peut utiliser son bénéfice disproportionné pour appliquer une politique qui vise à détruire l'autre. Même la possibilité des bénéfices larges pour les deux parties ne favorise pas la coopération étant donné que chaque partie aura peur de ce que l'autre fera de ces capacités qui augmentent.

Un problème apparaît dans le souci des Etats concernant leurs bénéfices relatifs, car les Etats agissent toujours en vue de maximiser leur pouvoir relatif face aux autres Etats de telle sorte à améliorer leurs chances de survie. L'importance du pouvoir relatif signifie que les Etats hésitent à s'engager dans la coopération si les bénéfices peuvent être distribués équitablement parmi les Etats participants. Même si la coopération pourrait produire des gains absolus pour chaque Etat, ces bénéfices seront écartés par cet Etat au cas où cette coopération produira des grands bénéfices pour les autres Etats. Dans l'équilibre du pouvoir néoréaliste, la survie d'un Etat dépend du fait d'avoir plus de pouvoir que les autres Etats ; ainsi donc tout pouvoir (et bénéfice de pouvoir) est considéré dans des termes relatifs. » [403]

Les réalités qui ont marqué cette coopération jusqu'au moment où je termine cette réflexion, montrent que la coopération entre le Congo et les Pays capitalistes a été très affectée par le souci des gains relatifs de la part des Occidentaux. Les Pays capitalistes se sont préoccupés de « Qui va gagner plus ? » au lieu de « Allons-nous gagner tous deux ? » C'est cela qui explique la persistance d'un cycle marqué par les cages *Gagnant-perdant* et *Perdant-perdant* pendant plus d'un siècle. Cette coopération n'a jamais atteint la cage *Gagnant-gagnant*. Ce cycle récurrent est représenté ci-dessous :

[403] Karen A. MINGST, *Essentials of International Relations,* New York, London: W.W. Norton & Company, 2008, pp. 66-67.

Tableau 7.1 La coopération entre les pays capitalistes et le Congo belge, 1908-1960

		RDC (Congo Belge)	
		Coopérer	Faire défaut
CAP	Coopérer		
	Faire défaut	CAP=5 RDC=0 Tentation de faire défaut et Paiement de dupe	

Bien que certains auteurs se démènent à démontrer le bon côté de la colonisation, pendant la période coloniale, le Congo avait renforcé sa position dans la division internationale du travail en augmentant considérablement le volume de ses échanges avec les pays capitalistes à leur profit. Tout cet argent, import et export était entre les mains des pays capitalistes, et non des Congolais. Ces relations je les ai qualifiées comme une situation où les pays capitalistes ont fait défaut à la coopération, pendant que le Congo a coopéré avec son partenaire. Le score est de 5 pour les pays capitalistes, et 0 pour le Congo. Le régime a perduré, tout en négligeant les intérêts fondamentaux des Congolais.[404] Le régime du Congo Belge a cherché à corriger les atrocités commises par l'Etat Indépendant du Congo, mais les mécanismes mis en place pour l'exploitation des richesses congolaises par l'Etat Léopoldien sont restés les mêmes.

[404] Pour une discussion plus détaillée, vous pouvez vous référez au Chapitre II de ma réflexion sur cette période dans Georges MPWATE-Ndaume, *La Coopération entre le Congo et les Pays capitalistes. Un Dilemme pour les présidents Congolais, 1908-2008*, Paris : l'Harmattan, 2010.

Tableau 7.2 la coopération entre les pays capitalistes et le gouvernement Lumumba, 1960-1965

	RDC (Gouvernement Lumumba)		
AP		Coopérer	Faire défaut
	Coopérer		
	Faire défaut		CAP=1 RDC=1 Punition pour défaut mutuel

L'indicateur principal que j'ai utilisé dans l'analyse de la coopération entre les pays capitalistes et le régime Lumumba c'était la sécession katangaise. La base de la complicité entre la Belgique et l'administration Eisenhower était les affaires. Les intérêts économiques belges étaient en harmonie avec les intérêts économiques américains. La sécession katangaise protégeait tous ces intérêts. Il était tout à fait logique que les deux pays soient contre le gouvernement Lumumba qui prônait l'unité nationale, car les Belges et les Américains savaient que la gestion de Lumumba se ferait dans le respect du principe sacré de la souveraineté du Congo. Le défaut de coopérer des pays capitalistes vis-à-vis du gouvernement Lumumba a atteint le niveau extrême, à savoir l'élimination physique du dirigeant Congolais. En effet, la complicité entre la Belgique et les Etats-Unis a conduit à l'assassinat du Premier Ministre Lumumba. La coopération entre les pays capitaliste et le gouvernement Lumumba était un cas de punition pour défaut mutuel, soit : CAP=1 RDC=1. Le gouvernement Lumumba a rejeté les velléités néocoloniales des pays capitalistes et les pays capitalistes ont rejeté la demande de la reconnaissance de la souveraineté du Congo.[405]

[405] Les intérêts économiques défendus par la Belgique et les Etats-Unis sont détaillés dans mon ouvrage de 2010. Donc, pour plus de détails, on peut lire Georges MPWATE-Ndaume, *Op.Cit.*, Chapitre III.

Tableau 7.3 la coopération entre les pays capitalistes et le régime Mobutu, 1965-1997

		RDC (le Régime Mobutu)	
		Coopérer	Faire défaut
CAP	Coopérer		
	Faire défaut	CAP=5 RDC=0 Tentation de faire défaut et Paiement de dupe	

Le régime Mobutu a connu une très longue coopération avec les pays capitalistes. Le président Mobutu avait même promis aux Zaïrois que le Zaïre serait un pays développé en 1980. Il appelait cela « Objectif 80 ». Le président Mobutu avait tellement fait confiance à la coopération avec les pays capitalistes pour le développement du Zaïre qu'il est mort avec un sentiment de déception totale. L'erreur la plus grave que Mobutu a commise à la fin de son règne était d'avoir cru que malgré tous les changements qui s'opéraient au monde à la fin de la guerre froide, l'Amérique n'allait pas changer sa politique envers son pays, le Zaïre. Il s'en est rendu compte sur son lit d'hôpital en Suisse quand son conseiller Honoré Ngbanda lui annonça que son agent à Bukavu l'a appelé à 5h15 du matin pour lui annoncer qu'Uvira était tombé. Il comprit que sa fin était arrivée et il dit « Je n'ai jamais cru que Museveni et les Américains pouvaient me faire ça maintenant. Ils connaissent bien ma situation. Donc, ils veulent m'achever en me poignardant dans le dos sur mon lit d'hôpital !.....Malheureusement, mes forces m'ont abandonné ! C'est Dieu qui veut ainsi.» Et les larmes coulèrent de ses yeux. »[406] L'une des motivations qui m'ont poussé à écrire sur la coopération entre les pays capitalistes et le Congo, c'est justement pour sensibiliser les présidents Congolais sur le dilemme qui est inévitablement devant eux et qui nécessite qu'ils soient réalistes : les Etats n'ont pas d'amis, ils n'ont que des intérêts, comme on le dit communément.

En effet, après avoir analysé l'économie politique de la coopération américaine face au Zaïre de Mobutu, la conclusion était que cette coopération a promu les intérêts américains et non pas les intérêts zaïrois. Sa fin tragique est une preuve qu'il importait très peu. Mobutu avait réellement ouvert les portes du Zaïre aux pays capitalistes, ces derniers avaient en retour accordé un grand soutien à son régime, non pas pour promouvoir les intérêts du peuple zaïrois, mais plutôt pour

[406] Honoré N'GBANDA Nzamboko, *Ainsi sonne le glas ! Les Derniers jours du Maréchal Mobutu*, Paris : Editions Gideppe, 1998, p. 116.

protéger leurs propres intérêts. Cette coopération était clairement un cas de tentation de faire défaut et paiement de dupe, soit : CAP=5 RDC=0. [407]

Tableau 7.4 la coopération entre les pays capitalistes et le régime L.D. Kabila, (1997-2001)

	RDC (le Régime L.D. Kabila)		
CAP		Coopérer	Faire défaut
	Coopérer		
	Faire défaut		CAP=1 RDC=1 Punition pour défaut mutuel

Les Américains voulaient se débarrasser du président Mobutu qui devenait encombrant à la fin de la guerre froide. Les Etats-Unis sous l'administration Clinton voulait accéder aux minerais dont regorge le Congo. C'est la raison principale de leur soutien à une « rébellion » conduite au Congo contre Mobutu en utilisant l'Ouganda, le Rwanda et le Burundi. C'est cette « rébellion » qui a amené L.D. Kabila au pouvoir à Kinshasa. Les divergences entre les intérêts américains et le président L.D. Kabila n'ont pas tardé à s'éclater. Laurent D. Kabila ne croyait pas que le Congo se développerait grâce à la coopération avec les pays capitalistes. Il comptait utiliser l'intelligentsia nationale en vue de transformer les richesses du Congo : une attitude qui ne pouvait pas plaire aux pays capitalistes qui veulent toujours garder le contrôle du savoir et de la technologie et se positionner comme un facteur indispensable dans le développement du Congo.

La Banque Mondiale, une institution utilisée par les pays capitalistes en vue de promouvoir la coopération nord-sud selon les préceptes néolibéraux des pays capitalistes, n'était pas le bien venue auprès de L.D. Kabila. La coopération avec les pays capitalistes, comme d'habitude, était pleine des conditionnalités, ce qui ne plaisait pas à L.D. Kabila. Non seulement, il détestait les conditionnalités, mais il trouvait aussi que la hauteur des fonds offerts par les pays capitalistes était insignifiante. D'où sa réaction de rejeter les offres des pays capitalistes et de se tourner vers la Chine, un comportement considéré inacceptable par les pays capitalistes.

[407] L'analyse détaillée de cette coopération qui a duré 32 ans se trouve aux Chapitres IV et V dans Georges MPWATE-Ndaume, *Op. Cit.*, 2010.

La conséquence était connue. Quand un président Congolais fait défaut dans la coopération avec les pays capitalistes, il passe un court séjour au pouvoir. Les pays capitalistes ont fait défaut, L.D. Kabila aussi a fait défaut, le résultat, c'était la punition pour défaut mutuel, soit : CAP=1 RDC=1. Et c'était la forme extrême de l'élimination du partenaire congolais qui a été réservée à L.D. Kabila, il fut assassiné comme Lumumba. [408] Le cycle est rentré vers gagnant-perdant pendant le premier mandat de Joseph Kabila.

Tableau 7.5 La coopération entre les pays capitalistes et le régime Joseph Kabila, 2001-2011

		RDC (le Régime Joseph Kabila)	
		Coopérer	Faire défaut
CAP	Coopérer		
	Faire défaut	CAP=5 RDC=0 Tentation de faire défaut et Paiement de dupe	

Joseph Kabila est devenu président de la République démocratique du Congo dans des circonstances très obscures après l'assassinat du président Laurent D. Kabila. Jusqu'aujourd'hui, les vrais assassins du président Laurent D. Kabila ne sont pas connus. Le régime Joseph Kabila se réclame être la continuation du kabilisme introduit par Laurent D. Kabila. Je ne suis pas parmi ceux qui y croient. D'abord parce que L.D. Kabila était contre la politique néolibérale que les Occidentaux voulaient appliquer au Congo. Par contre, le régime Joseph Kabila ne s'y est pas opposé. La Constitution que le régime a fait voter aux Congolais a justement promu les préceptes néolibéraux dans le pays. Ensuite, le président Laurent D. Kabila a connu les débuts de ses problèmes avec ceux qui l'ont amené au pouvoir quand il a demandé à l'armée rwandaise et ougandaise de rentrer à leurs pays. Par contre, le régime Joseph Kabila a usé d'une baguette magique qu'on appelle « brassage et mixage » pour noyauter les institutions congolaises par des Rwandais et des Ougandais, une situation qui a contribué à une guerre de trente ans à la base de l'holocauste Congolais. L'examen approfondi de la coopération entre les pays capitalistes et le régime Joseph Kabila montre que le régime L.D. Kabila a été enterré et le Congo était rentré à ses anciens amours avec les pays capitalistes comme ce fut du temps du président Mobutu.

[408] Pour une analyse plus complète voir Georges MPWATE-Ndaume, *Op. Cit*, 2010, chapitre VI.

La coopération que j'ai décrite pendant le régime Mobutu avait disparu pendant les quelques années que Laurent D. Kabila a passées à la tête du pays pour reprendre en force avec le régime de Joseph Kabila. En d'autres termes, le Congo ne jouait plus son rôle dans la division internationale du travail pendant une quinzaine d'années. Le monde capitaliste s'est impliqué sérieusement pour le réintégrer dans le système, et c'était chose faite après que les pays capitalistes aient réussi à organiser des élections au Congo en 2006. Le premier mandat de Joseph Kabila a beaucoup compté sur la coopération avec les pays capitalistes en vue de matérialiser ses promesses électorales des « Cinq Chantiers ». A sa déception, Joseph Kabila a constaté que les « Cinq Chantiers » sont restés des « Champs Entiers » et il se tourna vers la Chine. La coopération entre le premier mandat de Joseph Kabila et les pays capitalistes était un cas de CAP=5 RDC=0.[409]

Tableau 7.6 La coopération entre les pays capitalistes et le régime Joseph Kabila, 2011-2018

	RDC (le Régime Joseph Kabila)		
CAP		Coopérer	Faire défaut
	Coopérer		
	Faire défaut		CAP=1 RDC=1 Punition pour défaut mutuel

Dans l'histoire de la coopération entre les pays capitalistes et le Congo, on n'avait pas jusque-là connu un changement de 'cage' pendant le pouvoir d'un régime. C'est la toute première fois que l'on constate un changement de cap par un régime au pouvoir. Ayant constaté l'échec de sa coopération avec les pays Occidentaux, le président Kabila n'a pas hésité à tendre les mains vers les Chinois pour le sortir de son embarras. Sa déception était clairement exprimée devant les journalistes qui lui ont posé une question sur cet accord avec la Chine :

« Question : Avez-vous de ressentiment envers l'Ouest à propos de cette affaire ?

Réponse : Eh bien, je ne comprends pas pourquoi ils nous ont dit de ne pas signer ces accords. Probablement parce qu'il y a beaucoup d'ignorance, l'ignorance de la façon dont notre situation est difficile. Bien sûr, lorsque vous êtes assis à Washington ou vous été assis à New York, vous croyez que tout le monde est

---

[409] Pour plus de détails sur cette coopération, prière de lire le chapitre VII dans Georges MPWATE-Ndaume, *Op., Cit.*, 2010. Je suis aussi revenu sur cette période au chapitre 4 du présent travail.

comme à Washington ou à New York. Mais les gens souffrent. Qu'est-ce qui m'a révolté moi ? C'est le fait qu'il y ait une résistance à cet accord sans faire une contre-proposition. »[410] Les détails sur cette coopération ont été donnés au chapitre 5 précédent. La coopération entre les pays capitalistes et le régime Joseph Kabila avait connu une mutation vers CAP=1 RDC=1. Au lieu de connaître le sort de la forme extrême d'élimination, Joseph Kabila a connu une élimination politique.

Tableau 7.7 La coopération entre les pays capitaliste et le régime Tshisekedi, 2018-2023

		RDC (le Régime Joseph Kabila)	
CAP		Coopérer	Faire défaut
	Coopérer		
	Faire défaut	CAP=5 RDC=0 Tentation de faire défaut et Paiement de dupe	CAP=1 RDC=1 Punition pour défaut mutuel

La même surprise que l'on a connue avec le régime Joseph Kabila qui avait changé de politique pendant son deuxième mandat s'est opérée aussi avec le régime Tshisekedi qui n'a pas attendu son deuxième mandat pour affirmer ses positions en matière de coopération. En effet, le premier mandat du président Tshisekedi a commencé avec une grande ouverture vers les pays capitalistes, mais ces relations se sont assombries vers le milieu de son mandat quand il a commencé à affirmer avec force sa politique de coopération *Gagnant-gagnant*. A la fin de son premier mandat, le président Tshisekedi n'était plus dans les cœurs des pays capitalistes qui souhaitaient son élimination politique à travers les élections. C'est ainsi que l'Occident a déployé tous ses efforts pour contrôler les élections au Congo par tous les moyens. Le président Tshisekedi est sorti gagnant à cette étape. Mais les pays capitalistes lui ont tendu un autre piège : la guerre à l'Est du pays. C'est l'issue de cette guerre de trente ans qui sera déterminante pour l'avenir du Congo. Ainsi donc la coopération entre les pays capitalistes et le régime Tshisekedi qui a commencé dans la cage CAP=5 RDC=0 a mué vers CAP=1 RDC=1 pendant un seul mandat. Et ce qui est surprenant, le président Tshisekedi n'a pas été éliminé ni politiquement ni physiquement. Est-ce que le cycle connu jusque-là dans la coopération entre les pays capitalistes et le Congo a été brisé ? Il est trop tôt d'y répondre à l'heure actuelle. La question pourra

[410] The New York Times, April 4, 2009. Traduction de l'Anglais par Crescent.

trouver la réponse à la fin du deuxième mandat du président Tshisekedi. Pour le moment, le cycle se présente de la manière ci-dessous :

Fig. 7.2 Cycles de la coopération entre les pays capitalistes et le Congo, 1908-2023

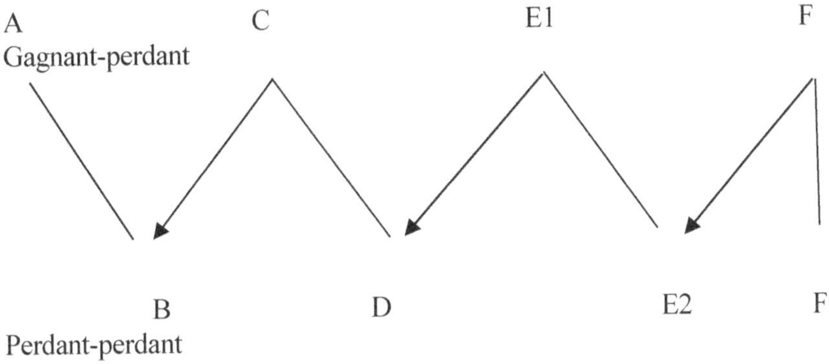

A= Pays capitalistes et le Congo Belge, 19008-1960

B= Pays capitalistes et le Gouvernement Lumumba, 1960-1965

C=Pays capitalistes et le Régime Mobutu, 1965-1997

D=Pays capitalistes et le Régime L.D. Kabila, 1997-2001

E1=Pays capitalistes et le Régime Joseph Kabila, 2001-2011

E2=Pays capitalistes et le Régime Joseph Kabila, 2011-2018

F= Pays capitalistes et le Régime Tshisekedi, 2018-2023

CAP= Pays capitalistes

RDC= République démocratique du Congo

Ce cycle récurrent décrit ci-haut montre que les conditions nécessaires de promouvoir une coopération *Gagnant-gagnant*, n'ont pas encore été remplies. Après 115 ans de coopération avec les pays capitalistes, le Congo n'est pas parvenu à résoudre ce dilemme. Et je ne trouve pas de raisons de croire que ce cycle récurent dans la coopération avec les pays capitalistes pourrait changer en coopération « Gagnant-gagnant ». Depuis le déclenchement de la guerre d'Ukraine, le monde est lancé dans une guerre de positionnement entre le G7 (l'OTAN) d'un côté et de l'autre côté les pays des BRICS. Comme je l'ai discuté plus haut, les enjeux se tournent autour de l'impératif énergétique pour le futur. Le régime de Joseph Kabila avait déjà ouvert les portes vers une coopération avec les pays des BRICS, notamment, la Chine. La grande question que l'on doit se poser maintenant est de savoir si cette ouverture vers les BRICS peut résoudre le dilemme qui poursuit le Congo, à savoir : l'absence d'une coopération « Gagnant-gagnant » en vue de remplir l'une des conditions nécessaires pour son émergence.

B. La coopération entre les BRICS et le Congo : fin du dilemme pour les présidents congolais ?

Le Congo n'a pas encore développé une coopération sérieuse avec les pays des BRICS. Le président Mobutu avait essayé, mais les relations sont restées timides. C'est seulement le deuxième mandat de Joseph Kabila qui a ouvert les portes vers un pays des BRICS, à savoir, la Chine. Comme je l'ai analysé au chapitre 5, cette coopération s'est avérée être aussi un cas de *Gagnant-perdant* soit : CHINE=5 RDC=0.

Tableau 7.8 La coopération entre la chine et le régime Joseph Kabila, 2008-2018

	RDC (le Régime Joseph Kabila, 2008-2018)		
CHINE		Coopérer	Faire défaut
	Coopérer		
	Faire défaut	CHINE=5 RDC=0 Tentation de faire défaut et paiement de dupe	

J'ai montré au chapitre 5 que le contrat signé entre la République démocratique du Congo et le groupe des entreprises chinoises n'avait pas œuvré à l'avantage de la RDC. Cet accord a été très combattu par les pays capitalistes, surtout les Etats-Unis. J'ai aussi signalé que l'une des attentes des Etats-Unis en proposant un Partenariat Privilégié pour la Paix et la Prospérité au régime Tshisekedi était de convaincre Kinshasa à revoir, si pas carrément à se retirer des accords signés entre la Chine et la RDC. La réaction du régime Tshisekedi constituait donc un grand enjeu pour le futur de la coopération entre son régime et les pays capitalistes.

La coopération entre la chine et le régime Tshisekedi, 2018-2023

Comme je l'ai discuté plus haut, la réaction du régime Tshisekedi n'a pas été à la hauteur des attentes des Etats-Unis. Le régime Tshisekedi n'avait aucun intérêt à rompre avec la Chine et a préféré solliciter une coopération *Gagnant-gagnant* avec la Chine, ce que cette dernière a accepté. Le voyage du président Tshisekedi en Chine et la signature d'un « accord global et stratégique » entre les deux pays a lancé un message clair à Washington que le Congo travaillait pour ses intérêts et non pas pour ceux des pays capitalistes. La réplique de Washington était sans ambages à travers une délégation des Congressmen Américains conduite par le Congressman de Michigan, John James. Cette délégation est venue porter à la connaissance du président Tshisekedi le projet de loi H.R. 4548 (The Bridge to DRC Act of 2023). Ce projet de loi a exposé clairement ce que les Américains pensent de la coopération entre la Chine et le Congo.[411] En bref, pour eux, cette coopération constitue un danger pour la sécurité nationale américaine.

Conclusion

La coopération entre les pays capitalistes et le régime Tshisekedi est plus que jamais mise à l'épreuve depuis la guerre de trente ans qui sévit à l'Est du Congo. La persistance de cette guerre est une preuve tangible que les pays capitalistes tiennent à maintenir leur vieille coopération de *Gagnant-perdant* avec le Congo ; ils ne sont pas prêts pour une coopération *Gagnant-gagnant* telle que sollicitée par le Congo. Comme je l'ai discuté plus haut, les enjeux géopolitiques actuels offrent une opportunité au Congo de faire promouvoir sa coopération avec les pays des BRICS. Cette position ne veut pas dire que le Congo doit nécessairement arrêter sa coopération avec les pays capitalistes, mais du moins, ne doit plus trop y compter pour son émergence. Après 115 ans de relations inefficaces, on peut dire que cette coopération a montré ses limites. Je ne trouve pas de raisons de croire que cette situation pourrait changer. Par contre, les pays des BRICS peuvent constituer une bonne opportunité pour le Congo pour des raisons suivantes :

- La raison principale que j'ai évoquée plus haut qui est à la base d'une coopération qui ne fait pas émerger le Congo est celle avancée par les néoréalistes en matière de coopération, l'équation du gain relatif. Cette situation n'affecte pas au même degré les pays des BRICS. En effet, les pays capitalistes, qui se considèrent comme les plus riches de la planète, ont plus d'intérêts à protéger sur la répartition des gains relatifs en coopération (équilibre du pouvoir) que les pays des BRICS qui trouvent qu'ils doivent travailler pour attraper les riches.
- Le Congo est plus en harmonie d'intérêts avec les BRICS qu'avec les pays capitalistes. En effet, les pays des BRICS veulent une croissance qui puisse leur permettre d'atteindre le niveau des pays développés et le Congo veut aussi une croissance qui lui permette de devenir un pays émergent. C'est ainsi que les deux parties sont plus disposés à la coopération *Gagnant-gagnant*, car pour eux c'est le gain absolu qui compte le plus, et non le gain relatif ; en d'autres termes, le maximum que chaque partie peut tirer de la coopération est le bienvenu. Les BRICS vont offrir des moyens financiers et technologiques au Congo qui en retour leur garantira l'accès aux matières premières stratégiques nécessaires pour leur progrès en ce moment où l'impératif énergétique devient un instrument de puissance déterminant.

[411] Le projet de loi H.R. 4548 est repris en annexe. Il apparait en Anglais pour éviter tout problème de traduction. Même si ce projet n'a pas encore été voté au Congrès américain, il reprend sans ambages ce que l'Amérique pense de la coopération entre la Chine et la RDC.

- Une autre raison en faveur des BRICS, c'est qu'on peut leur accorder le bénéfice du doute. On sait que tous, les pays capitalistes aussi bien que les BRICS, travaillent pour leurs intérêts. Mais la manière de s'y mettre peut différer. Si l'expérience du Congo a échoué avec les pays capitalistes, pourquoi ne pas essayer avec les BRICS ?

Ainsi donc, si la coopération *Gagnant-gagnant* réussissait avec les pays des BRICS, le Congo aura répondu à la condition nécessaire qui construirait la Pyramide du développement pour le Congo. En effet, les trois niveaux décrits dans la Pyramide, une fois considérés comme un tout, constituent les conditions nécessaires et suffisantes pour l'émergence du Congo.

Conclusion générale

A la fin de ce travail, je dois affirmer que les préoccupations que j'ai soulevées au début de ma réflexion ont trouvé des réponses appropriées après que le chapitre 2 ait montré le moteur de la coopération entre les pays capitalistes et le Congo depuis les temps reculés, le chapitre 3 a éclairé les différentes théories développées en coopération internationale en vue de mieux appréhender la complexité des relations entre les pays capitalistes et le Congo.

Le chapitre 4 a démontré que les relations entre les pays capitalistes et le Congo pendant le premier mandat de Joseph Kabila étaient un cas de *tentation de faire défaut et paiement de dupe*. Le chapitre 5 a confirmé que la politique du régime Joseph Kabila a connu une mutation pendant son deuxième mandat qui montre que cette coopération était muée en un cas de *punition pour défaut mutuel*. Le chapitre 6, quant à lui, a montré que pendant que le régime Joseph Kabila a attendu jusqu'au deuxième mandat pour initier une mutation de politique, la politique du régime Tshisekedi s'est muée pendant le tout premier mandat sans attendre le second mandat. L'analyse a montré que la coopération entre les pays capitalistes et le régime Tshisekedi est un cas de *tentation de faire défaut et paiement de dupe* mué en *punition pour défaut mutuel*. Le chapitre 7 constitue une conclusion générale de cette recherche menée depuis le début de cette coopération il y a 115 ans jusqu'à nos jours. Le dernier chapitre propose une voie de sortie, à savoir, la Pyramide du développement pour le Congo, en vue de résoudre le dilemme de cette coopération qui est restée enfermée dans un cycle récurrent de *Gagnant-perdant et Perdant-perdant*.

Sur le plan d'explication théorique, l'analyse a montré que beaucoup de théories libérales en coopération internationale ont véhiculé des mythes dans la coopération entre les pays capitalistes et le Congo. Quant aux théories réalistes, une théorie a réellement appréhendé les réalités de cette coopération, à savoir, la théorie néoréaliste en matière de coopération. Et comme on le sait, la théorie des jeux, particulièrement le dilemme du prisonnier que j'ai utilisé dans cette analyse fait partie des théories réalistes. Les pays capitalistes font face aux contradictions inhérentes du capitalisme. Ils sont poursuivis par le dilemme du partage de gains relatifs dans la coopération, car ils doivent résoudre leur problème d'insécurité (équilibre du pouvoir) dans un système qu'ils ont eux-mêmes créé. En définitive, la théorie de système monde moderne a bien caractérisé la coopération entre les pays capitalistes et le Congo. Elle défend l'idée que la coopération internationale telle qu'elle est pratiquée travaille non pas en faveur des pays pauvres, mais plutôt pour le système capitaliste qui profite aux pays riches.

L'ordre mondial est certainement en ballotage depuis le début de la guerre d'Ukraine. Les BRICS affirment de plus en plus leur volonté de changer l'ordre mondial dominé par l'Occident, spécialement, les Etats-Unis. La République démocratique du Congo doit appliquer la stratégie de saisir l'opportunité. En effet, la RDC a déjà raté des opportunités dans le passé, notamment, le boom pétrolier et le boom du coltan. A l'heure actuelle, le boom de la transition énergétique est en train de se mettre en place. La possibilité que le Congo rate encore cette opportunité n'est pas à écarter. Etant donné que la coopération de 115 ans avec les pays capitalistes n'a pas donné les résultats escomptés, la RDC doit se tourner vers la coopération avec les pays des BRICS. La coopération CAP=3 RDC=3 a jusque-là été un leurre, l'intelligence prudente recommande d'essayer la coopération BRICS=3 RDC=3. C'est cette coopération qui pourra aider la RDC à remplir la condition nécessaire au niveau 3 dans la Pyramide du décollage pour le Congo. En travaillant dur sur les conditions nécessaires au niveau 1 et 2 de la Pyramide, et après avoir sécurisé le niveau 3, la RDC ouvre son entrée dans le cercle des pays émergents. Car je crois que dans ce cas, les conditions nécessaires et suffisantes seront remplies pour son décollage. L'intelligence prudente nous recommande d'appeler un mythe un mythe, et la réalité la réalité.

Bibliographie

Ouvrages

AXELROD, Robert, *The Evolution of Cooperation*, New York : Basic Boooks, 1984.

ASHWORTH, William, *A short History of the International Economy,* 1850-1950, New York: Longmans, Green & Co, 1952.

BADWIN, David, ed., *Neorealism and Neoliberalism: The Contempory Debate,* New York: Columbia University Press, 1993.

BAYLIS, John &Steven Smith, Patricia Owens, *The Globalization of World Politics. A Introduction to International relations,* Oxford: Oxford University Press, 2008.

BELINGER, Robert, *Triumphs of the Gospel in the Belgian Congo,* Richmond: Presbyterian Committee of Publication, 1960.

BRAMS, Stephen, *Rational Politics. Decisions, Games and Strategy*, Washington, D.C.: CQ Press, 1985.

BROWN, Chris & Kirsten Ainley, *Understanding International Relations*, New York: Palgrave, 2005.

CHAZAN, Naomi et Al., *Politics and Society in Contemporary Africa,* Boulder, CO: Lynne Rienner Publishers, 1992.

DELANCEY, Mark, ed., *Handbook of Political Science Research on Sub Saharan Africa: Trends from the 1960s to the 1990s,* Westpost, Connecticut, London: Green Wood Press, 1992.

DESAI, Vandana & Robert Potter, eds., *The Companion to development studies,* London: Hodder Arnold, 2002.

DESSOUY, Gérard, *Traité de Relations Internationales. Tome III. Les Théories de la Mondialité*, Paris : l'Harmattan, 2009.

DE VLEESCHAUWER, *Belgian Colonial Policy,* New York: Belgium Information Center, 1943.

DOUGHERTY, James & Robert Pfaltzgraff, jr., *Contending Theories of International Relations. A Comprehensive Survey,* New York: Addison Wesley Longman, Inc. 2001.

DOYLE, A. Conan, *The Crime of the Congo,* New York: Doubleday, Page & Company, 1909.

FAYULU, Martin, *Investir dans le Citoyen pour développer la RDC*, Kinshasa, 2018.

GAZIBO, Mamoudou & Roromme Chantal, *Un Nouvel Ordre Mondial in China?,* Montréal : Presse de l'Université de Montréal, 2011.

GIBBS, David, *The Political Economy of Third World Intervention*, Chicago: The University Of Chicago Press, 1991.

GILL, Stephen &David Law, *The Global Political Economy,* Baltimore: The Johns Hopkins University Press, 1989.

GILPIN, Robert, *The Political Economy of International Relations,* Princeton, NJ: Princeton University Press, 1987.

GOULET, Denise & Michael Hudson, *The Myth of Aid. The Hidden Agenda of the Development Reports*, New York: IDOC, 1971.

GRAN, Guy, ed., *Zaire: The political Economy of Underdevelopment*, New York: Praeger, 1979.

GRAY, Colin. S, Mobutu Strategy, New York: Oxford University Press, 1999.

JACKSON, Robert & Doreen Jackson, *A Comparative Introduction to Political Science,* Upper Saddle River, NJ: Prentice-Hall, 1997.

KEITH, Arthur B., *The Belgian Congo and the Berlin Act,* New York: Negro Universities Press, 1970.

KEGLEY, Charles & Eugene Wittkopf, *American Foreign Policy. Pattern and Process* New York: St Martin's Press, Inc., 1991.

KLEIN, Naomi, *The Shock Doctrine. The Rise of Disaster Capitalism,* New York: Metropolitan Books, 2007.

KELLY, Sean, *America's Tyrant: The CIA and Mobutu of Zaire*, Washington, D.C.: The American University Press, 1993.

KNOWLES, Lilian, *Economic Development in the Nineteenth Century,* London: Routledge & Kegan Paul Ltd, 1964.

KRASNER, Stephen, *International Regimes,* Ithaca and London: Cornell University Press, 1995.

LASSWELL, Harold, *World Politics and Personal Insecurity*, New York: The Free Press, 1965.

LEGUM, Colin, *Congo Disaster*, Baltimore : Penguin Books, 1961.

LESSOURD, Jean-Alain et Claude Gerard, *Histoire Economique XIXème et XXème siècles, Tome I,* Paris : Librairies Armand Collin, 1963.

LINDEN, Ian, *A New Map of the World*, Darton: Longman & Todd Ltd, 2003.

LOUIS, Roger & Jean Strengers, ed., *Morel's History of the Congo Reform Movement*, Oxford: Clarendom Press, 1968.

LUDO, Martens, *Kabila et la Révolution Congolaise. Panafricanisme ou Néocolonialisme ?* Anvers : éditions EPO, 2002.

MAC DONNELL, John de Courcy, *King Leopold II. His Rule in Belgium and* the *Congo*, New York: Negro Universities Press, 1969.

MARTELLI, George, *Léopold to Lumumba,* London: Chapman & Hall Ltd, 1962.

MERLIER, Michel, *Le Congo de la Colonisation Belge à l'Indépendance,* Paris V: François Maspero, 1962.

MICHEL, Serge & Michel Beuret, *La Chinafrique: Pékin à la conquête du continent noir*, Paris: Bernard Grasset, 2008.

MINGST, Karen A., *Essentials of International Relations,* New York: W.W. Norton & Company, 2008.

MITTLEMAN, James, *The Globalization Syndrome Transformation and* Resistance, Princeton: Princeton University Press, 2000.

MOREL, Edmond, *King Leopold's Rule in Africa,* Westport, Connecticut: Negro Universities Press, 1970.

MPWATE-NDAUME, Georges, *La Coopération entre le Congo et les Pays Capitalistes. Un Dilemme pour les présidents Congolais, 1908-2008,* Paris : l'Harmattan, 2010.

_____________ . *Paradoxe Congolais : Vivre Très Pauvre dans un Pays Immensément Riche*, Norderstedt, Germany: Editions Européennes, 2019.

MUTINGA, Modeste, *Chronique d'une Paix Négociée en RDC*, Bruxelles: Editions Espace Afrique, 2005.

NGBANDA, Honoré, *Crimes Organisés en Afrique Centrale*, Paris: Editions Duboiris, 2004.

______________ . *Ainsi sonne le glas! Les derniers jours du Maréchal Mobutu*, Paris: Editions Gideppe, 1998.

OATLEY, Thomas, *The Global Economy Contemporary Debates,* New York: Pearson Longman, 2005.

ONANA, Charles, *Holocauste au Congo. L'Omerta de la communauté internationale. La France complice ?*, Paris : l'Artilleur, 2023.

RAY, Lee James, *Global Politics*, Boston: Houghton Mifflin Company, 1995.

RIDELL, Roger, *Foreign Aid Reconsidered,* Baltimore, MD: The Johns Hopkins University Press, 1987.

RODRIK, Dan, *One Economics. Many Recipes. Globalization, Institutions and Economic Growth*, Princeton, NJ: Princeton University Press, 2007.

ROSTOV, Walt, *The Stages of Economic Growth: A Non-Communist Manifesto*, Cambridge: University Press, 1961.

SANTIMI, Guy-Lambert, *Relations Nord-sud, un scandale. Le cas de la RDC et les pays de la zone CFA,* Saint-Léger, Suisse : Monde Nouveau/ Afrique nouvelle, 2014.

SCHULZ, Manfred, ed;, *Les Porteurs de développement en RD Congo. Dans le domaine de la politique, économie, religion, société civile et de la culture,* Berlin : Lit Verlag, 2008.

SELIGSON, Mitchell & John T. Passé-Smith, eds., *Development and Underdevelopment. The Political Economy of Global Inequality,* London: Lynne Rienner Publishers, 2003.

TODARO, Michael, *Economic development in the Third World*, New York & London: Longman, 1977.

TURNER, Thomas, *The Congo Wars: Conflict, myth and reality*, New York: Zed Books, 2008.

VIOTTI, Paul & Mark Kauppi, *International Relations Theory,* New York: Macmillan Publishing Company, 1987.

WACK, Henry Willington, *The Story of the Congo Free State*, New York: The Knickerbocker Press, 1905.

WALLERSTEIN, Immanuel, *The Capitalist World Economy,* New York: Cambridge University Press, 1978.

____________ . *The Modern World-System III. The Second Era of Great Expansion of the Capitalist World-Economy, 1730-1840s,* New York: Academic Press, 1989.

____________ . *The Capitalist World-Economy,* New York: Cambridge University Press, 1991.

YOUNG, Crawford, *The Rise and Fall of the Zairian State,* Madison: The University of Wisconsin Press, 1985.

ARTICLES

BRAECKMAN, Colette, "Les Politiques Africaines de l'UE et des USA", in *Bulletin d'Information Africaine,* 18ème année, Février, 2000.

GALTUNG, Johan, " A Structural Theory of Imperialism," *Journal of Peace Research,* 1971, 13:81-117.

KORYBKO, Andrew, " Guerre hybride. La Chine, le cobalt et les plans de la révolution de Couleur des USA pour le Congo », *Source Oriental Review,* Février, 2017.

KURTH, James, « Confronting the Unipolar Moment: The American Empire and Islamic Terrorism", in *Current History. A Journal of Contemporary World Affairs*, Dec, 2002.

MBEKO, Robert, "Causes et conséquences de la guerre en RDC" "Mwangaza", *Groupe de Recherche et Etudes sur le Congo (G.R.E.C.)*, Londres, 27 avril 2003.

MONSENGWO PASINYA, Laurent, « La Transition Politique en RDCongo : Un Casse-tête » in *Renaître*, n° 22, 30 novembre, 2005, année XIV.

PIVETEAU, Alain & Eric Rougier, « Emergence, l'économie du développement interpellée » In *Revue de la régulation,* 7/1er semestre 2010, Maison des sciences de l'homme, Paris

RUGGIE, John, « International Responses to Technology: Concepts and Trends » in *International Organizations, Vol*. 29 N°3, 1975, P.570.

« Russia's Sergey Glazyev introduced the new global financial system », *The Cradle*, April 14, 2022.

The New York Times, April 4, 2009.

TOULEMONDE, Marie, « Lithium et cobalt en RDC : Les dessous de la rivalité entre les Etats- Unis et la Chine », *Jeune Afrique*, 7 Juillet 2023.

TSHIBAMBE, Lubowa, *Diplomatica Magazine 12*, n° 0001, Fév-avril, 2008.

Uhuru, N° 815, Jeudi 14 décembre, 2006.

WAVREILLE, Aline, " RDCongo: l'Opposition s'est trouvée un nom, mais pas encore de plan d'action », *RTBF*, 10 juin, 2016.

Documents et conférences

BARACYETSE, Pierre, « L'enjeu géopolitique des sociétés minières internationales en République démocratique du Congo (ex Zaïre), Buzet (Belgique), Décembre, 1999.

CELLULE DE COMMUNIATION DE SICOMINES SA, « Communiqué de presse », Kolwezi, le 17 Fév. 2023.

CREM, Robert, Lettre ouverte aux 33 candidates et candidats à l'élection présidentielle, Bruxelles, 15/07/2006.

DE VILLIERS, Gauthier, « Les Trois Présidences de Joseph Kabila. Vertus et limites d'une Stratégie de l'extraversion », Bruxelles, Juin, 2009.

EBOUE, Chico, « Emergence et développement économique : Les leçons internationales Pour le Congo », Programme de renforcement des capacités du gouvernement.

Séminaire du Ministère du Plan, 25-28 Juin, Kinshasa, 2014.

IGF, « Importants décaissements en faveur des entreprises chinoises, mais très faibles investissements en infrastructure au profit de la RDC », Economie, Jeudi 16 Fév. 2023, Activités.cd

KINTU, R., « La vérité sur la tragédie rwandaise », 29 Mars, 2005.

MUPEPELE, Léonide, « Contrat de services de consultance N° 002 ST ITIE_RDC 2021, Etude d'évaluation de la mise en œuvre de convention de collaboration relative au Développement d'un projet minier et d'un projet d'infrastructures en RDC, Projet SICOMINES », Kinshasa, Sept. 2021.

M'ZEE KABILA, Laurent Désiré, Message aux Congolais de Libreville, Libreville, Gabon.

NDAYWEL è NZIEM, Isidore, « Afrique des Grands Lacs soixante ans de tragiques Instabilités », Colloque, Paris, 2020.

OBSERVATION AFRICAINE DES RESSOURCES NATURELLES, « Convention de la SINO-CONGOLAISE des MINES : qui perd, qui gagne entre l'Etat congolais et la Chine ? » SICOMINE-NEW-1. Pdf Juin 2021.

Rapport de la Conférence Nationale Souveraine, Kinshasa, 1995.

Rapport de mission du RSUE, Kinshasa, Novembre, 2006.

RDC, Assemblée Nationale, Commission Spéciale chargée de l'examen de la validité des Conventions à caractère économique et financier conclues pendant les guerres de 1996- 1997 et de 1998, « Rapport des Travaux. Première Partie », Kinshasa, Juin, 2005.

RDC , Ministère des Mines, Commission de Révisitation des Contrats Miniers, Rapport des Travaux. Introduction Générale Conventions minières conclues par l'Etat, Partenariats Conclus par : EMK-Mn, MIBA, OKIMO, SAKIMA, Novembre, 2007.

STATE DEPARTMENT, Economic Cooperation Agreement between the United States of America and the Kingdom of Belgium, Washington D.C., Government Printing, Office, 1948.

Sites internet

Ambassade des Etats-Unis en République démocratique du Congo, Département d'Etat des Etats-Unis, Bureau du porte-parole, « La relation entre les Etats-Unis et la République Démocratique du Congo », 2Aout, 2022, cd.usembassy.gov

BONIFACE, Oascal, La Géopolitique. 50 fiches pour comprendre l'actualité, www.Editions-Eyrolles.com, p. 14.

Cd. Usembassy.gov, Contenu de l'appel du Président Obama au Président Joseph Kabila de la RDCongo, 31 mars, 2015.

https://doi.org/10.4000/echogeo.13119.

https://excllusifrdc.com/amp/agression- de- la- rdc -le- sénat- américain –charge-Kagame –dans-lettre- au- secrétaire- d'État- blinken/https:// m.facebook.com/ambassadeusakinshasa/photos./95460637089/1015724106253 2090

HUMAN RIGHTS WATCH, « Une Transition citoyenne pour la RDCongo » www.hrw.org, 19 Septembre, 2017.

IMAD FAWZI SHEIBI, « Le projet de Nouvel Ordre Mondial trébuche sur les réalités Géopolitiques » www.voltairenet.org article175133, 14 Août 2012.

ISANGO, Eddy, « Trump et la question congolaise » www. Voaafrique.com, 2 nov. 2017.

ME OMAR KAVOTA, Centre d'Etudes pour la promotion de la paix, la démocratie et les droits de l'homme, « Chantre de la balkanisation de la RDC, Peter Pham parraine des investissements privés à Kinshasa, » tribune du Samedi 15 Fév. 2020, 7 sur 7.cd.index.php

OKENDA, Jean-Pierre et le personnel de Nature Resource Governance Institute, oil, gas and mining for development, « Innovations de la nouvelle législation minière de la RDC : opportunités, défis et perspectives de mise en œuvre « , www.resource governance.org

PUMU, Florent, « Administration Obama, Kabila et les vrais enjeux du Dialogue de 2015 », www.kamotocentre.com

REVER, Judi, « Rwanda is the 'Wild West' and should be removed from the mineral supply Chain" cnadiandimension.com, sept 25, 2023.

RIGAUD, Christophe, « RDC : Quelles conséquences après l'élection de Joe Biden ? » Afrikarabia. L'info en RDCongo et en Afrique centrale, 8Nov. 2020, afikarabia.com

_______________ . « RDC : le casse-tête chinois des contrats miniers »

Afrikarabia.com/wordpress, 28 Mai, 2023.

THE CARTER CENTER, « Affaire d'Etat : Privatisation du secteur du cuivre en République Démocratique du Congo », www.cartercenter.org

www.armand-colin.com, p. 208 Guy Hermet, Bernard Badie, Pierre Birnbaum, Philippe Braud, dictionnaire de la science politique et des institutions politiques 7ème édition

www.bbc.com, les USA critiquent l'élection en RDC, 15 Déc. 2011.

www.cohenonaafrica.com, Hank Cohen's Africa Blog. "Congolese Intellectual's Misguided reaction to Ambassador Haley's visit to the RDC", October 30, 2017.

wwwEco/infosMonde.com/2008/01

www.Maxicours.com

www.imoya.org Comité de la Fédération de Solidarité avec l'Afrique Noire.

Annexes

Appendice 1

CONVENTION DE COLLABORATION

ENTRE

LA REPUBLIQUE DEMOCRATIQUE DU CONGO

ET

LE GROUPEMENT D'ENTREPRISES CHINOISES :
CHINA RAILWAY GROUP LIMITED
SINOHYDRO CORPORATION

RELATIVE

AU DEVELOPPEMENT D'UN PROJET MINIER ET D'UN PROJET D'INFRASTRUCTURES EN REPUBLIQUE DEMOCRATIQUE DU CONGO

刚果民主共和国

和

中国企业集团：
中国中铁股份有限公司
中国水利水电建设集团公司

关于刚果民主共和国矿业开发和基础设施建设的

合作协议

2008
二零零八年

CONVENTION DE COLLABORATION

ENTRE

LA REPUBLIQUE DEMOCRATIQUE DU CONGO

ET

LE GROUPEMENT D'ENTREPRISES CHINOISES :
CHINA RAILWAY GROUP LIMITED
SINOHYDRO CORPORATION

RELATIVE

AU DEVELOPPEMENT D'UN PROJET MINIER ET D'UN PROJET D'INFRASTRUCTURES EN REPUBLIQUE DEMOCRATIQUE DU CONGO

刚果民主共和国

和

中国企业集团:
中国中铁股份有限公司
中国水利水电建设集团公司

关于刚果民主共和国矿业开发和基础设施建设的

合作协议

2008
二零零八年

Entre
协议一方

La République Démocratique du Congo, représentée aux fins des présentes par Monsieur Pierre LUMBI OKONGO, Ministre en charge des Infrastructures, Travaux Publics et Reconstruction, d'une part,
刚果民主共和国，本协议代表人：Pierre LUMBI OKONGO 先生，刚果基础设施、公共工程和重建部部长。

Ci-après dénommée « RDC »
以下简称《RDC》。

et
协议另一方

CHINA RAILWAY GROUP LIMITED, ayant son siège social à No.1, XingHuo Road, Fengtai District, Beijing, China, représentée aux fins des présentes par son Président du Conseil d'Administration, Monsieur SHI DaHua, son représentant légal ;
中国中铁股份有限公司，公司注册地址：中国北京市丰台区星火路 1 号，公司法定代表人、董事长石大华先生。

SINOHYDRO CORPORATION, ayant son siège social à No.1, Ertiao, Baiguang Road, Xuanwu District, Beijing, China,100761, représentée aux fins des présentes par Monsieur FAN JiXiang, son représentant légal;
中国水利水电建设集团公司，公司注册地址：中国北京市宣武区白广路二条 1 号(100761)，公司法定代表人范集湘先生。

ci-après dénommées « le Groupement d'Entreprises Chinoises », d'autre part.
以下两家公司共同简称为"中国企业集团"

Ci-après désignés, individuellement, « Partie » et, collectivement, « Parties ».
以下单独简称"一方"，共同简称"双方"。

IL EST CONVENU ET ARRETE CE QUI SUIT :
双方达成一致如下：

I. OBJET

第一章 宗旨

<u>ARTICLE 1 : OBJECTIFS DES PARTIES</u>

<u>第一条 双方的目的</u>

1.1. Les Parties reconnaissent et déclarent qu'en signant la présente Convention de Collaboration, elles poursuivent la réalisation des objectifs suivants :
双方确认并声明，为实现以下目的签署本协议：

1.1.1. Pour la RDC : trouver les ressources financières nécessaires à la réalisation des projets d'infrastructures nationales estimées importantes et urgentes.
刚果民主共和国：寻求实施大型和紧急国家基建项目的必要资金来源。

1.1.2. Pour le Groupement d'Entreprises Chinoises : investir dans le domaine des métaux non-ferreux dans les territoires de la RDC.
中国企业集团：投资有色金属业。

1.2. Les deux Parties conviennent de coopérer comme suit pour réaliser, à la satisfaction de chacune d'elles, les objectifs sus mentionnés :
为实现上述目标，双方一致同意按如下方式合作：

1.2.1. le Groupement d'Entreprises Chinoises s'engage à mobiliser et mettre en place le financement pour la construction des infrastructures en RDC (le « Projet d'Infrastructures »). Le financement sera remboursé par les revenus de l'exploitation minière de tels gisements cupro-cobaltifères situés dans la région de Kolwezi, actuellement inexploités, dont l'Entreprise publique La Générale des Carrières et des Mines, en abrégé « GECAMINES » est titulaire des Droits et Titres miniers qui s'y rapportent. Les modalités concrètes du remboursement de ce financement sont définies dans le Titre IV de la présente Convention de Collaboration.
中国企业集团保证为刚果民主共和国的基础设施建设（基建项目）调配资金并使其到位，该融资将以刚果矿业总公司（简称« GECAMINES »）目前尚未开发的位于 KOLWEZI 地区的铜-钴矿采矿收入进行偿还，融资偿还的具体方式将在本协议第四章规定。

1.2.2. Le Groupement d'Entreprises Chinoises s'engage à mobiliser et mettre en place le financement nécessaire pour le développement des gisements listés en Annexe A (« le Projet Minier »). Les modalités du remboursement de cet investissement sont définies dans le Titre IV de la présente Convention de Collaboration.

中国企业集团保证为附件 A 中列明的矿床的开发项目（矿业项目）调配资金并使其到位，该投资的偿还方式将在本协议第四章规定。

1.3. Le Projet Minier et le Projet d'Infrastructures sont appelés collectivement le Projet de Coopération.
矿业项目和基建项目统称合作项目。

1.4. Pour la constitution d'une « Joint Venture Minière » et la réalisation du Projet Minier, la RDC désigne son entreprise publique bien identifiée au 1.2.1 ci-dessus laquelle sera autorisée à désigner une autre personne physique de son choix qui sera ultérieurement remplacée par l'une des sociétés affiliées de GECAMINES pour constituer le GROUPE GECAMINES.
刚果民主共和国指定由上述第 1.2.1 条定义的刚果国家矿业公司与其指定的一名自然人（该自然人将被刚果矿业总公司的关联公司替代）组成的刚果矿业总公司团体，进行矿业合资公司的组建并实现矿业项目。

1.5. Pour la constitution d'une JV Minière et la réalisation du Projet Minier, le Groupement d'Entreprises Chinoises désigne cinq (5) sociétés, à savoir China Railway Group (Hong Kong) Limited, China Railway Sino-Congo Mining Limited, China Railway Resources Development Limited, Sinohydro Corporation Limited et Sinohydro Harbour Co. Ltd., ces cinq (5) sociétés formant le CONSORTIUM.
中国企业集团指定五家公司，即中国中铁（香港）有限公司、中国中铁华刚矿业股份有限公司、中国中铁资源开发股份有限公司、中国水电建设集团国际工程有限公司、中国水电建设集团港航建设有限公司组成中国企业联合体，进行矿业合资公司的组建并实现矿业项目。

ARTICLE 2 : OBJET DE LA CONVENTION DE COLLABORATION

第二条 合作协议的宗旨

La présente Convention de Collaboration a pour objet de définir et de préciser le Projet de Coopération que les Parties se proposent de réaliser, les modalités générales et particulières de leur réalisation ainsi que les droits et obligations des Parties relativement à ce Projet de Coopération.
本协议的宗旨在于定义和明确双方将实施的合作项目，实施合作项目的基本模式、特殊模式及合作项目各方的权利和义务。

II. PROJET MINIER

第二章 矿业项目

ARTICLE 3: MODALITES DE COOPERATION - CONSTITUTION DE LA JOINT VENTURE MINIERE

第三条 合作方式 – 成立矿业合资公司

3.1. Les Parties réaliseront leur coopération par la constitution d'une JV Minière à laquelle la RDC fera céder, par l'entremise de son entreprise publique GECAMINES et avec la participation de cette dernière, les droits et titres sur les gisements faisant l'objet de la présente Convention de Collaboration au Projet Minier.
双方将以成立矿业合资公司的形式进行合作，刚果民主共和国将委托刚果矿业总公司参与此项目，该公司将本协议项下的矿业项目的矿权转让给矿业合资公司。

3.2. La JV Minière sera ainsi constituée conformément aux règles et usages courants de constitution des sociétés commerciales en République Démocratique du Congo.
该矿业合资公司将按照刚果民主共和国组建商业公司的现行的规则与惯例进行组建。

3.3. Elle sera gérée par le droit des sociétés commerciales et devra générer des profits dont une partie servira au remboursement aussi bien des investissements miniers que des investissements des Travaux d'Infrastructures.
矿业合资公司依照商业公司规定进行经营，并应将产生的部分利润用于矿业投资与基础设施建设的偿还。

3.4. Pour garantir au Groupement d'Entreprises Chinoises les moyens de recouvrer leurs investissements dans le Projet Minier et dans le Projet d'Infrastructures, les Parties fixent la répartition du capital social de la JV Minière comme suit : 68 % pour le Groupement d'Entreprises Chinoises et 32 % pour le Groupe GECAMINES.
为了保证中国企业集团收回矿业投资与基建投资，双方确定矿业合资公司的出资比例为：中国企业集团占 68%，刚果矿业总公司团体占 32%。

ARTICLE 4: CESSION DES DROITS ET TITRES MINIERS DES GISEMENTS

第四条 矿权转移

La RDC s'engage à ce que son entreprise publique GECAMINES cède à la JV Minière, les Droits et Titres miniers couvrant les gisements naturels cupro-cobaltifères suivants : Dikuluwe, Mashamba Ouest, Jonction D, Cuvette Dima, Cuvette Mashamba et Synclinal Dikuluwe Colline D contenant des réserves minières estimées à environ 10.616.070 tonnes de cuivre dont environ 6.813.070 tonnes de cuivres en ressources certaines, environ 626.619 tonnes de cobalt et, en tonnage restant à déterminer, toutes autres substances minérales valorisables. Ces gisements, dont GECAMINES détient les Droits et Titres miniers sous la numérotation PE 9681 et 9682 tels que inscrits dans les registres ad hoc tenus par le Cadastre Minier (« CAMI »), sont situés dans la région de Kolwezi, Province du Katanga, République Démocratique du Congo, conformément au plan en Annexe B de la présente Convention de Collaboration.
刚果民主共和国保证刚果矿业总公司将下列铜-钴天然矿的矿权开采证书转让给矿业合资公司：DIKULUWE、西 MASHAMBA、JONCTION D、DIMA 盆地、MASHAMBA 盆地、SYNCLINAL DIKULUWE 高地 D。估算储量：铜约 10,616,070 吨，其中已确定 6,813,070 吨，钴约 626,619 吨，以及其他待定的有价值的矿藏。刚果矿业总公司现拥有在矿权登记局注册的矿权开采证书（编号为 CAMI PE 9681 和 9682）的上述矿床位于刚果民主共和国 KATANGA 省的 KOLWEZI 地区，图纸见本协议附件 B。

ARTICLE 22 : DOMICILIATIONS ET NOTIFICATIONS

第二十二条 地址和通知

Tous avis, directives, demandes ou autres communications, exigés ou envisagés en vertu d'une clause de la présente Convention de Collaboration doivent être faits par écrit et envoyés aux adresses suivantes :
所有的意见、指示、申请、或本协议任何条款确定传递的其他信息，都应书面送达或传真方式送达下述地址。

POUR LA RDC
刚果民主共和国地址：

A l'attention de Monsieur le Ministre des Infrastructures
Bâtiment Ex-CNS
Avenue Haute tension
A Kinshasa Ngaliema
BP :
Tél :
Fax :

POUR LE GROUPEMENT D'ENTREPRISES CHINOISES
中国企业集团地址：

A l'attention du Président du Conseil d'administration de la CHINA RAILWAY GROUP Ltd
N°26 LianHuaChiNanLi, Fengtai District, Beijing, Chine
BP : 100055
Tél: 00861051843417
Fax:00861051841757
中国中铁股份有限公司　董事长（收）
中国北京丰台区莲花池南里 26 号
邮编：100055
电话：00861051843417
传真：00861051841757

Tous avis, directives, demandes ou autres communications seront réputés avoir été donnés ou soumis le jour de livraison ou, dans le cas d'une télécopie, le prochain jour ouvrable après réception du rapport de transmission. Tout changement d'adresse sera signalé à l'autre Partie par écrit et au moins 30 (Trente) jours après son effectivité.
所有的通知、指示、申请、或传递的其他信息，交付当日即为送达日。如果是电传，则送达日为签收单日期的下一工作日。任何地址的变更都应在其实际生效 30 天内书面通知对方。

27

ANNEXE C : Liste des projets d'infrastructures
附件 C：基础建设项目清单

ARTICLE 27: ENTREE EN VIGUEUR

第二十七条 生效

La présente Convention de Collaboration entrera en vigueur à la date de sa signature.
本合作协议自签字之日起生效。

EN FOI DE QUOI les Parties ont signé, en six (6) exemplaires, la présente Convention de Collaboration à Beijing, le 22/04/2008, et chacune des deux Parties détenant deux exemplaires originaux.
各方于 2008 年 4月 22日在北京签署本协议，共六份，各方保存两份原件。

POUR LA REPUBLIQUE DEMOCRATIQUE DU CONGO
刚果民主共和国
Monsieur Pierre LUMBI OKONGO
Pierre LUMBI OKONGO 先生

POUR CHINA RAILWAY GROUP LIMITED,
中国中铁股份有限公司
Monsieur LI ChangJin
李长进先生

POUR SINOHYDRO CORPORATION
Monsieur FAN JiXiang
范集湘先生

29

Appendice 2: Source: Congress.gov https://www.congress.gov house-bill

118TH CONGRESS
1ST SESSION

H. R. 4548

To require a national strategy to secure United States supply chains involving critical minerals sourced from the Democratic Republic of the Congo, and for other purposes.

IN THE HOUSE OF REPRESENTATIVES

JULY 11, 2023

Mr. JAMES (for himself, Mr. BAIRD, Mrs. KIM of California, Mr. MILLS, and Mr. KEAN of New Jersey) introduced the following bill; which was referred to the Committee on Foreign Affairs, and in addition to the Committees on the Judiciary, Financial Services, and Energy and Commerce, for a period to be subsequently determined by the Speaker, in each case for consideration of such provisions as fall within the jurisdiction of the committee concerned

---

A BILL

To require a national strategy to secure United States supply chains involving critical minerals sourced from the Democratic Republic of the Congo, and for other purposes.

Be it enacted by the Senate and House of Representatives of the United States of America in Congress assembled,

SECTION 1. SHORT TITLE.

This Act may be cited as the "Building Relationships and Increasing Democratic Governance through Engagement to DRC Act of 2023" or the "BRIDGE to DRC Act of 2023".

SEC. 2. FINDINGS.

Congress finds the following:

(1) The United States recognized the Democratic Republic of the Congo (hereafter referred to as "the DRC") on June 30, 1960.

(2) The DRC has long suffered from armed conflicts and threats to its territorial integrity, including by the March 23 Movement (M23), the Allied Defense Forces, and the Forces Démocratiques de Liberation du Rwanda (FDLR).

(3) The DRC's instability is further exacerbated by political instability, endemic corruption, exploitation of its natural resources, armed conflict, gross human rights abuses, and humanitarian crises, which destabilize the region and cause mass human suffering.

(4) The DRC is scheduled to conduct presidential, legislative, provincial, and local elections in December 2023.

(5) The United Nations Stabilization Mission in the Democratic Republic of the Congo (MONUSCO) has failed to stabilize eastern DRC and failed its mandate to protect civilians.

(6) The East African Community's intervention has failed to stem armed conflicts and stabilize eastern DRC.

(7) The DRC has globally significant reserves of rare earth minerals and other critical minerals, including deposits of copper, cobalt, lithium, niobium, germanium, and tantalum.

(8) The DRC is the world's largest producer and exporter of cobalt and the world's second largest producer of copper.

(9) The People's Republic of China (PRC) has a near monopoly of the DRC's cobalt mining sector, with 15 of the 19 cobalt-producing mines in the DRC being owned or financed by PRC based firms in 2021, which directly contributes to its near monopoly over global critical mineral supply chains.

(10) The PRC refines 80 percent of the world's cobalt and 60 percent of its lithium.

(11) The United States National Highway Traffic Safety Administration projects that the technology costs required for manufacturers to adhere to current industrial targets could increase by $90 billion over the lifetimes of vehicles through 2029, with per-vehicle costs increasing by roughly $1,110 on average per United States consumer for new vehicles.

SEC. 3. SENSE OF CONGRESS.

It is the sense of Congress that—

(1) the stability of the Democratic Republic of the Congo is a strategic priority for the United States on the African continent, and it is in the economic and national security interest of the United States to support accountable, inclusive, and democratic governance in the Democratic Republic of Congo;

(2) it is in the United States interest to support additional efforts to end conflict in eastern DRC, including by seeking to stem the Rwandan Government's support to the M23, the documented use of child soldiers, and the threat posed to the Congolese people from undisciplined elements of the Armed Forces of the DRC and other non-state armed groups;

(3) United States humanitarian assistance remains critical in providing millions of people in the DRC with life-saving aid and alleviating the suffering of people affected by disasters;

(4) as the largest financial contributor to the United Nations Stabilization Mission in the Democratic Republic of the Congo, with an estimated $313,000,000 in fiscal year 2023 appropriations allocated for the mission, the United States should use its voice, vote, and influence in the United Nations

Security Council to support the United Nations pre-existing plan to draw down the Mission not later than December 2024;

(5) the current near monopoly of the PRC over the DRC's cobalt and critical mineral extraction and near monopsony of the PRC over the DRC's cobalt and global critical mineral processing and refining deprives the DRC of important revenue and added value, and represents an economic and national security threat for the United States that directly impacts United States energy independence and military preparedness;

(6) the United States should ensure development of voluntary standards, support of multi stakeholder alliances and industry coalitions, and pursue actions to end human rights violations, environmental degradation, opaque businesses practices, and widespread forced labor, including child labor, in the DRC's mining industry, a problem exacerbated by PRC linked companies' flagrant disregard for human rights;

(7) previous United States policies in regard to the DRC's natural resources and minerals, such as section 1502 of the Dodd-Frank Wall Street Reform and Consumer Protection Act (15 U.S.C. 78m note),

have punished the DRC and incentivized illicit trade through the DRC's neighbors; and

(8) The sale of the Tenke Fungurume mine in 2016, and the undeveloped Kisanfu concession in 2020, to the PRC State-tied mining company CMOC (previously known as China Molybdenum Company Limited) damaged United States economic and national security interests by contributing to the PRC's control of global cobalt supply chains.

SEC. 4. STATEMENT OF POLICY.

It is the policy of the United States to—

(1) support the conduct of free, fair, and on time democratic elections in the DRC by advocating for enhanced civic education, an inclusive and transparent voter registration process that includes voter access in all provinces, including those where a state of siege declaration applies, and enabling all candidates to fairly compete, including through respecting all candidates' rights to free expression and free assembly;

(2) encourage the adoption of measures that ensure the elections in the DRC are free, fair and democratic, including through support for transparent tabulation processes, the publication of both preliminary and final electoral results by the Com-

mission Électorale Nationale Indépendante (CENI) on its website and polling station premises in an appropriate timeframe to allow cross-checking against data gathered by election observers, and broad access for credible election observation by domestic and international actors including, where appropriate, civil society and faith-based entities, such as the Conférence Episcopale Nationale du Congo and the Church of Christ in Congo;

(3) contribute to efforts to end the M23 conflict, including by supporting the African Union and East African Community efforts to achieve a lasting ceasefire and restricting all United States security assistance and cooperation to the Government of Rwanda until the Secretary of State certifies to the appropriate committees of Congress that Rwanda has terminated any and all military support for the M23;

(4) use existing sanctions authorities authorized by the Global Magnitsky Human Rights Accountability Act (22 U.S.C. 10101 et seq.) against perpetrators of corruption or human rights violations in the DRC;

(5) support efforts to accurately oversee, monitor, and prevent labor and human rights abuses in

the DRC's mining industry in order to remove child and slave labor from United States supply chains, including by encouraging the Government of the DRC to support the formalization of artisanal and small scale mining;

(6) engage with the Government of the DRC to address factors, including opaque business and taxation practices, and unpredictable administrative requirements, that limit United States investment and constrain the ability of the United States and DRC to strengthen economic cooperation;

(7) require institutions including the Department of State, the United States Agency for International Development, the Development Finance Corporation, and the Department of Commerce to identify opportunities to increase the amount of United States investment in the DRC's critical minerals sector; and

(8) recognize that the PRC's influence over the DRC's mining sector output and processing is of concern to the economic and national security of the United States.

SEC. 5. NATIONAL STRATEGY TO ENSURE A CONTINUED ROLE IN THE DRC'S CRITICAL MINERAL SECTOR.

(a) IN GENERAL.—Not later than 120 days after the date of enactment of this Act, the President, in consultation with the Secretary of State, the Secretary of Defense, the Administrator of the United States Agency for International Development, and the heads of other appropriate Federal agencies, shall submit to the appropriate congressional committees a written strategy that—

(1) identifies the critical minerals present in the DRC that—

(A) are part of the United States Geological Survey list of 50 mineral commodities critical to the United States economy and national security; and

(B) are at highest risk of supply chain disruption due to the domestic or global actions, including price-fixing, systemic acquisition and control of global mineral resources and processing, refining, smelting capacity, or undercutting the fair market value of such resources, by any covered entity; and

(2) is focused on—

(A) securing United States supply chains which involve critical minerals sourced from the DRC; and

(B) securing and expanding United States supply chains which involve the critical minerals identified pursuant to paragraph (1)(B).

(b) ELEMENTS.—The strategy required by subsection (a) shall also include the following:

(1) Analysis of the national security implications and impact on national supply chain sovereignty caused by the 2016 and 2020 sales of Tenke Fungurume mine and the undeveloped Kisanfu concession to China Molybdenum Company Limited.

(2) A review of the effectiveness of section 1502 of the Dodd-Frank Wall Street Reform and Consumer Protection Act (15 U.S.C. 78m note), including—

(A) a list of all mining companies, grouped by nationality, who left eastern DRC following section 1502's enactment in 2010;

(B) analysis showing the market share for the conflict mineral trade in eastern DRC before and after section 1502's enactment which shall include, where possible, market share analysis for 2005, 2010, 2015 and 2020;

(C) analysis of the unemployment factors, including disarmament, demobilization, and reintegration efforts, in eastern DRC following section 1502's enactment;

(D) analysis of security sector reform efforts in eastern DRC since section 1502's enactment;

(E) an assessment of the effectiveness of section 1502 in limiting financial benefits from accruing, either directly or indirectly, to armed groups in the DRC or adjoining countries; and

(F) analysis of the level of illicit mining that has occurred in eastern DRC's conflict mineral trade following section 1502's enactment, which shall include—

(i) statistical analysis showing the degree of illegal smuggling of conflict minerals into adjoining countries; and

(ii) an assessment of the level of coordination and cooperation in the illegal smuggling of conflict minerals between adjoining countries and non-state armed actors present in eastern DRC.

(3) An analysis of the level of control exerted by the PRC over the DRC's mining sector, including—

(A) the market share of covered entities which shall include analysis of the market share for each of the critical minerals identified pursuant to subsection (a)(1)(B) in both the DRC as a whole and within each province where the critical minerals are located;

(B) the financial terms of covered entities investments in primary extraction; and

(C) a diagram detailing the location of covered entities operations throughout the supply chain of the critical minerals identified in subsection (a)(1)(B) from extraction to refinement.

(4) A list of each covered entity analyzed with respect to the evaluation of risk required by subsection (a)(1)(B).

(5) An assessment of the risks facing United States supply chains as a result of the PRC's position in the DRC's mining sector.

(6) An assessment of human rights and labor conditions at mines in the DRC at which covered entities operate.

(7) An assessment of the market share and capacity of trusted partner nations' mining companies with respect to the DRC's mining sector.

(8) A strategic plan to use bilateral and multilateral diplomatic relations, including through sustained engagement with the governments of United States allies and partners, to express to the Government of the DRC the support of the international community for the formalization of artisanal and small scale mining.

(9) An assessment of the factors that allowed the PRC to gain market dominance in parts of the DRC's mining industry and which factors present the most significant barriers to increased United States investment in the DRC's mining sector.

(10) An assessment of the ability of the DRC's critical mineral sector to positively contribute to United States efforts to fulfill both industrial production targets and ensure military preparedness, that includes—

(A) analysis of the importance of the critical minerals in the DRC, as identified by subsection (a)(1)(B), in reaching current United States industrial production targets;

(B) analysis of the DRC's business climate, specifically the reliability, transparency and consistency of its business practices;

(C) evaluation of the impact of the factors identified in sections (b)(3), (b)(5), (b)(7), (b)(9) and (b)(10)(B) of this strategy on the ability of the United States to secure its critical mineral supply chains.

(11) An interagency approved plan to increase United States investment in the DRC, including through—

(A) increasing technical assistance and capacity building measures and conducting feasibility studies to rebuild infrastructure and reform the DRC's business climate, including through reforms to the governance of the DRC's State-owned enterprises (SOEs), in order to support domestic innovation and economic diversification, and increase local subcontracting and private sector-led growth;

(B) ensuring foreign assistance initiatives promote sustainable development in communities affected by mining, protect human rights, and provide professional training for local workers; and

(C) assessing staffing levels at the United States Embassy in Kinshasa, and increasing them if necessary, including having at least 1 Foreign Service Officer exclusively dedicated to critical minerals, to reflect the importance of the DRC to United States supply chains and enhance the competitiveness of United States development financing including through the United States International Development Finance Corporation and the Foreign Commercial Service.

(c) FORM.—The strategy required under subsection (a) shall be submitted in unclassified form and may include a classified annex.

(d) UPDATES.—Not later than 3 years after the submission of the initial strategy required by subsection (a), and every 3 years thereafter, the President shall submit to the appropriate congressional committees a report that includes—

(1) an update of the strategy submitted pursuant to subsection (a); and

(2) an assessment of the effectiveness of such strategy, as of the date of the submission of the update, in securing United States supply chains which rely on critical minerals sourced from the DRC.

(e) DEFINITIONS.—

(1) APPROPRIATE CONGRESSIONAL COMMITTEES.—The term "appropriate Congressional Committees" means—

(A) the Committee on Foreign Affairs, the Committee on Appropriations, the Committee on Financial Services, and the Committee on Ways and Means of the House of Representatives; and

(B) the Committee on Foreign Relations, the Committee on Appropriations, and the Committee on Banking, Housing, and Urban Affairs of the Senate.

(2) ARMED GROUP.—The term "armed group" means an armed state or non-state actor that is identified as a perpetrator of serious human rights abuses in the Department of State's annual Country Reports on Human Rights Practices.

(3) CONFLICT MINERAL.—The term "conflict mineral" means columbite-tantalite (coltan), cassiterite, gold, wolframite, or their derivatives, or any other mineral or its derivatives that the Secretary of State determines to be financing conflict in the DRC or an adjoining country.

(4) COVERED ENTITY.—The terms "covered entity" means a foreign entity that—

(A) is subject to the jurisdiction or direction of the PRC;

(B) is legally registered or internationally headquartered in the PRC;

(C) is directly operating on behalf of the PRC;

(D) is majority owned by, or directly or indirectly controlled by, the PRC;

(E) receives funding, either directly or indirectly, from the Government of the PRC, PRC State policy banks, or any other bank that is financed primarily by the PRC;

(F) that is formed from a spin-off, merger or acquisition, or sale of a business unit involving an entity described in any of subparagraphs (A) through (E) or is otherwise a successor to such an entity; or

(G) provides financial services for an entity described in any of subparagraphs (A) through (F).

(5) DRC.—The term "DRC" means the Democratic Republic of the Congo.

(6) PRC.—The term "PRC" means the People's Republic of China.

○

Appendice 3

ÉCONOMIE

Chine

Transition énergétique oblige, les métaux rares, cobalt et lithium en tête, sont désormais stratégiques. La RDC, qui en regorge, est au cœur de la bataille que se livrent Washington et Pékin autour des richesses du sous-sol congolais.

Décryptage en infographies.

☐ Réservé aux abonnés

7 juillet 2023 à 16:47

Par Marie Toulemonde

Mis à jour le 7 juillet 2023 à 17:0

« Le Parti communiste chinois exploite les vastes ressources en cobalt de la RDC pour alimenter son économie, sur le dos d'ouvriers exploités et en faisant travailler des enfants ». C'est sans mâcher ses mots que le républicain Chris Smith a introduit, fin juin, à la Chambre des Représentants américaine, une mesure visant à interdire l'importation de cobalt et de lithium congolais issus du travail des enfants et d'autres formes d'abus.

Comment la Chine et les États-Unis se disputent l'Afrique

Cette sanction s'inscrit dans la continuité de la campagne que Washington mène contre Pékin à Kinshasa depuis quelques années. La RDC, qui détient la quasi-totalité des réserves mondiales du précieux cobalt, essentiel à la fabrication de batteries électriques, est un partenaire stratégique que se disputent les États-Unis et la Chine*.

Dans cette course aux ressources nécessaires à la transition énergétique, les Américains ont déjà poussé le président congolais Félix Tshisekedi à réviser les accords signés avec la Chine, puis ils ont signé, fin décembre, un protocole d'accord avec les Congolais afin de développer conjointement – avec la Zambie – une chaîne d'approvisionnement pour les batteries de véhicules électriques, dont la demande devrait augmenter de plus de 400 % d'ici à 2030.

« Cobalt de sang »

Cette dernière offensive américaine vise cette fois explicitement le travail des enfants dans cette filière, encore massivement artisanale, opaque et très peu régulée, au sein de laquelle opèrent pourtant des grandes multinationales – chinoises en tête – et les groupes armés. Selon la dernière estimation d'Unicef, 40 000 enfants travaillaient dans les mines congolaises en 2014.

Les ONG dénoncent régulièrement l'exploitation de ces travailleurs précaires par une partie des principaux acteurs du marché. IRAdvocates, une coalition de chercheurs et d'avocats, a même déposé, en 2019, une plainte contre Apple, Microsoft, Dell et Google, que l'organisation accuse d'avoir bénéficié indirectement du labeur des enfants dans les mines de cobalt congolaises. LI

Dix choses à savoir sur Nitin Gajria, le « Monsieur Afrique » de Google

Le téléphone ou la tablette sur lesquels vous êtes en train de lire cet article contient très certainement quelques grammes de ce cobalt ramassé par les « creuseurs » congolais. *Jeune Afrique* retrace le chemin que le précieux métal a emprunté avant de parvenir entre vos mains.

(*) Nous republions cette infographie, initialement diffusée en décembre 2021, dans une version réactualisée après la décision des États-Unis.

Pas de smartphones ni de voitures électriques sans la RDC

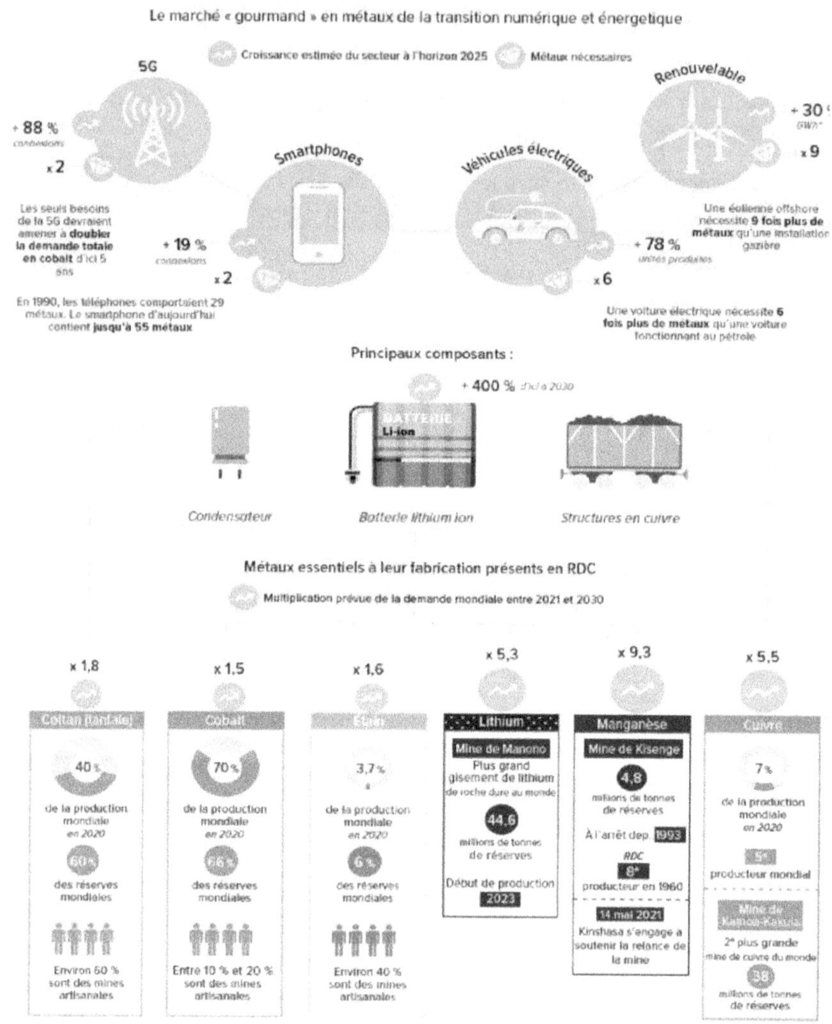

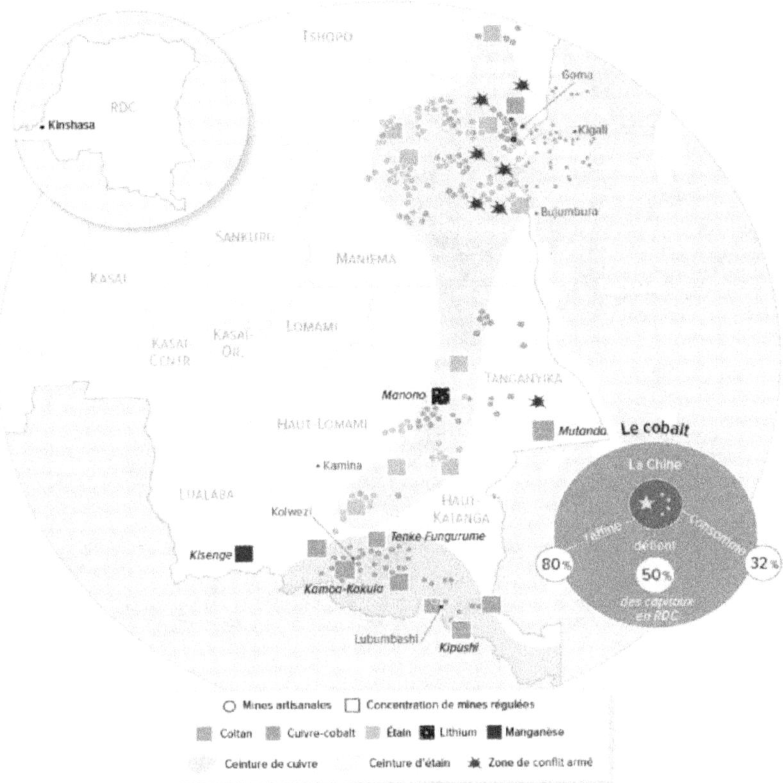

La longue marche vers la régulation

2000

Son extraction et sa contrebande ont alimenté la guerre en RDC au tournant du XXIe siècle

2002

Nouveau code minier

Favorable aux investisseurs étrangers

2014

40 000

C'est le nombre d'enfants travaillant dans les mines artisanales du Katanga (Unicef)

Un jeune garçon dans la mine de Shinkolobwe dans le sud-est de la RDC

200 000

C'est le nombre de « creuseurs » qui travaillent dans les mines artisanales dans des conditions déplorables. Un à deux millions de Congolais dépendent des revenus de ces mines

2016

« Voilà pourquoi on meurt»

Dans ce rapport, Amnesty International et Afrewatch dénoncent l'exploitation des travailleurs précaires, dont des enfants, par une partie des principaux acteurs du marché

2018

Révision du code minier

Les redevances minières dues par les entreprises passent de 2 % à 3,5 %
Le cobalt, le germamium, le lithium et le coltan deviennent « substances stratégiques » et leur redevance monte à 10 %

2019

DELL TESLA

Apple, Dell, Tesla, Microsoft et Google sont accusés par une coalition de chercheurs et d'avocats (IRAdvocates) d'avoir bénéficié du travail d'enfants dans les mines de cobalt en RDC via deux fournisseurs : le chinois Huayou Cobalt et le suisse Glencore

2021

L'Entreprise générale du Cobalt

Le gouvernement congolais appuyé par Trafigura, la multinationale de négoce de matières premières, lance officiellement cette initiative qui vise à encadrer l'achat et la commercialisation du cobalt artisanal « responsable » en RDC

Source : IAE (le rôle des minerais dans la transition écologique), Roskill 2021, Cyclope 2021, GSMA, IPIS CongoMines, UN, Mineral Commodities Summaries 2021, Amnesty International, Unice

*gigawattheure

Appendice 4

Le Rwanda est le « Far West » et devrait être retiré de la chaîne d'approvisionnement en minerais

Les élites de l'industrie minière utilisent leur pouvoir pour protéger les entreprises exportant des quantités massives de minerais de contrebande hors d'Afrique centrale

Judi Rever / 25 septembre 2023 / 7 min de lecture

AFRIQUEMONDIALISATION

Des creuseurs à l'entrée d'une mine de cassitérite au Sud-Kivu, dans l'est du Congo, 2015. Photo de Phil Hatcher-Moore.

Mark Twain, qui a écrit sur les voleurs et les escrocs dans le « Far West » américain, a déclaré qu'une mine est un trou dans le sol avec un menteur sur le dessus. S'il y a un pays où la maxime de Twain a une pertinence contemporaine, c'est bien le Rwanda. Au cours de la dernière décennie, le Rwanda s'est positionné comme une plaque tournante passionnante pour la production et le commerce de minéraux essentiels à l'économie mondiale, au premier rang desquels le tantale, un métal qui stocke l'électricité et est utilisé pour fabriquer des téléphones portables, des objectifs d'appareils photo, des ordinateurs, des moteurs à réaction et des systèmes d'armes.

En 2018, le Rwanda serait devenu le premier producteur et exportateur mondial de tantale. À ce moment-là, les États-Unis importaient 39% de leur minerai de tantale et de leurs concentrés de ce petit pays d'Afrique centrale, beaucoup plus que de tout autre, y compris la République démocratique du Congo (RDC) voisine, dont les gisements minéraux voisins n'ont jamais été contestés. Au milieu des guerres des ressources du 21ème siècle, le tantale (un dérivé du minerai de coltan) est devenu l'un des minéraux les plus convoités stratégiquement par le complexe militaro-industriel de Washington. Il n'est plus possible pour les États-Unis de mener des batailles à l'étranger sans tantale. Outre le fait que le minéral était maintenant un ingrédient clé dans les réacteurs nucléaires et les missiles Tomahawk, le tantale est également devenu un composant essentiel de l'armure du guerrier américain par excellence: il fait partie des quelques dizaines de métaux utilisés pour fabriquer l'équipement d'élite des forces spéciales de la marine américaine. Et pourtant, les États-Unis sont incapables de produire leur propre tantale – ils sont devenus de plus en plus dépendants de l'Afrique centrale pour l'approvisionnement régulier et bon marché de ce produit.

Le Rwanda – apparemment une nation stable et structurée – a tenu à montrer qu'il est un fournisseur légitime de minéraux stratégiques. En 2018, la mine artisanale phare du Rwanda pour le public international était H&B Mining, dont les minéraux ont été exportés par Minerals Supply Africa (MSA). Le directeur général de MSA était David Bensusan, un ressortissant britannique connu comme le roi du commerce de Kigali. Pendant des décennies, Bensusan a exporté la part du lion des minéraux du Rwanda, achetant et traitant des minéraux 3T – étain, tungstène et tantale – pour le marché mondial.

Il était donc tout à fait approprié que l'association commerciale mondiale pour le tantale, le Tantalum Niobium International Study Centre (TIC), tienne son assemblée générale annuelle à Kigali en octobre 2018. MSA (le véhicule d'exportation personnel de Bensusan) ainsi que H&B et le Conseil des mines, du pétrole et du gaz du gouvernement rwandais ont organisé l'événement. La visite de la mine de H&B dans la ville orientale de Rwamagana a été l'occasion pour une centaine de délégués miniers de voir de leurs propres yeux la production de tantale et de minerai d'étain au Rwanda. En 2011, H&B est devenu membre de l'ITSCI, une initiative basée à Londres mise en place par l'industrie pour étiqueter et retracer l'origine des minéraux dans le cadre des efforts ostensibles visant à réduire la violence, les abus et les réseaux criminels associés à l'extraction minière en Afrique centrale. Il était généralement admis que les minerais « ensachés et étiquetés » dans le cadre du système ITSCI provenaient de mines qui n'utilisaient pas le travail des enfants et n'étaient pas exploitées par des groupes armés. Les minerais étiquetés au Rwanda signifiaient qu'ils n'étaient pas passés en contrebande de la RDC. Après des années d'infliction d'une brutalité indicible aux civils congolais afin de piller ses minéraux et autres ressources naturelles, le Rwanda voulait prouver aux étrangers qu'il pouvait mener des affaires légalement et éthiquement, chez lui.

Mais peu de temps après la conférence minière, le rideau est tombé sur H&B. La plus importante mine de tantale du Rwanda a discrètement cessé ses activités, sans explication, et les actifs miniers de H&B ont été vendus. Pour quiconque prête attention et connaît bien l'exploitation minière rwandaise, la fermeture était attendue depuis longtemps et était tout à fait logique. Pendant de nombreuses années, Bensusan et ses collègues rwandais ont eu un contrat implicite avec des experts de l'industrie selon lequel faire du bon travail signifiait prétendre que les mines rwandaises produisaient des quantités croissantes de minéraux stratégiques (et que l'économie montait en flèche). Un reportage de CNN a annoncé que le Rwanda avait exporté pour 800 millions de dollars américains de minéraux en 2018. Ce chiffre provient de l'Association internationale du commerce, une agence du ministère américain du Commerce.

Un acteur de l'industrie qui travaille dans le secteur minier depuis des décennies m'a dit qu'il était curieux de connaître H&B lorsqu'il était au Rwanda. Il est allé dans les minuscules tunnels de H&B pour le savoir. « Je voulais voir comment ils travaillaient et ce qu'ils produisaient; J'ai vu qu'il n'y avait vraiment rien là-bas. » H&B a été utilisé avec d'autres entreprises au Rwanda pour blanchir des minéraux. « Les minerais venaient de la RDC et traversaient la frontière » D'autres sources qui travaillaient dans la communauté minière du Rwanda m'ont dit que H&B était depuis longtemps le village Potemkine de Bensusan qui cachait une fraude importante. H&B n'était qu'une des nombreuses mines factices où peu ou pas de minéraux étaient réellement extraits. Les mines factices sont utilisées par le gouvernement rwandais pour faciliter le trafic illicite de minéraux, pour convaincre la communauté internationale que les grandes quantités de minéraux 3T exportées sont réellement produites au Rwanda.

L'empressement de la communauté internationale à soutenir la tournure narrative et le burlesque commercial du Rwanda a sans aucun doute été utile au fil des ans; la chaîne d'approvisionnement mondiale en minerais stratégiques a besoin d'être alimentée et le Rwanda est, à ce jour, considéré comme une plaque tournante d'exportation facile et « sans conflit » pour les acheteurs en aval. L'ironie est qu'avant de mourir d'un cancer en 2021, Bensusan avait aidé le Rwanda à piller les minéraux de son voisin pendant près de deux décennies et demie. Il s'était régulièrement vanté d'avoir aidé à mettre en place le tristement célèbre Congo Desk, un appareil militaire centralisé que le Rwanda a utilisé pour piller les ressources minérales congolaises de 1997 à 2003. Le Congo Desk était un symbole douloureux des ravages d'une nation et de son peuple. Bensusan a travaillé avec le général rwandais James Kabarebe et d'autres oligarques rwandais pour amener les minéraux congolais au Rwanda et sur les marchés mondiaux.

Kabarebe était le commandant de la première invasion de la RDC par le Rwanda en 1996. Les enquêteurs de l'ONU l'ont récemment accusé, ainsi que plusieurs hauts responsables militaires rwandais, de coordonner les opérations d'une milice appelée le M23, dont les membres ont violé et massacré des civils congolais dans l'est du pays.

D'autres hommes d'affaires occidentaux ont été des hommes clés pour les oligarques militaires rwandais pendant les périodes sombres de violence en Afrique centrale. Chris Huber, un ressortissant suisse possédant plusieurs sociétés en Europe, en Asie et au Rwanda, est connu pour être proche du Front patriotique rwandais (FPR) au pouvoir, dirigé par le président Paul Kagame. Ces dernières années, Huber a utilisé deux sociétés au Rwanda – Tawotin et Rudniki – pour conquérir un quart du marché d'exportation du coltan du Rwanda. Huber fait actuellement l'objet d'une enquête par les procureurs à Berne pour ses liens commerciaux avec une milice soutenue par Kagame qui a commis des crimes de guerre et pillé des ressources minérales pendant la deuxième guerre du Congo. En 2009, une enquête de l'ONU a fourni des preuves que Niotan, une société basée au Nevada ayant des liens avec Huber, a acheté des minerais provenant de zones de conflit et les a vendus à de grandes entreprises fabriquant des condensateurs. Le directeur de Niotan était John Crawley, l'ancien chef de l'association internationale du commerce du tantale. Pendant des décennies, Huber et son partenaire Crawley ont tiré parti de leurs liens avec les responsables rwandais et leurs alliés rebelles. En juin 2021, ces personnes ont été liées au trafic de minerais de Rubaya trempé de sang dans le nord-est de la RDC, par l'achat de tantale par l'intermédiaire d'une coopérative et exportateur bien connue basée à Goma, le long de la frontière entre le Congo et le Rwanda. Ce qui semblait essentiel à la capacité continue de Crawley de s'enrichir et d'esquiver la loi, c'était son rôle d'arbitre et de joueur de l'industrie. L'association mondiale du tantale de Crawley joue un rôle important dans le comité de gouvernance de l'ITSCI, le système mis en place pour étiqueter et tracer l'origine des minéraux sur lequel l'OCDE, la Security and Exchange Commission et les grandes entreprises technologiques s'appuient pour évaluer si les minéraux sont exempts de conflits.

Bien qu'ils aient été pointés du doigt à plusieurs reprises par l'ONU, Crawley et Huber n'ont jamais été sanctionnés. Pas plus que Bensusan ni aucun des oligarques rwandais avec lesquels il travaillait. Mais leur collaboration impie avec le fiasco de l'ITSCI a finalement été révélée en 2022 par l'organisation internationale Global Witness. Dans un rapport novateur basé sur un travail de terrain approfondi dans les zones minières et des entretiens avec l'industrie et la société civile, Global Witness a trouvé des preuves que l'ITSCI avait effectivement été utilisée pour le blanchiment massif de minerais et que le système de marquage était en fait un moteur de la contrebande. L'ONG a également déclaré que confier à l'industrie la conception et la supervision d'un système de diligence raisonnable dont ses membres bénéficieraient revenait à « mettre un renard en charge du poulailler ».

De loin, la preuve la plus accablante qui émerge de Global Witness est la façon dont les élites de l'industrie minière, par le biais de l'ITSCI, ont utilisé leur pouvoir année après année pour protéger les entreprises exportant la plus grande quantité de minerais de contrebande, et comment ces minéraux sont sans aucun doute entrés dans la chaîne d'approvisionnement mondiale. Trois sociétés rwandaises liées à Huber ont exporté des minerais qui ont apparemment été passés en contrebande vers Malaysia Smelting Corporation (MSC) et East Rise, basée à Crawley, à Hong Kong. La fonderie autrichienne Wolfram Bergbau und Hütten (WBH) a également été répertoriée comme acheteur des sociétés de Huber. Hewlett-Packard a été répertoriée comme une marque utilisant MSC comme fournisseur, tandis que Nokia et Blackberry ont identifié WBH comme une fonderie dans leur chaîne d'approvisionnement mondiale. Les entreprises d'électronique grand public telles que Apple, Intel, Motorola, Samsung, Kyocera AVX et Kemet se sont également approvisionnées au Rwanda, malgré les avertissements apparents selon lesquels la plupart des minerais vendus au Rwanda provenaient de contrebande de la RDC.

Qu'est-ce que tout cela signifie pour nous? En tant que citoyens du monde, nous savons maintenant que nous ne pouvons pas compter sur les gouvernements, les organismes de réglementation de l'industrie ou les entreprises pour dire la vérité et assurer des pratiques responsables en matière d'approvisionnement en minéraux. Il est donc difficile de savoir si les produits que nous tenons entre nos mains ont été une source de financement pour les groupes armés, les pratiques de corruption ou le travail forcé. Mais en tant que consommateurs, nous avons un certain pouvoir dans nos choix d'achat et les informations que nous partageons. Le Rwanda, dont les élites dirigeantes jouissent de l'impunité depuis près de trente ans, est le prédateur suprême de la RDC, riche en minéraux. Pourquoi notre argent devrait-il financer ces criminels? Il est temps que les consommateurs exigent que Big Tech retire le Rwanda et sa mafia occidentale de la chaîne d'approvisionnement en minerais.

Judi Rever est une journaliste montréalaise et l'auteure de In Praise of Blood: The Crimes of the Rwandan Patriotic Front.

Table des matières

Structures éditoriales du groupe L'Harmattan

L'Harmattan Italie
Via degli Artisti, 15
10124 Torino
harmattan.italia@gmail.com

L'Harmattan Hongrie
Kossuth l. u. 14-16.
1053 Budapest
harmattan@harmattan.hu

L'Harmattan Sénégal
10 VDN en face Mermoz
BP 45034 Dakar-Fann
senharmattan@gmail.com

L'Harmattan Cameroun
TSINGA/FECAFOOT
BP 11486 Yaoundé
inkoukam@gmail.com

L'Harmattan Burkina Faso
Achille Somé – tengnule@hotmail.fr

L'Harmattan Guinée
Almamya, rue KA 028 OKB Agency
BP 3470 Conakry
harmattanguinee@yahoo.fr

L'Harmattan RDC
185, avenue Nyangwe
Commune de Lingwala – Kinshasa
matangilamusadila@yahoo.fr

L'Harmattan Congo
219, avenue Nelson Mandela
BP 2874 Brazzaville
harmattan.congo@yahoo.fr

L'Harmattan Mali
ACI 2000 - Immeuble Mgr Jean Marie Cisse
Bureau 10
BP 145 Bamako-Mali
mali@harmattan.fr

L'Harmattan Togo
Djidjole – Lomé
Maison Amela
face EPP BATOME
ddamela@aol.com

L'Harmattan Côte d'Ivoire
Résidence Karl – Cité des Arts
Abidjan-Cocody
03 BP 1588 Abidjan
espace_harmattan.ci@hotmail.fr

Nos librairies en France

Librairie internationale
16, rue des Écoles
75005 Paris
librairie.internationale@harmattan.fr
01 40 46 79 11
www.librairieharmattan.com

Librairie des savoirs
21, rue des Écoles
75005 Paris
librairie.sh@harmattan.fr
01 46 34 13 71
www.librairieharmattansh.com

Librairie Le Lucernaire
53, rue Notre-Dame-des-Champs
75006 Paris
librairie@lucernaire.fr
01 42 22 67 13

www.ingramcontent.com/pod-product-compliance
Lightning Source LLC
LaVergne TN
LVHW021151061026
849535LV00002B/430
* 9 7 8 2 3 3 6 4 8 8 8 3 7 *